"国家金融学"系列教材 / 陈云贤 主编

国家金融体系结构

GUOJIA JINRONG TIXI JIEGOU

王彩萍　张龙文　编著

中山大学出版社
·广州·

版权所有　翻印必究

图书在版编目（CIP）数据

国家金融体系结构/王彩萍，张龙文编著 . —广州：中山大学出版社，2021.10

（"国家金融学"系列教材/陈云贤主编）

ISBN 978-7-306-07294-8

Ⅰ. ①国…　Ⅱ. ①王…　②张…　Ⅲ. ①金融体系—结构—教材　Ⅳ. ①F830.2

中国版本图书馆 CIP 数据核字（2021）第 171080 号

出 版 人：	王天琪
策划编辑：	嵇春霞
责任编辑：	李先萍
封面设计：	曾　婷
责任校对：	林梅清
责任技编：	何雅涛
出版发行：	中山大学出版社
电　　话：	编辑部 020 - 84110283，84113349，84111997，84110779，84110776
	发行部 020 - 84111998，84111981，84111160
地　　址：	广州市新港西路 135 号
邮　　编：	510275　　传　真：020 - 84036565
网　　址：	http://www.zsup.com.cn　E-mail：zdcbs@mail.sysu.edu.cn
印 刷 者：	佛山市浩文彩色印刷有限公司
规　　格：	787mm × 1092mm　1/16　24.75 印张　418 千字
版次印次：	2021 年 10 月第 1 版　2021 年 10 月第 1 次印刷
定　　价：	78.00 元

如发现本书因印装质量影响阅读，请与出版社发行部联系调换

"国家金融学"系列教材

编委会

主　编　陈云贤
副主编　李善民　李广众　黄新飞
编　委　(按姓氏笔画排序)
　　　　王　伟　王彩萍　韦立坚　杨子晖
　　　　李小玲　李广众　张一林　周天芸
　　　　赵慧敏　黄新飞

"国家金融学"系列教材

总　序

国家金融与国家金融学，是两个需要清晰界定的概念和范畴。在现实中，当我们谈到金融时，大多是指国际金融或公司金融。有关国家金融的文章或书籍要在国外发表或出版，编辑提出的第一个问题往往是它与公共财政有什么区别。在理论上，现有的金融学科大致可划分为：以汇率和利率决定机制为主的国际金融学和货币金融学[①]，以资产价格决定机制为主的公司金融学和投资学[②]——还没有国家金融学。换句话说，现有的金融学研究大多聚焦于技术细节，即使有与国家金融相关的研究，也主要散见于对政策或市场的解读之中，理论性较弱且不成体系。而笔者所探讨的国家金融是聚焦于一国金融发展中最核心、最紧迫的问题，在此层面采取的政策与措施事关一国金融的健康稳定和经济的繁荣发展。因此，此处提出的国家金融学，是以现代金融体系下国家金融的行为及其属性为研究对象，从金融市场的要素、组织、法制、监管、环境和基础设施六个方面来探讨国家金融行为、维护国家金融秩序、提升国家金融竞争力。

关于现代金融体系，国内外理论界有"三体系论""四要素论"和"五构成论"等不同表述。"三体系论"认为，金融体系可大致划分为三个体系：一是金融的宏观调控和监管体系，二是金融的市场体系，三是金融的机构体系。其中，金融的市场体系包括交易对象、交易主体、交易工

[①] 参见陈雨露主编《国际金融》（精编版），中国人民大学出版社2008年版，前言。

[②] 参见王重润主编《公司金融学》，东南大学出版社2010年版，第1～8页。

具和交易价格。① "四要素论"认为，金融市场由四个要素构成：一是金融市场的参与者，包括政府部门、工商企业、金融机构和个人；二是金融工具，其特征包括偿还性、流动性、风险性和收益性；三是金融市场的组织形式，包括在固定场所内的集中交易方式、分散交易方式和场外交易方式；四是金融市场的管理，包括中央银行及有关监管当局的管理。② "五构成论"认为，金融市场的构成要素有五个：一是金融市场主体，即金融市场的交易者；二是金融市场工具，即金融交易的载体，金融市场工具可以理解为金融市场工具持有人对发行人的债权或权益；三是金融市场中介，通常是指为资金融通提供媒介服务的专业性金融机构或取得专业资格的自然人；四是金融市场组织方式，是指能够使金融市场成为现实的市场并正常运转的制度安排，主要集中在市场形态和价格形成机制两方面；五是金融市场监管，即对金融活动进行监督和调控等。它们在金融体系中共同发挥着作用。③ 与上述的"三体系论""四要素论""五构成论"相比，笔者更强调现代金融体系功能结构的系统性，并在其中探索国家金融行为对一国经济金融稳定和健康发展的影响。

一、国家金融行为是否存在，是个有争议的话题

西方经济学的传统理论认为，政府只能在市场失灵的领域发挥作用，比如需要提供公共物品时或存在经济的外部性和信息不对称时。但我们回望历史又不难看到，现实中的西方国家，尤其是一贯奉行自由主义经济的美国，每到关键时刻，政府都屡屡出手调控。下面仅举几个事例进行说明。

第一例是亚历山大·汉密尔顿（Alexander Hamilton）对美国金融体系的构建。早在美国建国之初，作为第一任财政部部长的汉密尔顿就着力建立国家信用，健全金融体系，完善财税制度，促进工商业发展，从而构建了美国财政金融体系的五大支柱——统一的国债市场、中央银行主导的银行体系、统一的铸币体系（金银复本位制）、以关税和消费税为主体的税

---

① 参见乔治·考夫曼著《现代金融体系——货币、市场和金融机构》（第六版），陈平等译，经济科学出版社2001年版，第3页。
② 参见黄达、张杰编著《金融学》（第四版），中国人民大学出版社2017年版，第286～293页。
③ 参见霍文文主编《市场金融学教程》，复旦大学出版社2005年版，第5～15页。

收体系，以及鼓励制造业发展的财政金融贸易政策。这些举措为美国的现代金融体系奠定了扎实的前期基础。对此，我们需要思考的是，在200多年前，为什么汉密尔顿已经对财政、金融有此思考，并高度强调"整体国家信用"的重要性？为什么他认为美国要成为一个繁荣富强的国家，就必须建立坚固的诸州联盟和强有力的中央政府？

第二例是1933年开始的"罗斯福新政"。其主旨是运用财政手段，结合金融举措，大力兴建基础设施项目，以增加就业、刺激消费和促进生产。其主要举措包括：第一，民间资源保护队计划。该计划侧重吸纳年龄在18岁至25岁之间的身强力壮且失业率偏高的青年人，参与植树护林、防治水患、水土保持、道路建筑、开辟森林防火线和设置森林瞭望塔等工程建设项目。到美国参与第二次世界大战（简称"二战"）之前，先后有200多万名青年参与过这些项目，他们开辟了740多万英亩①国有林区和大量国有公园。第二，设立了以着眼于长期目标的工程为主的公共工程署和民用工程署。民用工程方面，美国兴建了18万个小型工程项目，包括校舍、桥梁、堤坝、下水道系统、邮局和行政机关大楼等公共建筑，先后吸纳了400万人为此工作。后来，美国又继续建立了几个新的工赈机构。其中最著名的是国会拨款50亿美元兴办的工程兴办署和针对青年人的全国青年总署，二者总计雇用人员达2300万，占全国劳动力的一半以上。第三，至"二战"前夕，美国联邦政府支出近180亿美元，修建了近1000座飞机场、12000多个运动场、800多座校舍与医院，创造了大量的就业机会。其中，金门大桥和胡佛水坝至今仍是美国的标志性建筑。

第三例是布雷顿森林会议构建的国际金融体系。1944年7月，布雷顿森林会议在美国新罕布什尔州召开。时任英国代表团团长约翰·梅纳德·凯恩斯（John Maynard Keynes）在会前提出了"二战"后世界金融体系的"三个一"方案，即"一个世界货币""一个世界央行""一个世界清算体系"联盟。而以美国财政部首席经济学家哈里·德克斯特·怀特（Harry Dexter White）为会议主席的美国方面，则按照政治力量优先于经济实力的逻辑，采取政治与外交手段，在多国角力中最终促成了围绕美国政治目标而设立的三个工作委员会，分别讨论国际稳定基金、国际复兴开发银行和其他国际金融合作事宜。日后正式成立的国际货币基金组织、世界银行

---

① 1英亩≈4046.86平方米。

（国际复兴开发银行）和国际清算银行等奠定"二战"后国际金融秩序的组织均发端于此。可以说，这次会议形成了以美国为主的国际金融体系，左右着国际经济的运行。

第四例是通过马歇尔计划构建的以美元为主的国际货币体系。该计划由美国于1948年4月主导启动，欧洲国家成立了"欧洲经济合作组织"与之对接。"二战"后，美国对欧洲国家的援助包括资金、技术、人员等方面，其中资金援助的流向是：美国援助美元给欧洲国家，欧洲各国将美元作为外汇购买美国的物资；除德国外，欧洲国家基本上不偿还援助资金；除德国将援助资金用于私有企业再投资外，欧洲各国多数将其用于填补财政亏空。在这个体系中，美元滞留欧洲，形成"欧洲美元"。于是，国际货币体系在布雷顿森林会议和马歇尔计划的双重作用下，逐渐从"金银复本位制"发展到"金本位制"、"黄金—美元—他国货币"双挂钩（实施固定汇率：35美元=1盎司黄金）、"美元与外国货币固定汇率制"（从1971年8月15日起黄金与美元脱钩）、"美元与外国货币浮动汇率制"（由1976年的《牙买加协定》所确立）。最终，美国运用"石油交易捆绑美元结算"等金融手段，形成了美元在国际货币体系中一家独大的局面，使其成为国际经济中的强势货币。

第五例是美国对2008年次贷危机的应对。美国联邦储备委员会（简称"美联储"）、财政部、联邦存款保险公司（Federal Deposit Insurance Corporation，FDIC）、证券交易委员会（Securities and Exchange Commission，SEC）、国会和相关政府部门联手，全力以赴化解金融危机。其主要举措有：第一，美联储作为独立于联邦政府和政党纷争的货币政策执行者，采取传统的激进货币政策和非常规、非传统的货币政策并行的策略，以市场化手段处置金融危机、稳定金融市场；第二，在美联储货币政策无法应对之际，财政部出台"不良资产救助计划"（Troubled Asset Relief Program，TARP），以政府直接投资的方式，援助主要金融机构和部分大型企业；第三，政府还采取了大幅快速减税、扩大赤字化开支等财政政策刺激经济增长；第四，美国国会参、众两院通过立法的方式及时完善法律环境，如政府协调国会参、众两院分别签署通过了《2008年紧急经济稳定法案》《2008年经济振兴法案》《2009年经济振兴法案》《2009年美国复苏与再投资法案》，以及自1929年大萧条以来最重要的金融监管改革法案之一——《多德-弗兰克华尔街改革与消费者保护法案》。可以说，美国采用货币政策、财政政策、监管政策、经济振兴计划及法制保障等多种措施，稳定了金融市场，刺激了经济发展。

第六例是 2019 年美国的 2 万亿美元巨额基础设施建设计划。该计划由特朗普政府发起，2019 年 4 月 30 日美国参议院民主党和共和党就推进 2 万亿美元巨额基础设施建设计划达成共识，确定以财政手段结合金融举措，启用汽油税作为美国联邦政府投资的主要资金来源，并通过政府和社会资本合作的方式（Public-Private-Partnership，PPP）融资，通过大规模减税带来海外资金的回流和大量发行国债募集巨额资金投资基础设施建设，目标是创造经济增长的新动力。其主要举措包括重建高速公路、桥梁、隧道、机场、学校、医院等基础设施，并让数百万民众参与到这项工作中来；通过大规模的基础设施建设，打造和维持世界上最好的高速公路和航空系统网；等等。

由以上诸例可见，美国政府在历史进程中采取的国家金融行为，不仅包括处置国内的产业经济危机、助力城市经济和民生经济以促进社会发展，而且还包括强势介入国际经济运行，在打造国际金融体系方面有所作为。其他发达国家的此类案例也比比皆是。历史和现实告诉我们，从国家金融学的角度探讨国家金融行为及其属性，研究国家金融战略，做好国家金融布局，维护国家金融稳定，推动国家经济发展，既是一国政府在当代经济发展中面临的客观要求，也是金融理论界需要重视并深入研究的课题。

二、国家金融理论滞后于实践发展

事实上，通过采取国家金融行为以维护国家金融秩序、提升国家金融竞争力的事例，在各国经济实践中已经广泛存在，但对这些案例的理论总结与分析还远远不够。可以说，国家金融理论的发展是极大滞后于经济实践进程的。下面仅举两个案例予以说明。

案例一是美国资产重组托管公司①（Resolution Trust Corporation，RTC）与中国四大资产管理公司。

RTC 是美国政府为解决 20 世纪 80 年代发生的储贷机构危机而专门成

---

① 参见郭雳《RTC：美国的金融资产管理公司（一）》，载《金融法苑》1999 年第 14 期，第 47～51 页。

立的资产处置机构。1989年8月，美国国会通过《1989年金融机构改革、复兴和实施法案》（*Financial Institutions Reform, Recovery, and Enforcement Act of 1989*），创立RTC，对国内出现问题的储贷机构进行重组处置。下面我们从六个方面来介绍RTC的具体情况。

（1）RTC设立的背景。20世纪70年代中后期，美国经济受到经济停滞和通货膨胀的双重冲击。政府对当时主要为低收入家庭买房、建房提供贷款的非银行储蓄机构及其储贷协会放松管制，扩大其业务范围，期望以此刺激经济恢复生机。然而，沉没在投机性房地产贷款与垃圾债券上的大量资金和不良资产使储贷机构严重资不抵债，走向破产的边缘。在这一背景下，RTC应运而生，对相关储贷机构进行资产重组。RTC被赋予五大目标：一是重组储贷机构；二是尽量减少重组损失，争取净现值回报最大化；三是充分利用募得资金处置破产的储贷机构；四是尽量减小处置过程中对当地房地产市场和金融市场的影响；五是最大限度地保障中低收入者的住房供应。

（2）RTC的组织架构。这分为两个阶段：第一阶段是1989年8月至1991年10月，RTC由美国联邦存款保险公司（FDIC）负责管理，财政部部长、美联储主席、住房和城市发展部部长和总统指派的两名私营部门代表组成监察委员会，负责制定RTC的运营策略和政策，任命RTC的总裁（由FDIC总裁兼任）和首席执行官，以开展日常工作。第二阶段是从1991年11月开始，美国国会通过《重组托管公司再融资、重构与强化法案》（*Resolution Trust Corporation Refinancing, Restructuring, and Improvement Act*），原监察委员会更名为储贷机构存款人保护监察委员会，在调整相关成员后，确定RTC总部设立在华盛顿，在亚特兰大、达拉斯、丹佛和堪萨斯城设立4个地区办公室，在全国设立14个办事处和14个销售中心，RTC不再受FDIC管理。直至1995年12月RTC关闭解散后，其余下工作被重新划回FDIC继续运作。

（3）RTC的资金来源。在实际运营中，RTC的资金来源由四个方面构成：财政部拨款、资产出售后的回收资金、托管储蓄机构中的存款以及来自重组融资公司（Resolution Funding Corporation）和联邦融资银行（Federal Financing Bank）的借款。

（4）RTC的运作方式。这主要分为两类：对储贷机构实施援助和重组。援助主要是以现金注入方式帮助相关储贷机构摆脱困境，使其重获持

"国家金融学"系列教材
总 序

续经营的能力。重组主要包括四个步骤：清算、托管、重组、资产管理与处置。其中，资产管理与处置主要是采用公开拍卖、期权销售、资产证券化等手段。

（5）RTC的资产定价方法。因为RTC处置的资产中近一半是商业和居民住房抵押贷款，其余是储贷机构自有房产、其他贷款及各类证券等，所以RTC在资产估价过程中结合地理位置、资产规模、资产质量、资产期限、偿付标准等因素，主要采用传统的净现值折现方法，同时结合运用推演投资价值（Derived Investment Value，DIV）工具完善估值。为防止不良资产被贱卖，RTC还会根据资产评估价格的一定比例设定保留价格作为投标底线。

（6）RTC的运作成效。从1989年8月至1995年12月底，RTC成功重组了747家储蓄机构。其中，433家被银行并购，222家被其他储蓄机构并购，92家进行了存款偿付，共涉及资产约4206亿美元，重组成本约为875亿美元。RTC的实践为清理破产金融机构、消化不良资产和化解金融危机提供了较为成功的范例。

美国RTC的成功经验也为中国所借鉴。1999年，中国政府在处置亚洲金融危机时，就参考了美国RTC的方式，剥离中国工商银行、中国农业银行、中国银行、中国建设银行四大银行的不良资产，组建了华融资产管理公司、东方资产管理公司、长城资产管理公司和信达资产管理公司来处理不良资产，参与资本市场运作。

可见，在美国、中国都存在这种典型的国家金融行为，但对于这类实践，理论界还缺乏系统性的探讨、总结，对这类问题的研究仍然是碎片化的、外在的，主要侧重于对技术手段的研究。在世界范围内，上述类型的不良资产处置公司应怎样定位，其功能和续存时间如何，这些都是亟待学界研究的课题。

案例二是沃尔克法则（Volcker Rule）与金融风险防范。

为了避免2008年次贷危机重演，2010年7月，美国颁布了《多德－弗兰克华尔街改革与消费者保护法案》，在政府监管机构设置、系统性风险防范、金融业及其产品细分、消费者保护、危机处置等方面设置了一系列监管措施。其中，沃尔克法则是最有影响的改革内容之一。[1]

---

[1] 参见姚洛《解读沃尔克法则》，载《中国金融》2010年第16期，第45~46页。

该法则的提出有着特殊的背景。美国的金融监管模式是在历史进程中逐渐形成的，是一个以联邦政府和州政府为依托、以美联储为核心、由各金融行业监管机构共同组成的双层多头金融监管体系。这一体系的弊端在2008年金融危机的爆发和蔓延过程中暴露无遗：一是监管体系无法跟上经济和金融发展的步伐；二是缺乏统一监管，难以防范系统性金融危机；三是监管职能重叠或缺位，造成监管死角；四是缺乏对金融控股公司的有效监管；五是分业监管体系与混业市场经营相背离；等等。保罗·沃尔克（Paul Volcker）对此曾经尖锐地指出，金融机构的混业经营和分业监管的错配是金融危机爆发的一个重大根源。

在这一背景下，沃尔克法则应运而生。其核心是禁止银行从事自营性质的投资业务，同时禁止银行拥有、投资或发起对冲基金和私募基金。其具体措施包括：第一，限制银行的规模，规定单一金融机构在储蓄存款市场上所占份额不得超过10%，从而限制银行通过过度举债进行投资的能力；第二，限制银行利用自身资本进行自营交易，规定银行只能在一级资本的3%以内进行自营投资；第三，限制银行拥有或资助对私募基金和对冲基金的投资，规定银行在每只基金中的投资比例不得超过该基金募集资本的3%；第四，控制资产证券化风险，规定银行销售抵押贷款支持证券等产品至少留存5%的信用风险；等等。

沃尔克法则的目标聚焦于金融市场"去杠杆化"。在该法则之下，国家可以将金融行业的风险进行隔离，简化风险管理的复杂度，提高风险管理和审慎监管的效率。这是一种典型的国家金融行为。在理论上，它涉及对一国的商业银行资产负债管理和投资银行风险收益关系的深化研究；在实践中，它关乎一国金融监管模式的选择和金融经济发展的方向。然而，学界对沃尔克法则的研究或借鉴，多数仍然停留在防范金融风险的技术手段上。

三、国家金融人才短缺，金融学需要细分

国家金融理论滞后于实践发展的直接后果是国家金融人才短缺。其原因主要有三：一是金融学缺乏细分，二是国内外金融学教研主要聚焦于微观金融领域与技术分析，三是国内外金融学学生大多偏重于微观金融的技术手段分析和操作。关于国内金融学研究的现状，我们以两个高校的例子予以说明。

第一例是以"金融"命名的某大学经济学科相关专业人才培养方案中

的课程设置（如图 1 所示）。

金融学专业
投资学专业
财政学专业
金融工程专业
保险学专业
国际经济与贸易专业
经济学专业
经济与金融专业
信用管理专业
经济统计学专业
金融数学专业
互联网金融专业

金融学专业：
- 金融学
- 金融市场与金融机构
- 商业银行经营学
- 信用担保
- 国际金融学
- 投资学
- 公司金融
- 金融工程学
- 金融风险管理等

经济与金融专业：
- 微观经济学
- 宏观经济学
- 金融经济学
- 投资经济学
- 区域经济学
- 产业经济学
- 计量经济学
- 金融工程学
- 商业银行经营学
- 银行会计
- 国际金融学
- 金融市场学

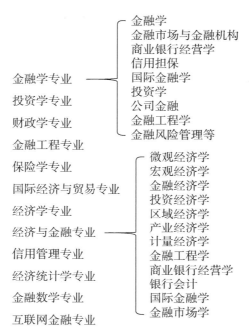

图 1　某金融大学经济学科相关专业人才培养方案中的课程设置

由图 1 的经济学科人才培养方案中的课程设置可知，该大学设置的 12 个经济类专业，涉及宏观金融学科的只有两个：金融学专业和经济与金融专业。前者的 9 门课程中只有国际金融学涉及少量宏观金融的概念，后者的 12 门课程中只有金融经济学与国际金融学涉及一些宏观金融的内容，其余多数为微观金融或部门金融的范畴。

第二例是某综合性大学金融学院金融学专业人才培养方案中的核心课程（如图 2 所示）。

专业核心课程：
- 货币金融学
- 公司金融
- 证券分析与实证分析
- 金融衍生工具
- 国际金融
- 金融机构与市场
- 投资与资产组合管理

图 2　某综合性大学金融学院金融学专业人才培养方案中的核心课程

由图2可知，该综合性大学金融学院金融学专业7门核心课程中只有国际金融涉及少量的宏观金融知识，其余均为微观金融或部门操作性金融技术的范畴。

上述两个案例告诉我们，国内的金融学教研基本上没有涉及国家金融层面的理论，缺乏对国家金融行为取向的研究与教学。

那么，国外金融学研究的情况如何呢？我们可以回顾一下1991年至2020年诺贝尔经济学奖获奖者概况（见表1）。

表1　1991年至2020年诺贝尔经济学奖获奖者概况

年　份	获奖者（中译名）	主要贡献
1991	罗纳德·科斯	揭示并澄清了交易费用和产权在经济的制度结构和运行中的重要性
1992	加里·贝克	将微观经济理论扩展到对人类行为及互动的分析上，包括非市场行为
1993	罗伯特·福格尔、道格拉斯·诺斯	运用经济理论和定量方法来解释经济和制度变迁，更新了经济史研究
1994	约翰·海萨尼、小约翰·纳什、莱因哈德·泽尔腾	在非合作博弈的均衡分析理论方面做出了开创性贡献
1995	小罗伯特·卢卡斯	发展并应用了理性预期假说，由此重塑了宏观经济学研究并深化了人们对经济政策的理解
1996	詹姆斯·莫里斯、威廉·维克瑞	对信息不对称条件下的经济激励理论做出了基础性贡献
1997	罗伯特·默顿、迈伦·斯科尔斯	为金融衍生品的定价问题贡献了新方法
1998	阿马蒂亚·森	对福利经济学做出了贡献
1999	罗伯特·蒙代尔	分析了不同汇率制度下的货币政策与财政政策，并分析了最优货币区
2000	詹姆斯·J.赫克曼、丹尼尔·L.麦克法登	前者发展了分析选择性抽样的理论和方法，后者发展了分析离散选择的理论和方法

续表1

年 份	获奖者（中译名）	主要贡献
2001	乔治·阿克尔洛夫、迈克尔·斯彭斯、约瑟夫·斯蒂格利茨	分析了充满不对称信息的市场
2002	丹尼尔·卡尼曼、弗农·史密斯	前者将心理学的研究成果引入经济学研究中，特别侧重于研究人在不确定情况下进行判断和决策的过程；后者为实验经济学奠定了基础，发展了一整套实验研究方法，并设定了经济学研究实验的可靠标准
2003	罗伯特·恩格尔、克莱夫·格兰杰	前者创立了描述经济时间序列数据时变波动性的方法：自回归条件异方差；后者发现了根据共同趋势分析经济时间序列的方法：协整理论
2004	芬恩·基德兰德、爱德华·普雷斯科特	在动态宏观经济学领域做出了贡献，揭示了经济政策的时间连贯性和商业周期背后的驱动力
2005	罗伯特·奥曼、托马斯·谢林	通过对博弈论的分析，加深了对冲突与合作的理解
2006	埃德蒙·费尔普斯	分析了宏观经济政策中的跨期权衡问题
2007	莱昂尼德·赫维茨、埃里克·马斯金、罗杰·迈尔森	为机制设计理论奠定了基础
2008	保罗·克鲁格曼	分析了贸易模式和经济活动的地域
2009	埃莉诺·奥斯特罗姆、奥利弗·威廉森	分析了经济管理行为，尤其是前者研究了公共资源管理行为，后者分析了公司治理边界行为
2010	彼得·戴蒙德、戴尔·莫滕森、克里斯托弗·皮萨里季斯	分析了存在搜寻摩擦的市场
2011	托马斯·萨金特、克里斯托弗·西姆斯	对宏观经济中的因果关系进行了实证研究

11

续表 1

年 份	获奖者（中译名）	主要贡献
2012	埃尔文·罗斯、罗伊德·沙普利	在稳定配置理论及市场设计实践上做出了贡献
2013	尤金·法玛、拉尔斯·彼得·汉森、罗伯特·席勒	对资产价格做了实证分析
2014	让·梯若尔	分析了市场力量与监管
2015	安格斯·迪顿	分析了消费、贫困和福利
2016	奥利弗·哈特、本格特·霍姆斯特罗姆	在契约理论上做出了贡献
2017	理查德·H. 塞勒	在行为经济学领域做出了贡献
2018	威廉·诺德豪斯、保罗·罗默	前者将气候变化引入长期宏观经济分析中，后者将技术创新引入长期宏观经济分析中
2019	阿比吉特·巴纳吉、埃丝特·迪弗洛、迈克尔·克雷默	在减轻全球贫困方面探索了实验性做法
2020	保罗·米尔格龙、罗伯特·B. 威尔逊	对拍卖理论的改进和发明了新拍卖形式

［资料来源：《盘点历届诺贝尔经济学奖得主及其贡献（1969—2019）》，见新浪财经网（https://tinance.sina.cn/usstock.mggd.2019-10-14/detail-iicezuev2135028.d.html），2019 年 10 月 14 日。］

在 30 年的时间跨度中，只有少数几位诺贝尔经济学奖获奖学者的研究是关于金融问题的：1997 年获奖的罗伯特·默顿和迈伦·斯科尔斯研究了金融机构新产品的期权定价公式，1999 年获奖的罗伯特·蒙代尔讨论了不同汇率制度下的货币政策与财政政策以及最优货币区，2003 年获奖的罗伯特·恩格尔和克莱夫·格兰杰在计量经济学领域的开拓性贡献为金融分析提供了不可或缺的工具，2013 年获奖的尤金·法玛、拉尔斯·彼得·汉森和罗伯特·席勒的贡献主要是对资产价格进行了实证分析；其余的获奖者则基本上没有直接触及金融问题。而在上述涉及金融问题的诺贝尔经济学奖获奖人中，只有罗伯特·蒙代尔一人在理论上探讨了国际金融问题，其他人则主要侧重于金融资产定价或金融实践的成效。

综上可见，无论是国内还是国外的金融学，都缺乏对国家金融的理论研究，且相关人才匮乏。与之相对的是，世界范围内重大的金融变革与发展，多是由不同国家的金融导向及其行为所推动的。因此，国家金融学研究不但应该引起学界重视，而且应该在一个更广阔的维度获得深化和发展。

笔者呼吁，要培养国家金融人才，就需要对现有的金融学研究和教学进行细分。以美国与中国高校金融学教学中普遍使用的教材为例，美国的常用教材是弗雷德里克·S.米什金的《货币金融学》[①]，中国则是黄达、张杰编著的《金融学》（第四版）[②]。这两种教材的优点是全面、系统：从货币起源讲到金融中介、金融体系，从金融市场讲到金融机构、金融监管，从中央银行讲到货币政策、外汇市场和国际金融，从金融运行的微观机制讲到资产组合与定价、业务管理与发展，等等。然而，为了满足当今经济发展对国家金融理论研究、实践管理和人才培养的需求，有必要在此类金融学教科书的基础上强化对国家金融学的研究与教学。因此，笔者建议在金融学原理的基础上，将金融学科细分为三类，具体如图3所示。

$$\text{金融学原理}\begin{cases}\text{公司金融学}\\\text{国家金融学}\\\text{国际金融学}\end{cases}$$

图3　金融学科分类

上述分类要求现有的各类大学金融学科在国内层面的教学与研究，不能仅仅局限在金融学基础理论和公司金融学两个领域，还应该包含国家金融学的设置、研究与教学发展。其中，国家金融学属于宏观金融管理范畴，研究并指导国家金融行为，即立足于一国金融发展中最核心、最紧迫的问题，要解决的是国家金融顶层布局、国家金融政策组合、国家金融监管协调、国家金融层级发展、国家金融内外联动、国家金融弯道超车、国家金融科技创新、国家金融风险防范和国家金融国际参与等课题。

公司金融学属微观金融管理范畴，研究并指导公司金融行为，即立足于企业金融行为中急需探讨和解决的问题，如公司治理结构（企业管理）、财税管理（会计学、税法）、公司理财（投资学）、风险管理（审计、评

[①]　弗雷德里克·S.米什金著：《货币金融学》，郑艳文译，中国人民大学出版社2006年版。
[②]　黄达、张杰编著：《金融学》（第四版），中国人民大学出版社2017年版。

估)、战略管理(决策运营)、公司融资(金融中介)、金融工程(产融开发)、法律责任(法学、信息经济学)和国际投资(兼并收购)等课题。

金融学各门学科从不同的定位出发,阐述其主要原理和应用这些原理的数理模型,并在演绎或归纳中探讨、解说案例,最终达到引导学生学习、思考的目标。金融学原理、国家金融学和公司金融学(当然也包括国际金融学)等各门学科定位不同,相互渗透,有机组成了完整的金融学科体系。

世界各国的国家金融如果要在国内实践中有效运行,首先要在理论上创设国家金融学的同时弄清楚它与金融学(基础理论)和公司金融学的联系与区别。世界各国的国家金融如果要在国际体系中有序参与,首先也应在理论上弄清楚国家金融学与国际金融学的联系和区别,同时看清楚国际金融体系在现实中的运行与未来的发展方向,只有这样,才能在实践中不断地推动其改革、创新与发展。世界各国都希望在国际金融体系中拥有自己的立足点和话语权,这也是其在国家金融行为属性中需要去面对和解决的事宜。

中国对此已有布局。[①] 2017年,中国召开全国金融工作会议,提出遵循金融发展规律,紧紧围绕服务实体经济、防控金融风险、深化金融改革三项任务,创新和完善金融调控,健全现代金融企业制度,完善金融市场体系,推进构建现代金融监管框架,加快转变金融发展方式,健全金融法治,保障国家金融安全,促进经济和金融良性循环与健康发展。同时,中国成立国务院金融稳定发展委员会,并强调了四个方面:第一,回归本源,把更多金融资源配置到经济社会发展的重点领域和薄弱环节;第二,优化结构,完善金融市场、金融机构、金融产品体系;第三,强化监管,提高防范与化解金融风险的能力;第四,市场导向,发挥市场在金融资源配置中的决定性作用。中国已从国家金融顶层设计的角度,一方面提出了急需国家金融人才来构建现代金融体系、维护国家金融秩序、保障并提升国家金融竞争力,另一方面也催生了国家金融学的设立、教研与发展。

四、国家金融学的研究对象

创设国家金融学的目的、意义及其他,这里不多阐述。笔者认为,国

---

① 参见新华社《全国金融工作会议在京召开》,见中华人民共和国中央人民政府网(http://www.gov.cn/xinwen/2017-07/15/content_5210774.htm),2017年7月15日。

家金融学的体系至少包括五个层面的内涵，有待我们去研究和深化。

第一层面：国家金融学研究对象①。

国家金融学以现代金融体系条件下的世界各国国家金融行为属性为研究对象，以探讨一国金融发展中最核心而又最紧迫的问题为导向，研究政策，采取措施，促进一国金融健康稳定，推动一国经济繁荣发展。

第二层面：现代金融体系结构②。

国家金融学以现代金融体系条件下的国家金融行为属性为研究对象，从现代金融体系结构中的金融市场要素、金融市场组织、金融市场法制、金融市场监管、金融市场环境和金融市场基础设施六个子体系去探讨世界各国的国家金融行为，维护国家金融秩序，提升国家金融竞争力。

第三层面：现代金融体系内容③。

现代金融体系强调功能结构的系统性，并在其中探讨国家金融行为对一国金融稳定和经济健康发展的影响。现代金融体系至少包括六个子体系：第一，金融市场要素体系。它既由各类市场（包括货币市场、资本市场、保险市场、外汇市场和衍生性金融工具市场等）构成，又由各类市场的最基本元素即价格、供求和竞争等构成。第二，金融市场组织体系。它由金融市场要素与金融市场活动的主体或管理机构构成，包括各种类型的市场主体、各类市场中介机构以及市场管理组织。第三，金融市场法制体系。金融市场具有产权经济、契约经济和规范经济的特点，因此，规范市场价值导向、交易行为、契约行为和产权行为等法律法规的整体就构成了金融市场法制体系。它包括金融市场相关的立法、执法、司法和法制教育等。第四，金融市场监管体系。它是建立在金融市场法制体系基础上的、符合金融市场需要的政策执行体系，包括对金融机构、业务、市场、政策法规执行等的监管。第五，金融市场环境体系。它主要包括实体经济基础、现代产权制度和社会信用体系三大方面。对这一体系而言，重要的是建立健全金融市场信用体系，以法律制度规范、约束金融信托关系、信用工具、信用中介和其他相关信用要素，以及以完善金融市场信用保障机制为起点建立金融信用治理机制。第六，金融市场基础设施。它是包含各类

---

① 参见陈云贤著《国家金融学》，北京大学出版社2018年版，序言。
② 参见陈云贤著《国家金融学》，北京大学出版社2018年版，第8～10页。
③ 参见陈云贤著《国家金融学》，北京大学出版社2018年版，第8～11页。

软硬件的完整的金融市场设施系统。其中，金融市场服务网络、配套设备及技术、各类市场支付清算体系、科技信息系统和金融行业标准的设立等都是成熟的金融市场必备的基础设施。

第四层面：政府与市场在现代金融体系中的作用①。

现代金融体系的六个子体系中，金融市场要素与金融市场组织是其体系中的基本元素，它们的行为导向更多地体现为市场的活动、市场的要求、市场的规则和市场的效率；而现代金融体系中的金融市场法制、金融市场监管、金融市场环境和金融市场基础设施，是其体系中的配置元素，它们的行为导向更多地体现为对市场的调节、对市场的监管、对市场的约束和对市场原则的规范。世界各国国家金融行为导向，表现在现代金融体系中，应该是市场决定金融资源配置，同时更好地发挥政府的作用。只有这样，现代金融体系六个子体系作用的发挥才是健全的和完整的。

第五层面：国家金融行为需要着手解决的问题②。

在现有的国际金融体系中，处于领先地位的国家总是力图保持强势有为，处于附属前行的国家总是希望弯道超车以后来居上。世界各国就是国际金融体系演进"马拉松"中的"参赛者"。对于大多数发展中国家而言，在这场世界级的金融体系演进的"马拉松赛跑"中，一国的国家金融行为取向表现在现代金融体系的逐渐完善进程中。第一，应加强金融顶层布局的政策探讨；第二，应加强金融监管协调的措施探讨；第三，应加强金融层级发展的规则探讨；第四，应加强金融离岸与在岸对接的模式探讨；第五，应加强金融弯道超车的路径探讨；第六，应加强金融科技创新的趋势探讨；第七，应加强金融危机化解的方式探讨；第八，应加强金融国际参与的方案探讨；等等。这些需要着手解决的问题，厘清了世界上大多数发展中国家金融行为的目标和方向。

五、现代金融体系演进与国家金融行为互动

国家金融学研究对象五个层面的内涵，构成了国家金融学体系的主要框架。其中，现代金融体系的演进及其与国家金融行为的互动呈现出五大

---

① 参见陈云贤著《市场竞争双重主体论》，北京大学出版社 2020 年版，第 179～182 页。
② 参见陈云贤著《国家金融学》（第二版），北京大学出版社 2021 年版，第 18～19 页。

特点。①

（1）现代金融体系的六个子体系的形成是一个渐进的历史过程。以美国为例，在早期的市场经济发展中，美国主流认可自由放任的经济理念，金融市场要素体系与金融市场组织体系得到发展和提升，反对政府干预经济的理念盛行。1890年，美国国会颁布美国历史上第一部反垄断法《谢尔曼法》，禁止垄断协议和独占行为。1913年，美国联邦储备委员会正式成立。1914年，美国颁布《联邦贸易委员会法》和《克莱顿法》，对《谢尔曼法》进行补充和完善。在"大萧条"之后的1933年，美国颁布《格拉斯－斯蒂格尔法案》。此后，美国的反垄断制度和金融监管实践经历了近百年的演进与完善，整个金融市场形成了垄断与竞争、发展与监管动态并存的格局。从20世纪90年代开始，美国的通信、网络技术爆发式发展，金融市场创新驱动能力和基础设施升级换代成为市场竞争的主要表现。与此同时，美国政府反垄断的目标不再局限于简单防止金融市场独占、操纵价格等行为，金融市场的技术垄断和网络寡头垄断也被纳入打击范围。这一时期，通过完善金融市场登记、结算、托管和备份等基础设施，提高应对重大金融灾难与技术故障的能力，提升金融市场信息系统，完善金融信用体系建设，实施金融市场监管数据信息共享等，美国的金融市场环境体系和金融市场基础设施得到了进一步完善与发展。这一切将美国的金融市场体系推向现代高度，金融市场竞争发展到了全要素推动和系统参与的飞跃阶段。

（2）现代金融体系的六个子体系是统一的。一方面，六个子体系相互联系、相互作用，有机结合成一个成熟的金融市场体系。在金融市场的实际运行中，缺少哪一个子体系，都会导致市场在那一方面产生缺陷，进而造成国家经济损失。在世界各国金融市场的发展过程中，这样的典型案例比比皆是。另一方面，在现代金融体系的六个子体系内，各个要素之间也是相互联系、相互作用、有机统一的。比如，在金融市场要素体系中，除了各类货币市场、资本市场、保险市场、外汇市场等互相联系、互相作用外，规范和发展利率市场、汇率市场等，逐步建立离岸与在岸统一的国际化金融市场，积极发展一国金融产品和金融衍生产品市场，努力提升一国

---

① 参见陈云贤著《经济新引擎——兼论有为政府与有效市场》，外语教学与研究出版社2019年版，第137～141页。

金融的国际话语权和竞争力，等等，都是相互促进、共同完善现代金融体系的重要举措。

（3）现代金融体系的六个子体系是有序的。有序的金融市场体系才有效率。比如，金融市场价格机制的有序。这主要体现在利率、汇率、债券、股票、期货、期权等投资价格的形成过程中，应充分发挥市场在资源配置中的基础性作用，根据市场反馈的供求状况形成市场定价，从而推动现代金融体系有序运转。又比如，金融市场竞争机制的有序。竞争是金融市场的必然产物，也是实现市场经济的必然要求。只有通过竞争，金融市场要素的价格才会产生市场波动，金融资源才能得到有效配置，从而实现市场主体的优胜劣汰。再比如，金融市场开放机制的有序。现代金融体系是开放的，但这种开放又必定是渐进的、安全的、稳定有序的。这又再次表明，现代金融体系的六个子体系既相互独立又相互制约，它们是对立统一的完整系统。

（4）现代金融体系六个子体系的功能是脆弱的。其原因主要有三个方面。首先是认识上的不完整。由于金融市场主体（即货币市场、资本市场、外汇市场等参与主体）有自己的利益要求，因此在实际的市场运行中，它们往往只讲自由、竞争和需求，避讲法治、监管和均衡，这导致现代金融体系六个子体系的功能常常出现偏颇。其次是政策上的不及时。金融市场的参与主要依靠各类投资者，金融市场的监管主要依靠世界各国政府。但在政府与市场既对立又统一的历史互动中，由于传统市场经济理论的影响，政府往往是无为的或滞后的，或在面临世界金融大危机时采用"补丁填洞"的方式弥补，等等，这使得现代金融体系六个子体系的功能往往无法全部发挥。最后是金融全球化的冲击。在金融立法、联合执法、协同监管措施还不够完善的全球金融体系中，存在大量金融监管真空、监管套利、金融投机、不同市场跨界发展，以及造假、诈骗等行为。因此，现代金融体系的健全及六个子体系功能的有效发挥，还需要一个漫长的过程。

（5）现代金融体系六个子体系的功能正在或即将逐渐作用于世界各国乃至国际金融市场的各个领域。也就是说，在历史进程中逐渐形成和完善的现代金融体系，不仅将在各国金融市场上发挥作用，而且伴随着二十国集团（G20）金融稳定委员会作用的发挥和国际金融监管协调机制的提升与完善，在国际金融体系中也将发挥作用。世界各国的金融领域，不仅需要微观层面投资主体的参与,而且需要宏观层面国家金融行为的引导。在世界各国的理论和实践中,这都是正在逐渐完善的现代金融体系的客观、必然的发展趋向。

在当代中国,要加强国家金融学研究,就需要围绕现代金融体系六个子体系的功能,探讨在国内如何建立、完善现代金融体系,在国际上如何定位中国金融的作用。这必然会从国家行为属性的角度,进一步厘清中国国家金融的目标和作用。这其中涉及诸多重大课题:如何协调财政政策与货币政策?如何推进强势人民币政策?中国拥有现行世界金融体系中最优的金融监管架构,如何发挥其作用?中国在探讨国家与地方金融的层级发展时,如何避免要么"金融自由化"、要么"金融压抑"的老路,在"规则下促竞争、稳定中求发展"的前提下闯出一条新路?如何确定粤港澳大湾区离岸与在岸金融对接的路径及切入点?如何发挥中国"碳金融"的作用,在国际金融体系中实现弯道超车?金融科技尤其是网络金融与数字货币在中国如何健康发展?如何坚持金融服务实体经济,并在金融产业链中有效防范系统性或区域性金融风险?在国际金融体系的变革中,如何提出、推动和实施"中国方案"?等等。可见,现代金融体系的建设与完善,在中国乃至世界各国的发展进程中,始终映射着一国的国家金融行为的特征与取向。这些就是国家金融学需要深入研究的对象。

在现代金融体系下,国家金融学的研究与公司金融学、国际金融学和金融科技发展等密切相关、相互渗透。因此,可以预言国家金融学研究的现状与未来,取决于一国在金融理论和实践层面对国家金融与公司金融、离岸金融与在岸金融、金融科技创新发展、金融监管与风险防范,以及国际金融体系改革创新的探研和实践。国家金融学学科的创设,为从理论上探讨国家金融行为对一国乃至国际现代金融体系的影响拉开了一个序幕。它对中国维护金融秩序、提升国家金融竞争力也将发挥重要的推动作用。

《国家金融学》(陈云贤著)已在北京大学、复旦大学、中山大学、厦门大学、暨南大学等 10 所高校开设的课程中作为教材使用。师生们在教与学的过程中,一方面沉浸于《国家金融学》带来的国家金融领域全方位的知识盛宴,认为教材新颖、视野开阔、知识广博;另一方面又提出了对未来课程的更多设想,希望能有更多材料参考、案例剖析、课后阅研等内容。

鉴于此,中山大学高度重视,组织了以陈云贤为主编,李善民、李广众、黄新飞为副主编的"国家金融学"系列教材编委会。本系列教材共9本。其中，陈云贤负责系列教材的总体设计、书目定排、统纂定稿等工作；9本教材的撰写分工如下：王彩萍、张龙文负责《国家金融体系结构》，赵慧敏、陈云贤负责《国家金融体系定位》，黄新飞、邓贵川负责《国家金融政策组合》，李广众、李光华、吴于蓝负责《国家金融监管协调》，周天芸负责《国家金融内外联动》，李小玲、魏守道负责《国家金融弯道超车》，韦立坚负责《国家金融科技创新》，杨子晖、王姝黛负责《国家金融风险防范》，王伟、张一林负责《国家金融国际参与》。

"国家金融学"系列教材，系中山大学21世纪金融学科重点教材，是中山大学文科重点建设成果之一。它作为一套面向高年级本科生和研究生的系列教科书，力求在现代金融体系条件下探讨国家金融行为属性，从而在一国金融顶层布局、大金融体系政策组合、国家地方金融发展以及国家金融监管协调、内外联动、弯道超车、科技创新、风险防范、国际参与等领域做出实质性探研。本系列教材参阅、借鉴了国内外大量的专著、论文和相关资料，谨此特向有关作者表示诚挚的谢意。

当今世界，全球经济一体化、金融市场国际化的客观趋势无一不要求国际金融体系要更加健全、国际货币体系要改革创新，它需要世界各国国家金融行为的取向能够符合这一潮流。但愿"国家金融学"系列教材的出版，能够助力健全国家金融业乃至国际金融业的体系，开拓全球经济的未来。

2020 年 10 月

陈云贤 北京大学客座教授，中山大学国际金融学院和高级金融研究院名誉院长、博士研究生导师，广东省人民政府原副省长。电子邮箱：41433138@qq.com。

目 录

前 言 ………………………………………………………………………… 1

第一章　国家金融体系与传统金融体系的联系和区别 …………………… 1
　　第一节　国家金融体系结构 …………………………………………… 1
　　第二节　国家金融体系定位 …………………………………………… 8
　　第三节　国家金融体系与传统金融体系的比较 …………………… 11
　　第四节　国家金融体系发展 ………………………………………… 18
　　思考讨论题 …………………………………………………………… 23

第二章　国家金融市场要素 ……………………………………………… 24
　　第一节　金融市场 …………………………………………………… 24
　　第二节　货币市场 …………………………………………………… 44
　　第三节　资本市场 …………………………………………………… 54
　　第四节　外汇市场 …………………………………………………… 69
　　第五节　保险市场 …………………………………………………… 79
　　第六节　金融衍生品市场 …………………………………………… 90
　　思考讨论题 …………………………………………………………… 96

第三章　国家金融市场组织 ……………………………………………… 97
　　第一节　商业性金融组织 …………………………………………… 97
　　第二节　管理性金融组织 …………………………………………… 119
　　第三节　政策性金融组织 …………………………………………… 130
　　第四节　其他金融组织 ……………………………………………… 137
　　思考讨论题 …………………………………………………………… 144

第四章　国家金融市场法制 ... 145
第一节　金融立法 ... 145
第二节　金融执法 ... 156
第三节　金融司法 ... 181
第四节　金融法制教育 ... 190
思考讨论题 ... 201

第五章　国家金融市场监管 ... 202
第一节　金融机构监管 ... 202
第二节　金融业务监管 ... 211
第三节　金融市场监管 ... 237
第四节　金融政策法规实施情况监管 ... 252
思考讨论题 ... 257

第六章　国家金融市场环境 ... 258
第一节　金融服务实体经济 ... 258
第二节　金融发展与现代产权制度完善 ... 268
第三节　金融生态与社会信用体系建设 ... 280
思考讨论题 ... 288

第七章　国家金融市场基础设施 ... 289
第一节　金融基础硬件设施 ... 289
第二节　金融基础软件设施 ... 302
第三节　金融业标准建设 ... 307
第四节　中国金融基础设施建设实践 ... 313
思考讨论题 ... 318

第八章　国家金融体系的现在与未来 ... 319
第一节　国家金融 ... 319

第二节　离岸金融与在岸金融 …………………………… 321
　　第三节　金融科技相互融合的现在与未来 …………………… 331
　　第四节　国际金融体系的现在与未来 ………………………… 339
　　思考讨论题 …………………………………………………… 344

参考文献 ……………………………………………………… 345

后　　记 ……………………………………………………… 366

前　言

金融在当今世界各国发展中的重要性不言而喻。随着经济、技术环境的不断变迁，各国在实践中对金融体系要素的不断探索、创新和改革，已经超出了传统金融体系的理论范畴。本书由陈云贤教授领衔主编，在陈教授所著《国家金融学》的基础上，对国家金融体系结构的具体内容进一步探索思考而成。

本书共分为八章。其中，第一章为总论，总体介绍国家金融体系结构。第二章至第七章，则以陈云贤教授所提出来的国家金融体系"六要素论"（国家金融市场要素、国家金融市场组织、国家金融市场法制、国家金融市场监管、国家金融市场环境和国家金融市场基础设施）为指导建构。第八章在前述内容基础上，进一步思考国家金融体系的现在和未来。具体各章节内容如下：

第一章为国家金融体系与传统金融体系的联系和区别。本章首先对国家金融体系的结构、定位进行简要阐述，接着参照传统金融体系，分析国家金融体系与之的联系和区别，最后对中国改革开放40多年来国家金融体系发展的路径和利弊得失进行分析，为进一步推动中国国家金融体系的建设提供依据。第二章为国家金融市场要素。本章搭建起金融市场的整体结构框架，并探讨金融市场与现代经济体系的另一类主要市场——商品市场的差别和联系；同时，详细介绍货币市场、资本市场、外汇市场、保险市场以及金融衍生品市场，对每一个市场的含义、功能、类型结构等进行详细的阐述，并将之与发达国家金融市场进行比较分析。第三章为国家金融市场组织。本章分为四个部分，分别对商业性金融组织、管理性金融组织、政策性金融组织以及其他金融组织的功能、发展历程进行介绍，对其当前存在的问题进行剖析，并对其未来发展的方向进行讨论。第四章为国家金融市场法制。本章由金融立法、金融执法、金融司法、金融法制教育四部分构成，重点在于对四部分的概念体系、机构组织、发展沿革、所涉内容进行详细的阐述；同时，对美国、英国等发达国家金融市场法制体系的状况进行剖析，借鉴并提出促进中国金融市场法制体系建设进一步完善的相关建议。第五章为国家金融市场监管。本章主要对金融机构、金融业务、金融市场、金融政策法规实施情况监管展开分析，介绍当前的监管现状，研究存在的问题，并结合发达国家金融市场监管的经验，指出其对中国金融市场监管的可借鉴之处。第六章为国家金融市场环境。国家金融市场环境的要素包括实体经济、产权制度、社会信用体系和市场化运作。围绕上述内容，本章介绍了国家金融市场环境体系的发展历程、建设现状，并对其未来进行展望。第七章为国家金融市场基础设施。本章对金融市场基础硬件设施、金融市场基础软件设施进行了介绍，同时强调了金融业标准建设和发展的重要性，并对中国金融市场基础设施建设的实践进行介绍和分析。第八章为国家金融体系的现在与未来。本章对国家金融体系进一步进行总结，并对离岸金融和在岸金融、金融科技相互融合以及国际金融体系的现在与未来分别进行介绍和分析。

2021年，陈云贤教授在《关于创设"国家金融学"的几点思考》一文中倡议，创设国家金融学学科，从理论上探讨国家金融行为对一国乃至国际现代金融体系的影响，可以为维护中国金融秩序、提升国家金融竞争力发挥重要的推动作用。本书作为国家金融学学科体系的组成部分，可作为相关学科本科生、研究生以及社会各界对国家金融学感兴趣人士的学习教材。作为"国家金融学"系列教材的第一本，期待本书能发挥提纲挈领的作用，为读者建立起国家金融学的总体思路和分析框架提供帮助。

第一章 国家金融体系与传统金融体系的联系和区别

本章第一节为国家金融体系结构,主要对金融市场要素、金融市场组织、金融市场法制、金融市场监管、金融市场环境、金融市场基础设施六个子体系进行概括说明。第二节为国家金融体系定位,主要对银行主导型和市场主导型金融体系、全球主要金融体系的划分进行介绍。第三节为国家金融体系与传统金融体系的比较,重点介绍国家金融体系的五个层次,并结合中国经济发展的实际情况进行归纳总结。第四节为国家金融体系发展,主要对改革开放40多年来中国金融体系发展路径和利弊得失进行总结,为进一步推动国家金融体系建设提供依据。

第一节 国家金融体系结构

一、金融市场要素

金融市场是资金供求双方运用各种金融工具,通过各种途径实现货币借贷和资金融通的交易活动总称。金融市场可以细分为货币市场、资本市场、外汇市场、保险市场等。货币市场指标的物为期限在一年及一年以下金融资产的短期金融市场,主要功能在于保持金融资产的流动性;资本市场又称中长期资金市场,是指证券融资和经营一年以上的资金借贷和证券交易的场所;外汇市场是由两种及以上类型的货币相互兑换或买卖的交易场所,交易系统通常由各国中央银行、外汇银行、外汇经纪人和客户组成;保险市场是指交易对象为保险商品的金融市场,是决定保险商品价格、实现保险商品交换关系的总和。

金融作为现代经济的核心,在落实和实现国家治理体系与治理能力的现代化建设这一重大治国方略中具有至关重要的作用。金融市场具有聚敛、配置、调节、反映和降低成本五大经济功能（张亦春、郑振龙，2013）。具体而言，金融市场的聚敛功能表现为汇集资金供应者手中的闲置资金，并将其提供给资金需求者用于社会再生产。金融市场的配置功能则体现为对资源的配置、财富的再分配以及风险的再分配。金融市场的调节功能表现为将储蓄者与投资者联系起来。随着金融全球化的发展，全球的金融市场互联互通，促进了资金和信息在世界范围内广泛、迅速地传导，反映世界经济运行情况和发展态势，这体现为金融市场的反映功能。此外，金融市场还具有降低与交易相关成本的功能。

当前，就金融市场的结构而言，跨市场行为存在多方面约束，在目前金融机构监管的思路下，中国货币市场与资本市场的对接问题一直是经济领域关注的热点。中国的经济、社会发展水平已大幅提高，然而，货币市场、资本市场中存在的问题日益凸显。国家当前的一系列政策，多是对金融市场进行较强的管制，而货币市场没有得到较好发展。基于中国的国情，我们应从货币市场、资本市场的对接问题上入手，以加速提高二者的协调性，在注重社会稳定的同时，促进货币市场、资本市场协调、完善、稳定、健康地发展。

二、金融市场组织

金融市场组织（简称"金融组织"）是整个国家金融体系的"细胞"，包括商业性金融组织、管理性金融组织、政策性金融组织和其他金融组织。其中，商业性金融组织包含传统金融组织与地方性金融机构，以及新型金融组织（地方区域性商业银行、信用社、信托公司等多种金融组织）；管理性金融组织包含中国人民银行、中国银行保险监督委员会（简称"银保监会"）、中国证券监督委员会（简称"证监会"）和金融稳定局；政策性金融组织主要包括三大政策性银行和一个政策性保险公司；其他金融组织包括第三方金融服务组织、第三方支付服务组织和证券服务机构。

传统的金融组织主要包括传统的商业性金融组织，具体包括全国性商业银行、证券公司、基金公司等金融机构。其中，商业银行主要行使调节经济和信用创造的职能。证券公司则是指依照《中华人民共和国公司法》和《中华人民共和国证券法》的规定，并经国务院证券监督管理机构审查批准而成立的专门经营证券业务、具有独立法人地位的有限责任公司或者股份有限公司，其主要业务包括证券经纪、证券投资咨询、证券承销与保荐、证券自营、与证券交易和证券投资活动有关的财务顾问、证券资产管理和其他证券业务。基金公司仅指经证监会批准的、可以从事证券投资基金管理业务的基金管理公司，从广义上来说，按照募集对象划分，基金公司分公募基金公司和私募基金公司。现阶段，具有庞大规模、海量资金的传统金融机构往往无法满足拥有差异化金融需求的金融消费者，因而对传统金融机构进行补充的地方性金融机构和新型组织也应运而生，如小额贷款公司等。健全金融组织体系应当从满足多样化的金融需求入手，完善各类不同功能的金融组织业态，为金融消费者提供更多创新型产品和服务。

三、金融市场法制

在现代金融业中，一切金融业务都表现为合约的履行，任何金融机构和金融活动都需要置身于法制环境中生存和发展。健全的法律制度能降低金融活动的交易风险，提高金融交易效率，这也是法治体系不断发展与完善的动力源泉（匡国建，2005）。在金融发展中，法律制度是解决市场失灵的重要支柱。一个成熟经济体的建立和金融政策的推行，最终都需要上升到法律层面，以显示其权威性、稳定性和可操作性。国家金融市场法制（简称"金融法制"）体系由金融立法、金融执法、金融司法和金融法制教育四大方面构成。金融立法是国家立法机关制定调整金融关系和金融管理关系的规范性文件的过程。金融执法是国家机关和授权单位依法运用国家权力，将金融法律规范应用到具体人或组织，用来解决法的实现的具体问题的一种行使权力的专门活动。金融司法是公安、检察机关或法院依法对金融民事、行政和刑事案件进行侦查、起诉、审批、执行的过程。金融法制教育是通过教育金融监管者、广大金融从业人员以及社会其他各界，使其了解、掌握金融法律知识，遵守金融法律规定，运用金融法律知识保护自身合法权益的过程。

国家金融法制变革应该盯住金融安全、金融效率、金融公平三个价值目标，通过金融主体、金融监管、金融法制体系的完善，充分发挥金融市场的经济功能和社会功能；加强金融监管，提高金融效率，完善金融市场环境建设，促进金融公平和金融安全。

四、金融市场监管

金融市场监管（简称"金融监管"）是一种干预金融市场与经济活动的政府行为，是指为了维护金融体系的安全稳固与平稳发展，打造有序、公平、高效的市场竞争环境，切实保护金融活动各相关方的利益而进行的活动。国家法律授权特定机构依法对金融机构的市场准入、经营活动、市场退出等实施一系列检查和督促性举措、协调和控制性举措。金融监管分为金融监督和金融管理。2015年，中国股市的异常波动引起人们对金融监管的关注，而金融监管体制上的缺陷被认为是该次股市异常波动的重要原因之一（巴曙松，2016）。在对股市异常波动进行深入反思后，人们意识到加快金融监管改革刻不容缓，而中国政府也将金融监管体制改革列入国家"十三五"规划纲要。但是，中国金融监管体系的改革方向在学术界依然存在争议。从金融体系建设的角度来看，中国政府需要根据自身金融结构的演变特征，并借鉴金融危机后全球金融结构和金融监管的发展趋势，选择适合中国的金融监管模式。

从"大一统"到"一行三会"，再到"一委一行两会"，我国的金融监管体系走过了从统一监管到分业监管，再到综合监管的道路。金融结构随着经济发展而变迁，当一国金融结构符合当前的要素禀赋和产业结构需求时，金融系统就能够在经济发展的当前阶段最有效地促进产业和经济的发展（黄辉，2019）。而在金融结构变化的过程中，金融体系的风险结构也会出现相应变化，从而可能改变原有金融监管体系的范畴，降低原有金融监管体系的效率，从而积聚金融风险，甚至导致金融危机的爆发。因此，为防范金融风险、促进经济发展，建立适应金融结构调整的金融监管体系成为当下中国乃至世界各国的重大课题。

金融监管可以划分为对金融业务的监管和对金融市场的监管两类，其中，对金融业务的监管包括对银行业务、证券业务、保险业务、信托业务以及影子银行的监管。我国证券业务主要由证监会及其派出机构统一监督管理。信托业务、保险业务由银保监会及其派出机构进行监管。依照相关法律法规，通常情况下，保险公司不得同时经营财产保险和人身保险两种业务，且不能经营除《中华人民共和国保险法》及其他相关法律法规规定外的业务。影子银行则是指游离于金融监管体系之外，因未受到严格的审慎监管，可能引发系统性风险和监管套利的信用中介机构或业务活动。

对金融市场的监管主要包括对货币市场、证券市场、债券市场以及外汇市场的监管。具体而言，货币市场的监管主体是中央银行。在监管目标上，中央银行要维持货币市场的稳定性，同时也要确保货币市场高效运作、货币市场竞争的公平性。对证券市场的监管则主要指在保障投资者之合法权益的同时，确保证券市场的公平透明，并降低证券市场的系统性风险。对债券市场的监管是指根据市场类别、债券类别和业务环节的不同进行分别监管。根据市场类别划分，我国的债券市场分为场外交易市场（银行间债券市场、柜台债券市场）、场内交易市场（交易所债券市场）。其中，银行间债券市场由中国人民银行进行监管，交易所债券市场由证监会进行监管。根据债券类别划分，我国的企业债由国家发展改革委员会（简称"发改委"）进行监管，公司债由证监会监管，国债和地方债券由财政部监管。外汇市场监管是指国家动用经济、政治手段或法律方法对外汇市场进行监管，包括外汇的收支、使用、结算、买卖、汇率等方面。我国对外汇市场进行监管的主体为中国人民银行授权的国家外汇管理局，中国人民银行负责整体的宏观外汇监管，外汇管理局及其分支局负责微观的外汇监管，例如国际收支和外汇储备等方面的监督管理。外汇监管的目标在于弥补外汇市场机制的失灵，保护利益相关者的合法权益，维护市场公平有效、透明稳定，促进外汇市场各项功能的发挥，从而实现维护金融稳定、促进经济增长的最终目标。

2008年金融危机爆发后，全球金融体系依然有向金融市场倾斜的趋势。与此同时，国际组织和学者对金融风险有了更全面的认识，将其大致分为金融消费者欺诈、金融机构倒闭、金融危机（系统性风险）和经济危机，分别对应金融监管目标的金融消费者保护、金融机构稳健、金融体系稳定和经济价格稳定（黄辉，2019）。由此，基于监管模式与金融结构相配合，监管政策工具与金融监管目标相对应，统一的功能监管或目标监管模式逐渐取代多头的机构监管模式。同时，金融监管体系改革需综合考虑利用并协调行为监管、微观审慎、宏观审慎和货币政策这四种监管政策工具。

五、金融市场环境

金融市场环境（简称"金融环境"）指金融业生存和发展的外部环境，亦可称为金融生态环境。良好的金融环境是金融资源高效转化及配置、金融和实体经济良性互动、金融迸发持续创造力的重要条件。同时，金融环境带来的冲击会促使金融进行自我调控，金融的不断发展会对金融环境提出更高的要求。金融与金融环境、金融环境内部各个因素相互联系、相互作用，形成一个完整的有机整体。如果要构建良好的金融环境，则实体经济是土壤，信用环境是基石。金融产生并最终服务于实体经济，实体经济的发展程度越高，金融系统的平衡能力越强。维持金融与实体经济的比率，协调金融与实体经济的发展，是促成经济与金融高质量发展的重要环节。国家金融市场环境的要素包括实体经济、产权制度以及社会信用体系。

实体经济与虚拟经济是相伴而生的经济术语。实体经济是经济运行中以有形的物质为载体，进入市场的要素以物质形态为主体的物质产品和精神产品的生产、销售、消费、服务等所有经济活动，包括农业、工业、建筑业、交通运输业、商业服务业、邮电通信业、医疗业、信息业、社会保障业等众多行业。虚拟经济包括金融业和房地产业，其中，金融业是学术讨论的关键部分。从"脱实向虚"到"脱虚向实"的转型，是回归经济发展的根基，是经济与金融高质量发展的需要。在实体经济发展早期，交易的需求催生了支付与汇兑中介，此时金融仅具有结算的功能，对实体经济的发展未起到作用。随着实体经济的进一步发展，金融体系不断壮大。金融为实体经济汇聚资本，通过资本的优化配置促进实体经济发展。同时，公司制和股份制在实体经济的推动下诞生，为金融市场的发展提供先决条件。但金融的快速增长与实体经济的较缓增长形成剪刀差，金融的逐利性和实体经济的边际递减规律也成为金融体系自身不断发展膨胀、脱离实体经济的撕裂口。以货币量的增加、资本重复交易规模的扩张和资产名义价格的上涨为利润来源，这种严重虚拟性的价值增值脱离实际生产过程，最终表现则是金融与实体经济关联程度的弱化。

市场经济是契约经济，契约产生预期效果的基础是信用。信用产生市场秩序，进而产生价值，推动经济发展和社会进步。金融业是社会信用体系的最大受益者。金融交易以信任与双方信息对等为重要基础，健全的社会信用体系发挥着降低信息不对称和逆向选择风险、提高资金配置效率、减轻信息垄断程度、避免过度授信或借贷等作用，不仅为金融交易提供风险甄别机制，也为金融业的开拓和创新提供有力的保障。构建社会信用体系是市场经济中的重要制度。中国经历了从计划经济到市场经济的转变，建设市场化的社会信用体系是向成熟市场经济迈出的重要一步。当前，中国的社会信用体系虽然正处于加速发展阶段，但与发达国家相比，我国在信息开放和质量、安全和便利程度方面仍有较大的差距，仍需不断完善。另外，中国社会诚信基础、市场经济发展阶段与发达国家不同，构建社会信用体系的过程有其独特性。

"十三五"规划纲要指出，推进产权保护法治化，依法保护各种所有制经济权益。产权明晰和完善的产权保护制度有利于维护社会公平正义，增强企业投资信心。对金融市场来说，也有利于市场化价格的形成和资源的有效配置。唯有建立了完善的现代产权制度以及和要素市场化配置配套的市场竞争秩序，保障了经济行为者为自己的行为获取收益或承担风险，金融市场才能通过风险和利益机制实现资源配置。完善现代产权制度对于金融发展具有必要性和重要性。随着我国生产社会化、资本社会化和市场经济体制的发展，完善现代产权制度是遵循生产力、生产关系和社会发展目标的必然结果。在混合所有制改革的背景下，完善现代产权制度为实现国有资本、集体资本、非公有资本等交叉持股、相互融合的混合所有制经济提供了制度环境基础，公平的市场环境有助于各种所有制资本取长补短、共同发展，有利于释放金融市场各投资主体的活力。

六、金融市场基础设施

金融市场基础设施（简称"金融基础设施"）是支持金融市场和金融中介有效运行的机构、制度、信息和技术，具体包括法律制度、会计与审计制度、信息披露机制、征信机制、支付与清算组织、监管机构等。广义而言，金融基础设施涉及金融稳定运行的各个方面，包括金融市场硬件设施以及金融法律法规、会计制度、信息披露原则、社会信用环境等制度安排。从狭义上讲，主要侧重于金融市场交易的硬件设施，尤其是支付清算基础设施。

在 2008 年国际金融危机之前，人们对狭义的金融基础设施更多关注的是以央行为中心的支付清算体系。而在金融危机之后，金融市场中的基础设施受重视的程度与日俱增。2012 年，国际清算银行支付与结算委员会①和国际证监会组织共同发布了《金融市场基础设施原则》，并划分了

---

① 2013 年更名为国际清算银行支付与市场基础设施委员会。

五类金融市场基础设施,包括支付系统、中央证券托管系统、证券结算系统、中央对手方、交易数据库。该原则已经成为各国推动金融基础设施建设的共识。中国经过多年建设,逐步形成了为货币、证券、基金、期货、外汇等金融市场交易活动提供支持的基础设施体系,功能比较齐全,运行整体稳健。

第二节　国家金融体系定位

一、国家金融体系定位概述

现代金融结构随着金融创新的不断发展,已经发生了深刻的变化,传统直接融资与间接融资的两分法已经失去了对金融发展的概括力,需要寻求对金融体系的重新分类。从合约的本质来看,银行和金融市场是金融功能发挥的两种制度安排,前者基于封闭性金融合约,通过一体化的方式实现金融功能;后者则基于开放性金融合约,按照交易和价格(利率)机制实现对金融资源的配置,对一体化银行金融功能进行分解。当前,随着现代信息技术的发展和社会制度的变迁,交易成本不断下降,合约的完全性不断增强,银行主导型金融体系正逐渐向市场主导型金融体系转变(叶海云、尹恒,2005)。

因此,我们可以按照金融合约的基本特征把金融体系划分为银行主导型金融体系和市场主导型金融体系。① 张成惠(2015)认为,现实中的金融体系是这两种成分的混合。中国究竟应用什么样的金融体系才能够与本国国情相适应、与本国经济发展相适应,还需要进一步分析和探讨。

二、银行主导型和市场主导型金融体系

在银行主导型金融体系中,银行在将储蓄转化为投资、分配资源、控制企业经营、提供风险管理工具方面起着引领作用。也就是说,银行运用自身在资金、信息等方面的优势,广泛而深入地参与经济生活,促进经济

---

① 参见范建军《全球离岸金融市场的发展历程和模式选择——兼论香港建立人民币离岸中心的必要性和可行性》,见中国智库网(https://www.chinathinktanks.org.cn/content/detail/id/wjnih442),2009年8月9日。

的发展。① 市场主导型金融体系是指在金融体系当中，证券市场承担了一部分银行所承担的融资、减少风险等功能；资金通过金融市场实现有效配置，使有限的资金投入到最优秀的企业中去，金融市场自发、有效率地配置资源，从而促进经济发展。

目前，银行主导型金融体系仍是世界各国发展主流。究其原因，一方面，银行主导型金融体系有利于工业化加速发展；另一方面，银行主导型金融体系更有利于金融风险的监管与金融秩序的稳定。该体系容易解决投资过程中的信息不对称问题；同时，银行和企业之间的长期合作关系能为产业发展提供可持续的资金支持。德国、日本等国的工业发展普遍与其银行业在金融体系中的主导地位相关。

◆拓展阅读◆

美国和德国金融体系的形成

美国资本市场主导型金融体系的主要特征是政府鼓励经济主体之间竞争，资本积累的决策权主要在私人公司。企业要赢得激烈的竞争，就必须扩展融资渠道以扩张经营规模，提升企业竞争力。1933 年，美国颁布《格拉斯－斯蒂格尔法案》（Glass-Steagall Act），将投资银行业务和商业银行业务严格地划分开，保证商业银行避免证券业带来的风险（叶海云、尹恒，2005）。该法案与自由主义的经济模式相结合，推动资本市场迅速发展。1999 年，美国金融业重新回到混业经营模式，但资本市场主导型金融体系已经形成，多样化的资本市场产品为投资者提供了大量选择，大多数居民手中握有公司的股票、债券。而银行的主要业务为提供贷款，对经济影响较小。

德国的银行主导型金融体系的形成与其工业化进程和经济发展环境密切相关。德国工业化进程晚于英国、美国，要赢得发展空间，必须加快发展本国产业。因此，德国采取国家调节下的市场经济模式，政府通过银行干预企业投资、融资以调节经济问题。银行在德国的金融体系中始终发挥重要作用。

（资料来源：王峰《我国金融体系的模式选择：基于次贷危机背景下的思考》，天津财经大学，2009，硕士学位论文，第 16～20 页。）

---

① 参见范建军《全球离岸金融市场的发展历程和模式选择——兼论香港建立人民币离岸中心的必要性和可行性》，见中国智库网（https://www.chinathinktanks.org.cn/content/detail/id/wjnih442），2009 年 8 月 9 日。

三、全球主要金融体系的划分

近年来,世界银行通过三套指标来更准确地划分全球金融体系。第一套指标主要包括流动负债/GDP、银行系统贷款余额/GDP,第二套指标主要包括市场资本化/GDP 和证券市场总交易量/GDP,第三套指标主要包括存款余额/GDP 与证券市场总交易量/GDP。[①] 世界银行根据这些指标将金融体系进一步划分为不发达金融体系和发达金融体系(见表 1-1)。

表 1-1 世界银行对全球主要国家或地区的金融体系的划分

体系类型	银行主导型	市场主导型
不发达金融体系	孟加拉国、尼泊尔、埃及、哥斯达黎加、巴巴多斯岛、洪都拉斯、特立尼达和多巴哥、毛里求斯、肯尼亚、厄瓜多尔、印度尼西亚、哥伦比亚、巴基斯坦、津巴布韦、阿根廷、希腊、中国内地、委内瑞拉、印度、爱尔兰	丹麦、秘鲁、牙买加、巴西、墨西哥、菲律宾、土耳其
发达金融体系	巴拿马、突尼斯、塞浦路斯、葡萄牙、奥地利、比利时、意大利、芬兰、挪威、新西兰、斯里兰卡、日本、法国、约旦、德国、以色列、西班牙	荷兰、马来西亚、澳大利亚、南非、韩国、瑞典、英国、美国、瑞士、中国香港

(资料来源:邹宏元、文博《从不同金融体系的成因谈我国金融体系发展的方向》,载《经济体制改革》2005 年第 2 期,第 142~144 页。)

从国际经验看,无论是银行主导型金融体系的德国还是市场主导型金融体系的美国,银行体系在本国金融创新和风险管理方面都起着不可替代的作用(张成思、刘贯春,2018)。从市场层面来看,尽管发展资本市场主导型金融体系的声音不断增大,但近年来的金融危机无不与资本市场有

---

① 参见邹宏元、文博《从不同金融体系的成因谈我国金融体系发展的方向》,载《经济体制改革》2005 年第 2 期,第 142~144 页。

直接或间接的关系。因此，从国家顶层金融布局来看，我们需要认真审视两者之间的功过得失。

银行主导型金融体系有利于工业化加速发展，因其具有的规模效应可以更容易地解决投资过程中面临的信息不对称问题。从各国的工业化进程来看，德、日等国的工业化大规模发展与其银行业在金融体系中占主导地位密切相关。同时，相较于资本市场主导型金融体系，银行主导型金融体系更有利于风险管理以及金融稳定。在资本市场主导型金融体系中，市场动荡的主要原因是资产价格的剧烈波动，市场危机源自资产价格的基本面偏离以及持续性的资产泡沫，诸如美国1987年股灾、2008年金融危机等诱发因素都是资产泡沫所导致的。在银行主导型金融体系中，银行系统承担了主要的风险，主要表现为因经济不景气导致的大量企业违约的风险，使短时间内银行坏账急速增加，如果能及时注入资金，就能避免更大的危机。比如次贷危机之后，德国投入了5000亿欧元的金融稳定资金，主要为金融业的拆借提供担保，强化银行自有资本、帮助银行处理不良资产等，有效地化解了大银行的流动性危机，金融风险得到了明显化解。

综上可知，国家在金融顶层布局上应谨慎考虑如下两点：一是由于金融市场的不确定性风险，资本市场主导型金融体系面临更高的风控要求。由于健全完善的资本市场不能一朝一夕就发展起来，展望未来，银行主导型金融体系仍然占据主流地位。二是考虑建立何种金融体系的时候应该充分考虑金融发展水平、市场深度以及风险控制和监督管理的能力，选择适合本国国情的金融体系，目标明确、手段有效、信息充分的监管体系都是不可或缺的，及时调整金融监管、运行机制和风险管理机制都是非常重要的（陈云贤，2018）。

第三节 国家金融体系与传统金融体系的比较

本节主要从国家金融学研究对象、国家金融体系结构、国家金融体系内容、政府与市场在国家金融体系中的作用、国家金融行为需要着手解决的问题五个层面来梳理国家金融体系与传统金融体系的联系和区别。

一、国家金融学研究对象

相较于传统金融体系，国家金融学以现代金融体系条件下的世界各国国家金融行为属性为研究对象，以探讨一国金融发展中最核心而又最紧迫的问题为导向，研究政策，采取措施，促进一国金融健康稳定，推动一国经济繁荣发展。当前，随着经济全球化发展以及各国开放程度的不断加深，国际竞争本质上已转变为制度的竞争，体制、机制的优化完善有助于各国吸引资本和劳动力，形成生产要素的集聚，掌握竞争资源，实现竞争优势。在经济发展方面，制度的竞争体现在以下方面：一是活力，即制度能否充分调动微观市场主体的积极性；二是效率，即制度能否推动资源要素的合理配置；三是弹性，即制度是否有助于推动经济抗击风险，提升自我修复能力。金融是实体经济的血脉，金融制度的竞争力相当大程度上决定了经济制度的竞争力（徐忠，2018）。因此，各国应积极推动制度改革和创新，以实现在未来国际竞争中脱颖而出。

金融治理是国家治理体系的重要组成部分，也是国家金融学研究的重要内容。金融治理涉及利率体系、汇率、金融市场、金融机构、金融调控体系、金融监管体系以及金融与实体经济关系等多方面的内容。具体而言，强调市场化的利率要"放得开、形得成、调得了"，市场化利率体系在促进资源配置中要发挥重要作用。汇率方面则强调其要发挥维护国际收支平衡以及货币政策自主性的功能。多层次的金融体系则是强调规则透明统一，满足市场多元化的投融资和风险管理需求。对金融机构而言，则需要具有完善的公司治理和风险控制机制，强调风险调控体系的专业性、稳健性、有效传导性，能充分适应开放条件下市场经济发展的需求，并强调金融监管体系的有效有力，不仅适合现代金融市场发展需求，同时还能防控系统性金融风险（徐忠，2018）。金融和实体经济发展互相影响、互为促进，当前经济发展中呈现的一些问题，如高杠杆、地方政府债务等，是金融体系未能在国家治理体系中充分有效地发挥其功能的表现。因此，应坚持问题导向，研究并寻找对策，在推进建设国家治理体系和治理能力现代化过程中，积极推进金融治理体系的现代化建设，更好服务国家经济和满足社会发展需求。

二、国家金融体系结构

与传统金融体系相比，国家金融体系结构包括六大方面，即金融市场要素、金融市场组织、金融市场法制、金融市场监管、金融市场环境以及金融市场基础设施。具体而言，金融市场是融通资金的场所，是以金融资产作为交易对象而形成的供求关系及其机制的总和（张云，2008）。表面上，它是进行金融资产交易的场所或平台，实际上，在内在方面，它不仅反映了金融资产的供求关系，还包含了交易过程产生的运行机制。在金融市场中，价格机制是其运行的基础，而完善的法规制度和先进的交易手段是其有效运行的保障。金融市场组织由商业组织、管理组织、政策性组织等构成，是整个国家金融体系的细胞。金融市场法制则主要涉及金融立法、金融执法、金融司法和金融法制教育四大方面。金融市场监管体现为一种干预金融市场与经济活动的政府行为。其目的在于维护金融体系的安全稳定，塑造公平、有序、高效的市场竞争环境，实现对金融活动利益相关者的保护；以及相关国家法律授权机构，依法对金融机构的市场准入、经营活动、市场退出等实施一系列检查和督促性举措、协调和控制性举措。金融市场环境也叫"金融生态环境"，是金融业生存和发展的外部环境。健康良好的金融市场环境有助于提升金融资源配置效率，促进金融和实体经济的协同互动，是激发金融持续创造力的重要条件。但不可忽视的是，金融市场环境带来的冲击也可能会促使金融进行自我调控，而金融的不断发展也对金融市场环境提出了更高要求。金融与金融市场环境、金融市场环境内部各个因素相互联系、相互作用，形成一个完整的有机整体。金融市场基础设施是指为各类金融活动提供基础性公共服务的系统及制度安排，在金融市场运行中居于枢纽地位，是金融市场稳健高效运行的基础性保障，是实施宏观审慎管理和强化风险防控的重要抓手。从广义来看，金融市场基础设施包括金融市场硬件设施以及金融法律法规等软性制度安排；从狭义来看，则侧重于金融市场交易的硬件设施，尤其是支付清算基础设施。国家金融学认为，国家在金融顶层设计与布局中应全面把握金融体系结构，即从金融市场要素、金融市场组织、金融市场法制、金融市场监管、金融市场环境与金融市场基础设施这六个方面进行布局和设计，以推进现代金融体系的形成和完善。

三、国家金融体系内容

根据国家金融体系结构的六个方面，国家金融体系具体内容可以概括如下。

金融市场要素按照标的物的不同可以分为：①货币市场，主要指标的物为期限在一年及一年以下金融资产的短期金融市场，主要功能在于保持金融资产的流动性；②资本市场，指标的物为期限在一年以上金融资产的市场，主要包括银行中长期存贷款市场和有价证券市场；③外汇市场，指以不同货币记值的两种票据交换的市场；④黄金市场，指集中买卖黄金的市场；⑤衍生工具市场，指标的物为各种衍生工具的市场。

金融市场组织主要包括管理组织、商业组织、政策性组织等。其中，中国的金融市场管理组织包括"一行两会"（即中国人民银行、中国银行保险监督管理委员会、中国证券监督管理委员会）。中国人民银行的主要职责按照类别可以划分为制定和执行货币政策、维护金融稳定、提供金融服务。中国银保监会成立于2018年，设立的主要目的是深化金融监管体制改革，解决金融监管体制中存在的监管职责不清晰、交叉监管和监管空白等问题，强化综合监管，优化监管资源配置，更好地统筹系统重要性金融机构监管，逐步建立符合现代金融特点、统筹协调监管、有力有效的现代金融监管框架，守住不发生系统性金融风险的底线。中国证监会成立于1998年，由原来的国务院证券委员会与中国证监会合并而成，为国务院直属正部级事业单位，依照法律、法规和国务院授权，统一监督管理全国证券期货市场，维护证券期货市场秩序，保障其合法运行。此外，证监会还设有行政处罚委员会，负责制定违法违规认定规则和对相应的违法违规进行行政处罚。商业性金融组织包括全国性商业银行、证券公司、基金公司、保险公司等金融机构。目前全国性商业银行包括5家国有大型商业银行、邮政储蓄银行以及12家股份制银行。政策性金融组织是指那些由政府或政府机构发起、出资创立、参股或保证的，不以利润最大化为经营目的，在特定的业务领域内从事政策性融资活动，以贯彻和配合政府的社会经济政策或意图的金融机构。政策性金融组织兼具政府宏观调控性质与金融商业化性质，提供低息而并不是无偿的资金支持以配合国家的政策实施需求，连接了政府与市场两个领域，灵活地运用"看得见的手"和"看不见的手"高效地进行资源配置。目前，中国的政策性金融架构是以四大政策性金融机构为主的多元发展的结构。

金融市场法制的主要元素为金融立法、金融执法、金融司法以及金融法制教育。党的十八大以来，习近平总书记以高瞻远瞩的战略眼光和宏阔视野，从关系党的前途命运和国家长治久安的战略全局高度提出了新时代全面依法治国的工作布局，明确要求坚持依法治国、依法执政、依法行政共同推进，坚持法治国家、法治政府、法治社会一体建设。党的十九大把"法治国家、法治政府、法治社会基本建成"确立为到2035年基本实现社会主义现代化的重要目标，开启了新时代全面依法治国新征程。未来的金融法制教育应在以下方面加以完善：一是充分发挥法制宣传教育的导向作用。二是完善立法，构筑联动机制。三是科学规划，构建长效机制。四是加强督导，强化金融机构责任。五是丰富形式，注重社会实践。六是建立平台，加强评价与反馈（张承惠，2015）。

金融市场监管主要包括对机构、业务、市场、政策性法规执行监管等。从"大一统"到"一行三会"，再到"一委一行两会"，中国的金融监管体系走过了从统一监管到分业监管，再到综合监管的道路。2017年，设立国务院金融稳定发展委员会，作为国务院统筹协调金融稳定和改革发展重大问题的议事协调机构，目的是强化中国人民银行宏观审慎管理和系统性风险防范职责，落实金融监管部门监管职责，并强化监管问责。国务院金融稳定发展委员会有保证金融稳定和促进金融发展两大职能，对金融市场监管协调做出机制化的安排，进一步提高金融市场监管协调的有效性。国务院金融稳定发展委员会的办公室职责由中国人民银行承担。2018年3月，中共中央印发《深化党和国家机构改革方案》，决定将中国银监会和中国保监会的职责整合，组建中国银行保险监督管理委员会，同时，将中国银监会和中国保监会拟订银行业、保险业重要法律法规草案和审慎监管基本制度的职责划入中国人民银行。银保监会的成立，标志着中国金融监管体系正式进入了"一委一行两会"的新时代。国务院金融稳定发展委员会和银保监会的成立，聚焦于防控金融风险，保障国家金融安全，在一定程度上解决了金融监管体制中存在的监管职责不清晰、交叉监管和监管空白等问题，优化了国家金融市场监管框架。

金融市场环境主要包括实体经济基础、社会信用体系、企业治理结构等。实体经济和金融体系相互影响。每个时期实体经济的变化与发展往往带来金融体系的相应变化。同时，金融体系中各个市场与中介机构决策和行为的变化也会对实体经济的规模、结构、资源配置效率等产生影响。在国家经济体系中,实体经济的运行与金融体系之间有着密不可分的关系。社会信用体系也称"国家信用管理体系"或"国家信用体系",其建立和完善是中国社会主义市场经济不断走向成熟的重要标志之一。社会信用体系的核心作用在于记录社会主体信用状况,揭示社会主体信用优劣,警示社会主体信用风险,并整合全社会力量褒扬诚信、惩戒失信,具体作用于一国的市场规范,旨在建立一个适合信用交易发展的市场环境,保证一国的市场经济向信用经济方向转变。公司治理要素分为内部治理要素和外部治理要素。内部治理要素包括"三会一层",即董事会、监事会、股东会及高管层。其中,股东会是公司最高权力机关,由全体股东组成,有权对公司一切重要事务(合并、分立、解散、年度决算、利润分配、选举董事会成员和经理层等)做出决议。董事是由股东会选举产生的。董事会可以对外代表公司并行使经营决策权和管理权,是公司的常设机关。董事会由所有的董事组成,一般有3~13人,设有董事长、副董事长。如果公司股东少或是规模比较小,可以设置一名执行董事,不设董事会。监事是公司中常设的监察机关的成员,由股东选举产生。由监事组成的监事会就是公司的监察机关,一般负责监察公司的财务情况、公司高管的职务执行情况。高管层是公司的执行主体,主要负责公司的一些日常事务,由董事会聘任或者解聘。高管层要听从董事会的指挥和监督,只能在董事会的授权后对外代表公司。有些公司的高管层由董事或者是股东担任,有些则是由职业经理人担任。外部治理要素则包括外部制度及机构等。

金融市场基础设施主要包括支付清算体系、科技信息系统、金融服务网络、配套设备技术以及与之相对应的金融法律、会计、审计、评估、信用、规则、程序、标准等。通常意义上的金融基础设施有"硬件"和"软件"两个方面。法律基础设施是金融基础设施的核心,完善的金融法律是金融市场正常运转的保证。运行良好的金融基础设施的第二个要素是会计基础设施,会计信息的准确性、完整性和及时性会对经济活动产生重要影响。此外,监管制度也是金融基础设施的重要因素,国家金融市场监管制度有助于提升金融市场效率,保护金融消费者利益,维护金融系统稳健运行(欧阳岚,2005)。

四、政府与市场在国家金融体系中的作用

国家金融体系强调正确认识、处理政府和市场的关系，也就是说，在促进市场发挥资源配置主导作用的同时也要发挥好政府的作用。2008 年全球金融危机后，中国"4 万亿"投资计划的出台，有效地帮助了中国经济的恢复。但过度依赖总需求管理来维护宏观稳定，一方面破坏了市场机制在传递信息、形成激励、资源配置、收入分配等领域的基础性功能；另一方面也阻碍了政府在弥补市场失灵等方面更好地发挥作用，导致体制机制建设进展缓慢（徐忠，2018）。

当前中国的宏观调控制度体系建设有三项重要任务：第一，包括货币政策在内的各项宏观调控政策都要以国家战略规划为战略导向；第二，中国宏观调控体系要以财政政策和货币政策为主要手段；第三，就业、产业、投资、消费、区域政策等协同发力。① 上述三项任务的实施，均需要进一步加强和改善宏观调控机制。中国的宏观调控涉及多个决策部门和执行部门，各部门之间的协调机制有待进一步加强，协调的力度、效率和效果有待进一步提升（吴亚飞，2004）。以此防止单项政策各自为政，政策之间效力相互抵消或叠加，甚至部门间因执行不一致出现的推诿现象。

党的十九大之后，党中央加强顶层设计，将中央财经领导小组改为中央财经委员会，负责经济领域重大工作的顶层设计、总体布局、统筹协调、整体推进和督促落实，以此加强党中央对经济工作的统一领导，强化决策和统筹协调职责。同时，也要充分发挥国务院金融稳定委员会在金融决策方面的统领和协调作用，对货币政策以及金融领域相关政策进行统筹协调。

五、国家金融行为需要着手解决的问题

现代世界金融秩序的形成，是一个历史的、动态的过程（贝多广，1986）。世界金融中心的崛起与各国政治经济实力密切相关，同时也是各国资本积累、货币成为世界货币的过程。在世界金融秩序和世界金融中心形成和发展过程中，市场发挥着基础性作用，同时，政府在世界金融秩序

---

① 参见柳立《充分发挥政府作用　推进金融治理体系和治理能力现代化》，载《金融时报》2020 年 2 月 10 日第 12 版。

的权力结构和治理结构中的作用越来越大（胡少华，2009）。

当前，美国主导的世界金融秩序是现代世界金融秩序的集大成者。然而，根据冯瑞河（2009）的观点，美国主导的世界金融秩序的基础在于全球经济失衡，而这一秩序反过来又进一步强化了全球经济失衡。具体来说，全球经济失衡涉及发达国家与发展中国家经济发展的失衡，全球经济中过度消费与过度储蓄的并存，以及国际收支、全球外汇储备体系的失衡等多个方面。

中国作为迅速崛起的发展中国家，同样也面临着内外经济失衡的局面。此时，无论是放任不管，顺应市场力量，任由人民币大幅度升值的做法（黄雯婷，2019），还是干预外汇市场，抑制人民币过度升值的做法（孟祥宇，2017），均不利于中国金融的稳定和经济的长期持续增长。当前，中国应全面深化经济市场化改革，深入推进技术创新和制度创新，包括创新金融制度，调整发展模式，加强风险管理和政府监管，改变出口导向战略，纠正经济内外失衡和全球经济失衡（尹洪霞，2004），并力求在推进国际货币体系改革、人民币国际化、汇率浮动程度和资本项目适度管制之间寻求平衡。

第四节　国家金融体系发展

一、发达国家金融体系演变

金融体系的诞生可以追溯至公元前 1800 年，雅典人在实践中发明了一套功能超出简单支付的系统，由此推动了货币兑换者的产生，并进一步发展为接受存款、发放消费贷款的银行。金融体系在古罗马时期得到更进一步的发展，该时期的金融体系中，金融工具以贵重金属为主。

13 世纪时，国际贸易每隔几个月便会在一些西欧城市的集市中进行。为了贸易更方便地进行，一套记录每个商人在贸易中发生的权益和负债的系统被发明。在此基础上，人们发明了汇票，现代意义上的商业银行由此得到了很大程度上的发展。14 世纪时，西欧城市已拥有相当规模的银行体系，并向欧洲其他地方扩张。由此可见，该时期的金融体系拥有多样化的金融工具，包括贸易信贷、抵押和政府及公司债券等。

从 15 世纪开始，在政治事件或战争违约等的影响下，金融中心在不同国家和地区之间频繁转换，佛罗伦萨、威尼斯、阿姆斯特丹等相继扮演金融中心的角色。该时期的金融体系特征是更为正式化，政府通过金融机构更多地涉足金融市场。

工业革命之后，两种不同的金融体系逐渐形成，分别是以美国和英国为代表的市场主导的金融体系和以德国及日本为代表的银行主导的金融体系。美国和德国的金融体系处于两种极端情形，金融市场在美国的资源配置上起重要的作用；相反，在德国，金融市场相较而言重要性较弱，银行在资源配置上起着更为重要的作用（肖成，1994）。同样的，在英国，金融市场有着悠久的历史；而在日本，集中性的银行系统一直控制着资源配置。①

二、中国金融体系演变

改革开放前，"大一统"是此阶段金融体系的突出特征（高培勇，2014）。中国以"苏联模式"为学习的对象，逐步建立了一个高度统一的计划经济体制。与此相对应，中国金融体系是以中国人民银行为主体的单一金融体制。这期间，中国人民银行是全国唯一的一间银行，其业务完全服务于国家财政，职能包括类似于国家财政的会计和出纳等。

改革开放后，中国单一国家银行模式的传统金融体系被逐步打破。与经济体制改革中资源配置由计划转向市场的取向一致，在金融领域中，"大一统"的金融体系开始被拆散，分解为包括银行、非银行金融机构和各种金融市场的日益复杂的金融体系。在改革中，中国人民银行转变为专门性的中央政策性银行，中国银行、中国工商银行、中国建设银行、中国农业银行四大专业银行或成立或恢复，彼此间的业务划分清晰（王婵，2013）。与此同时，非国有股份制银行陆续成立，银行间的竞争开始产生并逐渐加剧。非银行金融机构则仍然处于初步探索阶段。由于相对完善的银行体系架构，中国在制订金融体制改革方案时，确定了以间接融资为主、直接融资为辅的银行主导型金融体制。② 加入世贸组织以后，中国社会主义市场经济体制逐步得到巩固和发展。为在经济市场化的趋势下获得

---

① 参见宗良、张思远《开启健全现代金融体系新征程》，载《中国金融家》2019 年第 12 期，第 34～35 页。

② 参见王霄琼《中国经济发展中金融与经济关系问题研究》，载《中国集体经济》2018 年第 24 期，第 68～69 页。

更好的发展，中国的金融体系制订了适应变化的改革计划，由此开始了深化改革的艰难历程。在金融市场组织层面，政策性金融与商业性金融逐步开始分离（吴晓灵，2013）。在金融市场要素层面，全国银行同业拆借网络和统一的外汇市场逐步建立，股票债券市场、商业票据市场、期货市场持续发展。金融秩序得到清理与整顿，金融权力逐步上收。在金融市场监管方面，许多金融法规逐步颁布并完善。2003年，中国银监会成立，中国金融管理体制正式形成了"一行三会"的分业经营、分业管理的架构。自从新常态经济发展阶段这一新概念提出之后，中国经济发展来到了一个至关重要的转折点。在新常态经济发展阶段，中国金融体系的转变势在必行，虽然金融体系的转变过程中有着极大的风险，但同样有着巨大的机遇（王艳枝，2013）。首先，中国金融体系需要具有高度适应性，金融以服务实体经济为根本出发点和落脚点，这也意味着金融体系对新发展阶段的适应性转变是其高质量发展的必然要求。其次，中国金融体系需要具有竞争力，现阶段中国虽已是金融大国，但非金融强国，在金融开放程度、金融结构等方面与主要发达国家还有较大差距（王海燕，2007）。竞争力有助于国家在风起云涌的国际形势中保持定力，守住不发生系统性金融风险的底线。此外，国家金融体系需要具有普惠性，回归金融服务的本源，因此，把更多金融资源配置到发展的重点领域和薄弱环节，才能更好地满足人民群众和实体经济多样化的合理金融需求（刘宗华，2003）。

三、中国金融体系发展现状

改革开放以来，在中国经济发展和金融市场化改革的进程中，中国政府曾以追求速度赶超和规模膨胀为目标，致使出现一系列中国经济发展质量和结构问题，最终也导致了经济增长质量和金融结构之间存在不良耦合现象，具体表现为经济增长"速度快，质量低"，金融发展"规模大，结构差"。

一方面，经济增长出现"速度快，质量低"的问题。在金融行业不断发展的过程中，中国经济发展中出现了大量非正常的过度炒作，较为严重地影响了中国经济的发展平衡。例如，对农产品的大肆炒作，严重扰乱了农产品经济的平衡发展，影响了市场价格以及人民群众的切身经济利益。炒作风潮是金融业发展过程中的重要表现，国家若不重视对资本的积累以及投资，期望通过炒作以获得更高的经济收入，不利于社会的整体发展。①

目前，中国经济处于持续发展和转型升级阶段，中小型企业在国民经济中扮演的角色越来越重要。而中小企业获得的金融支持与其对经济的贡献度不相匹配，融资难、担保难的问题一直困扰着中小企业。②

另一方面，中国金融结构的合理性仍有待提高，因为不合理的金融结构会在一定程度上阻碍中国经济的健康发展。目前中国正处于由单一的国家银行体系向以国有金融为主导的多元化金融体系过渡的进程中，金融结构问题主要体现在以下方面：①市场结构方面，中国经济金融中，间接融资占绝对比重，直接融资偏弱，金融体系中以机构类的间接融资体系为主，而以资本市场、证券市场、保险市场为主的金融体系发展偏后；②银行产品结构方面，缺乏对信贷产品的替代产品，使得贷款融资方式单一，无形中减少了中小企业融资的路径；③银行组织体系结构方面，缺乏对基层业务的风险评估和管理技术，中小型、小微型商业银行发展偏弱，还未找到服务中小企业的较好模式。此外，在整个金融体系中，政策性、合作性和互助性金融机构和金融产品供给不足，尤其表现在养老、农业等方面。因此，目前中国金融结构缺乏合理性导致其不能满足企业直接融资的需要并且在一定程度上制约了中国实体经济的发展。

四、中国金融体系发展启示

随着时代的前进及社会经济的不断发展，中国金融行业也取得了长足的进步与发展，并且中国金融行业在促进社会整体经济快速发展中所起到的作用越来越大。在中国经济进入新常态发展的背景下，中国的金融行业面临着前所未有的新挑战。而创新是引领发展的第一动力，金融服务实体经济的关键在于发挥金融对实体经济创新的支持作用，培育新的经济增长点（黄文婷，2019）。针对中国金融体系的发展现状、结合金融体系的发展演变历程，我们可以分析得出以下的发展启示。

一方面，中国的经济与金融要不断发展，金融自由化过程将不可避免。金融体系实现自由化发展能直接促进实体经济的迅速发展，提升实体

---

① 参见马铁成《国际农产品市场又要地震：美国农业四大新战略的影响》，见搜狐网（https://www.sohu.com/a/118282518_114984），2016年11月7日。

② 《从美国消费史看中国消费市场的三大变迁》，见未来智库网（https://www.vzkoc.com/news/1645.html），2019年10月10日。

经济的融资效率（陈建宁，1996）。在中国社会主义市场经济体制中，市场化、自由化改革的金融体系具有重要意义。但不能忽略的是，从长期来看，金融自由化确实对发展中国家的经济发展起到了重要的积极作用，但是在短期内却很有可能导致经济波动，有时甚至会以金融危机或经济危机等极端的形式表现出来。而且，这种短期效应的影响可能是广泛及显著的，无论是金融市场发展滞后的发展中国家，还是金融市场发展较为完善的发达国家，在此过程中均可能遭遇实体经济的剧烈波动。因此，金融市场的发展与政府监管制度和监管能力的发展应该保持同步发展，不宜过度超前或过度滞后。①

另一方面，中国应不断推进金融体系的多元化建设。现阶段，中国金融业存在的两种不均衡现象会逐渐阻碍国家经济发展。首先是金融行业发展存在的地域性不平衡，即东部地区金融建设和发展程度远远领先于西部地区。其次是金融参与企业的市场地位的差异，相对于普通公众而言，大型企业获得金融服务的渠道及方式更为便利。因此，我们应该不断地促进金融业体系的多元化建设，不断地促进不同的金融市场、金融工具以及金融形态的共同发展，不断促进金融市场准入的便利性，以此提升弱势群体的经济地位。同时，政府还可以对相关政策进行完善，不断出台激励政策以及优惠政策，促进金融体系的多元化建设（王姝，2009）。

此外，政府还可以加强中央银行的货币供应量控制，即运用多种手段解决外汇占款问题，与财政政策相机抉择，减轻市场货币供给压力（边永平，2020）；同时，放缓社会金融资产的膨胀速度，强化金融机构定位并扩大金融企业的社会责任范畴（周映伶，2015）；通过运用不同类型金融创新中的监管制度，有效监控社会融资总量的变化，引导影子银行等金融脱媒现象适应宏观调控及产业政策的方向和要求。政府可通过组合设计的方式推动上述政策，以此完善中国金融在服务实体经济中存在的不足，并促进金融体制在服务经济、推动增长、发展民生等方面发挥更大的积极作用。

---

① 参见薛峰《中国金融自由化不可逆转》，见新浪网（http：//finance.sina.com.cn/leadership/mroll/20101122/15248990360.shtml），2010年11月22日。

◆思考讨论题◆

1. 国家金融体系的定义是什么?
2. 国家金融体系的六大方面具有怎样的关联?
3. 国家金融体系要素是什么?
4. 国家金融学的研究对象是什么?
5. 在国家金融体系中,中国需要着手解决的问题是什么?
6. 简述中国金融体系的发展概况和发展历程。

第二章 国家金融市场要素

本章将全面介绍国家金融市场要素。首先,本章搭建起金融市场要素的整体结构框架,并探讨金融市场与现代经济体系的另一类主要市场——商品市场的差异和联系。接着,本章详细介绍了货币市场、资本市场、外汇市场、保险市场以及金融衍生品市场,对每一个市场的含义、特点、功能、类型和国内现状等进行阐述说明,与全球发达国家市场的经验进行参考和对比,并探讨中国金融市场的未来与发展。

第一节 金融市场

一、概述

(一) 含义

金融市场是资金流通的场所,以各种金融资产为交易对象,由因金融资产交易而形成的一切供求关系及其机制所构成(张亦春、郑振龙,2013)。表面上,它是进行金融资产交易的场所或平台;实际上,它不仅反映了金融资产的供求关系,还包含了交易过程产生的运行机制。金融市场正常运行的基础是价格机制,而其能够有效运行的必要条件是完善的制度体系和先进的交易手段。

(二) 功能

从经济整体的运行来看,金融市场有聚敛、配置、调节、反映和降低成本五大经济功能(张亦春、郑振龙,2013)。

金融市场的聚敛功能表现为其资金"蓄水池"的作用,它可以汇集资金供应者手中的闲置资金并将其提供给资金需求者用于社会再生产中。社会中各个经济单位的闲置资金是相对零散的,且对于资金需求者来说存在时间差异以及位置差异。而金融市场提供了一种渠道能够汇聚小额零散的资金,并克服时间差异和地理差异以满足资金需求者的需求。

金融市场的配置功能体现为资源的配置、财富的再分配以及风险的再分配。首先,金融市场能够促进经济社会资源的有效配置,使其从低效率部门转移到高效率部门,从而最大化地发挥其价值。作为一个有效的信息系统,证券的价格波动能够反映金融市场背后的相关信息。投资者可以通过金融市场的价格波动判断经济的运行情况和相关企业或行业的发展。其次,金融市场上金融资产价格的波动使得金融资产的价值以及数量发生变化,财富会从一部分人手中转移到另一部分人手中,从而实现财富的再分配。最后,金融市场提供了一个风险分散的平台,针对不同的风险厌恶程度,能够将风险从风险厌恶者手中转移到风险偏好者手中,从而实现风险的再分配。

金融市场的调节功能表现为金融市场的纽带作用,将储蓄者与投资者联系起来。首先,金融市场具有直接调节作用。任何投资对象只有具备良好的投资效益、满足市场需要,并且保持好的发展态势,才能持续获得市场的青睐,实现进一步扩张。这就是金融市场通过对资金的引导作用对微观经济主体产生的影响,从而形成对经济体健康持续运行的自我调节。其次,金融市场也为政府在宏观层面进行经济调控提供了条件。一方面,金融市场的运行情况可以直接反映宏观经济的发展情况,为政府部门制定政策提供有效信息;另一方面,政府部门可以通过金融市场调节实施货币政策,如降低准备金率、公开市场操作等,并且财政政策的实施也离不开金融市场的引导和调节,从而调控整个经济体的运行情况。

金融市场的反映功能表现为其作为国民经济"晴雨表"所发挥的作用。微观层面上,证券市场上的价格波动能够反映一家公司的经营状况和经济效益;宏观层面上,金融市场能够反映一国的货币供应量变化、通货膨胀程度以及国民经济运行情况。同时,随着金融全球化的发展,全球的金融市场都是互联互通的,能够使资金和信息在世界范围内广泛、迅速地传导,从而反映整个世界的经济运行情况和发展态势。

金融市场的降低成本功能主要体现为降低与交易相关的成本,主要有搜寻成本和信息成本。搜寻成本又包括显性成本和隐性成本,而信息成本是与评估金融资产投资价值相关的成本。一个有效的市场能够通过价格反映市场参与者所能收集到的所有信息。

(三) 类型

我们可以按照不同分类标准对金融市场类型进行分类(见表2-1)。

表2-1 金融市场类型

分类标准	类 别
标的物	货币市场、资本市场、外汇市场、黄金市场、衍生工具市场
中介机构特征	直接金融市场、间接金融市场
金融资产的发行和流通性质	初级市场、二级市场
成交与定价方式	公开市场、议价市场
固定的实体交易场所	有形市场、无形市场
作用范围	国内金融市场、国际金融市场

(资料来源：张亦春、郑振龙著《金融市场学》，高等教育出版社2013年版，第5页。)

(1) 按照标的物，可以分为：①货币市场，主要指标的物为期限在一年及一年以下金融资产的短期金融市场，主要功能在于保持金融资产的流动性。②资本市场，指标的物为期限在一年以上金融资产的市场，主要包括银行中长期存贷款市场和有价证券市场。③外汇市场，指以不同货币记值的两种票据交换的市场。狭义上，外汇市场一般指银行间外汇市场，也称为批发市场，包括各银行间、各中央银行间以及中央银行与外汇银行间的各种外汇交易活动。广义上，外汇市场指各类银行、外汇经纪人与个体客户构成的外汇交易市场。其中，银行与企业、银行与居民个人间的外汇市场称为零售市场。④黄金市场，指集中买卖黄金的市场。⑤衍生工具市场，指交易各类金融衍生工具的市场。衍生工具包括期货、互换合约、期权等多种类型，可以起到套期保值、对冲风险、套利等作用。

(2) 按照中介机构特征，可以分为：①直接金融市场，指资金从所有者处直接转移到需求者手中的市场，一般指发行债券或股票的融资市场。②间接金融市场，指资金从所有者处转移到信用中介机构，再从信用中介机构转移给需求者的市场。其与直接金融市场的主要差异在于是否有金融中介机构介入供应者和需求者之间发挥资金中介的作用。

(3)按照金融资产的发行和流通性质，可以分为：①初级市场，指资金需求者直接将金融资产首次出售给投资者从而募集资金的市场。金融资产主要有两种发行方式：私募发行和公募发行。前者指金融资产被销售给特定机构，而后者指金融资产被公开发售给社会大众。②二级市场，指证券发行后各种证券在不同投资者中流通买卖的市场，又称为次级市场，包括场内交易市场和场外交易市场。前者指政府批准设立的有形市场，后者则是指证券交易所之外的交易市场。初级市场是二级市场的基础；二级市场是初级市场发展的重要条件，从流动性和定价上影响着初级市场。

(4)按照成交与定价方式，可以分为：①公开市场，指金融资产的价格是由大量买家和卖家公开竞价形成的市场；②议价市场，指金融资产的价格是私下协商或面对面议价形成的市场。

(5)按固定的实体交易场所可以分为：①有形市场，指交易发生在固定、实体场所的市场，如纽约证券交易所、上海证券交易所等；②无形市场，指除证券交易所之外的金融资产交易市场，一般通过互联网等现代科技工具实现交易。

(6)按照作用范围可以分为：①国内金融市场。指金融交易范围在一国之内的市场，还包括地方性金融市场。国内金融市场是国际金融市场的基础，受到所在国金融当局的监管。②国际金融市场。狭义的国际金融市场指进行各类国际金融业务的市场，包括货币市场、资本市场、外汇市场、黄金市场及衍生工具市场。广义的国际金融市场还包括离岸金融市场，离岸金融市场的交易主体为非居民，资金主要来源于所在国的非居民和海外的外币资金，基本不受所在国金融当局的管控。

二、金融市场的主体和结构

按照动机分类，金融市场的主体可分为投资者、筹资者、套期保值者、套利者及监管者（张亦春、郑振龙，2013）。投资者是指为了赚取差价、股息或利息收入而购买金融资产的主体，属于金融市场的资金供应者。筹资者属于金融市场的资金需求者。套期保值者是指通过金融市场转移风险的主体。套利者是指通过金融市场赚取无风险利益的主体。监管者则是指对金融市场进行调控和监管的中央银行和其他金融监管机构。

按照参与者身份，金融市场主体还可分为政府、企业、居民、金融机构和中央银行（张亦春、郑振龙，2013）。①政府。一方面，中央和地方政府是资金的需求者,通过在公开市场上发行财政部债券或地方政府债券来筹集资金,用于弥补财政预算或基础设施建设等;另一方面,政府部门也是资金的供应者,为企业和居民提供资金,激发市场活力,减轻居民和企业的经济压力。②企业。企业在金融市场中同时扮演着资金需求者、资金供应者角色,也常常是金融市场上的套期保值者。③居民。与企业相似,居民既可以作为金融市场的资金供应者,又可以作为金融市场的资金需求者。④金融机构。金融机构可分为存款性金融机构和非存款性金融机构。前者主要包括商业银行、储蓄机构、信用合作社,通过吸收存款并将资金贷给其他经济主体或投资于证券等谋取收益。非存款性金融机构是金融市场上的另一类重要金融机构,如保险公司、养老基金、投资银行等。⑤中央银行。中央银行既是金融市场中的参与者,也是监管者。其职能可概括为:发行的银行、银行的银行、政府的银行。作为银行的银行,它充当着最后贷款人的角色。作为货币政策的执行者,调节货币供应量,进行公开市场操作。此外,一些中央银行也会受政府委托代理政府债券的还本付息,受其他国家中央银行的委托在金融市场上买卖证券。

中国金融体系经过40多年改革开放的建设,已经有了相对完整的框架。从组织成分上看,中国金融机构中大型商业银行占主导地位。股份制商业银行、城市商业银行、保险公司、证券公司、基金管理公司等也在不断成长壮大,已成为中国金融体系中的重要组成部分。据统计,2018年年末中国金融业机构总资产约为293.52万亿元。从图2-1可知,其中银行业机构总资产占比约为92%,占有绝对优势的地位。保险业机构总资产占比约为6%,证券业机构总资产占比约为2%。在银行业金融机构中,国有大型商业银行占据主导地位,总资产占比约为33%;股份制商业银行也发挥着重要的作用,总资产占比约为16%;城市商业银行和农村金融机构规模一致,总资产占比均为12%。除此之外,其他金融机构占比约为19%。

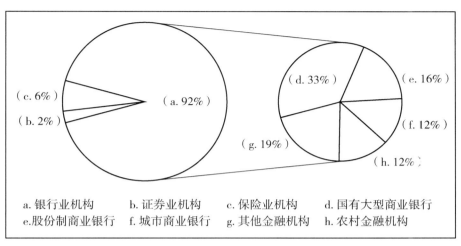

图 2-1 2018 年中国金融行业资产分布情况

（资料来源：韩晓宇《2018 年五大国有商业银行年报分析》，载《银行家》2019 年第 5 期，第 16～24 页。）

三、金融市场的运作流程

金融市场是在前述几大类参与者之间运转的，可概括为最终投资人、最终筹资人和中介机构（黄达，2017）。金融市场的运作流程如图 2-2 所示。

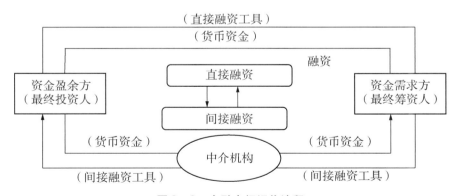

图 2-2 金融市场运作流程

［资料来源：黄达著《金融学》（第四版），中国人民大学出版社 2017 年版，第 188 页。］

最终投资人是最初为金融市场注入资金的一方，最终筹资人是最后从金融市场中获取资金的一方，双方均可为个人、企业、政府等。中介机构是在资金供需双方之间从事金融活动、提供金融服务的金融机构，包括商业银行、投资银行、保险公司等。最终投资人和最终筹资人之间可以进行直接融资，典型方式是发行股票、债券等有价证券；也可以通过中介机构进行间接融资，典型的例子是通过银行的存贷款活动实现融资。与直接融资和间接融资这两种融资方式相关的金融资产就被称为直接融资工具和间接融资工具。

直接融资和间接融资各有优势。对于企业来说，直接融资没有按期付息、还本的压力，但对投资者风险较高，因此企业的融资成本也会更高。而对投资人来说，间接融资有中介机构的专业服务，投资方便分散化，风险更小，但收益也更低。而在现实生活中，直接融资和间接融资往往会针对企业的性质进行搭配，共同发挥作用。

四、金融市场的交易工具——金融资产

金融资产可分为基础性金融资产和衍生性金融资产两大类。基础性金融资产主要为债务性资产和权益性资产，衍生性金融资产主要为期货、期权和互换合约等衍生金融工具（张亦春、郑振龙，2013）。金融资产的价值取决于它能给持有人带来的未来收益。金融资产主要有两大功能：一是帮助实现资金与资源的重新分配，二是帮助分散或转移风险（黄达，2017）。

金融资产有以下基本特征：①偿还性，金融资产到期时，融资方要承担偿还责任。因此，金融资产一般都要标明到期偿还的时间。②权益性，金融工具是资金供应者获利的工具。③流动性，指金融资产转变为货币的能力。流动性是通过金融资产的买卖而实现的，买卖价差或交易成本以及交易规模都是衡量流动性的重要指标。④风险性，主要包括市场风险和信用风险。市场风险属于系统性风险，主要指金融资产的价格波动；信用风险属非系统性风险，指债务人无法履约或不履约的可能性增大给债权人带来损失的可能性。

金融资产是用来进行资金融通的工具，因此也被称为金融工具。金融资产主要有以下两项重要功能：一是帮助实现资金和资源的重新分配；二是在资金重新分配的过程中分散和转移风险（黄达，2017）。例如，企业

通过发行股票,利用这种资本市场工具为企业筹集资金;出口商可以通过远期合约来转移外汇波动的风险,实现套期保值等作用。然而,由于金融中介的存在,一般金融资产持有者的要求权与资金最终所有者所发行的负债不同。

五、中国金融市场的发展

(一) 发展历程

中国的金融市场在党的坚强领导下、在以人民为中心的宗旨下、在服务经济建设和社会发展的导向下,经历了新中国成立以来的70余年的风雨,取得了历史性的成就。

新中国成立后,中国人民银行的建立标志着新中国金融体系的诞生(黄达,2017)。在1953年之前,中国的金融体系基本是以中国人民银行为中心,仍保存几家专业银行和其他金融机构的体系格局。在特定历史背景下,这样的格局有利于国民经济在战后的迅速恢复,能够支持国有经济的发展。1953年后,中国效仿当时"苏联的模式",建立起一个高度集中的国家银行体系,即简称为"大一统"的银行体系模式。各类金融机构集中统一,实行金融业务职能的集中统一、银行内部上下级间的集中统一(黄达,2017)。

党的十一届三中全会以来,随着经济体制的全面改革,金融体系也进行了一系列的改革。1978—1993年可以视为金融改革的第一个阶段,一个突破过去高度集中格局的阶段。从1979年开始,中国陆续恢复或分设了中国农业银行、中国银行、中国建设银行和中国工商银行,在全国和区域范围内逐渐成立了一系列股份制商业银行和其他各类金融机构。1987年,党的十三大首次明确指出,我国金融体制改革要遵循市场化方向,建立独立经营、实现企业化管理的专业银行,成立投资信托类型的金融机构。"大一统"的金融体制逐步转化为中央银行体制,这也是金融体系改革中最核心的部分。1993年,党的十四届三中全会确立了在20世纪末初步建立起社会主义市场经济体制的发展目标,进一步加快金融体制改革的步伐。1993年,在国务院颁布的《关于金融体制改革的决定》中,我国终于提出了金融体制改革的总目标:建立在国务院领导下,独立执行货币政策的中央银行宏观调控体系;建立政策性金融与商业性金融分离,以国有商业银行为主体、多种金融机构并存的金融组织体系；建立统一开放、有序竞争、严格管理的金融市场体系。① 从1994年起，我国成立了国家开发银行、中国进出口银行和中国农业发展银行三家政策性银行。同时，完善国债市场、股票市场，调整金融债券发行对象；改革外汇管理体制，实行以市场汇率为基础的、单一的、有管理的人民币浮动汇率制度，建立全国统一的外汇交易市场。在法律法规方面，自1995年《中华人民共和国中国人民银行法》《中华人民共和国票据法》《中华人民共和国保险法》等金融法律相继出台实施后，我国金融法律体系的基本框架开始初步形成。在金融市场监管方面，我国强制金融机构实行分业经营并建立起分业监管体系。1998年11月，中国人民银行、中国证监会和中国保监会成立，分别负责货币政策与银行业监管、证券期货业监管和保险业监管。中国人民银行也自1999年1月起撤销原有的省级分行，根据地域关系、经济金融总量和金融监管要求在几个中心城市设立分行。2003年，中国银监会成立，承担对银行的监管职能，由此，"一行三会"的金融监管体系终于形成。之后，交通银行、中国银行、中国建设银行、中国工商银行和中国农业银行先后上市，成功完成股份制改革。随着金融市场化改革的逐步推进，我国开始对金融机构存贷款利率实行上下限管理，出台上海银行间同业拆借利率作为基准利率。2005年7月21日，我国开始实行以市场供求为基础、参考一篮子货币进行调节、有管理的浮动汇率制度。2010年6月，我国又进一步改革人民币汇率形成机制，对人民币汇率实行动态管理和调节。同时，推动农村信用社发展成为服务"三农"的地方性金融企业，大量推出直接融资产品，建立创业板，初步建立多层次的金融市场。积极推动金融对外开放，扩大跨境贸易人民币结算试点，加入国际清算银行和金融稳定理事会等国际金融组织，进一步提升我国的国际地位，通过G20（二十国集团）等平台积极参与国际事务、深度开展国际合作（黄达，2017）。

2013年以来，中国的金融改革又进入了一个新的阶段。2013年7月，中国人民银行宣布全面放开金融机构贷款利率的管制，并在10月发布了贷款基础利率，这代表着中国利率市场化的重要进步。修订的《中华人民

---

① 《关于金融体制改革的决定》，见中国人民银行官网（http://www.pbc.gov.cn/tiaofasi/144941/144953/2817226/index.html），1993年12月25日。

共和国证券投资基金法》首次将非公开募集基金纳入调整范围，私募证券投资基金也获得了合法地位。同年8月，建立起由中国人民银行牵头，包括银监会、证监会、保监会和外管局"一行三会一局"的金融监管体系。2014年，号称"史上最严退市制度"正式发布；同时，筹备多年的沪港通开通，促进了内地与香港金融资源的整合。2014年7月，由中国和其他金砖国家共同发起成立金砖国家新开发银行，这意味着中国又迈出了参与国际金融制度建设的一大步。2015年，在金融市场制度建设方面，正式实施存款保险制度，将银行存贷比由法定监管指标改为流动性风险监测指标，放松了对商业银行的管制。在汇率制度方面，进一步完善人民币汇率中间价报价机制，发布人民币汇率指数，推动人民币汇率形成机制的市场化进程。2015年10月，中国人民银行宣布取消存款利率浮动上限，完成中国利率市场化的重要一程。2016年，中国在全球金融体系的建设方面采取一系列措施，取得了巨大成就。2017年，为统筹金融改革发展与监管，加强宏观审慎管理，中国设立国务院金融稳定发展委员会。2018年，中国银监会和中国保监会实现职能整合，组建中国银保监会，由此形成了国务院金融稳定发展委员会统筹抓总，"一行两会"和地方分工负责的金融监管结构。2019年，在先后设立中小板、创业板、新三板后，上海证券交易所正式推出科创板，开始探索股票市场注册制改革。

目前，中国金融业已形成涵盖银行、证券、保险、基金、期货等领域，种类齐全，竞争充分的金融机构体系（见图2-3）。银行业金融机构共达4588家，其中有大型商业银行6家、全国性股份制商业银行12家、城市商业银行134家、农村商业银行1427家、村镇商业银行1616家。证券公司、基金公司、期货公司、保险公司共629家。2019年9月，我国金融业总资产已达300万亿元，其中银行业资产达268万亿元，居世界首位。民间资本在股份制银行股本中占比超40%，在城市商业银行中占比超50%，在农村合作金融机构中占比超80%（易纲，2019）。

债券市场方面，目前中国形成了以银行间债券市场为主导，包括交易所市场、商业银行柜台市场在内的多元化、分层次的债券市场体系，债券市场托管余额超过90万亿元，成为全球第二大债券市场。股票市场也逐步形成多层次的股权市场体系，截至2018年，沪深两市上市公司近3700家，总市值54万亿元，是全球第二大股票市场（易纲，2019）。保险市场也不断壮大，建立起由保险公司、保险中介机构、再保险公司、保险资产管理公司等市场主体组成的保险市场体系，形成了覆盖人寿保险、财产保险、医疗保险、再保险和农业保险等多领域的产品体系。2018年，中国原保险保费收入达3.8万亿元，成为世界第二大保险市场。外汇市场也逐渐完善，主体日趋多元化，产品不断丰富。2018年，各类外汇交易产品累计成交29万亿美元。至2019年8月末，外汇储备余额为3.1万亿美元，持续位居全球第一（易纲，2019）。

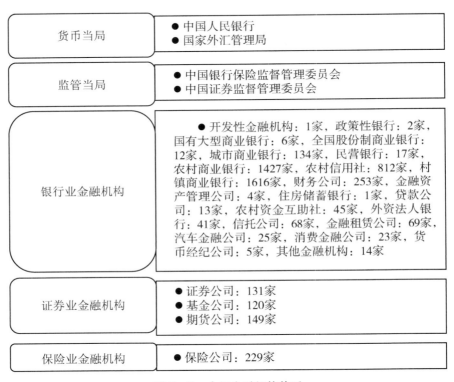

图2-3 中国金融机构体系

[资料来源：《4588家银行业金融机构名单一览》，见金融界网（https://baijiahao.baidu.com/s？id=1625497701865422077&wfr=spider&for=pc），2019年2月5日。《金融机构分类》，见搜狐网（https://www.sohu.com/a/252850791_305272），2018年9月9日。]

中国的金融系统建设始终坚持以民为本、服务民生的宗旨。至2017年，拥有银行账户的成年人比例达80%，超过全球平均水平11个百分点。至2018年，银行网点乡镇覆盖率达96.3%（易纲，2019）。同时，中国移动支付业务量、处理效率、覆盖面都位于世界领先水平，以支付宝、微信支付为代表的非银行支付呈爆发式增长，方便了居民的小额资金支付汇划需求，为中国共享经济发展提供了技术支持。除此之外，小微民营企业融资难、融资贵的问题也得到明显改善。至 2019 年 8 月，普惠小微企业贷款余额为 11 万亿元，支持小微经营主体 2470 万户，民营企业总贷款余额为 45 万亿元（易纲，2019）。中国金融市场对外开放也持续推进，目前中国金融业对内外资按照同等条件批设金融牌照，并大幅扩大各类外资金融机构的业务范围，沪港通、深港通、沪伦通、债券通相继推出，境内外金融市场逐步实现互联互通。截至 2018 年年底，外资银行在华机构有 989 家，外资证券公司有 13 家，外资保险公司有 57 家（易纲，2019）。同时，2018 年，A 股被正式纳入 MSCI①新兴市场指数，2019 年中国债券市场被正式纳入彭博巴克莱全球综合债券指数。2016 年，人民币获得国际货币基金组织批准正式加入特别提款权（Special Drawing Right，SDR）货币篮子，随着人民币跨境使用大幅增多，如今已成为世界第五大支付货币。未来，中国将继续推进金融改革开放，提高服务实体经济的能力和效果，增强风险防控能力，使金融市场发展再创辉煌成绩，为中国经济社会整体发展提供有力的支持。

（二）发展趋势

随着经济关系金融化、社会资产金融化、融资非中介化以及证券化的不断发展，金融业的影响已涉及社会政治、经济生活的各个方面。总体来看，金融市场有以下四大发展趋势。

1. 资产证券化

资产证券化是指由商业银行或投资银行等金融机构把一些流动性较差的资产，如金融机构的长期固定利率贷款，重新包装组合后作为抵押品，用以重新发行证券。其主要特点在于提高资产的流动性，把原本流动性差的融资形式转化为流动性好的市场性融资。例如，住房抵押贷款就是一种资产证券化的形式（张亦春、郑振龙，2013）。

资产证券化是一把"双刃剑"。一方面，资产证券化可以为投资者提供更多投资选择，帮助金融机构改善其资产流动性，提高其资金周转率，

---

① MSCI 是美国著名的指数编制公司。

增加收入来源，为整个金融市场增添活力；另一方面，在资产证券化的过程中，风险的复杂性也逐步上升，为整个金融市场埋下了隐患，可能影响金融体系的稳定。例如，2007年美国次贷危机就是一个重要的经验教训。但随着国际金融市场的发展、现代交易及清算技术的进步、金融市场的功能和运作过程日趋成熟以及证券发行和交易成本的不断降低，资产证券化还会继续发展下去。

2. 金融全球化

随着各国政府放宽对金融业活动的管制、现代互联网技术的进步和各种金融工具的推广，资本可以在世界范围内自由流动。国际利率变化趋同，发生在任何一个局部市场的变动都可能迅速波及全球市场，金融交易可以利用时差在24小时内不间断进行，全球各地的金融市场正在成为一个联系紧密的整体。具体而言，金融全球化包括两个方面：市场交易的国际化和参与主体的国际化（张亦春、郑振龙，2013）。

金融全球化的发展得益于国际间经济社会交往的日益密切。金融管制的放松使得跨国金融机构面对的限制更少，国际资本的流动更加便捷、范围更广。同时，现代发达的互联网、大数据等技术发展使得国际金融交易更及时、高效、低成本，为金融全球化奠定了技术基础。除此之外，金融创新的活跃使得许多金融工具在诞生时就具备国际化的属性，为国际资本的融通提供了工具和载体。越来越多样化的参与主体也在一定程度上改变了投资结构和交易属性，推动国际热钱在全球金融市场流转，促进了各个地区市场间的联系。

金融全球化是大势所趋，但也是一把"双刃剑"。国际金融市场中丰富的金融工具为筹资者和投资者提供更多机会和选择，有利于降低资金成本，但同时也提高了国际经济活动的风险程度和不确定性。如何在顺应金融全球化趋势的同时趋利避害是我们需要面对的重要任务。

3. 金融自由化

金融自由化兴起于20世纪70年代中期，是指国家逐渐放松甚至取消对金融活动的管制措施，减少对金融市场的行政干预，让其充分发挥市场机制的过程和趋势。金融业的良好运行关系到经济体各个部门的利益，金融体系的波动会引起一系列连锁反应，可能导致金融危机甚至经济危机。因此，一直以来，金融行业是受政府管制最为严格的部门之一。而随着经济和金融因素的变化，金融自由化的要求开始被提出，金融自由化的趋势开始兴起。

金融自由化既是机遇也是挑战。从益处来讲，金融自由化带来的竞争提高了金融行业的经营效率，降低了交易成本；这个过程也随之激发了金融创新的活力，为市场提供更多的金融工具，方便了参与主体的投融资活动；促进了资本的自由流动，有利于提升资源的配置效率，发挥市场的信号功能；为企业的跨国发展提供了支持和空间，在一定程度上促进了世界贸易的发展。从弊处来讲，可能会提高市场的信息不对称程度，金融机构对信息的不充分、不真实披露以及各种复杂的金融产品会让投资者承受更高的信息成本；提高了金融市场的风险程度和不确定性，可能使市场更容易面临剧烈波动，金融机构可能过多涉足高风险领域，资本的自由流动会加快危机在市场中的传导。因此，权衡利弊之下，在设法通过金融自由化获益的过程中，也要尽可能降低金融自由化带来的负面影响，这是各国在面对金融自由化趋势时必须解决的难题。

4. 金融工程化

金融工程化是指综合运用各种工程技术方法，如数学建模、网络图解、仿真模拟等，设计和开发新型金融工具，解决金融问题，具体包括金融产品设计、金融产品定价、交易策略设计、金融风险管理等方面。在微观层面，金融工程化有助于金融机构提升盈利能力、管理能力和运行效率，从而提高其综合竞争力；在宏观层面，金融工程化的趋势大大丰富了金融市场的交易活动，扩大市场规模，提高市场流动性，为参与者提供更多高效的金融工具，降低交易成本，提高了市场的运行效率和资源的配置效率，也为宏观调控提供了更多有效率的手段。但同时，对金融工程技术不当的使用也可能为整个金融市场埋下隐患，导致金融、经济动荡。

六、发达国家和地区金融市场发展的经验参考

（一）美国

美国是世界上经济最发达的国家之一，同时也拥有最为发达和活跃的金融市场。金融市场在美国的经济运行中发挥着至关重要的作用，同时也对国际金融市场和世界经济有着巨大的影响力。

美国的金融市场可分为原生金融市场和衍生品金融市场（高顷钰，2014）。前者包括货币市场、资本市场和外汇市场等，后者包括金融期货

市场、期权市场和互换市场。美国的金融市场根植于美国特殊的社会和经济历史文化中,历经两百多年的发展和完善,如今已经非常成熟,并具有以下特点:一是美国"双线多头"的金融市场监管体系(高顷钰,2014)。"双线"是指金融机构可以选择在联邦政府注册成为国民银行或在州政府注册成为州银行。"多头"是指金融市场监管由不同机构一起完成。这种设计体现了"权力制衡"的思想,避免权力的过度集中,同时也服务于各区域之间的制度差异。二是银行体系的高度分散。美国商业银行众多,且各区域财政和经济体制分散,对银行业的垄断进行严格管控,从而使得银行体系较为分散。但后来,随着实体经济集中度不断提升,对银行业垄断的管控也逐渐放松,因此,银行业也开始涌现并购浪潮,开启联合模式。三是金融市场功能齐全。美国金融市场以市场为主导,环境相对宽松。多层次的货币市场是大量企业赖以融资的工具和路径,资本市场也是美联储金融政策实施的重要工具。同时,美国也具有很强的金融创新活力,金融工具的多样化促进了金融市场的发展。

对比中美金融市场的发展情况,可以发现以下差异:首先,美国金融市场以直接融资为主,宽松的货币政策使利率下行,直接改善了美国实体经济的直接融资成本,利于提升私人投资和就业。而中国目前还是以间接融资为主,2017年直接融资占比仅为6.48%。[①] 而间接融资下的政策传导不如直接融资渠道通畅,刺激中国实体经济的作用受限。其次,中国目前的汇率制度为有管理的浮动汇率制,虽加大了市场影响力度,但人民币国际化程度远不及美元。最后,在金融市场监管方面,与美国的被动反应有所不同,中国做到了主动加强监管、去杠杆和防化风险,避免风险和隐患的累积。

在美国的金融体系的发展史上,金融市场呈现出明显的周期性波动,其中包括三次较为完整、规模较大的金融周期:大萧条时期(1929—1933年)、储贷危机时期(1988—1989年)和次贷危机时期(2007—2008年)。在三次金融周期的过程中都存在着共同的特征——爆发前都伴随着监管放松、市场利率下降、信贷扩张、资产泡沫积聚。由于期限匹配不合理、金融市场创新过快和金融市场监管滞后使得风险累积,为金融市场留

[①] 参见任泽平、贺晨、甘源《美国金融周期的规律与启示》,见新浪网(http://finance.sina.com.cn/zl/china/2018-08-29/zl-ihikcahf0814707.shtml),2018年8月29日。

下隐患。在金融周期顶峰，长期宽松的货币政策和金融市场创新的扩张导致资产价格泡沫与信贷扩张。而当经济冲击来临时，资产泡沫被刺破，负债无法偿还，而资源的错配又加剧了这种恶性循环。危机发生后，美联储上调利率，抑制过度投机和资产泡沫，并加强监管。

(二) 欧盟

欧洲金融市场的发展有一个显著特点：市场一体化。1990年7月1日，欧洲经济与货币联盟（简称"欧洲经货联盟"）的第一阶段正式开始，各国间资本流动全面放开。它的目的是加强欧洲经济共同体（简称"欧共体"）各个成员国在经济和货币政策上的合作，借此将欧共体转变为维护经济与金融稳定的联合体（魏德曼等，2015）。1999年1月1日，欧洲经货联盟的第三阶段正式开始，欧元正式开始在欧元区流通，独立的跨国家金融机构——欧洲中央银行开始在欧元区制定统一的货币政策，各成员国中央银行提供流动性支持。1999—2000年，德国的金融开放度，即跨境资产与负债占国内生产总值的比例增长了2倍以上，其他国家也呈现出类似的发展态势（魏德曼等，2015）。之后，由于经历了美国次贷危机、欧洲主权债务危机，欧洲金融体系面临巨大压力。2007—2008年，德国金融开放度降低了16%，意大利降低了18%，法国降低了21%（魏德曼等，2015）。货币政策的刺激作用依赖于一体化的金融市场来完成传导，因此，欧洲金融市场一体化再次被重新重视起来。

在货币市场，欧元的推广推动了欧洲银行间市场的全面一体化（魏德曼等，2015）。这使得跨国银行的同业业务迅速增加，银行间市场利率更加趋于指导利率。资金的快速广泛流通使得货币政策能够迅速、有效地传导，少量再融资操作就能够实现刺激作用，保证欧洲中央银行的流动性能够有效传递。但由于欧洲中央银行运作框架的影响，欧元区银行同业市场出现了一种"双层结构"的现象（江浩，2001），这是一种分别由大银行和小银行形成的双层平面网络。大银行之间直接进行跨境交易，而小银行之间在国家性市场内运作。这样的结构给市场埋下了系统性风险的隐患。当发生流动性危机时，顶层的信用机构的交易可能只局限于自身所处的网络内，与第二层网络平行无交集，不能有效进行流动性传递，处于第二层的银行因此可能无法抵御流动性困境，从而增加危机的广度和强度。除此之外，回购市场的交易量也在欧元启动后取得较快的增长，但市场分割程度还较大，还需一体化的进一步发展。在债券市场，欧元推行之后，债券市场规模大幅增加，促进了主权债务发行方面的创新型竞争，私人债券的地位显著提高，二级市场的流动性有所提升。在股权市场，欧洲有32家证券交易所，分散在各地，但分割性较强，市场规模较小，流动性较弱。2000年，巴黎、阿姆斯特丹和布鲁塞尔合并成立欧洲交易所，2002年又并入了里斯本证券交易所和伦敦国际金融期货交易所。如今，欧洲已形成欧洲交易所、伦敦交易所和德国交易所的三足鼎立格局。但欧洲金融市场一体化的过程也暴露出一些问题，引起我们对金融市场改革发展的思考。

首先，金融市场的基础设施是保证金融市场顺利发展的基础。在欧洲构建单一资本市场的过程中，市场部门常常通过资本联姻或技术合作构建同盟。

其次，在推动结算行业整合中，市场部门是主力，但在基础性问题上要避免形成"市场失灵"。[①] 欧洲的实践表明，只有拥有和谐、健康的金融生态并规范运行，追求公司自身利益、支持市场统一和支持交易后基础设施建设才可以并行不悖，金融市场基础设施的使用者、运营者和所有者方可以实现共赢。

最后，公共部门应当致力于制定标准、推行法律、引导行业整合。例如，为了减轻欧洲结算市场的分割弊端，欧盟推动《金融工具市场指令》和交易后服务竞争法的实施；签订《行业行为准则》协议，督促金融市场基础设施服务商们，为欧洲金融市场的发展铺平道路。2008年，全球金融危机暴露了欧盟之前信息报告制度、场外产品监管、投资者保护等方面的不足。2018年1月《金融工具市场指令Ⅱ》正式实施，成为金融危机以来欧洲金融市场最大的监管立法改革。其中包括对投资者进行分类、实行差异化保护、对会员报告的全面性提出要求等规定。《欧洲联盟条约》还为公共部门干涉市场设定了很高的门槛，约束公共部门的权力，规定其行为的依据和边界。

---

① 参见董屹著《通向金融基础设施融合之路》，载彼得·诺曼《管道工程师与梦想家 证券结算和欧洲金融市场》，中国发展出版社2016年版，第1～7页。

七、金融市场和商品市场的关系

商品市场又称产品市场。市场是提供资源流动和资源配置的场所（黄达，2017）。在市场中，价格信号会引导资源在不同部门之间流动，实现合理的配置。商品市场是商品经济运行的载体和表现。狭义上，它是商品交换的场所；广义上，它是生产者、销售者和消费者之间各种关系的综合。金融市场和商品市场之间既有区别也有联系。二者协同发展，对于促进国家经济的发展有重要意义。

（一）区别

金融市场与商品市场的主要区别有：①商品市场中的主要关系为买卖关系。而在金融市场中，参与者之间不仅存在买卖关系，还存在一种借贷关系，这种关系以信用为基础对资金使用权和所有权进行暂时分离或有条件让渡（张亦春、郑振龙，2013）。②商品市场中，交易对象是各种实物商品。而金融市场中，交易对象是货币资金，在将其转化为资本时可以得到增值，因此可以进行借贷或有条件的借贷（张亦春、郑振龙，2013）。③在商品市场上，商品价格一般由商品价值确定，主要与商品的成本有关系，价格在一定范围内围绕价值波动。在金融市场中，金融资产的价值关系到其未来产生的现金流。④商品市场的交易可以在线上或线下进行，虽然近十年来电商平台迅速发展并大规模普及，但交易场所依然以实体为主。而金融市场的交易场所通常都是无形的，网络交易已经越来越普遍。

（二）联系

金融市场在其内部进行金融资产的交易，完成金融资源的配置，从而帮助实现实物资源的配置，因此，金融市场与商品市场有着密切的联系。

从交易对象的角度来看，金融资产与实物资产有着非常密切的联系，能够产生较高收益的股票总是归功于相关企业将其资金用于配置性能先进、成本低廉、能产生大量现金流的实物资产。实际上，最终金融资产的现金流是由实物资产产生的。虽然金融衍生品与实物资产的联系并非如此直接，但也能够间接地与实物资产产生关联。这样的密切联系就意味着金融资产的价值不能够长期偏离实物资产的价值，证券市场高到一定程度就将产生泡沫（黄达，2017）。

从企业的战略行为来看，金融市场与商品市场间存在着互动关系。金融市场上企业的融资策略会波及产品市场上的战略行为,而产品市场的结构特征也会作用于金融市场上的融资战略。这种作用来源于市场的不完全、信息的不对称(周业安,2005)。例如,竞争程度低的企业拥有私人信息的情况更严重,严重的信息不对称会使一次性的信贷交易合约无法达成。而在股票市场上,企业与大量的投资者进行交易,相当于进行多次的信息交流,从而反映出企业的私人信息。因此,一般高新技术产业、垄断性行业的企业更多利用股票融资,而竞争性更强的行业企业更多依靠信贷市场(周业安,2005)。相反,金融合约确立了一种权利的安排,对企业自身的权益也会产生影响。当企业处于不同结构的产品市场时,不同的金融合约也会激励企业采取不同的产出策略,影响产品市场的均衡(周业安,2005)。

金融市场与商品市场之间的作用既存在替代性也存在战略互补性,两个市场在反映和监控上有着共同的一面。两个市场间的替代互补关系可以在某一市场失灵时用另一市场进行补救,有助于解决某一市场因信息不对称或交易成本导致的协调失灵问题。数据显示,企业处于初创期时,私人信息比较强,对金融市场的依赖度较高,商品市场的信息反映和监控功能需要被金融市场替代。而当企业处于成熟期时,私人信息减弱,产品市场自身的功能可以更好地得到发挥,对金融市场的依赖度就降低了(周业安,2005)。除此之外,一方面,当企业面对不确定的外部环境时,投资人在金融市场搜寻信息的行动也会产生战略互补性,从而提高行业产出。例如,在垄断市场中,商品市场的竞争对企业的约束力大大减弱。而金融市场的存在使得股东在资本市场上的行动能够弥补产品市场的不足,对企业起到约束和激励作用,从而弱化垄断企业的代理问题。另一方面,投资者在金融市场中的活动总能反映各自的信息集,客观上又能改进企业决策的信息集,从而提高企业决策的质量,促进企业的进步与增长(周业安,2005)。

总体而言,金融市场与商品市场有着相辅相成、互依共生的关系。一方面,金融市场服务于商品市场。金融市场的运转为商品市场融通资金,使得资金从闲置处流转到需要的地方,为企业的生产发展提供资金支持,实现资源的合理配置,发挥资源的最优价值。另一方面,商品市场是金融市场发展的基础。金融市场的资金最终来源于商品市场,且只有金融市场的资金最终流入商品市场,从事价值增值的生产活动,才能得以继续发展。金融市场交易对象的价值来源于商品市场交易对象的价值,金融市场的不停运转依赖于商品市场的价值创造。商品市场为金融市场的存在和发展提供了物质基础和最初的需求。同时，商品市场的发展也对金融市场不断提出更高的要求，推动着金融市场的不断完善。经济体的健康运行和可持续发展要求金融市场与商品市场协同发展、相互配合、相互适应。

（三）二者协同发展对于促进国家经济发展的重要意义

经济的健康发展在于资源的合理配置，而这需要市场的有效运行来实现。金融市场在整个经济体系中占据着主导和枢纽的地位。有效的金融市场能够准确、及时地反映信息，对资金起着引导的作用。金融市场通过其运作，将居民、企业和政府部门的资金汇集成巨大的资金流，是推动商品市场正常、健康运转的"发动机"。同时，金融市场具有灵敏的信号系统和强大的调控机制，能够引导有限的资源向更高效的方向流动，发挥优化资源配置的重要功能，是有利于商品市场健康、持续发展的"筛选器"。

两个市场之间的协调关系，意味着不能只注意单个市场的不协调，而应该以全局的、动态的眼光去看待经济的发展和政府的干预。而且，两个市场的互补关系还可能存在乘数效应，形成经济增长中的正反馈机制（周业安，2005）。从中国经济改革的历程可以看到，从商品市场开始，之后逐步开放劳动市场和金融市场，不同发达程度的市场的形成和发展相互之间产生了战略互补效应。商品市场有效显示企业信息，为其他市场的发展提供条件；其他市场的发展又强化了企业的约束，从而促进商品市场的竞争，保证经济的持续稳定增长。因此，在未来的深化改革过程中，要注重多层次市场的建设。中国改革开放以来的经济增长主要来自商品市场的开放和深化，若市场化进程不能相应发展，要素市场化的滞后在未来定会严重阻碍中国的经济增长（周业安，2005）。未来还应加快要素市场化改革的步伐，促进要素市场和商品市场匹配发展。在金融市场内部，银行业和证券市场也要相应地匹配发展，从而保证中国经济的持续稳步增长。

金融市场是国民经济的一部分，与商品市场紧密联系、互相支撑，而并非孤立的、分割的。党的十九大报告中明确未来深化金融体制改革的方向就是"增强金融服务实体经济能力、促进多层次资本市场健康发展、健全货币政策和宏观审慎政策双支柱调控框架、守住不发生系统性金融风险的底线"。现代金融本就是现代服务业的一部分，金融市场通过实体商品市场获得自身发展，而实体经济的发展也离不开金融服务。未来银行业的重点依然是大力发展普惠金融，支持小微企业融资、三农融资和脱贫攻坚方面的融资，让金融发展的方向回归本源。

第二节　货币市场

一、概述

（一）含义和特点

货币市场指交易标的物为短期金融资产的金融市场，期限一般在一年或一年之内，其主要功能是使金融资产保持良好的流动性。对资金需求者来说，它可以满足其短期的资金需求；对资金供给者来说，它能够提供短期的投资机会；对政府来说，它为货币政策的实施提供工具（张亦春、郑振龙，2013）。货币市场一般没有确定的交易市场，如今主要通过计算机网络进行交易。

中国的货币市场始于1984年同业拆借市场的成立，货币市场具有以下四大特点：①交易主体多元化，交易量持续增长；②交易期限逐渐向超短期转变；③规模较小，子市场发展不均衡；④工具品种少。

（二）类型

1. 同业拆借市场

同业拆借市场是指金融机构间的短期货币借贷市场，其主要作用是弥补短期资金的不足、票据清算的差额和解决临时的资金短缺需要（张亦春、郑振龙，2013）。同业拆借市场的交易量大、流动性高，对资金供需情况和货币政策敏感性高，对货币市场利率能够产生重要影响。起初，同业拆借市场的产生是为了适应商业银行调整准备金的要求。但随着市场参与者的扩张和新的融资技术的引入，同业拆借市场的体量迅速扩大、地位迅速提升，成为金融机构开展资产负债管理的重要平台，也是中央银行检测银根状况、进行调控的重要通道。同业拆借市场是中国规模最大的货币市场，是中国人民银行进行公开市场操作的主要场所。

同业拆借市场的主要参与者是商业银行。由于同业拆借市场具有期限短、流动性好、风险小的特点，许多商业银行都会通过把短期闲置的资金投放于该市场来调整资产负债结构，保持充足的流动性（张亦春、郑振龙，2013）。同业拆借市场的其他参与者还包括一些非银行金融机构，如证券公司、储蓄银行等，它们通常扮演借款人的角色。除此之外，外国银行的代理或分支机构也是同业拆借市场的参与者之一。这些参与者共同构成了多元化的同业拆借市场，使其功能不断扩大，使各金融机构间的联系更加紧密。作为短期金融市场，同业拆借市场的拆借期限一般为 1～2 天，最短可至隔夜，最长一般不超过 1 个月。同业拆借的拆款按日计息，拆息率每日不同，拆息率的变化可以反映货币市场的资金供求状况。当今国际货币市场上，伦敦银行同业拆借利率、新加坡银行同业拆借利率和中国香港银行同业拆借利率是最有代表性的几种同业拆借利率。

2. 回购市场

回购市场是指以回购协议的方式进行短期资金融通的市场，期限可长可短，从一天到数月不等，可以灵活满足参与者的需要。回购协议是指在出售证券的同时买卖双方签订协议，约定卖方在约定期限后按约定价格购回证券，其本质属于为满足即时资金需求的借贷活动（张亦春、郑振龙，2013）。在回购交易中，最初出售证券的一方实际是借入资金的一方，而最初购入证券的一方实际是借出资金的一方。还有一种逆回购协议，相当于回购协议的逆操作。它是从资金供应者的角度来看，买入证券的一方同意在约定期限后以约定价格出售所买入的证券。回购市场并非独立于其他市场，它与同业拆借市场、国库券市场及长期债券市场等有着密切联系。一般而言，大型商业银行和政府证券交易商在该市场中扮演主要的资金需求者角色。而资金供给者非常多样，其中，资金实力强的非银行金融机构和地方政府占据主要地位。一些有闲置资金的非金融机构、政府机构和证券公司常会通过回购的方式逃避对放款的管制。由于回购交易中的抵押品通常为具有较高信用的证券，因此风险较小，利率也较低。回购利率一般以同业拆借利率为参考基准，但并不统一。

3. 商业票据市场

商业票据市场是指大公司通过贴现出售商业票据进行资金筹措的短期金融市场。商业票据的期限较短，一般不超过 270 天，大多数商业票据的期限为 20～40 天（张亦春、郑振龙，2013）。商业票据只以信用做担保，因此发行商一般是信誉良好的大型金融性公司或非金融性公司。其中，金融性公司包括附属公司、银行持股公司下属公司以及其他独立的金融公司；非金融性公司则发行频次较少，主要是为了解决公司的短期资金需求和一些季节性开支等。而商业票据的投资者包括非金融性企业、投资公司以及政府部门等。商业票据发行后，可以通过发行商自己和中间交易商两种渠道进行直接销售和间接销售。

4. 银行承兑票据市场

银行承兑票据市场是指交易银行承兑票据的短期金融市场。承兑汇票是买方在商品交易中向卖方支付货款而签发的、承诺到期付款的票据。其中，商业承兑汇票是由买方承兑的汇票，银行承兑汇票是由银行承兑的汇票（张亦春、郑振龙，2013），银行承兑汇票在国际贸易中运用较广。当贸易发生时，出售方担心购买方不按约定付款，购买方担心出售方不按约定发货，因此需要银行作为第三方进行担保。购买方会先要求本国银行开具信用证作为保证，授权出售方开出以担保银行为付款人的汇票。若是即期，则银行见票付款；若是远期，则付款银行在汇票上进行签章留作凭证。

5. 大额可转让定期存单市场

大额可转让定期存单是为了阻止存款外流，吸引企业短期资金而诞生的。与普通的定期存款相比，大额可转让定期存单有以下特点：一是有固定面额，且金额一般较大；二是大额可转让定期存单是非记名的，流动性较高，虽不能提前支取但可以在二级市场流转；三是利率通常高于同期限的定期存款利率，并且可以按浮动利率计息（张亦春、郑振龙，2013）。大额可转让定期存单的发行商一般为信誉较好的大型商业银行，且发行规模较大。按照发行者的不同，大额可转让定期存单可分为国内存单、欧洲美元存单、扬基存单和储蓄机构存单。

6. 短期政府债券市场

短期政府债券市场是指以政府债券为交易对象的短期金融市场，期限在一年及一年以内。政府债券是一种以政府作为债务人，到期偿付本息的债务凭证。广义的政府债券包括国家财政部门发行的债券、地方政府发行的债券以及代理机构发行的债券。狭义的短期政府债券仅指国家财政部门发行的短期债券，即国库券。在中国，财政部门发行的一年及一年以上政府债券都被称为国库券（张亦春、郑振龙，2013）。一般而言，短期政府债券市场主要指国库券市场。短期政府债券以贴现的方式发行，主要目的在于满足政府的短期资金需求，并为央行实施货币政策提供便于操作的工具，是连接财政政策和货币政策的契合点。投资者可以通过买价与面额之间的差价赚取利益。相对于其他货币市场工具，国库券违约风险更小、流动性更强、面额更小且有收入免税的优势。

7. 货币市场共同基金市场

共同基金是一种将众多小额投资者的资金集合在一起，由专业基金经理人进行管理运作的金融组织形式，其赚取的收益将按规定期限根据所持份额进行分配。货币市场共同基金就是指主要在货币市场中运作的共同基金。一般的货币市场共同基金可以随时按需购买和赎回份额，属于开放型基金。目前，在发达国家的金融市场中，货币市场共同基金是所有基金中占比最大的一类基金，有着重要地位（张亦春、郑振龙，2013）。

二、不同类型货币市场之间的关系

在货币市场内部，各个不同的子市场相互配合、相互促进，由于交易对象、参与主体的差异共同构成货币市场的不同层次。一方面，各个子市场之间相互提供流动性，相互促进市场活力，能够在短期融资方面产生互补和替代效果；另一方面，各个子市场之间相互传导，加快了信息和资金的传导速度并且扩大了传导范围，某个市场的行情会同时向其他市场释放信号，从而影响其他子市场参与者的判断和市场趋势。除此之外，各个子市场之间还会相互制约，个别市场的不发达、不平衡也会限制其他市场的健康发展，个别市场的反常波动或震荡也会迅速波及其他市场。

在宏观调控方面，央行对货币市场进行干预的途径主要有两条：一是调整一年期存贷款利率和法定准备金这类政策利率；二是利用货币市场工具进行公开市场操作、短期流动性操作、常备借贷便利、地方常备借贷便利以及国库存款拍卖。① 一般情况下，第二条途径更为常用。其中，公开市场操作有三种工具，即回购协议、逆回购协议和央行票据。

货币市场的功能具体表现在三个方面：一是为央行实施宏观调控提供了平台和市场基础。同业拆借市场、国库券市场、商业票据市场等不同的子市场构成一个有机整体，使各类经济主体紧密联系到一起，为央行实施调控提供了灵活可选的操作工具，拓宽了货币政策的传导渠道，提高了货币政策的传导效率。货币政策需要通过不同的子市场和参与主体的交易活

---

① 参见汇丰银行《中国货币市场为何如此重要》，见百度文库（https：//wenku.baidu.com/view/28bcc7f40029bd64783e2cc1.html），2014年7月19日。

动来影响资本市场和商品市场。二是提供了货币政策传导的环境和机制。只有各个市场健康运转、有机配合,货币政策的传导才能连续畅通。例如,法定存款准备金制度的实施需要由同业拆借市场提供基础性的市场信息,调整再贴现率需要发达的票据市场使得商业银行的资金运作较大程度上依赖于票据贴现渠道,公开市场操作需要短期债券市场来调整基础货币。三是各货币市场的利率为宏观调控提供了检测指标和市场杠杆,也是反映货币政策走向的指示器,且不同信用等级的金融工具表现出明显的价格差异(汪文进,2007)。

同业拆借市场作为货币市场中最有代表性的部分,对货币政策传导有着很大的影响。同业拆借市场是宏观调控的基础性场所,央行检测市场的主要指标就包括同业拆借市场上的超额储备和利率,多种措施也率先或必然通过同业拆借市场实施和传导到整个货币市场、金融市场以及商品市场中。并且,同业拆借市场将分散的商业银行及其资金活动统一联结,为整体调节银行体系提供条件。同业拆借利率可以反映市场资金供求状况,也是确定其他资金价格的参照,因此会影响其他利率,实现货币政策在其他子市场的传导。票据市场是央行运用再贴现政策调节货币供应量,扩张和收缩信用的重要基础。当贴现率降低时,信用扩张,影响市场的货币供应量,并向其他市场同时释放信号引起传导,达到影响经济金融运行的目的。对于成熟的市场经济体来说,短期国债市场流动性好,价格稳定,交易主体广泛,因此对货币政策信号反应迅速。所以,通过短期国债市场进行公开操作时,可以带动社会货币供应量的增减和金融市场上利率的波动;但若国债的流通规模不够大,分布的广度和深度不够,其宏观调控功能则不能得到有效发挥。另外,市场分割程度大,也会使不同市场间利率水平存在较大差异,产生较大的套利机会,从而难以从中着手进行调控。除此之外,银行短期贷款作为货币市场的一个子市场,对货币政策的有效实施也存在重要影响。央行可以通过银行短期贷款利率来影响实体部门的成本和收益,同时通过调整长期利率水平,影响其他金融市场和实体部门(陈莹,1990)。

完善的货币市场传导机制是金融市场成熟的标志之一。货币市场各子市场之间既互相区别,又互相联系。区别使各子市场能够相对独立地存在和发展,联系使各子市场相互作用,使货币市场成为一个有机整体。子市场形成的市场利率代表了各子市场的价格预期,也代表了货币当局的调控预期。因此，子市场之间的利率形成机制是一致的，且相互传导的①。

三、货币市场发展对于执行和稳定国家货币政策的意义

发达的货币市场是宏观金融调控的基础。一个发达的货币市场可以为金融调控提供其赖以运行的市场环境和灵敏准确的利率信号。没有发达的货币市场，就不可能实现在市场机制下的高效的宏观金融调控（巴曙松，1999）。

首先，货币市场的利率信号为宏观金融调控提供了重要的检测指标和市场杠杆（巴曙松，1999）。货币市场利率信号能够及时有效地反映金融市场的资金供求状况，从而成为提高宏观调控效率的关键。货币市场利率往往具有指导性，常被作为其他债务工具或银行存款利率的市场性基准利率。

其次，货币市场为国家实施货币政策提供了基础性的市场条件（巴曙松，1999）。具体而言，当国家运用存款准备金率、贴现率和公开市场操作等政策工具时，会导致商业银行的存款准备金、社会货币供应量和金融市场的利率信号产生波动。这往往率先反映在同业拆借市场利率的波动，并进一步向其他短期利率和长期利率传导。没有货币市场的高效运转，就难以通过货币市场供求关系和利率波动来保证政策的顺利传导。具体到各种货币政策工具的实施与传导上，法定准备金工具的有效运用依赖于发达的同业拆借市场，同业拆借市场的发展也同时受准备金政策的高度影响；贴现率工具的实施依赖于发达的票据市场。当商业银行的资金运作较大程度上依赖于票据贴现这一渠道时，央行才能通过调整贴现率来引导市场利率；而公开市场操作也通过货币市场的买卖交易工具来向市场投放或回笼资金。

再次，货币市场是市场主体的重要筹资渠道，与众多市场主体的融资活动有着紧密的联系（巴曙松，1999）。因而货币政策的调控可以通过货币市场迅速传导到各个部分，影响各经济主体的投融资行为，从而实现政策目标。并且，货币市场上的资金运用具有短期性和稳定性，为宏观政策通过货币市场平稳、快速地传递调控意图提供了良好条件。

最后，货币市场的发展也会推动宏观金融调控方式的转化（巴曙松，1999）。从中国金融市场化的进程来看，以同业拆借市场为代表的货币市

---

① 参见费兆奇、李堪《中国货币市场的联动发展研究》，载李扬、殷剑峰主编《基地报告（第10卷）》，经济管理出版社2017年版，第125页。

场的发展有力冲击了传统计划经济条件下的资金管理体制，促进了经济体制的改革和宏观调控方式的转换。货币市场的发展必然推动利率市场化进程，促进金融改革和金融市场的发展。同时，也必然会相应推动与市场经济相适应的宏观金融调控方式的建立。

四、发达国家货币市场发展的经验参考

（一）美国

美国当前的货币市场基本体系是"联邦基金市场＋回购市场"。联邦基金市场是无担保的拆借市场，参与主体主要为存款机构。自2007年次贷危机以来，美国联邦基金市场成交量持续下降。2019年1—9月，日均成交量为700亿美元左右。[①] 回购市场是有担保的资金借贷市场，参与方种类较广，包括银行、证券公司等金融机构。次贷危机后，美国的回购市场发展迅猛，规模和流动性迅速上升。2019年1—9月，美国回购市场日均成交额接近1万亿美元，流动性远超联邦基金市场，美国回购市场可分为双边回购市场和三方回购市场，其成交量分别约占50%。[②]。三方回购市场是指在回购交易中，交易双方将债券和资金交付给一个独立的第三方托管机构，由其管理抵押品并清算资金的回购交易市场。这种市场主要有两大优势：一是由专门机构对担保品进行统一管理、处置等，有效降低了被担保品的管理成本；二是正回购方可以根据抵押品的范围和既定的折扣率更灵活地配置抵押券，充分利用信用债或其他小规模券种，提升债券使用效率和二级市场流动性。

美国的货币利率体系包括政策利率和市场利率。政策利率的核心是联邦基金目标利率，还包括用于构建利率走廊的超额准备金利率、再贴现利率和隔夜逆回购利率等。货币利率包括无担保的美元货币利率体系和有担保的美元货币利率体系。无担保的美元货币利率体系包括有效的联邦基金利率、联邦基金市场和欧洲美元市场的银行隔夜融资利率，以及离岸市场的美元伦敦同业拆借利率。有担保的美元货币利率体系由回购市场利率组成。

---

① 参见姜超、李波《美国货币市场改革及其对我国的启示》，载《债券》2019年第9期，第17页。

② 参见姜超、李波《美国货币市场改革及其对我国的启示》，载《债券》2019年第9期，第18～21页。

次贷危机期间,美国货币市场遭遇了严重的流动性危机,其中,"日内松绑"机制使得三方回购市场成为加剧流动性风险的因素。次贷危机后,美联储着手对回购市场,特别是对三方回购市场进行改革:一是限制"日内松绑"机制的规模,降低风险敞口。二是健全信息披露机制,增强市场透明度。美联储会每月发布三方回购市场的公开报告,使投资者能及时了解市场情况,同时推出三方一般担保利率等三个利率指标,进一步规范三方回购业务的流程。三是改进抵押品折扣率的确定和管理方式,一方面对折扣率的计算更加精细,另一方面加强对折扣率的常态化管理,减弱顺周期性。[①] 除此之外,美联储开始转向利率走廊的价格型调控方式。为应对金融机构间空转套利的问题,2013 年,美联储推出隔夜逆回购协议,将其利率作为利率走廊的下限,从而将其他货币市场利率抬高到逆回购利率之上。美联储对隔夜逆回购协议的操作规模大、范围广,从而更好地满足了机构的资金需求,提升了调控效果。

(二) 英国

伦敦是欧洲最大的国际金融中心,其货币市场具有较高的国际地位。英国的货币市场历史悠久,已经有 200 多年的历史。英国的货币市场体系是以贴现市场和平行市场为主导,以欧洲货币市场和衍生品货币市场为辅助的市场。英国的贴现市场历史更为古老,可分为国库券市场、短期资金拆借市场、商业票据市场和短期金融工具市场。贴现行在贴现市场上居中心地位,是英格兰银行与商业银行之间的缓冲器。目前,英国贴现市场的参与主体主要有贴现行、英格兰银行、清算银行、商业银行、证券经纪商等金融机构。英国货币市场的特点之一就是各种票据的贴现和再贴现都是在贴现市场上进行的。贴现行是英格兰银行实现"最后贷款人"功能的唯一对象,贴现市场通过获得英格兰银行的流动性保证来维持和保障银行系统流动性的稳定。贴现行是英格兰银行与其他商业银行的桥梁,是其调控干预市场、传导货币政策的途径。与贴现市场并存的平行市场在 20 世纪 50 年代逐渐发展起来,如今已成为英国货币市场的主体和中心,可分为地方政府货币市场、银行同业市场、存款证市场、金融行存款市场和公司同业市场。平行市场的参与主体有清算银行、大型欧洲银行、贴现行、国

---

① 参见姜超、李波《美国货币市场改革及其对我国的启示》,载《债券》2019 年第 9 期,第 17～21 页。

际证券公司和政府机构。平行市场的发展得益于地方政府大量的资金需求、租购业务扩张带来的贴现市场供应不足和国际金融市场上短期资金交易的活跃。随着市场的发展，平行市场的规模不断扩大，政府对平行市场的准入限制也逐渐放松。与贴现市场相比，平行市场没有英格兰银行做保证，利率变化不受英格兰银行影响，相对自由，但实际上，平行市场利率走势与贴现市场基本一致。而且根据相关法律规定，英格兰银行对平行市场交易同样有严格的监管（陈柳钦，2005）。

从市场体系来看，英国的货币市场较为完整，既包括多种类型的全国性交易的子市场，也包括一些地方性的子市场。各个市场主辅分明、各司其职、定位准确、协调发展。可见，货币市场的建设与发展应该以多元化的完备市场体系为目标，各子市场应均衡发展、各司其职，形成一个有机的统一体，这样才能不制约整体发展，配套不同的信用工具充分发挥货币市场的功能，利于货币政策的有效传导落实。从交易主体来看，多元化的市场交易主体是市场走向成熟与发达的一个重要标志，市场的健康发展依赖于市场主体的培育和发展。在英国或其他国家货币市场发展的过程中，随着市场范围的扩大和交易工具的增加，交易主体都逐渐扩大到非存款性机构、企业或者投资者个人，这是供求机制发挥作用、市场机制深化的要求。在培育参与主体的同时也要加强信用约束，健全相关制度，加强市场主体的内部控制和货币市场自律机制（李晶晶，2003）。

（三）日本

日本的货币市场属于发达国家中政府干预程度较大的。总体而言，日本货币市场参与者以金融机构为主，对企业和个人的限制较为严格。日本的货币市场最早可追溯到1993年的同业拆借市场，但其发展缓慢，规模较小。"二战"后，日本对金融体系进行了重构，货币市场也逐渐活跃和发展起来。"二战"后的一段时期，银行同业拆借市场是日本货币市场的主要组成部分，同时，由于工业发展对资金流动性的要求，回购市场也开始出现。但整体来看，这一时期货币市场较为低迷，需求不大，制度创新不足。1970年之后，日本货币市场开始革新，呈现自由化的发展态势。

在日本货币市场的发展中，金融创新发挥了重要作用。20世纪70年代以前，日本的货币市场交易工具和交易范围都远不如美国。但20世纪70年代以后，随着旧市场更加规范、新市场不断建立，金融创新不断推进，信用工具不断增加，货币市场体系也变得更加完善和健全。日本货币市场的发展也得益于政府的正确引导、鼓励和扶持。为了适应经济体制改革对货币市场的需要，日本的货币市场发展途径也是政府和货币当局采取各种有效措施的积极培育和扶植。20 世纪 70 年代，日本银行放松对货币市场的管制，大力推进货币市场自由化，鼓励市场工具的创新，如废除标准利率制度、允许非居民参与货币市场、取消外汇管制等，极大地促进了货币市场的自由化，丰富了货币市场参与主体，鼓励了货币市场创新，由此才使得货币市场能够在短时间内得到飞速的发展。

五、中国货币市场的发展与未来

中国货币市场的发展真正开始于改革开放以后，直到 1998 年才逐步走入正轨。20 世纪 80 年代，各地纷纷成立融资中心，成为中国同业拆借市场的雏形。随着金融市场化程度的逐渐提高，中国货币市场逐步完善，包括银行间同业拆借市场、银行间债券市场和票据市场三大子市场在内的货币市场整体呈现加速发展的趋势。① 2011 年以前，中国货币市场规模增长较为匀速。2012 年以后，由于货币信贷类理财产品的驱动，三大子市场都呈现了突飞猛进的增长态势。

2017 年，中国人民银行、银监会、证监会等五部委联合发布《金融业标准化体系建设发展规划（2016—2020 年）》（简称《规划》），明确我国"十三五"金融业标准化的发展目标是金融业标准体系进一步优化、标准水平明显提高、标准实施效果显著增强、标准化机制更加完善。②《规划》提出，未来我国金融业标准化建设的主要任务有以下四项：一是建立新型金融业标准体系，全面覆盖金融产品与服务、金融基础设施、金融统计、金融监管与风险防控等领域；二是强化金融业标准的实施，发挥政府、行业协会、认证机构、企业等各方面的作用；三是建立金融业标准监督评估体系，分类监督强制性标准和推荐性标准的实施；四是持续推进金融国际标准化，在移动金融服务、非银行支付、数字货币等重点领域，加

---

① 参见费兆奇、李堪《中国货币市场的联动发展研究》，载李扬、殷剑峰主编《基地报告（第 10 卷）》，经济管理出版社 2017 年版，第 125 页。

② 《中国人民银行、银监会、证监会、保监会国家标准委等 5 部委联合发布了〈金融业标准化体系建设发展规划（2016—2020）年〉》，见中国人民银行官网（http://www.pbc.gov.cn/goutongjiaoliu/113456/113469/3322066/index.html），2017 年 6 月 8 日。

大对口专家派出力度，争取主导 1～2 项国际标准研制。

展望未来，国内外环境不确定性增加，机遇与挑战并存。随着中国金融开放的进一步扩大，银行间货币市场的参与主体规模也将进一步扩大，各种业务工具的创新和交易品种的丰富将更加便利市场交易。货币市场基础设施的建设与完善也将进一步提升交易效率。随着 2019 年中国利率市场化迈出关键一步，2020 年利率"两轨合一轨"继续推进，货币市场在疏通货币政策传导、推进利率市场化改革等方面发挥了越来越重要的作用。

第三节　资本市场

一、概述

资本市场，又称中长期资金市场，是指证券融资和经营一年以上的资金借贷和证券交易的场所。作为金融市场的一部分，它包括所有关系到提供和需求长期资本的机构和交易，是交易和配置资本性资源的市场。资本市场具有以下特点：①融资期限长。长期资本，至少在一年以上，可以长达几十年，甚至无到期日。②流动性相对较差。在资本市场上筹集的资金多用于解决中长期融资需求，因此流动性和变现性相对较弱。③风险大但收益高，由于融资期限较长，不确定性高，市场价格容易波动，投资者实际上承受较大风险，而作为对风险的回报，其收益也较高。资本市场是服务于资本运作的市场，是投资与消费的跨时期选择，资本市场的基本功能主要是资金借贷功能、定价功能、资本配置功能。按照资金的融通方式，资本市场可以分为中长期信贷市场和证券市场。

二、中长期信贷市场

（一）概述

中长期信贷市场是金融机构提供中长期信贷资金的场所，通过至少一年的信贷支持为需要中长期资金的资金短缺方提供便利。其中，一年至五年的称为中期，五年以上的称为长期。主要业务包括银行中长期贷款、一年以上的大面额可转让存单、房地产抵押等。资金利率的决定因素呈多样化,通货膨胀和金融政策等宏观因素均对其有不同的影响。而利率数值一般是在伦敦同业拆放利率基础上增加一定的幅度。中长期信贷市场具有风险高、签订协议、联合贷放、浮动利率等特征。

中长期贷款代表了银行对实体经济的信贷支持,可以缓解实体经济资金紧缺的矛盾。一方面,企业免除了为归还银行短期贷款而向民间借贷之苦,让企业更专注于生产经营活动,对于缓解企业融资难、融资贵困境起到了一定作用。企业在生产经营中,因为改造更新设备、研发改进技术等全要素生产率的提高,一般需要一年以上才能收回成本、创造效益,所以企业对中长期的项目贷款有需求。另一方面,基础设施建设对政府和企业发展来说也至关重要。刘秉镰等（2010）指出,交通基础设施对中国的全要素生产率有着显著的正向影响,2001—2007 年铁路和公路基础设施的增加共带动中国全要素生产率增长 11.075%。基础设施建设的投资周期一般是三年以上,建设方对中长期信贷有需求。因此,中长期贷款有利于帮助企业更专注于全要素生产率的提高,促进产出效率,进而有利于经济增长和价格总水平稳定。

（二）政策与中长期信贷市场

1. 货币政策与中长期信贷市场

货币政策通过影响商业银行的风险与收益,以此改变中长期信贷资源配置。紧缩的货币政策意味中长期信贷的减少,而宽松的货币政策则会促进贷款投放。如 2020 年年初,受新型冠状病毒疫情的影响,中国经济承受较大压力,故央行通过定向降准、再贷款、再贴现、宏观审慎评估等多种货币政策工具,用宽松的货币政策引导金融机构加大对小微企业、民营企业和制造业的信贷支持。

对于传导机制,主要有流动性风险传导机制、信用风险传导机制两种。流动性风险传导机制认为,货币政策收紧时,商业银行为保持其存款的稳定性,需要提高利率吸引存款者,对于增加的成本会通过减少对中长期项目的贷款支持而予以冲抵。信用风险传导机制认为,从信用风险的角度,紧缩的货币政策会增加借款人的风险,因此银行更倾向于投放短期贷款。

2. 中国中长期信贷的政策

中国关于中长期信贷市场的政策主要有以下几种。

（1）中长期信贷总量政策。基于国民经济，制定和调整信贷政策，合理调控中长期贷款总量，保持国民经济平稳运行；优化信贷结构，合理控制中长期贷款比重，防止中长期贷款比例过高导致流动性风险。

（2）产业中长期信贷政策。对于不同的产业，实行不同的信贷政策。其中，加大特定行业的信贷支持，如"三农"发展，粮、棉、油等主要农副产品的生产运营，为扶贫脱困提供资源支撑，大力发展农业产业化工程；按照"有市场、有效益、守信用"的原则，向基础产业、支柱产业和高新技术产业倾斜；重点支持纳入国家计划的竞争性、基础性重点建设项目和国有大中型企业的重点技术改造、技术开发以及重大技术装备项目。

（3）区域中长期信贷政策。坚持国家统筹规划、因地制宜、发挥优势、分工合作和协调发展的原则，对中西部地区实行适度倾斜，逐步缩小地区间经济社会发展差距。

（三）中国中长期信贷市场的发展

基于中国以间接融资为主的借贷格局，中国中长期信贷市场发展繁荣。图2-4展示了1979—2017年中国金融机构中长期贷款年变化趋势。

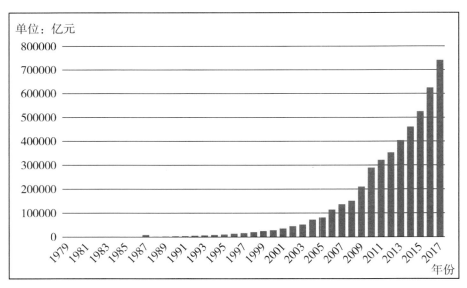

图2-4　1979—2017年中国金融机构中长期贷款年变化趋势
（数据来源：前瞻产业研究院数据库。）

1. 银行信贷稳步向前

银行业本外币资产和负债规模稳步增长，信贷资产质量保持平稳，不良贷款率环比平稳，关注类贷款占比低，风险替补能力较为充足，流动性水平保持稳健。特别是近年来，金融系统加快推进金融供给侧结构性改革，银行业信贷结构出现积极变化，在加大小微企业信贷投放方面取得明显效果，但房地产行业依然占用较多信贷资源，对小微企业、先进制造业、科技创新企业、现代服务业、乡村振兴、精准扶贫等领域支持力度仍有待加强。

2. 小贷公司发展困难

作为传统金融信贷业务的补充途径，在监管收紧、市场复杂等因素的影响下，小贷公司良莠不齐，数量不断减少。如何在风险防控和业绩增长之间找到一个平衡点是小贷公司今后发展的方向。

3. 新型信贷兴起

随着互联网信贷机构的兴起，以 P2P 为主的网贷企业发展艰难。在强监管下，伴随着《关于做好 P2P 网络借贷风险专项整治整改验收工作的通知》发出，P2P 平台频频爆雷。据不完全统计，在 2018 年一年的时间内，P2P 平台数量减少了 43%。但随着市场自动出清整顿，优质平台趋于良性发展，预计未来此类平台会长期存在。

近年来，金融部门为经济高质量发展营造了健康的金融环境，稳健的货币政策为市场注入了充足的流动性，信贷结构的优化为实体经济保驾护航。但是宏观经济平稳运行仍面临挑战，经济下行压力持续加大，局部性社会信用收缩压力依然存在。为进一步去杠杆、优化信贷结构，助力实体经济发展，信贷行业与时俱进，在普惠金融、精准扶贫、海洋经济等细分领域得到实践性发展和创新。

◆拓展阅读◆

"蓝色金融"

苍南农商银行坚守"扎根本土，服务'三农'"的定位，深耕农村市场，加大金融创新，拓展普惠金融渠道，促进苍南县经济发展。

➢ "养民证"信用贷款

"养民证"贷款办理手续简化、利率优惠，其中 10 万元以下的采取家庭信用贷款，最长期限 3 年，随借随还，利率最低至 5.8‰，有效破解了养殖渔民融资难问题，为养殖规范化管理提供了强有力的金融支撑。

➢ "整村信用贷款"

在马站镇界牌村，苍南农商银行推出了整村信用贷款，以支持当地农渔业的发展。该村以海水网箱养殖为主要经济收入来源，整村信用良好，从无逾期贷款。苍南农商银行结合当地实际情况，因地制宜推出了"整村授信"方式，向界牌村村民发放农户免担保、免抵押的纯信用贷款，整村授信期限长达3年，户均授信达20万元。

[资料来源：《农商行"蓝色金融"助力发展海洋经济 支持30多种海洋经济产业，发放贷款4.7亿元》，见苍南县新闻网（http://www.cncn.gov.cn/art/2017/7/10/art_1255449_8275901.html），2017年7月10日。]

（四）发达国家中长期信贷市场发展的经验参考

1. 美国

作为全球第一经济体，美国的消费信用体系最发达，这得益于其完善的个人信用制度、健全的信用法律制度及高效的信用管理体制和风控体系，信贷系统生态良性循环。

美国完善的个人信用制度表现在两个方面：一是严密完善的个人信用预防和调查机制。在1000多家信用局的配合下，美国"中央数据库"存有3亿多人的消费记录，技术部门会及时管理和分析个人消费数据，提醒消费者预防风险。二是规范的个人资信评估，能通过大数据量化分析出个人信用信息，帮助贷款者及时了解信用贷款和还款能力，为开展信贷服务的相关机构提供准确的参考意见。

健全的信用法律制度。专属信用体系的《公平信用报告法》是信贷领域的核心法律。从最早的1916年出台的《小额贷款统一法》到两部重要的综合性消费信贷法律——《消费信贷保护法》《统一消费信贷法典》出台，前后共100多部法律构成了美国的信贷法律体系，让信贷有法可依。同时，美国依据《信用自由法》《隐私法》《接触私密信息进行背景调查的调查标准》等法律法规建立登记咨询系统、信用评价制度、信用风险转移制度和信用管理制度。

高效的信用管理体制和风控体系。美国的联邦体制决定了其信用管理体系的多头格局。当多个机构同时监管个人信用，机构难以单独作假。在美国法律的规定下，所有参与人员职权明确、分工清晰。信用体系主要由私人公司构成，美国政府作为法制的执行者，是公平正义的代表，行业协会通过行业自律要求来管理和规范行业从业者和个人行为。

2. 英国

对比中国一些 P2P 平台的频频爆雷，英国的"P2P 解法"对中国解决融资难问题提供了一种借鉴思路。

自"英国金融合伙"计划通过以来，转为扶持中小微企业的英国商业银行圈定了英国最大的三家 P2P 平台作为合作伙伴。新的合作范围扩大了中小微企业的债务融资规模和类别，助力中小微企业多样化解决融资难题。在募集资金达 90%、利率已确定的情况下，政府资金会介入标的，按确定利率投资剩余 10%。按照平台规则，在规定时间内资金募集不足 90% 的则宣告失败。实际上，政府资金介入了所有成立的标的中。但是，政府对借款者的信用、P2P 平台等没有任何背书或推荐。政府和其他投资者承担同样的风险。从这一模式可以看出，政府与 P2P 平台的合作既没有参与市场具体运作，从而避免了市场干预，又最大限度地跳过了中间环节，资金直接流向需求方，促使借款市场高效、健康运行。

3. 德国

德国对农业的信贷支持力度极大。德国农业的比重只占国内 GDP 的 1%，农业贷款却占金融机构贷款总额的 2.5%。几乎所有银行金融机构都参与农村信贷市场。

德国银行对"三农"的金融支持主要表现为两个层次（见图 2-5）：第一个层次直接服务于中小企业和农场主，主要包括储蓄银行、商业银行、合作银行三大支柱银行。其中，储蓄银行和合作银行属于普惠金融系列。第二个层次通过资本市场，国有银行向三大支柱银行提供融资，间接服务于中小企业和农场主。德国的农村金融体系在百余年的发展中渐趋完善，定位清晰、分工明确、互相合作、互补竞争。依据当地多元化的农村金融需求，因地制宜推出特色信贷。尤其是在政策性银行的运作模式上，德国政府以资金成本为核心，为"三农"输入低于市场利率水平的低价信贷资金。近年来，担保银行加大对"三农"的担保力度。德国在 2015 年 10 月起推行中小农业统一贷款担保章程，担保银行对农业经济银行的项目贷款进行担保。通常，担保银行能担保到总贷款额的 60%，对现存或并购企业上限高达 100 万欧元。同时，商业性金融机构探索数字化办行，通过业务流程数字化、创新工作方式等，加快产品设计和开发进程,为农村金融提供更好的支持。

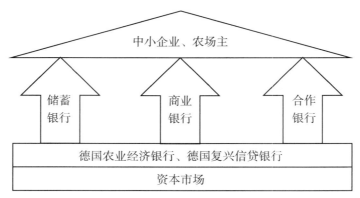

图2-5 德国银行对"三农"的金融支持层次
(资料来源:作者根据相关材料整理。)

三、证券市场

(一)概述

证券市场是各种有价证券,包括股票、债券等发行和流通交换的场所。有价证券类型简单,分为三种,分别是政府债券、企业债券和公司股票。政府债券是由政府发行的中长期债券,可在市场上随时交易,但未到期不得兑现;企业债券是企业发行并承诺在一定期限向投资者还本付息的债务凭证;公司股票只能由股份公司为筹措资本而发行,根据规定行使股东权力的有价证券,一般分为普通股与优先股两种。

证券市场有三个显著特征:①价值直接交换的场所。有价证券是价值的一种直接表现形式,因此,在证券市场上,交易的对象看上去是各类有价证券,实质上,证券市场是价值的互相交换场所。②直接交换财产权利的场所。有价证券,如股票、债券、投资基金等,作为证券市场上的交易对象,本身代表了一定量的财产权利。③直接交换风险的场所,有价证券收益和风险并存。

证券市场对金融体系的运作发挥了不可或缺的作用。从金融市场的功能看,证券市场以证券信用来融通资金,以买卖证券来引导资金,极大优化了资源配置。从金融市场的运行看,金融市场体系的其他组成部分都与证券市场密切相关。具体来说，证券市场具有三个基本功能：筹资功能、资本定价、资本配置。

（二）类型

根据不同的分类方式，证券市场又细分为不同的类型。根据证券市场的层次结构，即进入市场的顺序，可以分为一级市场和流通市场；根据有价证券的品种，可以分为股票市场、债券市场、基金市场；按交易活动是否在固定场所，可以分为场内市场和场外市场（见图2-6）。

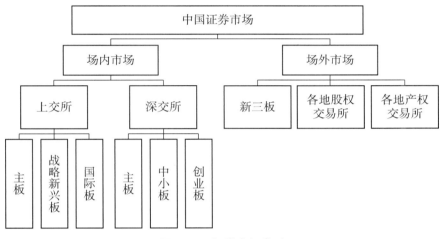

图2-6 证券市场类型

（资料来源：作者根据相关材料整理。）

股票市场是股票发行和流通的场所。股票的交易都是通过股票市场实现的。股票是投资者向公司提供资本的权益合同，是公司的所有权凭证。股票经认购后，不能申请退出，只可以拿到二级市场交易。因此，股票的一级市场也叫股票发行市场，是公司直接或通过中介机构向投资者出售新发行的股票所形成的市场。二级市场也称股票交易市场，是投资者对已发行股票进行交易的场所。以往二级市场单分为有组织的证券交易所和场外交易市场，近来出现了具有混合特性的第三市场和第四市场。第三市场是指原来在证券交易所（简称"证交所"）上市的股票移到场外进行交易而形成的市场。换言之，第三市场交易的是既在证交所上市又在场外市场进行交易的股票，以区别于一般含义的柜台交易。第四市场是指大机构或富裕的个人投资者绕开经纪人,直接在双方之间用电子通信网络进行交易。股票市场的职能反映了股票市场的性质。在市场经济社会中,股票市场具有筹资、转化资本、给股票赋予价格三个方面的功能。

债券市场是发行和买卖债券的场所,是一国金融体系中不可或缺的部分。债券是政府、公司或金融机构融资后的债权债务合同,该合同会标明发行者在指定日期支付本息的承诺。债券一般分为政府债券、公司债券和金融债券。基于融资、资金流动导向、宏观调控等几项重要功能,一个统一、成熟的债券市场对低风险的投融资有非凡的意义。

投资基金是证券市场中新出现的形态,但实质上是股票、债券及其他证券投资的机构化,是通过发行基金券收益凭证或基金股份的方式,将投资者分散的资金集中起来,由专业管理人员分散投资在各种金融资产,收益风险共享共担的一种投资制度。投资基金有利于克服个人分散投资的种种不足,是个人投资者分散投资风险的最佳选择。

(三) 中国证券市场的发展[①]

经过30余年的发展,中国证券市场从不成熟逐步走向成熟,从监管缺位到监管完善,从初具规模到发展壮大。中国证券市场的开放进程如表2-2所示。

表2-2 中国证券市场的开放进程

年份	证券市场开放的相关标志
1992	创设B股,供境外投资者投资
1995	颁布《中外合资投资银行类机构管理办法》,第一家中外合资投资银行成立
2002	《外资参股证券公司设立规则》发布,QFII制度成立
2003	第一家中外合资券商——华欧国际证券公司成立
2006	推出QDII制度

---

① 《中国证券市场发展概况及历程》,见搜狐网(https://www.sohu.com/a/195934174_99958689),2017年10月1日。

续表 2-2

年份	证券市场开放的相关标志
2007	推出《外资参股证券公司设立规则》，规定境外股东持股比例或者在外资参股证券公司中拥有的股权比例累计不超过20%
2011	推出 RQDII 制度
2012	修改《外资参股证券公司设立规则》，规定境外股东持股比例或者在外资参股证券公司中拥有的股权比例累计不得超过49%
2013	允许在境内工作和生活的港澳台居民直接开通 A 股账号
2014	沪港通；RQDII 制度
2015	中港基金互认
2016	深港通开通
2018	《外商投资证券公司管理办法》允许设立外资控股合资券商 A 股首次纳入 MSCI 指数 允许在境内工作的外国人员直接开通 A 股账号
2019	A 股增加至20%的比例纳入 MSCI 指数 国务院金融稳定发展委员会推出11条金融业对外开放措施

（资料来源：作者根据相关材料整理。）

概言之，中国证券市场主要经历了五个阶段：

第一阶段（20世纪80年代末），中国证券市场的成立。从中国国库券发行到1986年在上海成立的第一个证券柜台交易点，代购、代销延中实业和飞乐音响两家公司的股票，标志着新中国证券正规化交易市场的建立。1990年12月，上海证券交易所成立，1991年深圳证券交易所成立。沪、深证券交易所的成立，见证了中国证券市场的开始。

第二阶段（1992—1999年），全国统一监管市场的形成。1992年中国证监会成立，全国开始搭建起统一的证券市场监管体系，区域性市场开始向全国性市场转型。以1993年发布的《股票发行与交易管理暂行条例》和《企业债券管理条例》为主，辅以后续若干法律法规，初步构建起全国基本的证券法律法规体系。1998年，国家机构发生调整，撤销国务院证券委，中国证监会正式成为证券市场的监管部门，统一了全国证券市场的监管体系,全国证券市场开始蓬勃发展。

第三阶段(1999—2004年),依法治市和市场结构改革的过渡。1999年7月1日开始施行的《中华人民共和国证券法》(简称《证券法》)阐明了中国证券市场基本的法律框架,该法也奠定了证券市场在全国金融市场的地位。同时,包括《中华人民共和国证券投资基金法》(2003年)在内的一系列的法律法规,规范了股票和证券的运作流程,促进了证券市场的规范发展和对外开放。

第四阶段(2004—2008年),改革深化和发展规范。证券市场的环境在国务院和证监会带领下朝规范化、创新化方向发展。2004年2月,国务院发布了资本市场定位发展的纲领性文件——《关于推进资本市场改革开放和稳定发展的若干意见》(简称《意见》)。《意见》对证券市场工作提出明确要求,引领证券市场朝更高要求、更高目标发展。2005年,中国证监会发布《关于上市公司股权分置改革试点有关问题的通知》,A股进入全流通时代。2007年,中国证监会发布《证券公司分类监管工作指引(试行)》,开始对证券公司进行新的风险监管。同时,关于券商治理改革和新产品、新板块创新的提出,深化了证券市场的发展。2014年,证监会开始部署综合治理工作,包括证券公司综合治理、发展机构投资者等。同年,深交所设立中小企业板块,极大地创新了证券市场制度。2006年9月,中国金融期货交易所成立,中国金融衍生产品得到进一步丰富,中国资本市场体系朝多层次结构迈步。

第五阶段(2009年至今),多层次资本市场的确立。① 2009年10月,创业板的推出标志着多层次资本市场体系基本建成。此后,制度创新、产品创新层出不穷。2010年3月推出的融资融券、4月推出的股指期货,为资本市场提供了双向交易机制。2012年,转融资和转融券业务促使融资融券发展所需的资金来源更加广泛。2013年,新三板准入条件的放开,推动了新三板市场扩展到全国范围。2018年,证监会发布的存托凭证(Chinese Depository Receipt,CDR)交易管理办法有望拓宽证券公司的业务边界。2019年3月,科创板设立,为科技创新企业提供了更广阔的成长

---

① 参见王国刚《加快多层次资本市场体系建设》,见中国社会科学网(http://www.cssn.cn/skyskl/201608/t20160804_3149931_5.shtml?COLLCC=1881889255&),2016年8月4日。

空间。中国证券市场在创新中发展，并逐步走向成熟。

经历了 30 余年的快速发展，如今的证券市场已经具备了相当规模和影响力，为中国经济提供投融资服务等作用日益突出。其中，证券市场开放化、法治化是中国证券市场的特点。

中国外汇储备充足，资本相对过剩。但是，目前证券化水平与经济体量不相称，储蓄向投资的转化率也不高。这决定了在未来很长一段时间内，中国股票市场加强对外开放、加大引入国际资本的趋势不会发生转变。

同时，证券市场法治化进程也在不断推进。1993 年 4 月，《股票发行与交易管理暂行条例》的公布，奠定了新中国资本市场法治监管的基本框架。1999 年 7 月，《证券法》的颁布标志中国证券市场走向法治化、正规化。此后，《证券法》分别在 2004 年、2013 年、2014 年进行了三次修正，在 2005 年、2019 年进行了两次修订，以更好地达到"便利企业融资"和"保护投资者"的平衡。在经济转型时期以及经济新常态下，作为资本市场的统领，《证券法》承载了更多的使命与责任。同时，中国证券的监管理念与制度不断完善，监管水平不断提高。自 1992 年国务院证券委员会和中国证监会成立后，全国证券市场开始在统一宏观监管框架下运营。近年来，在金融自由化创新的时期，强监管的主基调贯穿其中。在"依法监管、从严监管、全面监管"理念下，中国证券市场规范化发展取得长足进步。证券市场法治化为证券市场长期稳定健康发展、保护投资者利益、维护证券市场秩序提供了重要保证。

中国证券市场在 30 余年的发展中创造了卓越的成果，特别是在优化资源配置、改善融资结构、支持实体经济、推动企业转型升级等方面发挥了重要作用。

（四）发达国家证券市场发展的经验参考

当前中国证券市场正处于改革发展的重要时期，面临着巨大的机遇和挑战。证券市场虽然取得了长足进步，但一直摆脱不了"政策市场"和"新兴+转轨"的影子。如何让证券市场离为实体经济服务的"服务型市场"定位更进一步，应结合中国近年来证券市场开放化、法治化的特点，有方向地借鉴其他成熟证券市场的发展经验。

1. 日本

日本拥有全球大型的证券市场，虽然在总量上不及中国，但证券化水平与其经济体量相称，虽然发展基础与中国相似，发展成果却令人瞩目，其证券市场开放化的进程值得中国借鉴。

在两国的证券市场发展初期，两国背景相似，以间接融资为主，证券市场封闭度高。这一时期，日本银行贷款占企业总融资规模的比例为50%～70%，同时对跨境融资实行严格管控，此后才开始逐步放开。通过推动经常项目、开放直接投资项目，放松对欧洲离岸市场和本国证券市场的管制，引入境外投资者，推进海外证券投资等，证券市场在不断自由化的过程中变得透明、自由和全球化，助力东京成为国际金融中心。

在借鉴日本的证券市场发展经验的同时，应该在综合、平衡开放的基础上加强对证券市场的引导。对于"在岸"和"离岸"两个市场，"走进来"和"走出去"两个方向、"投资端"和"融资端"两个维度都需要保持综合和平衡，这有助于发挥开放的协同作用，吸引多元化、异质性参与主体，进一步完善市场的定价功能。此外，还需要对证券市场开放的方向进行一定的引导。例如，对于资产价格泡沫和汇率波动等问题，可借鉴日本的教训，用宏观审慎政策工具对资本外流的开放加强管理。

同时，市场开放既有有利因素，也有宏观和微观、国内和国外各方面的不利因素。金融危机、汇率波动、美国施压、经济泡沫、信用风险等各种各样的挑战层出不穷，因此，风险防范是证券市场开放过程中不可回避又必须重视的问题。当前，在金融全球化的背景下，国内外金融联系更紧密。中国在推动开放化的同时也要对海外市场加强监测，防范金融风险通过利率、汇率渠道进行跨境传导。

2. 美国

从法治化角度来说，美国成熟的证券市场对于中国来说借鉴意义重大。中美证券市场在法治监管方面存在以下差异。

（1）执法模式不同。美国是多头执法模式，执法强度高，但存在重复执法的问题。中国采用的是集中执法的模式，证监会是主要的执法者，公共执法的产出较低。

（2）监管机构的预算投入有较大差异。中国证监会的预算绝对值较低，甚至只有美国证券交易委员会（United States Securities and Exchange Commission，SEC）的1/10。此外，相关数据表明，中国证监会员工规模大，人均监管上市公司的比例高于美国，但是人均投入低，工作效率和成果略逊一筹，激励机制不足。近年来，国家通过深化改革、下放执法权，促使各地证监局逐渐成为执法主力。

（3）处罚对象有差异。SEC处罚对象多元化，但对上市公司的处罚比例较低。中国证监会以处罚上市公司为主，监管成本及处罚金额变相增加了投资者的交易成本，且缺乏司法制约的货币处罚可能引起权力寻租和选择性执法。中国监管机构公共执法的产出效率和成果不足，是阻碍中国证券市场法治化进程的一大障碍。为了提高《证券法》公共执法的效率，制度改革迫在眉睫。改革可以从以下几方面入手：①进一步加大监管力度，落实强监管主调，将沪、深交易所推进至监管前线，强化沪、深交易所的监管地位；②通过法律法规的确立来赋予交易所监管权力，以便其采取更具强制力的监管手段，惩戒违规行为，在必要情况下可以制定违规次数累计规则、缴纳保证金规则等，增加违规者的违规成本，增强交易所惩戒的威慑力和强制力；③引入经济激励机制，允许监管机构留存一定比例的罚款用于执法活动，以此提高监管机构的积极性，提升其工作效率和产出成果的质量；④以货币处罚建立公平基金，用于公平补偿投资者的损失，加大对被处罚公司的惩罚自行承担力度。

3. 英国

英国证券市场从成立以来历经多次变革，终于在不断的改进下成为世界第三大证券交易中心。英国证券市场的管理主要采用自律型管理模式。政府对证券市场的态度是自由放任、干预小，主要是针对一级市场和内幕人士交易进行适当的立法管理。除此之外，没有设立专门的管理机构，主要依靠自律管理机构维护市场运行。其中，自律管理机构包括：①英国证券交易所协会。负责管理全国的证券业，制定相关的规章制度，如组织成员的惩罚制度、交易市场的规则等。②企业收购和合并小组。主要由伦敦工作小组的九个专业协会企业构成，负责起草企业管理相关的收购制度。③证券业理事会。由专业协会代表组成。英国在自律管理原则下不断加强证券市场监管，充分发挥市场的创新和竞争作用,这有利于活跃资本市场。对证券市场开放化进程中的风险和问题的管控更加符合实际,自律组织对市场的违规行为也能迅速做出反应,促进了英国证券业的蓬勃发展。

(五) 中国证券市场的未来与发展[①]

中国证券市场在 30 余年的发展中,随着定价和资源配置功能的完善,在实体经济融资、公司治理优化和投资渠道拓宽等方面所发挥的作用日益凸显。但和经济发展水平相比,证券市场的发展水平还有很大的提升空间。

证券市场的开放是必然的路径和选择,是金融体制改革和经济发展的内在要求。首先,开放市场应基于国内经济稳定的前提,保持国内通胀稳定和充足的外汇储备,维持币值稳定,防止出现资本急剧外逃的情形。其次,证券市场开放顺序要与国内经济发展相适应,遵循"先放开对内投资,后放开对外投资"的原则。尤其是在新经济形势下,经济短期下行压力大,宏观经济环境严峻,需要引入外资弥补缺口。同时适时放开证券服务业,构建证券行业的良性竞争环境,深化金融供给侧改革,并稳步审慎推进资本项目开放和汇率市场化改革。

证券法治化的发展任重而道远。在市场开放的过程中,健全的金融监管体系不可缺位。加强金融监管能力的建设,整合存量监管资源,加强监管协调,做到对资金出入全流程的穿透式监管,实现对市场参与者全方位的监管。此外,相关的法律法规和监管要与时俱进,及时跟上金融工具创新的速度,如对互联网金融产品的监管还存在监管套利、监管混乱的局面。监管理念要紧跟创新速度,按业务属性确定行为规则和监管主体,强化监管的统筹协调,实施穿透式监管和宏观审慎管理,从而促进证券市场在创新中健康发展。

---

① 参见中银国际证券研究所宏观及策略团队《制度层面看中国证券市场未来发展》,见搜狐网(https://www.sohu.com/a/200346487_99909573),2017 年 10 月 26 日。

第四节　外汇市场

一、概述

（一）含义和特点

外汇市场是由两种及以上类型的货币相互兑换或买卖的交易场所，通常由各国中央银行、外汇银行、外汇经纪人和客户组成。外汇市场的交易主要是外汇供求双方在特定的地区内，通过现代化的通信设备及计算机网络系统来实现。

外汇市场主要具有以下特点：①有市无场。外汇买卖的行商网络没有统一的操作市场。它不像股票交易，通过股票交易所集中买卖，并有同业协会、同业守则等组织性规范。外汇交易的网络虽然是全球性的，但属于没有组织的组织——市场由公认的方式和先进的信息系统组成，交易商不属于任何组织。这种在无集中的场所、无中央清算系统的管制、无政府的监督下完成清算和转移的"三无市场"被称为"有市无场"。②循环作业。基于全球各金融中心的地理位置差异，全球外汇市场因时间差可以 24 小时连续作业。以纽约时间为准，早上 8 时半纽约市场开市，9 时半芝加哥市场开市，10 时半旧金山市场开市，18 时半悉尼市场开市，19 时半东京市场开市，20 时半香港、新加坡市场开市，凌晨 2 时半法兰克福市场开市，3 时半伦敦市场开市。因此，除了周六、周日及各国的重大节日外，外汇市场不分昼夜、24 小时不间断运行。这种作业的连续性与交易方式电子化为投资者提供了没有时间和空间障碍的投资场所，有利于最佳交易时间的规划。③零和博弈。外汇市场的交易是一场零和博弈，一方的收益必然意味着另一方的损失，双方不存在合作的可能。这是由于汇率的变化意味着一种货币价值的减少与另一种货币价值的增加。近年来，投入外汇市场的资金越来越多，汇价波幅日益加大，促使了财富转移的规模扩大，速度提高。④成本低，免佣金。外汇市场的纯电子化，使得交易者可以直接与庄家交易，免除了标价和中间人的费用，外汇交易的成本极低。⑤最大、最公平的市场。外汇市场作为全球最大、流通性最高的市场，平均日交易量可达 6.6 万亿美金，相当于期货市场的 4 倍，美股市场的 30 倍。

庞大的市场容量为投资者提供了足够的盈利空间。而且交易的货币集中度高,每天有85%的交易量集中于G7国家①的货币,流通性极高,使得市场难以被人为地操纵,彰显公平性,保证交易的准确执行,市场趋势明显,适合进行技术分析。⑥宏观变量对外汇市场的影响权重高,政治因素与经济因素已成为影响外汇市场走势的两大核心因素。如今,外汇走势与宏观数据契合度越来越高。如2019年欧元区制造业PMI大幅下滑,欧元兑美元走势持续承压,外汇市场中多次形成了基于德国以及欧元区制造业意外走弱而导致欧元兑美元汇率下跌的现象。具体而言,政局稳、利率高、经济表现好的经济体,其货币更受投资者的追捧。⑦金融创新层出不穷。1973年,布雷顿森林体系解体,国际货币体系转为浮动汇率制,汇率的频繁波动导致外汇风险急速上升,各种防范汇率风险的金融创新应运而生,外汇衍生品市场得到迅猛的发展。如外汇期货合约、外汇期权交易等,外汇交易与资本市场日益结合,外汇市场交易类型丰富多样。②

(二) 功能

1. 转移国际购买力

外汇市场能满足国际的经济交往业务,即债务人与债权人的财富国际转移。比如,当国内投资者到外国投资或进口商进行进口支付时,常常需要把本币兑换成外币,从而使本币的购买力转化为外币购买力。外汇市场连接了潜在的外汇供求方,促进了国际商业的经济合作以及各领域的交流。随着市场的价格调节,当外汇供给量正好等于外汇需求量时,外汇市场处于均衡状态。

2. 提供国际资金融通

外汇市场促使国际借贷和国际投资活动进行。例如,中国某公司想在越南设立子公司,需要先在外汇市场把人民币兑换成越南盾,以便在越南购置土地、兴建厂房、添置设备等。或是中国投资者先把人民币兑换成美元,用来购买美国财政部发行的国库券和长短期政府债券。

3. 外汇保值和投机

在以外币计价的交易中,由于汇率的频繁波动,交易双方都面临外汇

---

① G7国家指美国、英国、德国、法国、日本、意大利和加拿大。
② 《外汇市场为什么在重要节日要休市?其中大有原因!》,见豆丁网(https://www.docin.com/p-2230522023.html),2019年7月16日。

风险。以交易者对风险的偏好程度划分,风险规避者可以通过外汇市场来保值,而风险偏好者则可以通过外汇市场来投机。外汇市场的存在一方面给套期保值者提供了规避外汇风险的渠道,另一方面也为投机者提供了承担一定风险来赚取利润的机会。

(三) 类型

外汇市场根据不同的分类方式可以分成不同的类别(见图2-7)。按外汇交易参与者划分,可分为狭义外汇市场和广义外汇市场。按外汇市场经营范围划分,分为国内外汇市场和国际外汇市场。按外汇交易的方式来划分,分为有形市场和无形市场。按外汇市场受控程度划分,分为自由外汇市场、官方外汇市场、官方控制的自由外汇市场和黑市。

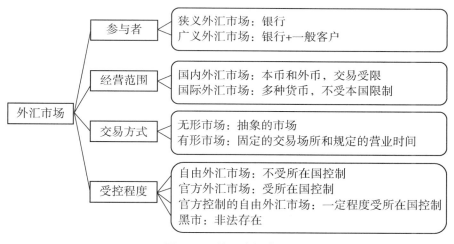

图2-7 外汇市场类型

(资料来源:作者根据相关材料整理。)

二、外汇市场结构

外汇市场由主体和客体构成。主体是指外汇市场的所有参与者,主要包括但不限于外汇银行、顾客、中央银行、外汇交易商及外汇经纪商。客体是外汇市场中客观存在的事物,如可自由交换的外国货币、外币有价证券及支付凭证等。中国外汇市场结构如图2-8所示。

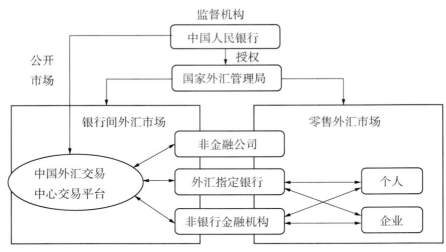

图 2-8 中国外汇市场结构

[资料来源:《一文读懂中国外汇市场构成》,见同花顺财经网(https://baijiahao.baidu.com/s?id=1655246996423036943&wfr=spider&for=pc),2020 年 1 月 9 日。]

(一)外汇市场的参与者

1. 外汇指定银行

外汇指定银行须经本国央行批准方可成立,主要经营外汇业务。外汇指定银行主要分为三种类型:专营或兼营外汇业务的本国商业银行;在本国的外国商业银行分行及本国与外国的合资银行;其他经营外汇买卖业务的本国金融机构。

外汇指定银行主要在两方面从事外汇业务活动:一是零售业务,主要针对具体的客户,应相关要求从事外汇业务;二是批发业务,通过轧差买卖平衡外汇头寸,防止外汇风险。一般而言,同业外汇业务在外汇指定银行业务中占比最大,可达外汇交易总额的 95% 以上。

2. 外汇经纪人

外汇经纪人须经过政府批准,是为外汇交易双方接洽而从中获取佣金的中间商。外汇经纪人能有效集中市场的供需信息,高效完成客户委托。因此,他们极大地提高了外汇交易的效率。

3. 顾客

在外汇市场中,顾客是主要的供求双方。虽然他们的交易目的各不相同，且力量分散，却是外汇市场的重要组成部分。例如，外汇交易中最频繁的是为了经营进出口业务而参与外汇市场的跨国贸易商，因其全球经营涉及多种货币的收支，因此在外汇市场中参与度很高。

4. 中央银行及其他官方机构

作为重要的参与者，中央银行在维持本国货币金融稳定的职责驱动下，通过买卖某种国际货币的方式来干预外汇市场。它们通常持有相当数量的外汇余额作为国际储备，用以支持外汇市场的干预。而干预的范围与频率则主要取决于该国的汇率制度。如果是固定汇率制，那么在一般情况下，干预程度会比实行浮动汇率制的国家大，影响程度更深、更广。

除了央行外，其他政府机构也会出于经济需求进入外汇市场，但总体而言，央行是官方参与者的主要代表。

（二）外汇市场交易的三个层次

按照市场参与者划分，外汇市场的交易可以分为三个层次，即银行与客户之间、银行之间、银行与中央银行之间。

1. 银行与客户之间的外汇交易

对于客户不同的经济需求，银行在外汇供需方之间充当中介机构。一方面从外汇供给者手中买入外汇，另一方面为外汇需求方提供外汇。通过在外汇供求中搭建交易桥梁，赚取外汇的买卖差价。

2. 银行之间的外汇交易

银行在根据顾客的供求进行交易后，容易产生外汇头寸的问题，即敞开头寸。当银行外汇头寸不平衡，外汇风险会损害银行的健康运行，需要通过银行同业间的交易"轧平"外汇头寸，使该种货币买卖量相平衡。此外，银行还可能出于投机、套期保值等经济目的进行同业外汇交易。

银行间的交易是外汇市场的焦点。在外汇市场上，实力、资本雄厚的大型银行往往是做市商，通过巨额的资本和雄厚的实力影响市场汇价。

3. 银行与中央银行之间的外汇交易

中央银行为了使汇率能相对地稳定在一定值上，以达到一定的政治经济目的，往往和外汇银行进行交易，以达到干预外汇市场的效果。比如，当欧元兑换人民币的汇率低于期望值，央行会向外汇银行购入欧元，增加需求，以提高汇率。

三、外汇市场的运作流程

外汇市场的运作流程如图 2-9 所示,一般包括五大步骤:询价、报价、成交、证实、结算。

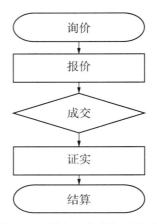

图 2-9 外汇市场的运作流程

(资料来源:作者根据相关资料整理。)

询价通常由主动交易的一方发起,这主要是为了让交易对手了解个人需求并希望其报出满意的价格。被询价的一方报出价格后,询价方做出交易决策,并通过设备达成交易与否的协议,接着对上述交易的相关信息进一步确认。货币的结算通过电信系统在交易双方的代理行或分行进行,最后以银行存款里有关货币的增减为标志。

◆拓展阅读◆

外汇交易的具体情境说明

询价方甲:请问即刻美元兑人民币,你报什么价格?

报价方乙:60/90(买价 60 点/卖价 90 点)。

询价方甲:买进 100 万美元。

报价方乙:成交。我卖 100 万美元,买人民币,汇率是 6.9,起息日是 2020 年 3 月 15 日。我们的人民币请付到中国人民银行,账号为 62254984965。

询价方:我们的美元请付到纽约 AQW 银行,账号是 285654。

四、中国外汇市场简述

我国外汇市场的发展经历了艰难探索期、形成发展期和创新发展期三个时期。

第一个时期（1949—1978年），外汇市场艰难探索期。在计划经济体制下，中央政府对外汇收支实行高度集中的指令性计划管理，外汇市场基本不存在。1949年至1953年是人民币法定地位确定的集中管理阶段。政府探索建立人民币本币制度，1950年中国人民银行开始公布统一的人民币汇率。1953年至1958年是探索外汇平衡机制阶段。在"一五计划"实施时期，中央为鼓励地方增加出口，开始实行外汇分成，并形成了"财政、信贷、物资和外汇"综合平衡的指导思想。1958年至1978年是艰难的探索时期，在三年自然灾害、"文化大革命"、布雷顿森林体系崩溃等坎坷的内外部环境中艰难探索。1968年，中国开始尝试使用人民币在对外贸易中计价结算，以避免汇率风险。1972年6月，随着英镑浮动，中国改按"一篮子货币"计算调整人民币汇价，在维持人民币有效汇率基本稳定的基础上对人民币汇率做相应调整。

第二个时期（1978—2013年），外汇市场形成发展期。在改革开放的进程中，社会主义市场经济新体制建立，中国外汇市场框架不断完善，外汇管理机构和金融机构经营体系趋于成熟，外汇市场的功能逐步增强、完善。尤其是2005年的"721汇改"，更是促进了中国外汇市场的市场化发展。外汇市场交易工具不断增加，从2005年前仅有即期和远期两类产品，逐步扩大至外汇掉期、货币掉期和期权产品，具备国际市场基础产品体系；交易币种不断增加，从人民币对美元、欧元、日元和港元4种交易货币逐步增加至涵盖中国跨境收支的主要结算货币，满足多样化汇率风险管理需求；市场主体参与广度、深度不断扩展，从1991年放开居民个人持有的外汇参与外汇调剂的限制，到形成银行与客户间的零售外汇市场多样化的市场主体层次；从交易模式看，2005年前银行间外汇市场采用电子集中竞价单一交易模式，现已经发展为电子集中竞价、电子双边询价、做市商制度等交易模式。

第三个时期（2013年至今），外汇市场创新发展期。在经济新常态下,中国外汇市场在波动中趋向平衡。外汇市场功能越发明确,"十三五"规划纲要提出,应努力做到对外开放深度广度不断提高,全球配置资源能力进一步增强,进出口结构不断优化,国际收支基本平衡。这对外汇市场提出了更高的要求。中央政治局第十三次集体学习时,习近平总书记强调,防范化解金融风险特别是防止发生系统性金融风险,是金融工作的根本性任务。外汇市场的主要任务是把防范化解外汇领域的各种风险隐患放到更加重要的位置,坚持综合平衡、科学监管,切实维护国际收支平衡和外汇市场稳定。2017年5月,国家发布的《中国外汇市场准则》作为中国外汇市场自律机制的基础性制度,标志着中国外汇市场规模的国际化进程。但在稳步发展的同时,中国外汇市场也面临挑战,在一系列高强度的外部冲击下,中国外汇市场波动加剧。例如,2019年受中美贸易摩擦升级影响,资金大量流出,人民币汇率破7。

五、发达国家外汇市场发展的经验参考

近年来,全球外汇交易量大幅攀升,全球外汇交易活动越来越集中在少数金融中心。据国际清算银行(Bank for International Settlements,BIS)的报告显示,近年来,全球外汇交易主要集中在英国、美国、中国香港、新加坡以及日本五地,五地的交易总量在全球交易总量中的占比高达60%。下面分别探讨英国、美国和新加坡的外汇市场发展情况。

(一)英国

1979年,英国取消外汇管制,英国外汇市场蓬勃发展。由于不存在外汇管制,英国外汇市场的国际市场和国内市场没有明显的界线,跨境交易是英国外汇市场的重要组成部分。随着外汇市场管制放松,伦敦逐渐成为外汇交易的中心,并一直保持全球第一的市场地位。金融市场发展壮大,外汇、债券、衍生品、基金等金融商品迅猛发展,英国因此成为世界上最大的净出口金融服务国家。由于伦敦时段承接纽约和东京两大交易时段,大量外国银行在伦敦设立分支机构从事外汇买卖,伦敦成为亚洲区和美国之间的时区内最大的资金池,在全球外汇交易总量中占比高达43.1%,比纽约还高了3倍;在欧洲,占比第二大的瑞士只有3.3%,差距明显。据BIS统计,2019年,英国的日均交易额达3.58万亿美元,是

全球范围内日均交易额最大的国家。

（二）美国

作为最重要的国际外汇市场之一，纽约外汇市场是美国外汇业务的中心，也是全球美元交易的清算中心。①

美国银行和金融机构都可以开展外汇业务，政府没有限定机构的业务范围。在高度市场化的美国外汇交易大环境中，美元成为世界上最活跃的交易货币。据 2019 年 BIS 外汇统计显示，美国纽约外汇市场日均外汇交易额约 1.37 万亿美元，外汇交易人数全球最多。

虽然美国没有外汇管制，但是监管严厉。历经多次金融危机，依然享有外汇行业监管最严厉的称号。其中，外汇保证金行业由美国商品期货交易委员会（Commodity Futures Trading Commission，CFTC）和美国期货协会（National Futures Association，NFA）监管，NFA 是一个独立机构，通过高效的监管流程保障衍生品市场。CFTC 是美国独立监管期货行业及衍生品行业的监管机构，是设在美国联邦政府下的独立的行政机构，负责监管商品、货币、衍生品和金融期货期权市场。CFTC 在外汇交易中的监管地位从 2008 年金融危机开始不断提升，作为与外汇交易行业中诈骗分子斗争的主要力量，CFTC 制定政策，不断将不法外汇经纪商、诈骗基金经理等送上法庭，提醒消费者警惕外汇诈骗。近年来，CFTC 收紧外汇行业监管的举措不断扩大，包括对交易中的订单处理、杠杆比例和对冲等不断提出新要求，如主要货币的杠杆比例限制在 50∶1，或者入金要求为外汇交易名义价值的 2%，以保护没有专业知识储备和经验不足的投资者过度交易或者冒太大的风险；先进先出法则（First Input First Output，FIFO）禁止在同一类外汇资产中同时持有头寸，这样也避免了外汇交易对冲的可能；外汇经纪商保管的客户资金只能由美国或者全球金融中心国家的合格机构所持有；等等。美国的强监管离不开 CFTC 和 NFA，这两个机构对外汇市场的监管以严厉著称，无论是强制注册，还是提高监管资本要求，都构建了美国金融市场全方位的监管架构。不过，随着强监管政策的实施，

---

① 《美国纽约外汇市场》，见搜狐网（https://www.sohu.com/a/330619431_240534），2019 年 7 月 31 日。

美国的外汇交易量不升反降。

（三）新加坡

凭借得天独厚的环境，新加坡外汇市场发展迅速，2013 年超过日本，成为全球第三大外汇交易中心，日均交易额高达 6330 亿美元，外汇交易量仅次于英国和美国。作为蝉联亚洲第一的外汇市场，随着亚洲金融业的发展，货币交易量和电子交易量的猛增，新加坡监管机构正尝试与金融机构合作建立外汇交易中心，完善创新基础设备，推动外汇新系统的建立，促进亚洲交易时段的流动性。

六、中国外汇市场的未来与发展

回顾过去，中国外汇市场的发展主要源自三个因素：一是中国对外贸易和投资的增长，直接带动了外汇交易的增长；二是 2005 年中国汇率改革后人民币汇率弹性逐步增强，市场主体管理汇率风险促进了外汇衍生品市场的发展；三是随着资本市场的双向开放，境内外投资者进入外汇市场开展本外币兑换和风险管理（王春英，2018）。在这三个因素的带动下，外汇市场推动了金融的进一步开放，有效支持了实体经济的高质量发展。

展望未来，在新经济结构下，外汇市场的发展不应再由量变拉动，而更应该把握新的机遇，迎接新的挑战。当人民币汇率变动弹性增加成为常态后，对汇率风险的管理应增强主动性，推动外汇衍生品市场可持续发展。在人民币国际化的持续深化中，人民币需求持续高涨，将推动人民币离岸市场快速发展和离岸、在岸市场的融合发展。同时，随着资本市场的进一步开放，国际社会对外汇市场提出了更高的要求，新的参与主体将进一步释放交易需求。在新经济常态下，中国将坚持市场化改革方向，围绕服务实体经济、防控金融风险、深化金融改革三个目标，推动外汇市场为经济高质量发展发挥更大的支持作用。

第五节 保险市场

一、概述

广义的保险市场是指交易对象为保险商品的金融市场，决定保险商品价格、实现保险商品交换关系的总和（孙蓉、兰虹，2015）。狭义的保险市场是指进行保险商品交易的场所，如保险交易所，属于有形的保险市场（祁敬宇，2007）。

保险市场的特征主要有以下四点：①直接风险。保险的经营对象即为风险，通过聚集和分散风险来开展经营活动，投保人将各类风险转嫁给保险人，保险人为其提供经济保障。②非即时结清。一般情况下，商品市场、货币市场等都是即时结清市场。但保险交易由于其风险的不确定性和射幸性，使交易双方不能确定交易结果，而是根据保险事件的发生时间而定。③预期性。某种程度上，保险交易具有期货性质。保险市场的交易是保险人对未来风险所导致的经济损失的补偿承诺。最终是否履约需取决于约定时间内风险事件是否发生以及其损失是否符合合同约定条件。④政府干预性。相对于其他市场，在大多数国家，保险市场都执行较严格的监管，包括保单格式、保险费率、责任准备金等。

保险市场的主要功能是向社会提供风险防范的机制。保险人将保单出售给众多的经济主体，使风险得到分散，再通过收取保费积累保险基金，实现对经济主体的经济补偿和损失分摊。保险市场主要对自然灾害和意外事故等提供风险转移的机制，为人民生活提供保障，保障国民经济的正常运行（沈悦，2012）。除此之外，作为金融市场的子市场之一，保险市场也具有聚集、调节资金，优化资源配置的功能，能够对保险资金进行重新配置，为国民经济的发展提供动力（张炳达、胡俊霞，2010）。

根据保险市场中保险人的竞争程度、承保程序、业务性质、活动空间，保险市场可分为以下几类（孙蓉、兰虹，2015；张炳达、胡俊霞，2010）。

（1）按竞争程度可以分为：①完全竞争型保险市场。在此类市场中，存在众多保险公司，都提供同质无差异的保险商品，都是价格的接受者，价值规律和供求规律可以充分发挥作用。在这种理想市场中，保险资本的配置达到最优，但实际上这种市场类型不可能存在。②完全垄断型保险市场。完全垄断型保险市场是指保险市场完全由一家保险公司操纵，其他保险公司存在进入壁垒，消费者是价格的接受者，垄断公司可以获得超额利润。③垄断竞争型保险市场。在此类市场中，存在着若干处于垄断地位的大公司和大量小公司，提供有差别的同类产品，没有进入壁垒，存在明显的竞争。一般而言，中国目前就是垄断竞争型保险市场的模式。④寡头垄断型保险市场。此种市场主要是指保险市场中只存在少数相互竞争的大型保险公司，具有较强的进入壁垒和垄断程度，实际上的竞争是国内垄断保险公司之间的竞争，这也是普遍存在于众多国家的一类保险市场。

（2）按承保程序分为：①原保险市场，即直接业务市场，是保险人与投保人之间直接通过保险合同建立保险关系的市场；②再保险市场，即分保市场，是原保险人将已经承保的直接业务以再保险合同的方式转分给再保险人的市场。

（3）按业务性质分为：①人身保险市场，是专门为社会公众提供人身保险产品的市场；②财产保险市场，是专门从事各种财产保险商品交易的市场。

（4）按活动空间分为：①国内保险市场，是专门在国内提供各种保险商品的市场，又可分为全国性保险市场和区域性保险市场；②国际保险市场，是专门经营国外保险业务的保险市场。

二、保险市场的交易主体和客体

（一）保险市场的交易主体

保险市场的交易主体包括保险产品的供求双方及保险中介（孙蓉、兰虹，2015）。

保险商品的供给方指提供各类保险商品的各类保险人。保险人从投保人处收取保费，承担在合同约定条件内对被保险人进行赔付的义务。按承保业务的方式，保险人可分为原保险人和再保险人（祁敬宇，2007），原保险人接受投保后，可将一部分风险责任向其他保险人投保，接受者即为再保险人。按经营范围，保险人可分为专业保险组织（如健康保险公司、火灾保险公司、汽车保险公司等）和综合性保险组织。按组织形式，可分为国有独资保险公司、保险股份有限公司、相互保险公司、保险合作社等。而保险股份有限公司是目前保险市场上最主要的组织形式（祁敬宇，2007）。按是否追求盈利目标，可分为商业保险公司和政策性保险公司。

保险商品的需求方指各类投保人。投保人通过缴纳保费，换取保险人提供的保险服务。

保险中介指介于保险人和投保人之间，促进双方达成交易的媒介（孙蓉、兰虹，2015）。狭义的保险中介包括保险代理人、保险经纪人和保险公估人。保险中介可以提高市场效率、降低交易成本。

保险代理人是代保险人招揽并从事具体保险业务，从而向保险人收取佣金、代理费的单位或个人（祁敬宇，2007）。其根据保险人委托，在保险人授权范围内进行展业、承保、签发保单、查勘出险案件等保险业务活动。保险经纪人是投保人的代理人，基于投保人的利益和保险人签订保险合同，提供缴费、投保、索赔等服务。保险公估人则以第三方的立场，接受保险合同当事人或关系人委托，从事保险标的勘验、鉴定、估损、理算等业务的单位或个人，保证有关保险业务事项的公正。

（二）保险市场的交易客体

保险市场的交易客体即保险商品。它是一种无形的商品，经营标的是不可见的风险，销售的是承诺。它也是一种"非渴求商品"，是非必需品，人们一般不会主动购买，通常需要推销。它还是一种隐形消费，在消费中不像其他有形的物质商品或金融资产那样给人带来直观感觉（郑庆寰，2011）。

三、保险市场的运作流程

保险市场主要在投保人、保险人、保险中介以及被保人这几类主体的构成下运作。首先，投保人作为保险商品的需求方，保险人作为保险商品的供给方，投保人向保险人支付保费，购买保险商品，保险人向投保人按所签订合同的规定支付分红或收益。其中，保险中介（包括保险经纪人、保险代理人和保险公估人）从保险人、投保人或第三方的角度为保险交易提供中介服务，并收取佣金、服务费等。保险人通过收取保费建立起保险基金，当被保险人发生合同约定的风险事故并出现相应损失，或达到合同约定年龄、期限时，保险人给被保险人支付保险金，以体现保险基金的补偿功能。收取保费是保险基金活动的开始,而支付保险金是保险基金活动的结束。由于保险基金在收取和支付之间存在数量差和时间差,形成的结余就用于进行投资营运活动,从而获得价值增值,增加保险基金(见图2-10)。

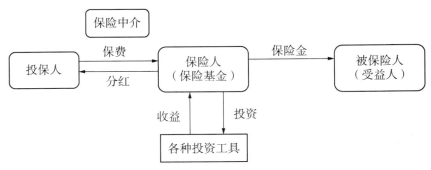

图2-10　保险市场运作流程

(资料来源:作者根据相关材料整理。)

四、中国保险市场的发展

随着改革开放的启动,中国保险市场也正式开始了新的改革发展历程,大致经历了以下四个阶段(王绪瑾、王浩帆,2020):

(1)恢复发展和开放准备阶段(1979—1991年)。1979年2月,中国人民银行分行行长会议决定恢复开展保险业务,在各口岸和各省、市、自治区逐步设立保险公司。国内财产保险业务于1980年恢复,人身保险业务于1982年恢复。到1991年年末,国内有4家保险公司,保费收入为178.24亿元。之后,国务院陆续颁布了《中华人民共和国财产保险合同条例》和《保险企业管理暂行条例》。

(2)规范发展和开放试点阶段(1992—2000年)。在这一阶段,保险公司增加到30家,保费收入增加到1595.9亿元,并新增了保险代理公司、保险经纪公司和保险公估公司。在这一阶段,《中华人民共和国保险法》正式出台。1992年7月,上海成为中国保险业对外开放的首个试点城市。1995年,保险业对外开放试点扩大到广州、深圳等市。到2000年,中国有19家外资保险公司,200多个外资保险公司代表处。

(3)快速发展和入世承诺阶段(2001—2017年)。2001年,中国正式加入世贸组织,保险市场进入入世承诺与快速发展阶段。国内市场向外资非寿险、寿险、再保险、保险经纪公司敞开大门。同时,相关法律法规的不断完善、利好政策的相继推出、开放力度的不断强化都推动了保险市场快速发展,保费收入增长至36581.01亿元,保险公司数量在2017年也增加到222家(见图2-11),其中外资公司为57家。

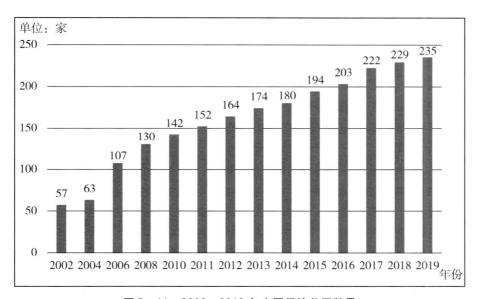

图2-11 2002—2019年中国保险公司数量

(数据来源:《中国保险年鉴》。)

(4)完全开放阶段(2018年至今)。2018年5月,中国决定进一步加快金融业对外开放进程,从合资企业持股比例、业务范围、经营范围等方面一一打开限制。与此同时,中国保险市场也取得了巨大的进步,中国已经成为全世界第二大保险市场,保险公司数量在2019年达到了235家,保险市场模式逐渐过渡为垄断竞争型,外资保险公司占比从2001年的61.53%下降到2018年的25%,保险系统职工人数也在2018年达到120万以上(见图2-12)。发达的保险市场需要成熟的中介市场作为后盾(王绪瑾、王浩帆,2020),中国保险中介公司数量也同步不断增长。到2018年年末,中国共设立保险中介公司1647家,其中保险代理公司最多,约790家,保险经纪公司和保险公估公司分别有499家和353家。保险代理人与经纪人展业收入占全部保费收入的87.4%。保险中介市场的发展扩大了保险业影响力,降低经营成本,促进了保险市场进一步发展完善。

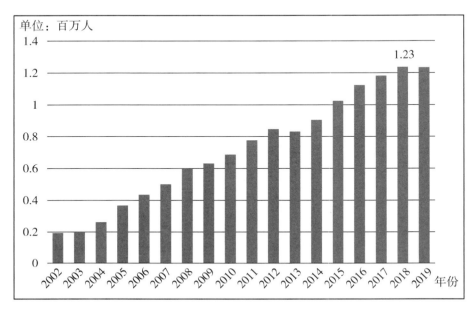

图2-12　2002—2019年保险系统职工人数

(数据来源:国家统计局官方数据。)

2019年,根据苏宁金融研究院和新华财经等合作推出的《2019金融业白皮书》可知,中国保险行业实现恢复性增长,全年实现原保费收入4.26万亿元,同比增长12.2%。① 近8年来,保费收入规模相较于2012年的1.55万亿元增长了约175%(见图2-13)。其中,财产险保费收入1.16万亿元,同比增长8.2%;人身险保费收入3.10万亿元,同比增长13.8%。

---

① 参见苏宁金融研究院、新华财经、头条财经《2019金融业白皮书》,见搜狐网(https://www.sohu.com/a/381937092_100176301),2020年3月20日。

图 2-13 2012—2019 年原保费收入及增速

（数据来源：Wind、苏宁金融研究院。）

截至 2019 年年底，保险行业规模总资产首次突破 20 万亿元，增速较上一年有所上升（见图 2-14）。

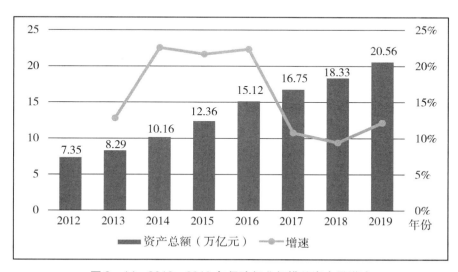

图 2-14 2012—2019 年保险行业规模总资产及增速

（数据来源：Wind、苏宁金融研究院。）

在人身险方面，2012年以来保费收入一直保持增长态势，从2012年的1.02万亿元增长到2019年的3.10万亿元（见图2-15）。其中，人身险可划分为寿险、健康险、人身意外险。从保费收入来看，寿险占比最大，达73%，健康险占23%，人身意外险占4%。可见，寿险目前依然是人身险类型中规模最大的品类。但从增速来看，近几年寿险增速明显放缓，2018年甚至出现负增长。而健康险则保持高速增长，除2017年外，增速均保持在20%以上。这一方面反映出公众的健康意识显著增强；另一方面也反映出中国健康险起点较低，存在着较大的增长空间（从2012年到2019年保费收入增长了近6200亿元）。人身意外险则因其产品特点始终保持较为稳定的增长率和低占比情形。由此可见，未来寿险仍将占据人身险市场的较大份额，在不考虑政策冲击的情况下，其增长将趋于稳定。而随着人们生活水平提升、健康意识增强，再加上新冠疫情的冲击和政策支持，未来健康险将表现出巨大的增长潜力。

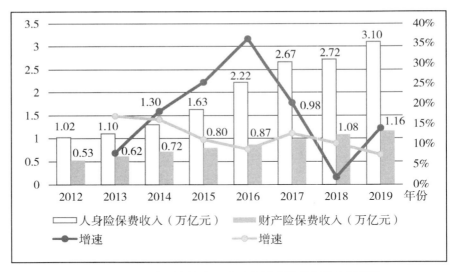

图2-15　2012—2019年人身险和财产险保费收入及增速

（数据来源：Wind、苏宁金融研究院。）

在财产险方面，规模和增速都继续承压。在2019年，财产险保费收入仅1.16万亿元，大约是人身险的1/3。近8年来财产险增速也持续放缓，2019年增长率降到近几年新低。此情况可能受三方面因素影响：一是市场饱和。以车险为例，限购政策下，近年来汽车销量下滑，一线城市汽车保有量趋于饱和。据银保监会发布的数据，2019年车险保费收入较上年仅增长4.53%。二是盈利能力弱。与人身险相比，财产险的理赔支出在短期内较为频繁，所以保险资金更倾向于配置在流动性较高的资产，财产险投资收益率较低。三是寡头市场。人保财险、平安财险等头部机构的市场份额占60%左右，中小保险企业经营压力较大。

五、发达国家保险市场发展的经验参考

（一）英国

英国的保险业至今已有300多年的历史，作为较早建立保险制度的国家，其保险业的风险经验管理模式和思想都是现代保险业的重要基础。18世纪的英国诞生了早期的保险公司形式，使得其可以利用专业能力提升经济效益，实现功能专业化、系统标准化、业务精通化以及风险共担。进入19世纪，英国主张多样化的专业经营、竞争控制、海外扩张，并加强立法监管。步入20世纪，英国保险业发展的动力主要来源于以下三点：一是创新。随着全球经济的发展，保险产品得到创新，使竞争均衡化。二是跨国合并。随着关税控制的减弱、瓦解，英国保险业开始扩张，进入国际市场。三是技术。技术的发展可以节约经营成本，促进保险业务模式、组织模式的转变（赵燕妮、郭金龙，2014）。

（二）美国

美国的保险市场诞生于18世纪中叶。1752年，本杰明·富兰克林成立了美国第一家相互保险公司——火灾保险公司。目前，美国的保险市场已相对成熟，是全球规模最大的保险市场。其中，健康保险市场规模远超过寿险和财产险市场规模，是全球规模最大、最发达的健康保险市场。在美国，健康保险承担了主要的医疗保障责任，多数美国人都通过商业健康保险获得医疗保障。商业健康保险品类丰富、保障全面。政府的医疗保障项目也大量委托商业保险机构承办，并取得了良好的效果。健康保险也带动了整个健康产业的发展，健康产业是一国经济的重要组成部分，也是产业链很长的知识密集型产业（孙东雅，2015）。健康保险产值巨大，在健康产业内创造了大量就业机会，并带动和整合了健康产业其他部分，如医院和护理服务公司的发展。除此之外，健康保险推动了美国科学技术的进

步。健康保险是医疗体系最重要的付费方,并且倾向于新药品、新方法、新器械的采用,为医疗机构、制药企业、健康管理机构的发展提供了有效的支付能力和利益实现机制,推动了医疗科技的进步。目前,美国健康保险市场具有主体众多、专业化明显、集中度较高、业务稳健增长的特点。政府也通过加强监管、控制产品费率、扩大保障范围、建立医疗保险交易所、鼓励市场竞争、建立信息公开平台等措施支持健康保险市场的发展。

(三) 日本

日本从明治初年开始发展保险市场,是亚洲最早引入西方保险制度的国家,业务包括火灾保险和海上保险。虽起步晚于欧美,但日本早已发展成为著名的保险强国,其保险密度和保费收入都位于世界前列。并且,日本是典型的寿险市场占主导地位的国家,其寿险保费深度长期居于世界前列。其寿险业重视家庭保障,因此家庭投保率高(石晓军、闫竹,2015)。

日本的保险市场在20世纪70年代之前十分封闭,国内保险公司均为日资企业。"二战"后,日本经济逐渐繁荣,保险业得到大力发展,同时美国向日本不断施压,使其开放保险市场,1972年,美国纽约人寿保险公司成为日本第一家外资寿险公司。20世纪90年代,日本经济泡沫破裂,经济严重受挫。为了提振经济,日本实施了一系列对外开放的政策,并于2001年实现保险业的全面自由化。1996年,日本修订《保险业法》,取消了寿险和财产险分业经营的限制。在一系列金融自由化措施后,保险公司数量大幅增加。外资公司的进入给日本保险市场注入了活力,促进了产品类型、营销渠道的创新。对外开放后,日本保险市场中外资份额迅速提升,2007年甚至超过25%。虽然近些年外贸份额随着经济形势有所波动,但显然已经成为日本保险市场的重要市场主体。截至2018年年末,日本共有41家寿险公司,其中本地公司21家,外资保险企业17家。保费收入排名前五名的公司均为本地公司,占据寿险市场51.7%的份额。而财产险市场集中度更高,2018年规模排名前三的公司净保费合计占比81.8%,同样均为本地公司。而外资企业在寿险市场中占据20%的份额。[①]

---

① 参见华创证券《2019保险行业深度研究报告:从日本、韩国、台湾地区历史经验看对外开放内外博弈》,见东方财富网(http://data.eastmoney.com/report/zw_industry.jshtml?encodeUrl=kh2ucUymfQSET/t+GWLueEx2C1+MSO1cIINAnse96F0=),2019年7月26日。

六、中国保险市场的未来与发展

在当前中国保险市场开放强化、迅速发展的背景下,安联集团发布了《2020年全球保险业发展报告》,预计中国保险行业将在2021年强劲复苏,未来十年中国保费收入将平均增长9.5%。在人口老龄化的趋势下,寿险将长期继续成为较强的业务,未来十年增长率将达9.8%,而财险业务为8.8%。① 安联集团预计,到2030年,中国保费收入将相当于英国、法国、德国和意大利的保险市场规模总和。中国保险市场规模庞大,但目前保险密度②和保险渗透力并不突出。前瞻产业研究院数据显示,2018年中国寿险和非寿险保险密度仅为159和225美元(见图2-16),与美国、日本等发达国家的水平相差较远,可见未来中国保险市场有着巨大的发展空间和潜力。③

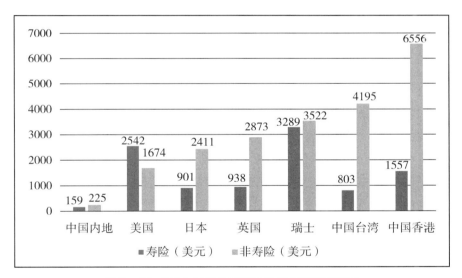

图2-16 2018年部分国家及地区保险密度情况

(数据来源:前瞻产业研究院。)

---

① 《2020安联集团发布〈2020年全球保险业发展报告〉》,见理财周刊网(http://www.moneyweekly.com.cn/MoneyNews/news_13988.html),2020年7月9日。
② 保险密度是指按当地人口计算的人均保险费额,反映当地居民参加保险的程度。
③ 《作为全球第二大保险市场,我国保险业仍处于发展黄金期》,见网易网(https://www.163.com/dy/article/EQV9BPBN05385GK0.html),2019年10月8日。

从社会需求来看，随着中国老龄化程度加深、养老金缺口逐渐拉大，未来养老形式会更加严峻，重大疾病发生率也不断升高，预计养老类、健康类保险产品将有较好的市场前景。同时，随着消费水平的升级和保险意识的提高，公众对保险的接纳程度也有所提高。根据中国太平洋保险和普华永道发布的《中国保险消费者白皮书》显示，"80后"是保险的主要消费群体，尤其是30～40岁年龄区间的消费者更愿意花钱购置保单。沿海等经济较发达地区民众的保险意识较高，购买保险人数和人均支出都更高。

从政府政策来看，国家出台的一系列政策也将推动保险业的进一步发展。2016年，中国保监会发布的《中国保险业发展"十三五"规划纲要》就明确指出，到2020年，中国保费收入争取达到4.5万亿元，保险业总资产争取达到25万亿元左右。

从技术条件来看，互联网的普及也对保险业的发展起着重要的推动作用。互联网作为保险销售渠道之一，逐渐被保险公司及公众所重视。互联网渠道的兴起，给保险企业提供了扩大市场、创新产品的空间。2011年至2015年，互联网渠道的保费规模提高了126倍，2015年有33.97%的新增保费通过互联网渠道实现，互联网保费收入增速高于总收入增速。不仅有保险公司通过自建网络平台或与第三方合作展开互联网销售和服务，还有网易、苏宁、小米等互联网公司纷纷加入保险市场，打造新的盈利增长点，为互联网保险带来更多流量。2019年，国务院办公厅发布了《关于促进平台经济规范健康发展的指导意见》，允许有实力、有条件的互联网平台申请保险兼业代理资质，这将助推互联网保险的发展，助力保险业务的渗透，促进保险市场的长足发展。

第六节　金融衍生品市场

一、概述

金融衍生产品市场是由一组规则、一批组织和一系列产权所有者构成的一套市场机制。金融衍生产品是指在传统、基础的金融产品或变量之上派生出来的金融工具，主要包括期货合同、期权合同、互换及远期协议合同等。作为衍生工具的基础金融产品包括货币、股票、债券等，基础变量包括汇率、利率、各类价格指数等。

（1）金融衍生品市场具有三个显著特征：①跨期性。在金融衍生品市场的交易中，双方通过对当下与未来的宏观环境和经济变量进行预测分析，约定在未来某一个时间点按照规定的条件进行交易。因此，在金融衍生品市场的交易中，当下的交易决定会影响未来某个节点的现金流，具有明显的跨期交易特征。②杠杆性。在金融衍生品市场的交易中，只需要支付一定比例的保证金，就可以签订远期大额合约或者进行金融衍生工具互换，通过较少的资本金撬动大量资金，因此也存在较大的风险和收益。投资者处于高收益、高风险、高损失的状态。③联动性。由于金融衍生品属于派生产品，其价值与其他基础金融产品和基础变量有密切的联系，基础金融产品的价格变动能引起金融衍生品市场的紧随波动。通常，金融衍生品与其基础变量或标的资产相联系的支付特征由金融衍生工具合约所规定，其联动关系既可以是线性关系，也可以是非线性关系。

（2）按照不同的分类方式，金融衍生品市场可以分成不同的类型：①根据金融衍生品交易品种，可以分为期货市场、期权市场、远期市场和互换市场四类；②按照金融衍生品交易地点，可分为场内金融衍生品交易市场和场外金融衍生品交易市场两类。其中，场内金融衍生品交易市场是指有固定的交易场所、完善的交易规则，供求双方集中在交易所进行竞价的交易市场；场外金融衍生品交易市场又称柜台交易市场，是促使交易双方直接成为交易对手的交易市场。

（3）金融衍生品市场具有如下功能：①优化现货资产的交易功能。金融衍生品市场具有短中期交易的优势和长期持有的便利。资本增值的能力、交易的灵活性和成本效率的优势有助于资本的短中期交易和持有，相比较于现货资产交易中对特定资产持有的需求，金融衍生品市场交易能更好地满足资本短中期交易的需求，满足逐利冲动或避险的本能。因此，金融衍生品市场对资本市场现货交易功能产生了极大的促进作用，有利于强化投资者长期持有现货资产的意愿，降低投资者管理现货资产组合的成本，提高投资组合回报的稳定性和安全性，降低在相同条件下现货资产市场的波动性。②风险规避功能。金融衍生品市场主要通过套期保值来实现风险的规避。套期保值是通过在期货市场上进行与现货市场上方向相反的交易，从而避免现货市场上的价格风险，通过多头套期保值或空头套期保值来实现期货市场和现货市场盈亏相抵。③资产配置功能。金融衍生品市场的资产配置功能能够帮助投资者通过套期保值的方式来分散风险保护资产。同时，金融衍生品市场的杠杆机制和保证金制度也促进了灵活的交易和丰厚的收益，有助于投资者更好地配置资产，实现资本增值与保值的平衡。④降低经营成本功能。企业可以根据现有头寸进行金融衍生品市场交易，从而实现套期保值。例如，企业可以通过应用汇率衍生工具，规避进出口贸易过程中产生的汇率风险，进而将未来收益或成本确定在一定范围内，从而稳定企业利润收益曲线。

二、中国金融衍生品市场的发展

（一）初创探索期

中国的市场经济体系在改革开放后逐步建立。从20世纪90年代开始，中国逐步引进期货市场以及期货交易所，标志着中国进入金融衍生品市场交易所时代。1990年10月，以现货交易为主的郑州粮食批发市场的成立，是中国首次引入期货交易机制的关键节点。但由于当时缺乏主管部门，金融衍生品市场发展所需要的配套设施和制度不足，相关法律法规滞后，导致当时的期货市场呈现盲目发展的状态。短期内，我国涌现大量的期货交易所，从不足10家迅速扩张到六七十家，期货经纪公司达到300余家，期货兼营机构2000多个，期货交易的品种上百个。在这期间，市场上的许多机构和投资者缺乏基本的期货市场知识，盲目参与境内外的期货交易，导致损失严重，造成了国家外汇的流失。境外地下交易层出不穷、欺诈行为屡见不鲜。期货市场虚假繁荣，引发了一些经济纠纷和社会问题。

（二）整顿规范期

随着市场经济的不断完善，金融衍生品市场在政策的推动下也得到长足发展。2004年2月，国务院发布的《关于推进资本市场改革开放和稳定发展的若干意见》提出，中国要稳步发展期货市场，在严格控制风险的前提下，逐步推出为大宗商品生产者和消费者提供发现价格和套期保值功能的商品期货品种。2004年，期货市场扩容工作取得突破性进展，棉花、燃料油、玉米、黄大豆2号等品种先后上市交易。2006年年初，又增加了豆油、白糖两大品种，使期货品种达到14个。

但在快速发展中，由于市场缺乏纪律、发展混乱、内幕交易多、价格操纵严重，不规范运作对金融衍生品市场的发展造成了冲击。期货市场也受到一系列剧烈动荡走势的冲击，倒逼监管部门意识到整顿的重要性和必要性，政府开始规范整顿期货市场的投机炒作和恶性竞争，为中国金融衍生品市场的发展按下了缓冲键。随后，国家颁布了《期货交易管理暂行条例》，停止国债期货的交易。之后又陆续颁布了一系列法律法规，加大监管力度，使我国的期货交易行为变得更加规范。从长远来看，这些行为对市场趋于成熟是有利的。

（三）稳健发展期

随着市场化改革取得进展以及两次整顿之后，中国金融衍生品市场建设逐步回暖。伴随相关法律和配套管理办法的颁布实施，市场法规体系的完善，2006年中国金融期货交易所的成立，2007年《期货交易管理条例》的投入使用，认股权证、外汇掉期与利率掉期以及外汇远期交易等新产品的不断推出，中国进入了金融衍生品市场的又一个新发展阶段。随着外汇远期的市场流动性日渐加强，参与者结构不断优化，认股权证交易活跃，创新型产品在市场受到投资者的欢迎，衍生品市场的经济功能得到有效发挥，服务实体经济的能力持续增强，金融衍生品市场在中国具有良好的发展前景。

三、发达国家或地区金融衍生品市场发展的经验参考

（一）美国[①]

美国金融衍生品市场发展的时间早、速度快、程度高。现代意义的金融衍生品市场是在20世纪70年代的美国诞生的，是经济结构转型和金融创新的成果，美国不同时期的金融衍生品类型见表2-3。

---

① 《欧洲金融衍生品市场的崛起与启示》，见搜狐网（https://www.sohu.com/a/337092943_771011），2019年8月28日。

表2-3 美国金融衍生品类型

时间（年）	金融衍生品
1972—1980	外汇期货、股票期货、抵押债券期货、国库券期货、长期政府债券期货、货币互换、场外货币期权
1980—1983	股票指数期货、外汇期货期权、股票指数期货期权
1983—1985	欧洲美元期权、互换期权
1985—1987	平均期权、复合期权
1987—1989	利率互换期货
1989—1990	股票指数互换
1991—2014	证券组合互换、特种互换

（资料来源：美国期货协会。）

美国引领着全球金融衍生品市场的发展，并在金融衍生品行业占有相当大的比重，具体原因有如下几点。

首先，联邦监管机构的建立并发挥重要作用。1974年，美国国会颁布《商品期货交易委员会法》，该法案规定由国会授权成立商品期货交易委员会（CFTC）统一监管美国期货市场，实现了独立、统一的专业机构监管。CFTC被国会赋予修改交割规则、规定持仓限制、采取必要措施维护交易秩序以及民事处罚等多方面监管权力，并直接对国会负责。

其次，金融衍生品市场法律体系完善。美国陆续颁布系列重要法律，根据市场发展变化对《商品交易法》不断完善。1974年的《商品期货交易委员会法》确立了CFTC的监管地位；2000年的《商品期货现代化法》取消了对期货及期权合约的禁止性规定，确认了场外衍生品的合法地位；2010年的《多德－弗兰克法案》将期货行业的成功监管机制推广至先前受监管较少的场外衍生品市场，使美国衍生品市场由"原则化监管机制"向"规则化监管机制"转变。

再次，风险管理制度的提出与改进，促使美国的管理制度逐渐成为当今世界金融衍生品市场核心制度。美国从监管机构到自律组织的一整套风险管理制度，经过几十年的实践检验，最低保证金、大户报告、投机持仓限制、强行平仓等很多制度逐步成熟，在当今金融衍生品市场中发挥着重要作用。

最后，监管机构对交易所的控制强。美国金融衍生品市场的监管模式采取政府监督、行业自律、交易所自我管理的"三级监督管理制度"，但主要以政府监管为主。

如今美国仍是世界上规模最大、最为活跃的金融衍生品市场，交易规模占全球份额近40%，引领着全球各地金融衍生品的发展趋势。

（二）欧洲[①]

近年来欧洲期货市场迅速崛起，对美国在该领域长期的领先地位形成了强有力的挑战。作为市场诱致式的发展模式，欧洲金融衍生品市场走出了和美国不一样的道路。

首先，建立策略联盟、强化专业化分工、期货和现货两个市场分开运作。这是欧洲资本市场变革的显著特征，也是当下的发展趋势。为了适应欧元区经济体、泛欧金融市场的形成，欧洲交易所近几年积极进行公司化改制，建立策略联盟。德国、瑞士的期货期权交易所合并成为欧洲期货交易所，法国、比利时、荷兰、葡萄牙等国的证券与期货交易所合并组建泛欧交易所。2002年，泛欧交易所完成了对伦敦国际金融期货期权交易所的战略收购（姜洋等，2003）。

其次，通过全球布局，促使欧洲交易所和跨国金融集团成功应对全球化竞争。在欧洲跨国金融集团的全球战略中，把全球看作一个单一市场，按时区要求设置业务机构，模糊了国界。例如，瑞士银行的衍生业务总部设在伦敦，同时是全球多家交易所的会员，在伦敦、悉尼、芝加哥、法兰克福、巴黎、东京等十几个城市都有子公司，可为投资者提供全天候不间断的全球化服务（姜洋等，2003）。

最后，大力推广电子化、网络化交易模式。科学、慎重地规划设计电子交易系统，是欧洲交易所取得成功的重要原因。原来欧洲的交易所大多采用人工喊价的交易模式，而策略联盟的出现，给交易所带来一个全面推广电子化、网络化交易模式的机会。欧洲期货交易所和泛欧交易所都乘势而上，迅速提高了交易自动化水平，提升了金融衍生品市场交易效率，走在了世界发展水平的前列（姜洋等，2003）。

---

① 《走进国际金融衍生品市场——成熟的欧美市场》，见一点资讯网（http://www.yidianzixun.com/article/0KLqU91o），2018年10月25日。

（三）韩国

韩国是典型的以政府为主的强制式发展模式。目前，一些新兴国家的金融衍生品市场主要都采用该发展模式，以实现国家发展战略。通过后发优势，金融衍生品市场实现了跳跃式发展。韩国政府在韩国金融衍生品市场发展过程中发挥着重要作用。例如，为了促进股指期货的顺利推出，韩国政府修改证券法；为了促进金融衍生产品的推广，韩国政府也积极采用多种方式方法进行宣传。

四、中国金融衍生品市场的未来与发展

面对中国金融衍生品市场的短板问题，应积极借鉴发达国家、地区的发展经验，推动相应的调整和改革，促进市场健康长远发展。从制度层面做出改善，提升衍生品市场立法层级，完善相关的核心法律法规体系；在监管层面，把握审慎原则，全面做好市场监管和风险防范，牢牢守住不发生系统性风险的底线；在产品设计方面，加强金融衍生品设计和创新，加快新工具、新产品上市步伐，构建完备的品种和工具体系；在加快场外市场建设方面，探索创新服务能力，加快对外开放进程，提高大宗商品定价能力。要多措并举，方能促进中国金融衍生品市场的健康快速发展。

◆思考讨论题◆

1. 金融市场的含义是什么？有哪些功能和类型？
2. 金融市场和商品市场有哪些区别和联系？
3. 货币市场有哪些类型？不同类型的货币市场间有什么关系？
4. 资本市场和货币市场之间有什么关系？
5. 概述外汇市场、保险市场和金融衍生品市场。

第三章　国家金融市场组织

国家金融市场组织主要有商业性金融组织、管理性金融组织、政策性金融组织和其他金融组织。其中，商业性金融组织包含传统金融组织（全国性商业银行、证券公司、基金公司和保险公司等）、地方性金融机构（地方区域性商业银行、信用社、信托等多种金融性组织等）和新型金融组织，管理性金融组织包含中国人民银行、银保监会、证监会和金融稳定局等，政策性金融组织主要为三大政策性银行和一个政策性保险公司，其他金融组织包括第三方金融服务组织、第三方支付服务组织和证券服务机构等。

第一节　商业性金融组织

一、传统金融组织

传统的商业性金融组织包括全国性商业银行、证券公司、基金公司、保险公司等。

（一）全国性商业银行

目前，全国性商业银行主要由五家大型国有商业银行、邮政储蓄银行以及十二家股份制商业银行组成。其中五大行，即中国工商银行、中国银行、中国农业银行、中国建设银行、中国交通银行，均已完成上市，而十二家股份制商业银行为招商银行、广发银行、浦发银行、中信银行、中国光大银行、华夏银行、中国民生银行、兴业银行、平安银行、恒丰银行、渤海银行、浙商银行。

1. 基本功能

（1）调节经济功能。该功能可以分为三个方面：一是发挥信用中介作用，调节社会不同部门之间的资金短缺；二是根据央行货币政策以及其他国家宏观政策，促进经济结构、消费投资比例、产业结构等方面的调整；三是通过商业银行在国际市场上的融资活动，促进国家国际收支状况的调整。由于全国性商业银行规模大、网点广，因此它在银行调节经济过程中占主导作用，与国家政策的配合度高。

（2）信用创造功能。在中国的金融体系中，央行是一级信用创造主体，央行通过外汇占款、向银行等商业机构发放贷款等方式实现货币扩张。而全国性商业银行由于规模较大，牌照较多，能与央行直接进行资金拆借等活动，因此流动性往往是由央行直接向全国性商业银行注入，而全国性商业银行通过同业业务等方式向下一级的中小型银行传递。在此过程中，全国性商业银行起到重要的中介作用，是金融市场中信用创造的重要载体。

2. 发展历程

全国性商业银行自 1979 年开始改革，并通过股份制改造不断发展壮大。从 1979 年开始，"工农中建"四大国有专业银行相继恢复和成立，开启了我国国有商业银行改革发展的历程。1979 年，中国农业银行和中国建设银行相继成立。1983 年 9 月，国务院推动中国人民银行相关部门改革，决定由中国人民银行专门行使中央银行职能，并促使中国银行设立，即由原中国人民银行的一个分支部门、国家金融管理机关，转而成为在中国人民银行监管下的国家外汇外贸专业银行，并以营利作为经营目标。1984 年 1 月，中国工商银行成立，经营原来由中国人民银行承担的储蓄、工商信贷等业务。到 21 世纪，商业银行开启了股份制改造，加快了上市步伐，2005 年 10 月，中国建设银行在香港交易所成功上市，2006 年，中国银行分别在香港证券交易所和上海证券交易所实现 H 股和 A 股同时上市。2010 年，中国农业银行也实现在上海证券交易所和香港证券交易所同时上市。为适应经济体制改革要求，银行业从机构体制上打破央行"大一统"的格局，开始探索专业银行的企业化发展之路。

在银行业探索多元化发展的背景下，股份制银行成为银行业突破原有股权结构、探索经营新模式的探索者。自 1987 年 4 月开始，招商银行、兴业银行、广发银行、光大银行、华夏银行、浦发银行等股份制银行相继组建。① 而早在 1991 年，深圳发展银行（平安银行前身）率先成功挂牌上市，拉开了股份制银行上市融资的大幕，之后浦发银行、民生银行、招商银行、华夏银行等相继于 21 世纪初登录 A 股和 H 股市场。②

3. 现状及问题

目前中国全国性商业银行呈现出如下特征并存在相应问题：①国有大型商业银行在金融业中发挥引领作用。国有银行相比普通银行体量较大，相应的抗风险能力更强，需承担更多社会责任。国家财政政策和货币政策都需要通过国有银行实施，因此，国有银行具有公共金融功能（张松涛，2017）。目前，中国处于经济改革时期，更需要国有银行贯彻落实国家政策。国有银行可以在供给侧改革中发挥大行的引导作用和抗风险作用，促进产融结合。②国有大型商业银行的市场份额逐渐减少，股份制银行迅速发展。2018 年年末，五大行存款占比为 43.2%，各项贷款总额占比为 42.1%。而在 2014 年年末，该数字分别为 53.3% 和 49.6%，五大行市场份额占比下降。而股份制银行近年来快速发展，2018 年股份制银行贷款余额已达金融机构总贷款余额的 20% 左右。③银行体系流动性风险承压能力仍需进一步增强。2019 年，中国人民银行对 1171 家银行进行的流动性风险压力测试结果显示，在轻度、重度压力情景下，1171 家参试银行中分别有 90 家、159 家未通过测试。30 家大中型银行在重度压力情景下，有 10 家银行在全部可动用的合格优质流动性资产耗尽后仍无法弥补缺口，未通过测试。③ ④需加强表外业务管理。这主要是由于一些银行表外业务规模较大，需要对其极端情况下或有金融业务可能导致的银行资金流失负面影响予以关注。⑤需要完善其风险管理系统。在金融科技发展的背景下，银行需要更加全面地评估发展与风险之间的关系。一方面是因为风险的复杂性不断增加，另一方面是因为风险的多样性、传染性也在增强。⑥需要完善技术标准和规范以及监管科技。现有的监管标准、行业标准、团

---

① 《股份制商业银行演变与现状篇：改革与竞争互动，成长与分化并存》，见搜狐网（https://www.sohu.com/a/327757647_788107），2019 年 7 月 18 日。

② 《新时代中国股份制商业银行转型研究系列专题》，见东方财富网（http://data.eastmoney.com/report/zw_strategy.jshtml?encodeUrl=q6ylz3oO1ogx2N0z8iG/JoStqiDpe8lTGKqeAkH1tE），2019 年 7 月 17 日。

③ 参见李林鸾《央行金融稳定报告：总体保持稳健运行》，载《中国银行保险报》2019 年 11 月 26 日第 2 版。

体标准和企业标准还不够系统和细致,亟须建立符合金融科技需求的规则和标准体系,特别是数据隐私方面的规则,确保数据开放中客户数据和信息的安全,规避可能发生的信任危机。这也涉及到传统监管体系的升级,需要整合大数据、人工智能、移动互联网、云计算、区块链等要素,帮助监管部门解决信息不对称、消除信息壁垒,有效提升监管的穿透性。

(二) 证券公司

1. 基本介绍

证券公司是指依照《中华人民共和国公司法》和《中华人民共和国证券法》的规定设立并经国务院证券监督管理机构审查批准而成立的专门经营证券业务,具有独立法人地位的有限责任公司或者股份有限公司。其主要业务包括证券经纪、证券投资咨询、证券承销与保荐、证券自营等。截至2020年3月31日,中国共有133家证券公司,其中有36家在沪、深交易所上市。

2. 发展现状

(1) 证券公司自身的资产负债规模迅速扩大,成为金融系统中重要的一部分。据中国证券业协会的数据显示,2007年年底,全国106家证券公司总资产达17313亿元,净资产为3343亿元;而2018年年末,131家券商总资产为6.26万亿元,净资产为1.89万亿元,证券公司的资产负债规模迅速增加。

(2) 证券公司的经营范围不断扩大,业务类型更加丰富。随着金融市场的发展和深化改革,中小板、创业板、公司债、股指期货、融资融券、新三板、资产证券化等新业务、新产品陆续推出,证券公司的业务类型不断增加。目前证券公司有八大业务:证券经纪、证券咨询、证券保荐与承销、财务顾问、资产管理、证券自营、融资融券、直投业务。

(3) 国家倡导提高直接融资比例,证券公司的地位更加重要。直接融资是指资金的需求和供给双方通过股票、债券等金融工具直接进行资金融通,往往通过直接融资市场,即证券市场进行交易。党的十九大报告提到,要深化金融体制改革、增强金融服务实体经济能力、提高直接融资比重、促进多层次资本市场健康发展。[①] 证监会负责人于2019年9月发表文

---

① 参见周琳《资本市场服务实体经济大有可为》,载《经济日报》2011年11月1日第6版。

章，提出要在股权融资方面，保持新股发行常态化，进一步优化再融资、并购重组、减持、分拆上市等制度，充分激发市场活力。在债券融资方面，积极推进交易所市场债券和资产支持证券品种创新，推动公司信用类债券发行准入和信息披露标准的统一，促进债券市场互联互通。① 因此，证券公司作为帮助公司上市和发行债券以获得直接融资的重要中介，未来将会发挥更大的作用。而科创板的推出则让虽然尚未获得盈利，但有发展潜力的创新企业有更加广阔的股权融资的平台，让中国上市的企业更加多元，从而也进一步扩大了对证券服务的需求。

3. 未来挑战

证券公司的发展也存在一些挑战。

（1）证券公司外资股比限制取消，未来行业竞争加剧。自 2020 年 4 月 1 日取消证券公司外资股比限制后，符合条件的境外投资者可根据法律法规、证监会有关规定和相关服务指南的要求，依法提交设立证券公司或变更公司实际控制人的申请。② 这一举措有利于境外优质资本进入市场，进一步推动市场扩大。由于外资机构对国内市场了解有限，因此短期内对内资金融机构来说不足以构成太大挑战，但是从长期来看，内资金融机构要做好产品业绩和风控，增加市场竞争力。同时，外资的进入有助于完善配套制度和发展更多券商业务，如财富管理和销售交易业务。因此，这种开放在促进行业激烈竞争的同时也倒逼行业转型升级。龙头券商的业务将更加与国际接轨，具有较强资本实力和业务能力的上市券商的优势将持续显现。

（2）未来证券公司的责任将进一步压实，业务规范需更加完善。新证券法提出了全面推行证券发行注册制度、显著提高证券违法违规成本、完善投资者保护制度、压实中介机构市场"看门人"法律职责。证券公司未来作为中介机构，可以更方便地帮助企业上市，但同时也对证券公司的能力提出了更高的要求，以及需要承担更多的罚款金额和以往没有的连带赔偿责任。未来证券市场将更加规范，其推行的注册制、放款的融资条件和新退市尺度为公司融资提供便利，即将迎来股权融资时代，因此利好券商

---

① 参见易会满《加快资本市场改革　大力发展直接融资》，载《中国证券报》2019 年 9 月 12 日第 A1 版。

② 参见孟珂《中国资本市场估值相对较低　年内或吸引外资逾万亿元》，载《证券日报》2020 年 3 月 16 日第 A2 版。

投行业务。同时，修订后的《中华人民共和国证券法》提出健全多层次资本市场体系，拓宽券商业务体系，行业竞争格局将进一步清晰。此外，违法成本的提升和中介机构需承担更大的责任将考验券商的风控能力，如果风控能力不过关，那么券商将会面临大幅亏损。①

（3）公司风险控制能力仍需提高。证券公司的业务受宏观经济和政策的影响较大，因此，在市场转冷时，出现了一小部分证券公司拿到多数业务，而部分证券公司全年都没有一单 IPO 的情况。在这样的条件下，大多数证券公司市场受到挤压，面临头部券商强有力的竞争，无法盈利。在进行股票质押回购等融资类业务时，存在资本约束弱、合规风控不足等问题，使得风险不断积累。在进行国际化业务时，证券公司更是暴露出其经验不足的问题，个别证券公司在进行境外并购业务和衍生品投资业务时出现巨大亏损现象，反映出证券公司对于境外业务合规和风控把握不足。因此，在加强监管执法、建立严格和规范的法律制度环境的背景下，证券公司应将更多的资源投入合规中。

（三）基金公司

1. 基本介绍

基金公司仅指经证监会批准的、可以从事证券投资基金管理业务的基金管理公司。从广义来说，按照募集对象，基金公司分公募基金公司和私募基金公司。公募基金是面向不特定对象、公开募集的基金，而私募基金是面向特定对象、非公开募集的基金。

公募基金可以根据投资对象的不同，分为货币基金、股票基金、债券基金以及混合基金这四种。其中，货币基金主要用于投资低风险的债券和央行票据，股票基金是 80% 的资金都用来投资股票市场的基金，债券基金是绝大部分资金都投在债券市场上的基金，混合基金既可以用来投资股票，又可以用来投资债券，投资比例可以自行分配。从风险程度上来看，股票基金风险最大，货币基金风险最小。

2. 发展现状

（1）基金行业发展快速，管理规模不断增加。2019 年公募基金行业总

---

① 参见夏昌盛、罗钻辉《新修订〈证券法〉落地，完善证券市场基础制度》，见新浪财经网（http://stock.finance.sina.com.cn/stock/go.php/vReport_Show/kind/lastest/rptid/630962817018/index.phtml），2019 年 12 月 29 日。

规模为14.7万亿元。根据此前的公开报道，2014年公募基金行业总规模为4.47万亿元，2009年公募基金行业总规模为2.67万亿元。① 公募基金在近五年内增长规模远超以往。而2019年，私募基金实缴规模为12.78万亿元，同比增长超过10%。②

（2）在基金小镇模式下形成了聚集效应。基金小镇最早于2012年在中国成立。其本质上大多由政府主导，打造产业集群，通过各项良好的配套环境将各种私募基金合理有效聚集，快速形成金融产业集聚效应，进而推动当地产业升级。这种模式的作用主要在于集中资本促进当地实体经济发展，同时也可以增加当地企业的创新活力，加速产业迭代升级，完善当地资本市场的运作。截至2018年11月，全国至少有80个基金小镇，覆盖了21个省市区，但是呈现出东西、南北分配不均匀的局面。2016年和2017年是基金小镇快速发展的两年，每年均有超过20家基金小镇成立。③ 目前入驻机构大于500个的基金小镇超过两成，10%左右的基金小镇资金管理规模超过1万亿元，逐渐显现出"马太效应"。④

（3）私募基金对经济发展，尤其是中小企业与高新企业的发展越来越重要。截至2018年年末，私募基金投资中小企业项目5.03万个，投资高新技术企业项目2.47万个，在投本金1.57万亿元。在科创板首批提交上市申请的141家科技创新企业中，有117家企业得到了私募基金的投资；首批25家上市的企业中，23家企业得到了私募基金的投资。⑤ 私募基金在扶持中小微企业发展中发挥了巨大的作用。

3. 存在的问题

当前中国基金公司发展中存在的问题包括以下三个方面。⑥

---

① 《2009回顾：基金资产规模暴增近四成》，见新浪财经网（http://finance.sina.com.cn/money/fund/20100111/09237222420.shtml），2010年1月11日。
② 《4.47万亿元！2014公募基金规模创历史新高》，见全景网（http://www.p5w.net/fund/gsdt/201501/t20150105_900911.htm），2015年1月5日。
③ 参见清科研究中心《2018年中国基金小镇盘点》，见清科研究网（https://free.pedata.cn/1440998437151217.html），2018年12月4日。
④ 参见投中集团《2018年中国基金小镇白皮书》，见搜狐网（https://www.sohu.com/a/247483386_323328），2018年8月16日。
⑤ 参见中国人民银行《中国金融稳定报告（2019）》，见中国人民银行官网（http://www.pbc.gov.cn/goutongjiaoliu/113456/113469/3927456/index.html），2019年11月25日。
⑥ 参见中国人民银行《中国金融稳定报告（2019）》，见中国人民银行官网（http://www.pbc.gov.cn/goutongjiaoliu/113456/113469/3927456/index.html），2019年11月25日。

（1）私募基金违规募集资金。私募基金对投资者适当性、销售流程、投资者人数等方面有严格的限制，只能面向合格投资者进行销售。但是少数私募基金为扩大管理资金规模，采取通过互联网平台拆分私募产品份额收益权的方式，将其销售给非合格投资者，或者在宣传上误导甚至进行虚假宣传等。

（2）私募基金违规开展投资业务。这些行为有：隐蔽设置资金池，即所募集的资金与投资项目不匹配，将部分募集资金用于投资约定项目，但是另一部分则用于偿还其他到期产品，拆东墙补西墙，导致风险集聚；挪用基金财产，即利用私募基金无须进行详细信息披露的管理空缺，通过关联交易进行利益输送，损害投资人利益。

（3）私募基金日常经营管理不规范。当前一些私募基金在内控管理、合规性管理方面存在漏洞，兼营与私募基金不相关的业务，此外，向监管部门报送的信息不及时、不准确，甚至存在从业人员未取得从业资格等问题。

（四）保险公司

1. 基本介绍

保险公司是指依《中华人民共和国保险法》和《中华人民共和国公司法》设立的公司法人。保险公司通过向投保人收取保险费用，将其用于投资股票、债券等金融资产，并将所得支付保单所约定的赔偿金额。通过上述业务，保险公司能在投资中获得高额回报并以相对较低的保费向客户提供服务，进而取得相关的盈利。保险公司通常根据其业务类型分为两类，即人身保险业务和财产保险业务。其中，以人身保险公司（包括人寿保险等）规模最大，人身保险金是人寿保险公司的资金来源。

2. 发展现状

（1）保险资产规模迅速扩张，业务收入也快速增加。2018年，保险业原保费收入为3.8万亿元，保险公司总资产为18.33万亿元；2013年，保险业原保费收入为1.72万亿元，保险公司总资产为8.3万亿元；2008年，保险业原保费收入为9484.1亿元，总资产为3.3万亿元。[①] 如图3-1所示，2008—2018年这十年中，保险业前五年发展速度远慢于后五年，并且

[①] 《保监会：2008年我国保险业继续保持平稳较快发展》，见中华人民共和国中央人民政府网（http://www.gov.cn/gzdt/2009-01/21/content_1212032.htm），2009年1月21日。

总资产和原保费收入变化趋势相近。

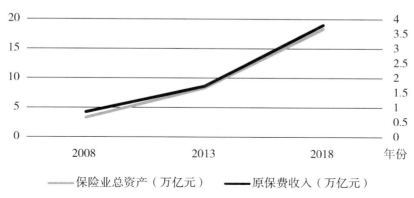

图 3-1 2008—2018 年保险业发展速度变动趋势
（数据来源：银保监会官方数据。）

（2）市场集中度上升，中小保险公司盈利能力较弱。2018 年，前五大财产险公司保费市场份额总和为 73.53%，与上年基本持平。在人身险市场，按保险保费计算，前五大人身险公司保费市场份额总和为 55.84%，相比上年略微上涨。按规模保费计算，前五大人身险公司规模保费市场份额总和为 53%，比上年上升 1.99%。保险公司盈利能力分化加剧，大公司盈利水平较高，管理更加完善，抗风险能力也较强；中小保险公司因治理不完善、基础投入不足、创新力较弱、缺乏自主渠道、产品同质化程度较高等问题，增长乏力，获利空间不断受到挤压，无法在细分行业取得优势。而在财产险方面，由于疫情等因素影响，2020 年汽车销量收窄，市场动荡更明显，这对保险公司的风控能力提出了更高的要求，对于中小保险公司来说又是一场"寒冬"。在财产险公司和人身险公司中，按保费排名，前十大公司净利润占比均超过本行业的 100%[1]，亏损公司数量占比分别为 40.9% 和 41.1%。[2]

---

[1] 参见中国人民银行《中国金融稳定报告（2019）》，见中国人民银行官网（http://www.pbc.gov.cn/goutongjiaoliu/113456/113469/3927456/index.html），2019 年 11 月 25 日。
[2] 参见新世纪评级《2019 年度中国财产保险行业信用回顾与展望》，见在线文库网（https://www.lddoc.cn/），2020 年 2 月 28 日。

3. 存在的问题

（1）中短期高现价万能险产品过快增长，资产负债错配严重。2013—2016年，高现价万能险对应的"保户投资款新增交费"年均增长54.6%。2016年，人身险公司规模保费为3.42万亿元，保户投资款新增交费达到1.19万亿元，占比34.8%。十余家中小保险公司高现价万能险占到规模保费收入的50%以上，个别保险公司甚至达到95%以上。虽然这些产品设计期限为5~10年，但实际存续期远小于这个期限，通常为1~3年，有的甚至仅有几个月，成本很高。为支撑高成本，部分保险公司短钱长配，为了获取收益，将销售高现价产品所得资金大量投资于另类投资项目、举牌上市公司、大规模开展境外收购等，还有少数保险公司涉嫌违规用保费自我注资，对投保人形成较大风险隐患。①

（2）保费增长放缓，尚未形成新的增长点。2018年1月人身险公司保费收入同比大幅下降40%，2018年第一季度同比下降16.82%，2018年全年保费收入同比仅增长0.85%。随着公众医疗健康服务需求的高涨和老龄化程度的加深，对商业健康险和商业养老险的需求不断增加，但由于基数小，还难以带动人身险业整体较快增长。②

（3）人身险公司服务客户能力和经营水平有待提高。一是产品同质化严重，难以满足需求。很多人身险公司产品名称存在差别，但是主要条款却是相似的，无法满足公众对多元化产品的需求。二是销售和理赔服务的规范性有待加强。目前仍存在销售人员为扩大产品保障范围，坑蒙客户的现象；理赔时，由于网点不足，客户理赔存在诸多困难。三是中小保险公司竞争力不足。中小保险公司普遍存在技术和基础数据积累不够、专业人才缺乏的问题，在面对大公司全面抢占市场时难以开展与自身特点相契合的差异化经营策略。③

（4）渠道发展面临困境。一是个人代理渠道"人海战术"难以为继。自2015年以来，保险营销人员数量大幅增长，由2014年的325万人增至

---

① 参见中国人民银行《中国金融稳定报告（2019）》，见中国人民银行官网（http://www.pbc.gov.cn/goutongjiaoliu/113456/113469/3927456/index.html），2019年11月25日。

② 参见中国人民银行《中国金融稳定报告（2019）》，见中国人民银行官网（http://www.pbc.gov.cn/goutongjiaoliu/113456/113469/3927456/index.html），2019年11月25日。

③ 参见中国人民银行《中国金融稳定报告（2019）》，见中国人民银行官网（http://www.pbc.gov.cn/goutongjiaoliu/113456/113469/3927456/index.html），2019年11月25日。

2018年的872万人，但人员素质参差不齐，人均产能低，吸引客户效率低下。二是银邮渠道业务价值低、费用高。中小公司主要依靠银邮渠道销售产品。虽然银邮渠道能快速带来保费收入，但其销售的多是理财型产品，内含价值较低，对提升保险业务品质贡献不大。此外，在银邮渠道下，为争取客源，保险公司违规支付手续费问题突出，这直接抬升了公司成本。三是直销能力不足。目前保险公司销售大多采取的是"保险公司＋中介＋客户"的交易方式，保险公司对客户掌控力度不足，客户忠诚度低。近年来，保险公司虽然大力发展电话营销、网络营销、门店营销等销售方式，希望提升直销能力，但效果不及预期。2018年，直销保费收入虽然同比增长14.9%，但仅占人身险公司总保费收入的7.67%。①

(5) 政策支持力度有待进一步提高。近年来，中国虽然出台了一系列政策支持人身险业发展，如先后推出了税优健康险和税延养老险，但两者尚不能被公众接受，发展远低于预期。截至2018年年末，税优健康险累计实收保费9.4亿元，仅占商业健康险保费收入的千分之一；税延养老险业务累计实收保费约7000万元，占比更低。未来，将有更多外资保险机构进入中国保险行业，行业竞争将会进一步多元。面对更加复杂的行业环境，在税收优惠范围、办理手续的便利性、帮助保险公司更好管控成本等方面，相关支持政策还有改进的空间。②

(6) 随着保险准入门槛的放宽，未来的行业竞争将进一步加剧。2020年之后，原先对外资股对人身险持股比例的限制从51%到100%的过渡期提前到达。取消国内保险公司合计持有保险资产管理公司的股份不得低于75%的规定，允许国外投资者持有股份超过25%，放宽外资保险公司准入条件，取消30年经营年限要求。③ 未来国内的保险机构将会受到外资保险机构强有力的挑战。

---

① 参见中国人民银行《中国金融稳定报告（2019）》，见中国人民银行官网（http://www.pbc.gov.cn/goutongjiaoliu/113456/113469/3927456/index.html），2019年11月25日。

② 参见新世纪评级《2019年度中国人身险行业信用回顾与展望》，见在线文库网（https://www.lddoc.cn/），2020年2月28日。

③ 参见中国银行保险监督管理委员会《持续推进对外开放 优化金融领域外资营商环境》，见中国银行保险监督管理委员会官网（http://www.cbirc.gov.cn/cn/view/pages/ItemDetail.html?docId=227841&itemId=915&generaltype=0），2019年7月20日。

（五）期货公司

1. 基本介绍

期货公司是依法设立的金融中介组织，接受客户委托并按照客户的指令、以公司的名义为客户进行期货交易并收取交易手续费，其交易风险与结果由客户承担。期货公司是交易者与期货交易所之间的桥梁。目前国内金融衍生品市场主要由期货市场以及场外金融衍生品市场两个部分组成。正是因为期货交易者具有套期保值或投机盈利的需求，才促进了期货市场的产生和发展。尽管每一个交易者都希望直接进入期货市场进行交易，但是期货交易的高风险性决定了期货交易所必须制定严格的会员交易制度，非会员不得入场交易，于是就产生了严格的会员交易制度与吸引更多交易者、扩大市场规模之间的矛盾，期货公司便应运而生。

作为期货市场的主体，期货公司的经营状况对期货市场的健康发展起着重要作用，与国内其他金融市场性质类似，国内期货市场主要以经纪业务为主，为期货交易者提供交易的渠道。①

2. 发展现状

期货市场发展是中国改革开放进程中市场化机制建设的重要缩影。20世纪90年代初，为解决市场价格问题而催生了期货市场与期货公司，经过了混乱发展和清理整顿，中国期货行业于2000年以后开始规范发展。2001年，中国加入WTO，经济发展增速，在国家的规范与推进下，中国期货市场也进入高速发展阶段，逐步走向法制化和规范化，监管体制和法规体系不断完善。

自2011年以来，改革开放到了全面深化的阶段，而在这一阶段，期货市场的品种逐渐多样化，业务模式不断创新，功能发挥逐渐深入经济转型的战略层面，中国期货行业进入全面发展阶段。

截至2020年7月，根据中国证券监督管理委员会的期货公司名录，中国有149家期货公司（统计不包括港澳台地区），已批准上市品种80个，商品期货交易量连续十年位居全球第一。② 截至2019年，全球场内衍生品总成交量约为344.75亿手，同比增加13.7%，亚太和拉美地区贡献

---

① 参见汪龙海、刘建华《我国期货公司现状诊断研究》，载《经济问题探索》2014年第1期，第155～160页。

② 数据来源：中国证券监督管理委员会。

了重要增量份额。在场内衍生品成交量排名中，上海期货交易所（简称"上期所"）、大连商品交易所（简称"大商所"）、郑州商品交易所（简称"郑商所"）、中国金融期货交易所（简称"中金所"）依次位列第10、11、12和28名（胡俞越，2020）。

3. 未来的挑战

金融科技的快速发展，为期货公司深化服务实体经济功能创造了机遇和挑战。近年来，在党的十九大提出的"以科技创新引领全面创新"战略的带动下，金融科技快速发展，中国期货行业的发展也在逐渐科技化。自2016年以来，云计算、大数据、人工智能、区块链等新兴科技日趋成熟，也带动了期货行业向智能型、便捷性和低成本转型，期货公司的客户信息化水平得到跨越式的提升，风险管理能力进一步增强，经营策略迅速转变，服务实体经济的纵深不断拓展。但是金融科技的发展也给期货市场的监管带来了很大的挑战，新兴科技的发展颠覆了期货市场程序化交易、高频交易、投资顾问的业务模式，给监管者带来了重大的挑战。监管者应该基于期货市场服务实体经济的初衷，给予期货市场正确的引导（胡俞越，2020）。

2017年，出于治理"影子银行"等金融体系资金空转问题的考虑，央行等部门发布了《关于规范金融机构资产管理业务指导意见》（简称"资管新规"），虽然其规范了金融行业的秩序，尽可能地消除了监管套利空间，但是对实体经济造成了较大的打击，期货资管产品的投资范围和规模收窄，对期货市场的资产配置功能的发挥有所约束。但是，资管新规也促使了投资者转向投资主动管理、净值型产品。期货公司需尽早调整业务发展方向，适应政策趋势并进行转型，创新主动管理型产品，完善交易策略。除此之外，期货公司可以发挥其风险管理优势，将该业务外包给其他金融机构（胡俞越，2020）。

社会普及程度依然不足，期货发展理念备受挑战。对于国内市场而言，期货的普及程度较低，并非大众化的投资产品。以套期保值为例，尽管中国企业参与期货的套期保值的比例逐年上升，但是与发达国家相比仍相差甚远。2009年，国际掉期与衍生工具协会（International Swaps and Derivatives Association，ISDA）针对世界500强企业的一项调查数据显示，共有94%的公司使用衍生工具来对冲风险。但相关数据表明，中国跨国企业运用衍生工具进行风险对冲的比例仅为23%，远低于发达国家的比例，更明显低于世界500强企业的比例。除此之外，长期以来中国社会公众对期货市场的误解根深蒂固，期货和金融衍生产品在金融危机中总是被迫背负骂名，导致国内社会对期货市场讳莫如深，期货市场理念的普及任重而道远（胡俞越，2020）。

二、地方性金融机构和新型金融组织

具有庞大规模、海量资金的传统金融机构，往往无法满足具有差异化金融需求的金融消费者，对传统金融机构进行补充的地方性金融机构和新型金融组织自然应运而生，而这些地方性金融机构和新型金融组织就像是"毛细血管"，能够更好地深入传统金融机构无法满足的"三农"、小微企业、私营企业等领域。

（一）地方性金融机构及其功能

地方性金融机构是相对拥有庞大规模和海量资金的传统金融机构而言的概念，是指由地方政府、经济组织和居民个人出资组成的地方区域性商业银行、信用社、信托等多种金融性组织的总称。其经营机制较为灵活，服务对象最初是两小经济，即集体经济和个体私营经济，现在已经广泛参与到社会经济生活的方方面面，包括"三农"等领域。

1. 农村信用社

（1）定义。农村信用社全称农村信用合作社，由中国人民银行批准设立，是自主进行管理并承担为社员提供金融服务的农村合作金融机构。该机构是独立企业法人，依法享有民事权利，并以全部资产对农村信用合作社的债务承担责任。作为银行类金融机构，其主要业务是吸收存款，并发放贷款，以及开展相关转账结算业务等。农村信用社的建立与自然经济、小商品经济发展直接相关。由于农业生产者和小商品生产者对资金需要存在季节性、零散、小数额、小规模的特点，使得小商品生产者和农民很难得到银行贷款的支持，但客观上生产和流通的发展又必须解决资本不足的问题，于是就出现了这种以缴纳股金和存款方式建立的互助、自助的信用组织。[①]

（2）发展历程。20世纪90年代，国有商业银行在商业化改革后纷纷

[①] 《什么是农村信用社》，见MBA智库百科网（https://wiki.mbalib.com/wiki/%E5%86%9C%E6%9D%91%E4%BF%A1%E7%94%A8%E7%A4%BE），2020年10月20日。

撤回县域分支机构,农村信用社成为服务"三农"的主力军,但因经营机制和内控制度不健全,大部分农村信用社已资不抵债,难以维持基本生存,改革势在必行。根据国务院于2003年6月出台的《关于印发深化农村信用社改革试点方案的通知》,江苏等八个省(市)开展农村信用社改革试点,将农村信用社的管理交由地方政府负责,并由其全面承担农村信用社风险处置责任,银监会履行农村信用社金融监管职能。2003年9月,银监会印发《农村信用社省(自治区、直辖市)联合社管理暂行规定》,对农村信用社省联合社履职行为进行规范。农村信用社省联合社在推动农村信用社改革、改进内控机制等方面发挥了积极作用。2004年8月,国务院决定将深化农村信用社改革试点扩大至另外21个省(自治区、直辖市)。2010年以来,银监会连续发布文件,稳步推进农村信用社股份制改革,成熟一家、改制一家。2016—2018年,中央一号文件先后提出"开展省联社改革试点""抓紧研究制定省联社改革方案""推动农村信用社省联社改革"(何广文、何婧,2020)。2019年2月,中国人民银行等五部委联合发布《关于金融服务乡村振兴的指导意见》,提出农合机构要坚持服务县域、支农支小的市场定位,保持县域农村金融机构法人地位和数量总体稳定,积极探索农村信用社改革路径。①

自2003年以来,在国家的大力改革和推动下,农村信用合作社的资产规模显著提高。如图3-2所示,相较于2006年,2011年全国农村信用社的总资产增长93.21%,几乎翻了一番,发展势如破竹。而2016年的数据相对于2011年增长了18%,农村信用合作社进入了发展平稳期。截至2018年年末,全国农村信用合作社共812家。②

---

① 参见中国人民银行《中国金融稳定报告(2019)》,见中国人民银行官网(http://www.pbc.gov.cn/goutongjiaoliu/113456/113469/3927456/index.html),2019年11月25日。
② 参见中国人民银行《中国金融稳定报告(2019)》,见中国人民银行官网(http://www.pbc.gov.cn/goutongjiaoliu/113456/113469/3927456/index.html),2019年11月25日。

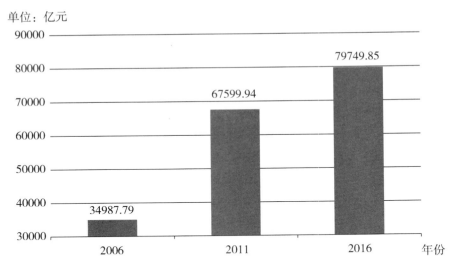

图3-2 2006年、2011年、2016年全国农村信用社总资产

（数据来源：《中国金融年鉴》。）

2. 农村商业银行、农村合作银行

（1）定义。农村商业银行简称农商行，是由辖内农民、农村工商户、企业法人和其他经济组织共同入股组成的股份制的地方性金融机构。农村合作银行简称农合行，是由辖内农民、农村工商户、企业法人和其他经济组织共同入股，在合作制的基础上，吸收股份制运作机制组成的股份合作制的社区性地方金融机构。

（2）发展历程。2001年，经中国人民银行批准，江苏常熟、张家港、江阴三市通过合并重组农村信用社，分别成立了农村商业银行。农村商业银行是在农村信用社联社改制的基础上，采取发起方式设立，实行一级法人、统一核算的股份有限公司形式的地方性商业银行。新设立的农村商业银行承接原农村信用社及农村信用社联社的债权债务。农村商业银行的组建按照"成熟一家、组建一家"的原则进行，组建过程包括成立筹备工作小组、中介机构实施清产核资、净资产分配、募集股金、履行相关法律程序等工作内容。2011年，中国银监会表示不再组建新的农村合作银行，现有农村合作银行要全部改制为农村商业银行。截至2018年年末，全国农商行1397家,农村合作银行30家。①

农村商业银行、农村合作银行和农村信用合作社是农村金融机构的三种形态,合称为农村信用合作机构,是实施乡村振兴战略和发展普惠金融的主力军,也是新时代做好"三农"工作的重要抓手。经过多年的改革发展,农村信用合作机构的资产规模、资产质量和盈利能力都得到了显著的提高。截至2018年年末,全国共有农村信用合作机构2239家,机构数量占银行业金融机构的48.8%;资产总额为33万亿元,同比增长5.21%,占银行业金融机构的13.6%;负债总额为30.5万亿元,同比增长4.73%,各项贷款余额为16.7万亿元,同比增长13.13%;不良贷款余额为8304.8亿元,不良贷款率4.97%,资本充足率12.3%,2018年累计实现净利润2508亿元。② 这从中国银监会有关农村商业银行的数据中也可以得到佐证。在2019年第四季度,农村商业银行的不良贷款余额有6155亿人民币,不良贷款率为3.9%;资产利润率为0.82%,远超城市商业银行的0.7%和外资银行的0.63%。③

3. 城市信用社

(1)定义。城市信用社又称城市信用合作社,是一种城市集体金融组织,是为城市集体企业、个体工商户以及城市居民服务的金融企业。城市信用社实行独立核算、自主经营、自负盈亏、民主管理的模式,是具有法人地位的独立的经济实体,主要设在大、中城市,不得设立分支机构,受中国人民银行的领导、管理、协调、监督和稽核。其主要业务范围有:①办理城市集体企业和个体工商户及实行承包租赁的小型国有企业的存款、贷款、结算业务;②办理城市个人储蓄存款业务;③代理经中国人民银行批准的证券业务;④代办保险及其他代收代付业务;⑤办理经中国人民银行批准的其他金融业务。

(2)发展历程。一部分城市由于信用社管理不规范、经营水平低下、不良资产比例高、抗御风险能力差,导致了相当大的金融风险,针对这一现实情况,为切实防范和化解金融风险,保持社会稳定,确保城市信用社

---

① 参见中国人民银行《中国金融稳定报告(2019)》,见中国人民银行官网(http://www.pbc.gov.cn/goutongjiaoliu/113456/113469/3927456/index.html),2019年11月25日。
② 参见中国人民银行《中国金融稳定报告(2019)》,见中国人民银行官网(http://www.pbc.gov.cn/goutongjiaoliu/113456/113469/3927456/index.html),2019年11月25日。
③ 数据来源:中国银监会《银行业监管统计指标季度情况表(2019年)》。

稳健经营和健康发展，国务院办公厅于 1998 年 10 月转发中国人民银行《整顿城市信用合作社工作方案》，要求在各地政府领导下，推动做好城市信用社通过收购兼并等工作，开展清产核资，化解城市信用社风险。该项工作取得显著成效，除了将少数严重违法违规经营的城市信用社关闭或停业之外，还推动了将 2300 家城市信用社纳入 90 家城市商业银行的组建工作。此后的 2005 年，中国银行监督管理委员会、中国人民银行、财政部、国家税务总局联合制定并发布了《关于进一步推进城市信用社整顿工作的意见》，推进被撤销和停业整顿的城市信用社退出市场。2012 年 3 月，宁波象山县绿叶城市信用社作为全国最后一家城市信用社成功改制为城市商业银行，即宁波东海银行股份有限公司，城市信用社正式退出了历史舞台。①

4. 城市商业银行

（1）定义。城市商业银行（简称"城商行"）是由 20 世纪 80 年代设立的城市信用社转变而来，是中国银行业的重要组成和特殊群体。1995 年，深圳市商业银行（现为平安银行）作为全国第一家城市商业银行正式成立。

（2）发展历程。20 世纪 90 年代中期，以城市信用社为基础，在中央的主导下组建了城市商业银行。20 多年来，城市商业银行数量不断增加，盈利能力不断增强，城市商业银行已经成为中国商业银行的重要组成部分，是中国银行体系中最具活力的机构之一。截至 2017 年，城市商业银行资产规模达到 31.72 万亿元，同比增长 12.35%，达到银行业金融机构的 12.57%，市场份额逐渐提升，资产质量稳定。在商业银行整体利润零增长甚至负增长的情况下，城市商业银行税后利润增速在 2016 年有所回升，盈利能力领先同业。② 目前，城市商业银行逐渐发展成熟，尽管仍存在良莠不齐的状况，但是总体发展迅速，并出现了北京银行、上海银行、南京银行等名列全球 500 强企业的优秀银行。③

---

① 数据来源：中国银监会《银行业监管统计指标季度情况表（2019 年）》。
② 参见百融金服《2018 中国城市商业银行发展报告》，见中文互联网数据资讯网（http://www.199it.com/archives/834727.html），2019 年 2 月 21 日。
③ 资料来源：MBA 智库百科网（https://wiki.mbalib.com/wiki/城市商业银行）。

(二) 新型金融组织及其功能

1. P2P 网络借贷平台

P2P 网络借贷平台是指 P2P 借贷与网络借贷相结合的金融服务网站。P2P 借贷是 peer to peer lending 的缩写,中文翻译为"人人贷"。①

由 P2P 的基本概念衍生出了很多模式,归纳起来主要有以下四类。②

(1) 担保机构担保交易模式(一对多模式)。这是最安全的 P2P 模式。此类平台作为中介,既不吸储,也不参与放贷,只提供一对多的金融信息服务,由合作的小贷公司和担保机构提供双重担保。此类平台的交易模式多为"一对多",即一笔融资需求、多个投资人投资。此种模式的优势是可以最大程度保证投资人的资金安全,如果出现交易问题,担保机构会在拖延还款的第二日把本金和利息及时打到投资人账户。

(2) P2P 平台下的债权合同转让模式(多对多模式)。这种模式也叫作 P2P 的线下模式,借款需求和投资都是打散组合的,P2P 网贷平台作为最大债权人将资金出借给借款人,然后将获取的债权分割,通过债权转让形式将债权转移给投资方,获得下一轮融资的借贷资金。这种模式也被形象地称为债务及债权转让的天平模式。该模式相当于天平的一端对接债权,另一端对接债务,如果放贷金额实际小于转让债权,根据《关于进一步打击非法集资等活动的通知》,属于非法集资范畴。

(3) 大型金融集团推出的互联网服务平台。此类平台有大集团的背景,平台资金来源不仅有私人资本,还有大型企业、国有企业、银行等的资本。相比起其他 P2P 模式,其吸收资金及整合资源的能力更强,交易量更大。

(4) 以网络平台交易为基点,结合 O2O 的综合交易模式。P2P 小额贷款业务凭借其客户资源、互联网大数据及产品结构占得优势,充当交易的窗口,而线下整合了小型贷款公司的优势资源,为其客户提供更佳的服务体验。

自 2013 年以来,随着互联网的发展,P2P 网贷平台数量激增。仅 2014 年一年,增加的 P2P 平台数量就多达 1700 家,增幅超过 120%;

---

① 定义来源:MBA 智库百科网(https://wiki.mbalib.com/wiki/P2P 网络借贷平台)。
② 参见沈建国《P2P 网络借贷平台存在的问题及对策》,载《中国市场》2020 年第 8 期,第 185~186 页。

2015年持续暴增2000余家，环比增长76%，发展势头强劲。但与此同时，由于互联网平台门槛较低，平台质量参差不齐，加上参与者的信用风险较高，这导致了后期大量P2P网贷平台的爆雷，累计问题平台数量不断增长，截至2019年，淘汰率高达88%，目前中国市场存活的P2P网贷平台只有不足800家（见图3-3、图3-4）。

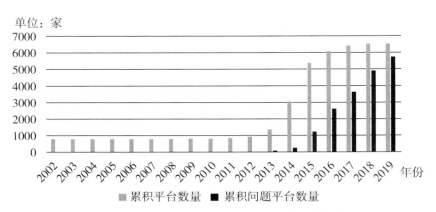

图3-3 2002—2019年全国P2P网贷平台数量
（数据来源：网贷天眼数据中心。）

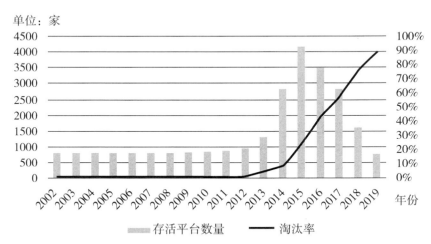

图3-4 2002—2019年全国P2P网贷平台存活数量
（数据来源：网贷天眼数据中心。）

2016年，国家对互联网金融的整治正式开始。截至2019年10月末，全国纳入实时监测的在运营机构数量已减少至 427 家，比 2018 年年末下降了 59%；借贷余额比 2018 年年末下降了 49%，出借人次比 2018 年年末下降了 55%。全年 P2P 网贷平台停业整顿 1200 多家。

2. 融资性担保公司

融资性担保公司是指依法设立，经营融资性担保业务的有限责任公司和股份有限公司。融资性担保是指担保人与银行业金融机构等债权人约定，当被担保人不履行对债权人负有的融资性债务时，由担保人依法承担合同约定的担保责任的行为。①

融资性担保公司对急需资金的借款方，尤其是中小微企业来说，能够满足其初创期或者成长期的资金需求。对于以银行为代表的资金供给方而言，融资性担保公司既帮助投资方增加了可观的利息收入，又转嫁了坏账风险。从对宏观经济调控来看，融资性担保行业一定程度上缓解了中国中小企业融资难的问题。

3. 小额贷款公司

小额贷款公司是由自然人、企业法人与其他社会组织投资设立，不吸收公众存款，经营小额贷款业务的有限责任公司或股份有限公司。公司是企业法人，有独立的法人财产，享有法人财产权，以其全部财产对其债务承担民事责任。

与银行相比，小额贷款公司更适合小微企业和农户解决资金的需求。与民间借贷相比，小额贷款更加规范、更有保障，申请程序简单便捷，避免了烦冗的评估、担保手续，无须抵押任何资产凭证。小额贷款行业的发展能够顺应中国发展的需要，引导闲散资金流向急需资金支持的小微企业和农户，为小微企业的蓬勃发展和"三农"建设提供了有力的支持。

从 2005 年开始，国务院发布《关于鼓励支持和引导个体私营等非公有制经济发展的若干意见》，并开始在四川、内蒙古和山西等省的小额贷款公司试点。2008 年 5 月，央行和银监会颁布实施了《关于小额贷款公司试点的指导意见》，正式将试点拓展到全国范围，小额贷款公司进入了迅速发展阶段。截至 2019 年 9 月，全国小额贷款公司共有 7680 家，拥有

---

① 关于融资性担保公司相关业务的规定请参阅《融资性担保公司管理暂行办法》。

83099 名从业人员，贷款余额超过 9000 亿元。①

小额贷款公司在中国发展以来，融资难的问题一直牵制其发展，而且目前对小额贷款的监管仍不到位，政府的支持力度也相对不足，缺乏相关的优惠政策。

（三）地方性金融机构和新型金融组织存在的问题

对于地方性金融机构而言，其存在的意义是补足全国性金融机构无法满足的地方需求。近几年，国家积极扶持"三农"，中央一号文件、央行的相关文件等政策大力推动地方金融性机构的发展和改革。2019 年，央行提出的"三档两优"框架，对中小银行实施较低的存款准备金率，兼顾了防范金融风险和服务实体经济，特别是服务小微企业。同时，地方性金融机构作为落实国家扶持中小微企业政策的先行机构，受到国家重点支持和银保监的明确指示，推动其提高业务能力和创新拓展业务，并催生更多地方性银行。而同时地方性金融机构深耕当地，对当地的政策和需求敏感性更高，能够更全面地覆盖到全国性金融机构无法触及的"死角"。虽然地方性金融机构近年来获得了长足的发展，但还是面临着不少生存与发展危机，包括银行业的激烈竞争、舆论导向上存在的偏颇以及地方金融机构经营者和职员素质普遍较低、人力资源系统落后等问题。对新型金融组织而言，存在较大风险的是 P2P 网络借贷平台。风险主要有两点：第一，网络借贷平台的经营风险，主要是激烈的市场竞争和高额投资的运营成本导致的高负债；第二，网络借贷平台的市场风险。由于其特殊性，P2P 网贷平台常常面临的风险远超实收资本的 10 倍以上，若运营中资金链断裂，则会导致实体公司难以维持正常的运营成本而破产。②

---

① 参见中国人民银行《2019 年三季度小额贷款公司统计数据报告》，见东方财富网（http://finance.eastmoney.com/a/201910251272371374.html），2019 年 10 月 25 日。

② 参见沈建国《P2P 网络借贷平台存在的问题及对策》，载《中国市场》2020 年第 8 期，第 185～186 页。

第二节 管理性金融组织

一、国务院金融稳定发展委员会

（一）基本介绍

2017 年 11 月，经党中央、国务院批准，国务院金融稳定发展委员会成立，并召开了第一次全体会议，学习贯彻党的十九大精神，研究部署相关工作。设立国务院金融稳定发展委员会，是为了强化人民银行宏观审慎管理和系统性风险防范职责，强化金融监管部门监管职责，确保金融安全与稳定发展。截至 2020 年 11 月底，国务院金融稳定发展委员会已召开过 43 次会议，在中国金融管理中发挥着非常重要的作用。

（二）设立背景①

2017 年 7 月 14 日至 15 日，全国金融工作会议在北京召开，习近平总书记出席会议并发表重要讲话。他强调，金融是国家重要的核心竞争力，金融安全是国家安全的重要组成部分，金融制度是经济社会发展中重要的基础性制度。必须加强党对金融工作的领导，坚持稳中求进，遵循金融发展规律，紧紧围绕服务实体经济、防控金融风险、深化金融改革三项任务；创新和完善金融调控，健全现代金融企业制度，完善金融市场体系，推进构建现代金融监管框架，加快转变金融发展方式，健全金融法治，保障国家金融安全，促进经济和金融良性循环、健康发展。

习近平总书记也强调，要加强金融监管协调、补齐监管短板，设立国务院金融稳定发展委员会，强化人民银行宏观审慎管理和系统性风险防范职责，落实金融监管部门监管职责，并强化监管问责。② 坚持问题导向，针对突出问题加强协调，强化综合监管，突出功能监管和行为监管。地方政府要在坚持金融管理、特别是中央事权的前提下，按照中央统一规则，

---

① 《金融工作会议定调金融安全，懂 14 要点掌握中国经济》，见搜狐网（https://www.sohu.com/a/157441147_555775? qq - pf - to = pcqq. c2c&spm = smpc. content. huyou. 5. 1591796896076zxI9vWn），2017 年 7 月 15 日。

② 《全国金融工作会议在京召开》，见中国政府网（http://www.gov.cn/xinwen/2017 - 07/157comtent_ 5210774），2017 年 7 月 15 日。

强化属地风险处置责任。金融管理部门要努力培育恪尽职守、敢于监管、精于监管、严格问责的监管精神,形成有风险没有及时发现就是失职、发现风险没有及时提示和处置就是渎职的严肃监管氛围。健全风险监测预警和早期干预机制,加强金融基础设施的统筹监管和互联互通,推进金融业综合统计和监管信息共享。对深化金融改革的一些重大问题,要加强系统研究,完善实施方案。

二、中国人民银行

(一) 基本介绍

中国人民银行是中华人民共和国的中央银行(简称"央行"),是国务院组成部门。中国人民银行根据《中华人民共和国中国人民银行法》的规定,在国务院的领导下依法独立执行货币政策,履行职责,开展业务,不受地方政府、社会团体和个人的干涉。[①] 当前央行内设 25 个部门和上海总部,下辖 16 个直属机构,在地方有 36 个分支机构。

(二) 主要职能

中国人民银行有制定和执行货币政策、维护金融稳定、提供金融服务等方面的职能。其中,制定和执行货币政策是央行利用各种工具通过调整流通货币进而对宏观经济进行调节,同时,由于货币政策和外汇形势相互关联,央行也参与管控外汇储备;维护金融稳定是央行利用起草的法规以及指定的规则使金融机构和金融市场运行良好,并且可以抵御一定的外部冲击,涉及调控、支付、交易等;提供金融服务是央行通过一系列措施促进实体经济发展,包括拟订金融业改革和发展战略规划、制订全国支付体系发展规划、统筹协调全国支付体系建设、负责金融控股公司和交叉性金融工具的监测、制定和组织实施金融业综合统计制度、组织制定金融业信息化发展规划、经理国库等。

(三) 历史和发展现状

1. 发展历程

中国人民银行自 1931 年初具雏形,1949 年被纳入政务院(现国务院)的直属单位系列,并于 1995 年被立法确定为中央银行。中国人民银

---

① 根据中国人民银行官网资料整理。

行历经几十年的发展，愈发完整和健全，目前职责涵盖金融调控、金融监管和金融服务，与中国经济的发展密切相关。其具体发展历程见表3-1。

表3-1 中国人民银行发展历程

时间	事件
1931年11月	在江西瑞金召开的"全国苏维埃第一次代表大会"上，通过成立"中华苏维埃共和国国家银行"（简称"苏维埃国家银行"）的决议，并发行货币
1948年12月	在河北省石家庄市组建了中国人民银行，并发行人民币
1949年9月	中国人民政治协商会议通过《中华人民共和国中央人民政府组织法》，把中国人民银行纳入政务院（现国务院）的直属单位系列
1982年7月	开始组建专门的中央银行体制的准备工作
1983年9月	国务院决定由中国人民银行专门行使中国国家中央银行职能
1984年1月	中国人民银行开始专门行使中央银行的职能
1993年	按照国务院《关于金融体制改革的决定》，中国人民银行进一步强化金融调控、金融监管和金融服务职责，划转政策性业务和商业银行业务
1995年3月	第八届全国人民代表大会第三次会议通过了《中华人民共和国中国人民银行法》，首次以国家立法形式确立了中国人民银行作为中央银行的地位
1998年	按照中央金融工作会议的部署，改革人民银行管理体制，撤销省级分行，设立跨省区分行，同时，成立人民银行系统党委，对党的关系实行垂直领导、干部垂直管理
2003年12月	第十届全国人民代表大会常务委员会第六次会议审议通过了《中华人民共和国中国人民银行法（修正案）》

（资料来源：王宇《中国金融改革开放四十年》，载《西部金融》2018年第5期，第3页。）

2. 发展现状和未来改革方向

2020年1月5日，中国人民银行在北京举行工作会议，明确了目前中国人民银行的发展现状，主要体现为以下几个方面①：第一，货币政策针对性、实效性进一步提升。2019年，中国人民银行通过下调金融机构存款准备金率、创设央行票据互换工具、灵活运用公开市场操作等多种货币政策工具，及时为促进市场稳定发展提供引导和支持。第二，防范化解重大金融风险攻坚战取得关键性进展。2019年，央行牵头实施防范化解重大金融风险攻坚战行动方案，有效遏制了宏观杠杆率过快上升的势头，取得了治理影子银行、处置金融机构风险等多方面的成效。第三，金融支持实体经济力度不断加大。通过运用多种货币政策工具，在推动金融机构支持重点领域、重大项目、重要在建工程和促进制造业高质量发展等方面不断加大力度。第四，金融改革开放不断深化。2019年，央行集中宣布30多条开放措施，将取消证券、基金、期货、人身险的外资持股比例的时间提前至2020年，全面取消合格境外投资者投资额度限制，允许外资机构开展银行间市场债券承销和评级业务，并积极做好金融支持海南自贸试验区及自贸港、粤港澳大湾区、长三角高质量一体化发展等区域金融改革工作。第五，金融服务和管理水平不断提升。成立了金融基础数据中心，在开展金融科技应用试点、全球法人识别编码赋码量等工作方面不断突破，有效提升了金融服务水平。第六，金融科技工作开创新局面。2019年出台《金融科技发展规划（2019—2021年）》，健全金融科技监管基本规则体系，着力打造包容审慎的金融科技创新监管工具，会同其他部门组织金融科技应用试点，将金融科技产品纳入国家统一推行的认证体系，强化金融科技安全与质量管理，不断优化移动支付生态体系，进一步提升支付便民利企服务水平，加快"数字央行"建设。第七，持续加快金融市场创新发展。央行不断加强金融市场制度建设，在推动债券中央存管机构互联互通、推动债券评级机构资质互认、实现债券市场统一执法等方面取得了一系列突破。②

中国人民银行过去在货币政策的执行等方面发挥了重要作用。在新时代下，面对不断变化的国内外形势和科技创新带来的革新，中国人民银行未来改革将主要着眼于以下方面：①加大金融支持供给侧结构性改革力

---

① 《2020年中国人民银行工作会议在京召开》，见中国人民银行官网（http://www.pbc.gov.cn/goutongjiaoliu/113456/113469/3955023/index.html），2020年1月5日。

② 具体内容可参考《中国人民银行2018年年报》。

度；②加快完善宏观审慎管理框架；③继续深化金融改革开放；④加强金融科技研发和应用；⑤降低风险溢价；⑥推动汇率不断向市场决定的方向改革。①

三、银保监会

（一）基本介绍

中国银行保险监督管理委员会（简称"银保监会"）成立于2018年，在当时的国务院机构改革时，由中国银监会和中国保监会合并而来，是国务院正部级直属事业单位，内设27个机构，下辖2个事业单位，在地方有36个派出机构。设立银保监会的主要目的是深化金融监管体制改革，解决现行体制存在的监管职责不清晰、交叉监管和监管空白等问题，强化综合监管，优化监管资源配置，更好统筹系统重要性金融机构监管，逐步建立符合现代金融特点、统筹协调监管、有力有效的现代金融监管框架，守住不发生系统性金融风险的底线。

（二）基本职能

根据国务院在2018年颁布的《中国银行保险监督管理委员会职能配置、内设机构和人员编制规定》，银保监会的主要职能包括：对全国银行业和保险业进行统一监督和管理，对银行业和保险业改革开放和监管有效性开展系统性研究，制定银行业和保险业审慎监管与行为监管规则。对银行业和保险业机构及其业务范围进行管理，制定银行业和保险业从业人员行为管理规范。对银行业和保险业公司的经营行为和信息披露等实施监管，对银行业和保险业机构实行现场检查与非现场监管并依法查处违法违规行为，统一编制全国银行业和保险业监管数据报表，建立银行业和保险业风险监控、评价和预警体系并关注其运行状况。会同有关部门提出存款类金融机构和保险业机构紧急风险处置的意见和建议并组织实施，指导和监督地方金融监管部门相关业务工作，开展银行业和保险业的对外交流与国际合作事务，负责国有重点银行业金融机构监事会的日常管理工作。

---

① 《中国人民银行行长易纲等就"金融改革与发展"相关问题答记者问》，见央广网（https://baijiahao.baidu.com/s?id=1627590167982783104&wfr=spider&for=pc），2019年3月10日。

(三) 发展现状

2019 年，银保监会的工作主要集中在防范化解金融风险、加强金融机构服务实体质效、深化重点机构重点领域改革①、落实简政放权要求、依法从严监管、规范权力运行、开展宣传教育、缓解民营小微企业的融资难和融资贵情况等。②

防范化解金融风险取得重大进展。银保监会全年共处置不良贷款约 2 万亿元，商业银行逾期 90 天以上贷款全部纳入不良资产管理，压降影子银行规模、降低网络借贷风险、严厉查处重大非法集资案件、缓解房地产金融化泡沫化、化解地方政府隐性债务风险。

继续加强金融机构服务实体质效。银保监会发布《关于进一步加强金融服务民营企业有关工作的通知》《关于 2019 年进一步提升小微企业金融服务质效的通知》《关于做好 2019 年银行业保险业服务乡村振兴和助力脱贫攻坚工作的通知》等文件，积极引导银行业金融机构优化配置金融资源。

深化重点机构、重点领域改革。银保监会新推出 19 条对外开放措施，批准 51 项外资银行保险机构筹建和开业，支持 11 家中资银行在 29 个 "一带一路" 沿线国家设立 80 家一级机构，全年发布 40 项规章制度。2017—2019 年年初，银保监会先后宣布了 15 条对外开放措施，这 15 条开放措施包括银行业保险业的股权开放、市场准入开放、业务经营范围开放，以及参与金融市场业务资质的开放。③

同时，银保监会推进重点领域立法，配合推进《中华人民共和国商业银行法》《中华人民共和国信托法》等法律修订工作，配合司法部做好《处置非法集资条例》《非存款类放贷组织条例》《信托公司条例》等行政法规制定工作；健全监管制度体系，印发《商业银行股权托管办法》，提

---

① 《中国银保监会召开 2020 年全国银行业保险业监督管理工作会议》，见新浪网（http://k.sina.com.cn/article_7156553969_1aa9058f100100piaf.html），2020 年 1 月 12 日。
② 《银保监会国新办新闻发布会答问实录（2019 年 2 月 15 日）》，见中国银行保险监督委员会网（http://www.cbirc.gov.cn/cn/view/pages/ItemDetail.html?docId=210922&itemId=915&generaltype=0），2019 年 2 月 15 日。
③ 《银保监会国新办新闻发布会答问实录（2019 年 2 月 25 日）》，见中国银行保险监督管理委员会网（http://www.cbirc.gov.cn/cn/view/pages/ItemDetail.html?docId=210922&itemId=915&generaltype=0），2019 年 2 月 25 日。

升股权管理规范性和透明度,印发《商业银行理财子公司净资本管理办法(试行)》,引导理财子公司审慎经营;印发《健康保险管理办法》,推进健康保险行业规范发展;印发《保险资产负债管理监管暂行办法》,加强保险公司资产负债管理硬约束;印发《中国银保监会关于银行保险机构员工履职回避工作的指导意见》,加强对银行保险机构人员行为监管;制定《银行业金融机构反洗钱和反恐怖融资管理办法》,健全银行业反洗钱制度体系。

建立和完善全面风险监管体系。持续做好日常风险监测分析,强化各类风险防控,对机构进行指导督促。2019年,银保监会全系统共处罚银行保险机构2849家,处罚责任人员3496人次,罚没合计14.49亿元。2017—2019年年初,银保监会先后修订和制定了近百个监管制度、法规、办法,来弥补监管制度的漏洞和空白,同时对十几万家银行保险机构进行了现场检查,处罚违规银行保险机构近6000家,处罚相关责任人7000多人次,禁止一定期限乃至终身进入银行保险业的人员300多人次。同时取消一定期限直至终身银行保险机构董事及高管人员任职资格达到454人次。①

持续出台政策缓解民营小微企业的融资难和融资贵的情况。2019年,民营企业贷款累计增加4.25万亿元。普惠型小微企业贷款余额11.6万亿元,同比增长超过25%,五家大型银行普惠型小微企业贷款增长超过55%,新发放普惠型小微企业贷款综合融资成本下降超过1%。银保监会把监管的重点聚焦到单户授信1000万元及以下的普惠型小微企业,和人民银行、工信部、财政部统一了小微企业标准。在全国建立1.9万多家金融债权人委员会,按照市场化、法治化的方式来处理债务。2019年年初,1000万元及以下的普惠型小微企业贷款达到9.4万亿元,同比增长21.8%,1000万元及以下的普惠型小微企业贷款户数达到了1723万户,增加455万户。2018年第四季度,银行业新发放的普惠型小微企业贷款利率比第一季度下降0.8%,六家大型银行(包括邮储银行)比第一季度下降了1.1%。

---

① 《银保监会国新办新闻发布会答问实录(2019年2月25日)》,见中国银行保险监督管理委员会网(http://www.cbirc.gov.cn/cn/view/pages/ItemDetail.html?docId=210922&itemId=915&generaltype=0),2019年2月25日。

（四）未来工作方向

银保监会未来工作方向主要涉及以下方面：促进社会领域商业保险发展；促进村镇银行改革发展；发展更多专业化、个性化的金融机构；建立完善有中国特色的公司治理结构；改变金融资产的分布结构，大力发展公募、私募、保险、信托、理财等各类机构投资者；实现监管方式的变革，积极主动运用现代信息科技手段，及时准确地掌握金融机构和金融市场的重要信息，及时准确做出风险分析研判，及时进行风险提示和预警，做到早识别、早发现、早预警、早纠正、早处置，以监管方式的变革促进金融业的变革。①

四、证监会

（一）基本介绍

中国证监会成立于1998年，由原来的国务院证券委员会与中国证券监督管理委员会合并而成，对全国证券期货市场依照相关法律法规和国务院授权，进行统一监督管理，维护市场秩序，保障市场合法运行。证监会下属共20个部门、1个稽查总队、3个中心（研究中心、信息中心、行政中心），在地方设有36个证券监管局，在上海和深圳证券交易所设有证监管专员办事处。在新《中华人民共和国证券法》实施前，证监会设有股票发行委员会（简称"发审委"），负责对公司股票上市进行发行审核并决定其能否上市，其成员由证监会专业人员和证监会聘请的专家组成，截至2019年年底已有十八届发审委。此外，证监会还设有行政处罚委员会，负责制定违法违规认定规则和对相应的违法违规行为进行行政处罚。证监会的职能主要体现在对证券市场和期货实施监督管理。

（二）发展历程

1992年10月，国务院证券委员会和中国证券监督管理委员会成立，标志着中国证券市场统一监管体制开始形成。国务院证券委员会和中国证券监督管理委员会最初的分工不同，前者是国家对证券市场进行统一宏观管理的主管机构，起到主体决策作用，后者是前者的监管执行机构，依法

---

① 《推进多层次变革，实现金融业高质量发展——王兆星在第十一届陆家嘴论坛上的讲话》，见中国银行保险监督管理委员会网（http://www.cbirc.gov.cn/cn/view/pages/ItemDetail.html?docId=220906&itemId=915&generaltype=0），2019年6月13日。

依规对证券市场进行监管（张文等，2011）。1993年11月，国务院证券监督委员会负责期货市场试点工作新职能，中国证监会承担具体执行。1995年3月，《中国证券监督管理委员会机构编制方案》进一步明确了中国证监会的地位和职能。1997年8月，中国证券监督管理委员会进一步明确了对上海、深圳证券交易所的监管职能。1998年4月，根据国务院机构改革方案，国务院证券委员会与中国证券监督管理委员会被合并为中国证监会，中国证监会职能进一步强化，监管力量进一步集中，形成全国统一的监管体制。1998年9月，根据国务院《中国证券监督管理委员会职能配置、内设机构和人员编制规定》，中国证监会被明确为国务院直属事业单位，同时，其职能也被进一步强化和明确：中国证监会是全国证券期货市场的主管部门。中国证监会经历了20世纪90年代的数次调整和合并，最终兼具了国务院原证券委和中国证监会的职能。

（三）发展现状

目前，证监会在服务实体经济发展、依法全面从严监管、保护投资者合法权益和对外开放等方面均取得较大进展。

服务实体经济发展，包括支持民营经济发展（推动民营企业IPO或并购重组，支持民营上市公司引进私募投资，对于经营困难的民营上市公司采取破产重组/强制退市等方法出清）、助推"一带一路"建设（截至2018年年底，共发行相关债券18单，推动20个私募股权投资基金产品在"一带一路"相关国家运作）、支持"双创"（核准73家高新技术企业IPO，扩大创新公司债券试点）、服务脱贫攻坚（对相关地区IPO、新三板挂牌、发行公司债券等实行"绿色通道"，截至2018年年底，共助力12家企业发行上市）、服务"三农"（支持现代农业市场利用资本市场融资，加快推进涉农期权期货品种的上市）、支持"绿色发展"（积极支持七家"绿色企业"发行上市，深化相关企业债券试点）、服务国企改革（推动国有资源优化配置，支持国有控股上市公司进行并购重组）。

依法全面从严监管，包括强化日常监管（深化行政审批制度改革、强化交易所股票市场一线监管、加强上市公司规范运作监管、加强非上市公众公司监管、加强交易所债券市场监管、加强资本市场经营机构和中介机构监管、提升科技监管能力）、稽查执法和打非清整（加大稽查执法力度、加强行政处罚力度、推进行政复议工作、清理整顿与打击非法证券期货活动)、防范化解金融风险(全面防控各类市场风险、推进股票质押风险化解、防范债券违约风险、强化商誉监管、加强行业信息化基础设施建设)、资本市场法制建设(完善基础法律制度和资本市场法规体系建设、完善诚信监管基础法律制度),如图 3-5 和表 3-2 所示,证监会 2016—2018 年受理线索的数量和做出的行政处罚决定的数量均在不断增加。

保护消费者合法权益,包括完善投资者保护制度、健全投资者行权维权机制、提升投资者服务水平、加强投资者教育。

对外开放包括资本市场互联互通(深化市场互联互通、"沪伦通"准备工作基本就绪)、投融资跨境双向流动(支持符合条件的境内企业境外 IPO、推进期货市场国际化、引进更多境外长期资金、扩大证券期货基金服务业双向开放、A 股纳入 MSCI 指数)、对港澳台地区开放(推进内地与香港地区基金产品互认)、国际交流与合作(加强国际监管和支付合作、增进与国际组织的合作交流等)。

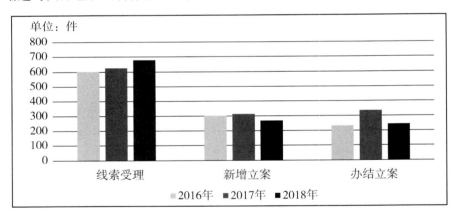

图 3-5　2016—2018 年证监会立案总体情况

(数据来源:中国证券监督管理委员会官方网站。)

表 3-2　2016—2018 年证监会做出行政处罚决定的数据

年份	行政处罚决定(项)	市场禁入决定(项)	罚没款总额(亿元)
2016	221	21	42.80
2017	224	25	74.79
2018	310	22	106.41

(数据来源:中国证券监督管理委员会官方网站。)

（四）未来工作方向

2019年9月9日至10日，证监会在北京举行座谈会，在会中，证监会提出要坚持市场化、法治化的改革方向，优化资本市场供给，发挥市场在资源配置中的决定性作用。证监会还提出全面深化资本市场改革的12个方面重点任务，包括充分发挥科创板的"试验田"作用、大力推动上市公司提高质量、补齐多层次资本市场体系的短板等方面。[1] 此外，证监会于2018年正式审议并通过了《关于改革完善并严格实施上市公司退市制度的指导意见》，使上海证券交易所和深圳证券交易所对重大违法公司实施强制退市的决策担负起主体责任，对于优化资本市场资源配置和提升上市公司质量具有重要意义。此外，未来证监会还将进一步加大对财务状况不达标的上市公司的退市执行力度。[2]

五、金融稳定局

金融稳定局是央行的25个内设部门之一[3]，下设综合处、金融体制改革处、金融部门评估规划秘书处、银行业风险监测和评估处、证券业风险监测和评估处、保险业风险监测和评估处、金融控股公司风险监测和评估处、中央银行资产处、存款保险制度处。其基本职能包括对系统性金融风险进行综合分析、评估，提出防范和化解系统性金融风险的政策建议等方面。

目前金融稳定局在处置高风险金融机构、整顿金融秩序、防范金融市场异常波动和外部冲击风险以及弥补监管制度的不足等方面发挥了重要作用。其未来的工作方向主要涉及以下方面：有序推进结构性去杠杆；加强政策协调，更好支持实体经济发展；防范金融市场异常波动风险；精准有效处置重点领域风险；强化金融机构防范风险的主体责任；分阶段把握货

---

[1] 《证监会系统全面深化资本市场改革工作座谈会在京召开》，见中国证券监督管理委员会网（http://www.csrc.gov.cn/pub/newsite/zjhxwfb/xwdd/201909/t20190910_361744.html），2019年9月10日。

[2] 《证监会就修改〈关于改革完善并严格实施上市公司退市制度的指导意见〉公开征求意见》，见中国证券监督管理委员会网（http://www.csrc.gov.cn/pub/newsite/zjhxwfb/xwdd/201803/t20180302_334773.html），2018年3月2日。

[3] 《央行新一轮司局级调整　王景武执掌金融稳定局》，见新浪网（http://finance.sina.com.cn/money/bank/bank_hydt/2018-12-28/doc-ihqfskcn2156180.shtml），2018年12月28日。

币政策的力度、节奏和重点，始终保持流动性的合理充裕；加大对中小银行补充资本、发行金融债券的支持；继续推进贷款市场报价利率改革，以此引导贷款实际利率不断下行，积极引导银行体系适当让利给实体经济。①

第三节　政策性金融组织

一、概述

政策性金融组织是指由政府或政府机构发起、出资创立、参股或保证的，不以利润最大化为经营目的，在特定的业务领域内从事政策性融资活动，以贯彻和配合政府的社会经济政策或意图的金融机构（王宇，2019）。政策性金融组织兼具政府宏观调控性质与金融商业化性质，提供低息而并不是无偿的资金支持以配合国家的政策实施需求，连接政府与市场两个领域，灵活地运用"看得见的手"和"看不见的手"高效地进行资源配置。

目前，中国的政策性金融架构是以四大政策性金融机构为主的多元发展的结构。中国从20世纪90年代开始兴起以大型国企为主的对外直接投资浪潮，对政策性金融支持服务体系的呼声渐高。1994年，国家将政策性扶持功能从商业性银行分离出来，分别成立了中国进出口银行、国家开发银行和中国农业发展银行这三大政策性银行（倪晓宁，2019）。2001年，中国"十五"计划提出要健全对外投资体系，加上同年加入世界贸易组织的推动作用，国家便成立了中国出口信用保险公司，形成了四大政策性金融机构的政策性金融体系。到现在为止，四大政策性金融机构仍然扮演着主要且重要的角色。

政策性金融体系也并不是停留在21世纪初期的"四大"架构的状态，而是随着中国经济和全球局势的演变而朝着多元化结构的方向发展。随着中国自身经济发展需求的与日俱增和接轨国际的必然要求，在最近的20年内，设立了不少政策性投资基金（如中非发展基金）和政策性投资银行（如亚洲基础设施投资银行）等，丰富了政策性金融体系，形成了政策性

---

① 《"应对国际疫情影响　维护金融市场稳定"发布会实录》，见中国人民银行官网（http://www.pbc.gov.cn/goutongjiaoliu/113456/113469/3993125/index.html），2020年3月22日。

金融支持服务的多元化结构。

二、四大政策性金融机构

（一）中国进出口银行

中国进出口银行是由国家出资设立、直属国务院领导、支持中国对外经济贸易投资发展与国际经济合作、具有独立法人地位的国有政策性银行。① 截至 2020 年 4 月，进出口银行在国内设有 32 家营业性分支机构以及香港代表处，在海外的圣彼得堡、巴黎、西非、东南非也均设有代表处。进出口银行旨在服务国家战略，建设定位明确、业务清晰、功能突出、资本充足、治理规范、内控严密、运营安全、服务良好、具备可持续发展能力的政策性银行。② 中国进出口银行拥有标准普尔公司、穆迪投资者服务公司和惠誉信用评级公司的评级，这些评级分别是 A + 、A1、A + ，与中国国家主权信用评级一致。③

中国进出口银行自 1994 年成立以来，随着中国经济的飞速发展，以及国家和党中央对对外经贸的支持，其积极贯彻落实政策，资产体量飞速增加。根据官方公布的中国进出口银行的年度报告数据，截至 2018 年，中国进出口银行资产总额达到 41937 亿元（见图 3 - 6），同比增长 15.19%，对外贸易贷款 10765 亿元，同比增加 11.69%。

进出口银行依托国家信用支持，在稳增长、调结构、支持外贸发展、实施"走出去"战略等方面有重要作用，加大对重点领域和薄弱环节的支持力度，促进经济社会持续健康发展。④ 同时，聚焦对外经贸发展、对外开放、国际合作和普惠金融等重点领域和薄弱环节，发挥了金融导向和服务功能。通过加大资金的供给和政策的保障，积极支持对外经贸的发展，同时，响应国家的"一带一路"建设，为首届"一带一路"国际合作高

---

① 《中国进出口银行章程》，见中国进出口银行官网（http://www.eximbank.gov.cn/aboutExim/profile/zczy/201902/t20190225_8813.html），2019 年 2 月 25 日。

② 《中国进出口银行章程》，见中国进出口银行官网（http://www.eximbank.gov.cn/aboutExim/profile/zczy/201902/t20190225_8813.html），2019 年 2 月 25 日。

③ 《信用评级》，见中国进出口银行官网（http://www.eximbank.gov.cn/aboutExim/profile/xinyongpingji/201807/t20180713_5940.html），2018 年 7 月 13 日。

④ 《中国进出口银行章程》，见中国进出口银行官网（http://www.eximbank.gov.cn/aboutExim/profile/zczy/201902/t20190225_8813.html），2019 年 2 月 25 日。

峰论坛提供了1300亿元的贷款,还为当前中国普惠金融重点服务对象如民营企业、小微企业提供了更大力度的信贷投放和服务。在自身发展方面,则优化公司治理架构,全力推动现代金融企业改革,并进一步强化风险意识,加强风险监控,推动精细化管理,在各方面稳步提升。①

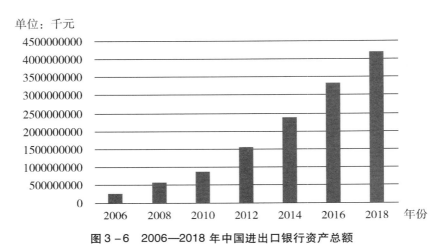

图3-6　2006—2018年中国进出口银行资产总额

(数据来源:《中国进出口银行2018年年度报告》。)

(二) 国家开发银行

国家开发银行于1994年成立,是直属中国国务院领导的政策性金融机构。2008年12月改制为国家开发银行股份有限公司。2015年3月,国务院明确国家开发银行的定位为开发性金融机构。2017年4月,"国家开发银行股份有限公司"名称变更为"国家开发银行",组织形式由股份有限公司变更为有限责任公司。国家开发银行的股东主要包括中华人民共和国财政部、中央汇金投资有限责任公司、梧桐树投资平台有限公司和全国社会保障基金理事会,注册资本4212.48亿元,其评级水平连续多年与中国主权评级保持一致。

2018年,国家开发银行公布的年度报告中,其总资产达到161798亿元,同比增长13.8%;不良贷款率仅0.92%,连续14个年末保持在1%内;净利润1121亿元;资本充足率11.81%,可持续发展能力和抗风险能

---

① 参见《中国进出口银行2018年年度报告》。

力进一步增强。如图3-7所示，其贷款余额主要分布在棚户区改造、公路、公共基础设施等公共服务的建设中。

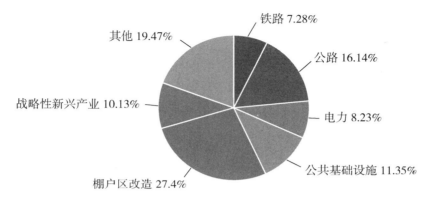

图3-7 2018年国家开发银行贷款余额主要行业分布
（数据来源：《国家开发银行2018年年度报告》。）

近年来，国家开发银行立足开发性金融机构的定位，在服务国家发展战略中扮演着重要的角色。国家开发银行加大了实体经济支持力度，扎实推进"两基一支"重点领域建设，2018年发放铁路系统贷款729亿元、水利贷款630亿元；同时，国家开发银行积极支持"一带一路"建设，2018年落实了2500亿元等值人民币专项贷款，累计审评承诺4665亿元等值人民币。除此之外，国家开发银行继续支持政府的棚改工程，依法依规开展棚户区改造融资，2018年全年发放棚户区改造贷款6980亿元。

与此同时，国家开发银行在污染防治、精准脱贫和风险防控三大攻坚战中发挥了重要的作用。仅2018年，国家开发银行发放绿色贷款高达3428亿元，大力支持打好大气、水、土壤污染防治"三大战役"；发放贷款618亿元支持农村基础设施建设，向"三区三州"发放精准扶贫贷款411亿元。此外，国家开发银行还研究制定防范化解重大风险的三年规划和年度计划，全面加强风险防控体系。[①]

（三）中国农业发展银行

中国农业发展银行成立于1994年，其领导机构为国务院，是中国唯

---

① 参见《国家开发银行2018年年度报告》。

一家农业政策性银行。主要任务是在国家信用基础上，以市场为依托，筹集支农资金，支持"三农"事业发展，发挥国家战略支撑作用。

中国农业发展银行坚持实施"一二三四五六"总体发展战略。"第一要务"：坚持科学发展观。"两个从严"：全面从严治党和依法从严治行。"三位一体"：坚持执行国家意志、服务"三农"需求和遵循银行规律。"四大路径"：用改革完善体制机制、用创新激发动力活力、用科技强化引领支撑、用人才提供支持保障。"五个全力服务"：全力服务国家粮食安全、全力服务脱贫攻坚、全力服务农业现代化、全力服务城乡发展一体化、全力服务国家重点战略。"六个现代化"：治理机构现代化、运营模式现代化、产品服务现代化、管控机制现代化、科技支撑现代化、组织体系现代化。

自1994年成立，截至2018年年末，中国农业发展银行的资产总额约达6.85万亿元，年末资产余额达到5.14万亿元，同比增长9.7%；2018年全年贷款为1.8万亿元，创历史新高，不良贷款率为0.8%，稳定在1%内，在金融同业中最低（见图3-8、图3-9）。累计放出产业贷款1467.5亿元，带动381.6万贫困人口增收。

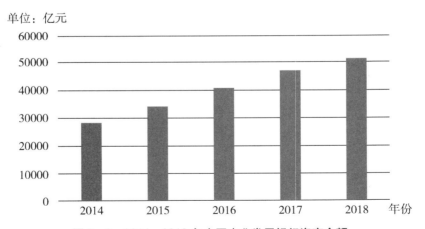

图3-8　2014—2018年中国农业发展银行资产余额

（数据来源：《中国农业发展银行2018年年度报告》。）

图 3-9 2014—2018 年中国农业发展银行不良贷款率

(数据来源:《中国农业发展银行 2018 年年度报告》。)

近年来,中国农业发展银行坚持把乡村振兴战略作为核心使命,加强支农力度,新投放贷款平均利率低于同业 123 个基点。截至 2018 年,累计发放粮棉油收购贷款 2457 亿元,累计发放精准扶贫贷款 3893 亿元,累计发放贷款金额和年末余额均为全国金融系统首位。同时,农业发展银行支持农业现代化,贷款余额逾 2000 亿元,累计放出农村基础设施贷款 7874 亿元,积极支持国家的棚改工程、水利工程等。[①]

(四) 中国出口信用保险公司

1. 基本信息

中国出口信用保险公司是由国家出资设立、支持中国对外经济贸易发展与合作、具有独立法人地位的国有政策性保险公司,于 2001 年 12 月 18 日正式挂牌运营,其服务网络覆盖全国。

中国出口信用保险公司通过为对外贸易和对外投资合作提供保险等服务,促进对外经济贸易发展,重点支持货物、技术和服务等的出口,特别是高科技、附加值大的机电产品等资本性货物的出口,促进经济增长、就

---

① 参见《中国农业发展银行 2018 年年度报告》。

业与国际收支平衡。主要产品及服务包括中长期出口信用保险、海外投资保险、短期出口信用保险、国内信用保险、与出口信用保险相关的信用担保和再保险、应收账款管理、商账追收、信息咨询等出口信用保险服务。

中国出口信用保险公司以"履行政策性职能,服务开放型经济"为己任,有效服务国家战略,精准支持企业发展,确保财务可持续,积极扩大出口信用保险覆盖面,在服务共建"一带一路"、全力促进外贸稳中提质、培育国际经济合作和竞争新优势、推动经济结构优化等方面发挥了不可替代的作用。[1]

2. 发展现状

自2001年设立以来,中国出口信用保险公司以"履行政策性职能,服务开放型经济"为己任,积极扩大出口信用保险覆盖面,为中国货物、技术、服务的出口以及海外工程承包、海外投资项目保驾护航。2018年,各项业务实现承保金额高达6119.9亿美元,同比增长16.7%,其中,中长期出口信用保险、海外投资保险、短期出口信用保险承保占主要部分,金额为5628.5亿美元,同比增长15.9%;全年向企业和银行支付赔款19.2亿美元,同比增长40.6%。[2]

长期以来,中国出口信用保险公司一直重点扶持中小微企业的出口业务。2016年,中国出口信用保险公司服务支持小微出口企业客户5.1万家,占全国小微出口企业总数的21.3%,承保小微企业出口457.2亿美元,全年向小微企业支付赔款1.2亿美元,支持小微企业获得融资99.8亿元。

党的十八大以来,党中央提出精准扶贫、精准脱贫的决策部署。中国出口信用保险公司响应党中央的决策,将精准扶贫作为重要的工作内容。截至2017年9月,中国出口信用保险公司定点扶贫专项资金累计支出达2800万元,用于定点扶贫县开展教育扶贫、产业扶贫以及基础设施建设,为贫困人群缓解了资金压力,也大力支持了国家的扶贫工作。

与此同时,中国出口信用保险公司也积极参与"一带一路"的建设,通过平台搭建、风险管理、融资撬动、资信服务,为沿线国家互利共赢、共同发展提供了源源不断的"中国信用",成为设施联通的"支持者"、

---

[1] 参见中国出口信用保险公司官网。
[2] 参见《中国出口信用保险公司2018年度报告》。

资金融通的"撬动者"、贸易畅通的"保障者"。①

三、政策性金融支持服务的多元结构

自从 2001 年中国加入世界贸易组织后，中国企业的对外贸易活动逐渐活跃，而 2004 年中国将对外投资制度由审批制改为核准制，给企业对外投资增添了动力。2007 年，中国成立了中非发展基金，由国家开发银行承办并由外汇储备提供资金，便利了中国企业对非洲的股权投资。作为中国政策性金融支持服务的有效创新，有效提升了中国政策性金融服务体系的多元化水平。

随着经济全球化愈演愈烈，中国在世界贸易和经济的地位越来越高，加上 2013 年习近平总书记提出的"一带一路"倡议开始实施，各种政策性投资基金便应运而生。例如，2013 年中葡合作发展基金成立，2014 年丝路基金和中国-中东欧投资合作基金成立。同时，中国与其他国家联合成立了金砖国家新开发银行（New Development Bank，NDB）和亚洲基础设施投资银行（Asian Infrastructure Investment Bank，AIIB），给相关的发展中国家的大型基础设施建设和可持续发展项目提供贷款支持、融资担保等。

第四节 其他金融组织

一、第三方金融服务组织

（一）基本介绍

第三方金融服务组织主要是指一些第三方理财机构。第三方理财机构是指那些独立的中介理财机构，它们不代表银行、保险等金融机构，而是以客观公正的立场，独立地分析客户的财务状况和理财需求，判断所需投资工具，提供综合性的理财规划、财富管理服务，根据客户的实际情况，通过各种金融工具客观地为客户提供投资、理财规划服务，提供更好的理财产品。一方面为企业、个人提供融资服务，包括房地产抵押贷款、金融

---

① 参见中国出口信用保险公司官网。

租赁贷款、单质押贷款等业务；另一方面为客户提供理财规划服务，包括投资规划、风险管理规划、税收筹划、养老规划和财产分配与传承规划等，为客户量身定制理财方案。

（二）发展现状

1. 第三方金融服务市场规模逐渐增长，但占比仍相对较小

一方面，随着经济的不断发展，中国居民的财富不断增长，产生了越来越多的财富管理需求。截至 2017 年，中国个人可投资资产总量或已达到 188 万亿人民币，同比增长 14%，国内高净值人群则约为 187 万人，法人机构财富同样也呈现出逐渐增长的趋势，早在 2015 年，中国机关团体等法人机构的财政性存款总余额便已经超过了 60 万亿元。另一方面，过往居民财富主要通过银行存款这一模式进行管理，而随着金融市场的不断发展、金融产品的种类不断丰富，可供居民选择的财富投资方式越来越多，此时催生了专业的第三方金融服务机构。第三方金融服务机构通过专业的财富管理服务，以客观立场为客户定制理财方案，实现资产增值。

然而，与欧美国家相比，第三方金融服务机构的市场占比仍较小。2017 年，中国财富管理市场规模已经达到了 150 万亿元，第三方理财机构在财富管理市场中的占比接近 10%；而在美国、英国等发达国家，第三方理财机构管理资产规模占比均在 60% 以上；在中国香港和台湾地区，在其财富管理市场中，第三方理财机构的占比约为 30%。未来第三方金融服务机构仍有非常广阔的发展前景。

2. 第三方金融服务机构业务逐渐多样化

在第三方金融服务市场的发展过程中，出现了越来越多不同种类的理财产品服务以及相应的金融服务。尤其是在互联网技术的应用下，许多第三方金融服务机构选择开展互联网理财管理业务。相关机构纷纷以客户为中心，根据其风险偏好、理财规划等为客户提供相应的投资理财产品，而产品类型除了传统的固定收益类之外，同时还包括并购基金、股权投资等。例如，诺亚财富为客户提供的理财服务涉及投资、保险、教育等多个领域，服务手段包括线上和线下，客户可以根据自身实际情况合理选择相应的理财服务。

（三）存在的问题

1. 部分第三方金融服务机构出现独立性问题

部分第三方金融服务机构迫于经营压力和过度追求利润，往往会出现代销金融产品的现象，利用返佣等方式增加盈利，然而，此举往往与保持独立为客户进行个性化理财规划的初衷相悖，成为银行、资管等的理财产品的"第二卖场"，不利于行业长期的核心竞争力建设和机构自身的品牌建设。

2. 行业受到的外部环境竞争和制约增加

一方面，第三方金融服务机构作为新兴事物，相比于发展时间较长、拥有广泛客户基础的传统金融机构如商业银行等，自身实力较弱。随着2018年资管新规的发布，银行单独成立理财子公司，未来第三方金融服务机构将面临更加激烈的竞争。

另一方面，第三方金融服务市场在发展过程中还缺乏完善的外部环境作为基础保障。[①] 首先表现在中国尚未针对第三方理财市场尤其是第三方理财机构的规范化发展制定出行之有效的、完善的相关法律体系与监督管理制度。虽然现阶段中国已经出台了部分政策，要求银监会等相关部门机构行使监管权力，负责对第三方理财机构以及第三方理财市场发展情况进行实时监督管理，但由于此类监管部门同时还负责对商业银行以及其他机构企业的监督管理，因而其监管精力及相关资源处于分散状态，整体监管效果并不理想。不仅如此，由于当前中国在第三方理财行业发展中，缺乏对行业自律的有效引导，因而在完全凭借行业本身以及相关第三方理财个人自觉性的行业发展过程中，也比较容易出现行业发展不规范等一系列问题。

二、第三方支付服务组织

（一）基本介绍

第三方支付服务组织是指具有一定实力和信用担保，且依据与银行的协议以及通过银行为交易网络支撑的平台提供结算的机构。第三方支付服务机构通过通信、计算机和信息安全技术在商家和银行之间建立连接，承担信用担保和技术保障的职能，实现从消费者到金融机构以及商家之间的

---

① 参见郑新龙《对第三方理财市场的现状与发展分析》，载《全国流通经济》2019年第1期，第112～113页。

货币支付、现金流转、资金清算、查询统计等。①

目前第三方支付机构可以分为互联网型支付机构和金融型支付机构。②互联网型支付机构以在线支付为主,通过捆绑大型电子商务企业或互联网企业,形成巨大用户规模,如支付宝、财付通等。而金融型支付机构主要是指以银联商务、快钱、汇付天下、易宝、拉卡拉等为首的金融型支付企业,侧重行业需求和开拓行业应用。

(二) 发展现状

随着第三方支付机构数量的不断增加、业务量的快速增长,其在支付服务市场中发挥的作用日益增强。第三方支付机构已经成为中国支付服务市场的重要组成部分,在支付服务市场中占据的份额不断增加。同时,随着行业监管趋于严格,逐渐形成头部效应。目前,支付宝、腾讯金融、银联商务占据支付服务市场份额前三,在2018年第二季度分别为44.5%、30.8%、11.4%,遥遥领先其他机构。随着未来行业竞争的加剧和整合效应的推动,头部机构的地位将会更加巩固。

(三) 存在的问题

(1) 电子信息化的推进带来了技术风险。由于第三方支付依托于通信网络和计算机平台,相较于传统的金融支付方式,有更多的技术性风险,主要包括其所信赖的信息系统的技术安全和技术容量、黑客攻击、账户资金被盗等。未来随着第三方支付的进一步推广和深化,改良技术和提高风险管理能力成为第三方支付服务机构的首要要求。

(2) 交易方式的电子化带来了操作风险。操作风险在这里是指人为操作失误。一方面,相较于传统的支付方式,第三方支付更加电子化和智能化,对操作人的技术水平要求不断提高;另一方面,第三方支付由于具有便捷性,提升了人们的支付频率,从而增加了操作失误的风险。

(3) 监管政策和行业规范有待完善。在第三方支付市场不断扩大的过程中,出现了种种行业乱象,如部分机构私下挪用用户资金、部分机构背离支付业务本源、小机构出现信用风险等。

---

① 参见方玫著《论我国第三方支付平台的健康发展》,吉林大学,2008,硕士学位论文,第10页。

② 《2016—2021年中国第三方支付行业发展分析及投资潜力研究报告》,见中国报告大厅官网(http://www.chinabgao.com/report/1638356.html),2016年2月5日。

三、证券服务机构

（一）基本介绍

会计师事务所、律师事务所，以及从事资产评估、资信评级、信息技术系统服务的机构等均为典型的证券服务机构。在金融市场中，各类型的服务机构为金融机构提供配套服务，减少信息不对称成本，促进金融要素流动。

会计师事务所主要从事为证券的发行、上市、挂牌、交易等证券业务活动制作、出具财务报表审计报告、内部控制审计报告、内部控制鉴证报告，以及为证券基金期货经营机构及其资产管理产品、证券服务机构、基金托管机构制作、出具财务报表审计报告、内部控制审计报告、内部控制鉴证报告等。律师事务所主要为一些证券活动制作、出具法律意见书。资产评估机构主要从事为证券发行、上市、挂牌、交易的主体及其控制的主体并购标的等制作、出具资产评估报告或估值报告，以及为证券基金期货经营机构及其资产管理产品制作、出具资产评估报告或估值报告。资信评级机构主要从事为依法注册发行或在证券交易所上市交易的债券、资产支持证券以及其他固定收益或者债务型结构性融资证券制作、出具资信评级报告及提供相关评级服务。信息技术系统服务机构主要从事重要信息系统的开发、测试、集成及测评以及重要信息系统的运营及日常安全管理。[①]

（二）发展现状及问题

(1) 发展现状。各类型证券服务机构数量迅速增加。中国注册会计师协会官网显示，截至2017年12月31日，全国共有会计师事务所8605余家，注册会计师105570余人，但注册会计师仍然供不应求。2018年注册会计师报考的人数达到历史新高，达118.16万人。此外，资产评估行业市场规模也持续扩大，近年来债券市场的快速发展也推动了信用评级行业的快速发展，评级机构曾一度多达百家，后随着行业的规范化发展，机构数量有所减少。

(2) 存在的问题。部分证券服务机构存在缺位现象。证券服务机构是资本市场的"守门人"，但过去部分证券服务机构存在尽职调查程序缺失、

[①] 参见《证券服务机构从事证券服务业务备案管理规定（征求意见稿）》。

出具报告独立性较低等现象,"守门人"角色缺位。根据 2020 年证监会出台的《证券服务机构从事证券服务业务备案管理规定(征求意见稿)》,将通过加强对证券服务机构从事证券服务业务的备案管理,配合新《中华人民共和国证券法》的实施,获取证券服务机构从事证券服务业务基础信息,强化事中、事后监管。

四、金融仲裁机构

(一) 基本介绍

金融仲裁是指在金融交易中平等主体的公民、法人和其他组织之间发生合同纠纷,以及其他财产权益纠纷时,双方当事人自愿达成协议,选择通过仲裁方式来处理纠纷的准司法制度。在目前中国利用仲裁方式解决金融纠纷的制度初步建立的基础上,和传统的争议解决方式相比,金融仲裁具有如下优势:第一,独立、快捷、经济、保密。金融争议涉及专业很强的领域,解决争议既要公正,又要具有效率,金融仲裁机构角色的出现有助于实现上述两方面需求。第二,专业化程度高、程序灵活。与普通法官相比,仲裁员的专业知识和实践经验更为丰富,判断专业性法律问题的能力也更强。在中国国际贸易仲裁委员会颁布实施的《金融争议仲裁规则》中,专门设立了一支 88 人的,由金融专家和金融法律人士组成的仲裁员队伍,进一步体现了"专家办案",为依法公正、快捷仲裁提供了较好保障。并且,《金融争议仲裁规则》不仅沿袭了由当事人协商确定与选择诸多具体程序的优良传统,还借鉴国外先进经验,提出了"仲裁庭可以运用裁量权,以适当的方式进行仲裁程序,如可以采取发布程序令、发出问题单、举行庭审前会议、召开预备庭等多种有利于快速公正解决争议的方法"等一系列灵活的措施,更有利于提高结案速度。第三,执行性强,国际认可度高。目前,已有 100 多个国家和地区加入了 1958 年订立的《关于承认和执行外国仲裁裁决的公约》(简称《1958 年纽约公约》),尽管各成员国还是会对仲裁裁决进行程序审查,有些国家甚至会进行实体审查,但在总体上,《1958 年纽约公约》还是得到了很好的贯彻,从而使国际上对仲裁裁定的承认和执行变得更为容易。[①]

[①] 参见常立营《试析以金融仲裁的方式解决金融纠纷》,载《法制与社会》2020 年第 11 期,第 68~70 页。

(二) 发展现状及问题

自2007年上海金融仲裁院建立以来,各地仲裁委根据自身情况纷纷建立金融仲裁院,金融仲裁在中国逐渐兴起并不断成长。这些年,中国金融仲裁机构在解决金融争议方面发挥着很大的作用。解决争议范围包含借贷、证券、基金投资、保险合同纠纷、投资金融纠纷等。

金融仲裁在解决金融争议与纠纷中虽然具有独特优势,但因其自身特征以及社会的不断发展,也面临着巨大的挑战,主要包括以下方面。[①]

1. 金融仲裁具有天生的自身短板

金融仲裁虽然相比诉讼具有很多天然优势,但也存在一些不足,主要体现为:①金融仲裁不为大多数人接受,权威性不足。中国仲裁业起步晚,尤其是金融仲裁还不为人接受,当发生金融纠纷时,人们更多的还是考虑用传统的诉讼方式解决。诸多原因都不同程度上造成了当事人对金融仲裁的不信任、不选择。②金融仲裁员的专业性仍显不足。在实践中,金融仲裁制度的运行未能有效借助金融行业的各方力量,造成了金融仲裁的专业性受限,发展速度缓慢。仲裁中既懂法律又懂金融的仲裁员太少,同时,仲裁员的学习、再学习、培训存在滞后问题。③金融仲裁中第三人制度的缺乏。当前中国的金融仲裁制度没有规定第三人制度,因此,很多时候,有些金融主体无法参与到仲裁活动中去,使得某些金融案件的部分参与主体的权利得不到很好的维护。这些都在一定程度上制约了金融仲裁的推行。只有在金融仲裁中有效保护各方的权益,其优势才能在实践中得以真正发挥。

2. 《中华人民共和国仲裁法》有待完善

中国仲裁起步晚,在很多方面与发达国家相比还存在较大差距。《中华人民共和国仲裁法》中没有规定仲裁庭对仲裁协议效力和管辖权异议的最终决定权,也没有规定仲裁机构相关强制执行的职权,仲裁机构或仲裁庭只能请求相关法院采取强制措施。这些核心问题在实践中得不到实质性解决,势必影响金融仲裁的公信力。因此,要直面中国仲裁法律制度方面的缺陷,尽快修订和完善《中华人民共和国仲裁法》,才能更好地解决金融仲裁争议与纠纷,推进金融事业更好地发展。

---

① 参见中国仲裁法学研究会《浅议中国金融仲裁的挑战性发展研究》,见搜狐网(https://www.sohu.com/a/156377315_99915945),2017年7月11日。

3. 社会的发展与进步对金融仲裁提出了新的挑战

当今时代,由于科学技术的进步,社会发展速度之快、变化之大,确实到了难以预估的地步。尤其是互联网和大数据的出现,几乎完全颠覆了人们的生活观和价值观。互联网金融作为未来的发展方向之一,依托大数据、云计算这些先进的技术出现了互联网金融与新型金融。之后,随着人工智能时代的到来,金融业也会发生翻天覆地的变化。如何应对该阶段出现的金融纠纷,金融仲裁是否已经做好了准备呢?

◆思考讨论题◆

1. 传统金融组织和新型金融组织各有什么优缺点?
2. 地方性金融机构的主要功能是什么?发展过程中遇到了哪些困难?
3. 管理性金融组织包括哪些机构?相互之间的关系是怎样?
4. 第三方金融服务组织目前存在哪些问题?未来发展的方向是怎样?
5. 国家金融组织未来可能会出现哪些新的形式?

第四章 国家金融市场法制

国家金融市场法制由金融立法、金融执法、金融司法和金融法制教育四大方面构成。金融立法是国家立法机关制定调整金融关系和金融管理关系的规范性文件的过程。金融执法是国家机关和授权单位依法运用国家权力，将金融法律规范应用到具体人或组织，用来解决法的实现的具体问题的一种行使权力的专门活动。金融司法是公安、检察机关或法院依法对金融民事、行政和刑事案件进行侦查、起诉、审批、执行的过程。金融法制教育是教育金融监管者、广大金融从业人员以及社会其他各界了解、掌握金融法律知识，使他们遵守金融法律规定并运用金融法律知识保护自身合法权益的过程。本章将对金融立法、金融执法、金融司法和金融法制教育的概念、机构、发展沿革、内容、国外情况、存在问题和完善方向等方面进行介绍。

第一节 金融立法

一、中国金融立法的机构、程序和内容

（一）金融立法的概念

法律具有狭义和广义之分。狭义的法律专指全国人民代表大会（简称"全国人大"）及其常务委员会（简称"全国人大常委会"）制定的规范性法律文件；广义的法律指的是一切规范性法律文件的总称，即整体或抽象意义上的法律，包括宪法、法律、行政规范、地方性法规等。中华人民共和国的金融立法机构主要有全国人民代表大会及其常务委员会，国务院，省、自治区、直辖市人大及其常委会和民族自治地方的人民代表大会，等等。其中，全国人大负责制定宪法，全国人大及其常委会负责制定宪法和

金融领域的法律，如《中华人民共和国中国人民银行法》《中华人民共和国商业银行法》《中华人民共和国保险法》等；国务院负责制定金融相关的行政法规，如《关于中国人民银行专门行使中央银行职能的决定》《银行管理暂行条例》等，省、自治区、直辖市人大及其常委会则制定地方性金融法规。

金融法是指国家立法机关制定的调整金融关系和金融管理关系的规范性文件，如《商业银行法》《银行业监督管理法》《外汇管理条例》等；金融立法则是国家立法机关制定调整金融关系和金融管理关系的规范性文件的过程。

（二）金融立法程序

中国金融立法程序包括法律案的提出、法律案的审议、法律案的表决、法律案的公布四个阶段（陈金木，2004）。

法律案的提出主体主要包括国家机关、一个代表团或者30名以上代表联名两类主体。前者即全国人大主席团、全国人大常委会、国务院、中央军委、最高人民法院、最高人民检察院、全国人大各专门委员会。二者的提案将由主席团决定是否列入会议议程。

法律案的审议包括以下四个程序：第一，在会议举办前一个月将草案发给代表审议；第二，在全体会议上听取提案人做草案相关说明；第三，各代表团召开全体会议或者小组会议，对法律草案进行讨论审议；第四，相关专门委员会对法律草案进行审议，法律委员会根据上述审议结果，对法律草案进行统一审议并向主席团提交关于修改稿的报告。

法律案的表决分为两类：一是列入全国人大会议审议的法律案，经法律委员会统一审议提出的法律草案修改稿，交各代表团进行审议，然后由法律委员会根据各代表团的审议意见进行修改，提出法律草案建议表决稿，由主席团提请大会全体会议表决，由全体代表的过半数通过。二是列入全国人大常委会审议的法律案，经法律委员会统一审议提出的法律草案修改稿，交常委会进行审议，由法律委员会根据常委会组成人员的审议意见进行修改，提出法律草案建议表决稿，由委员长会议提请常委会全体会议表决，由全体常委会组成人员的过半数通过。

法律案的公布是立法的最后一道程序。经全国人大及其常委会通过的法律，由国家主席签署主席令予以公布。签署公布法律的主席令载明该法律的制定机关、通过和施行日期。

根据《中华人民共和国立法法》的规定，法律签署后，及时在《全国人民代表大会常务委员会公报》和在全国范围内发行的报纸上刊登。在《全国人民代表大会常务委员会公报》上刊登的法律文本为标准文本。所谓标准文本，就是凡发现各种法律文本之间不一致的，均以《全国人民代表大会常务委员会公报》上刊登的法律文本为标准，以维护法制统一，保证法律的正确贯彻实施。[①]

（三）中国金融法律制度

改革开放以来，中国的金融法治建设不断加强，建立和完善社会主义市场经济成为中国进一步深化经济体制改革的重要内容，为了推动中国特色社会主义经济的进一步发展，中国金融立法体系需要不断完善。

根据《中华人民共和国立法法》，中国的立法体系分成三个层次：第一个层次是法律，由全国人民代表大会及其常务委员会行使立法权；第二个层次是行政法规，由国务院制定；第三个层次是地方性法规、自治条例、单行条例，由省、自治区、直辖市的人民代表大会及其常务委员会制定。目前，中国的金融立法活动中，全国人民代表大会及其常务委员会行使的金融立法活动较少，而行政法规在中国金融立法中应用较多。全国人大及其常委会颁布的金融法律共十部，中国重要金融法律通过的年份和对应的作用如表4-1所示。

表4-1 中国重要金融法律的通过年份及其作用

通过年份	法律名称	作用
1995	《中华人民共和国中国人民银行法》	确立了中国人民银行的法律地位，明确了中国人民银行主要职能和具体职责、货币政策目标
1995	《中华人民共和国商业银行法》	确立了商业银行的法律地位，为商业银行股份制改造奠定了法律基础
1995	《中华人民共和国保险法》	明确了保险人与被保险人间权利和义务的对等关系

---

① 《中华人民共和国立法法》，见中国人大网（http://www.npc.gov.cn/zgrdw/npc/dbdhhy/12_3/2015-03/18/content_1930713.htm），2015年3月15日。

国家金融体系结构

续表 4-1

通过年份	法律名称	作用
1995	《中华人民共和国票据法》	标志着中国社会主义市场经济中的票据活动走向法制化的新阶段,为后来的票据相关的管理办法和条例提供了法律基础
1995	《中华人民共和国担保法》	对存进资金的融通和商品融通,保障债券的实现,发展社会主义市场经济发挥着巨大作用;为维护交易秩序,发展信用关系提供法律依据
1998	《中华人民共和国证券法》	奠定了中国证券市场基本的法律框架,标志着中国证券市场的法律制度建设进入了一个依法治市的阶段
2001	《中华人民共和国信托法》	明确规定了信托的设立标准、信托的变更和终止程序等问题,有助于中国信托制度进一步发挥其专业化财产管理功能

(资料来源：作者根据相关材料整理。)

自改革开放以来,中国金融法律制度经历了如下阶段。

1. 金融法律制度奠基阶段（1978—1994 年）

1983 年 9 月,国务院发布《关于中国人民银行专门行使中央银行职能的决定》,正式确立中央银行制度。1986 年 1 月,国务院发布《中华人民共和国银行管理暂行条例》,明确了人民银行、专业银行和其他金融机构在中国金融体系中的法律地位及职责、银行业务运行规则,为信用工具的使用和发展提供了法律保障。随着金融改革从银行业扩展到保险、证券等行业,《保险企业管理暂行条例》《企业债券管理条例》《股票发行与交易管理暂行条例》《证券公司管理暂行办法》等法规、部门规章先后颁布,这促进了非银行金融体系的发展,推动了金融市场的建立。国务院还相继制定了《外汇管理暂行条例》《金银管理条例》《现金管理暂行条例》和《储蓄管理条例》等法规,为这些业务领域的管理与运营确立了基本规则。为配合金融对外开放和涉外业务开展,《经济特区外资银行、中外合资银行管理条例》《境外金融机构管理办法》《外资金融机构管理条例》等行政法规陆续颁布。这一时期金融立法的特点是填补空白，具有浓厚的急用先行色彩，即先以国务院法规形式为恢复和发展中国金融体系提供一个初步的制度基础，运行一段时间后再将其总结上升到国家法律层面，这也体现了"摸着石头过河"的渐进式改革的方法论（刘向民，2018）。

2. 金融法律制度框架形成阶段（1995—2011年）

1995年是中国的"金融立法年"，全国人大常委会在这一年内相继通过了《中华人民共和国中国人民银行法》《中华人民共和国商业银行法》《中华人民共和国保险法》《中华人民共和国票据法》《中华人民共和国担保法》《关于惩治破坏金融秩序犯罪的决定》，在较短的时间内搭建起了中国金融法律规范的基本框架，充分体现了中国社会主义立法体制集中、高效的优越性（刘向民，2018）。

1998年，全国人大常委会通过了《中华人民共和国证券法》，对证券市场的基本原则、证券发行和交易、证券市场监管体制等基本问题做出了规定，奠定了中国证券市场发展的制度基础；2001年，通过了《中华人民共和国信托法》，促进了信托市场的健康规范发展。此外，国务院陆续制定发布了《中华人民共和国外汇管理条例》（1996年）、《中华人民共和国期货交易管理暂行条例》（1999年）、《中华人民共和国人民币管理条例》（2000年）和《中华人民共和国外资保险公司管理条例》（2001年），标志着中国金融法律制度框架的进一步完善（刘向民，2018）。

3. 金融法治建设全面推进阶段（2012年至今）

目前中国的金融法体系可以根据金融法调整的金融关系和金融管理关系的侧重点进行划分，因此，中国金融法的体系结构主要包括金融经营规制法、金融监管法和金融调控法三大类（徐孟洲、谭立，2019）。

（1）金融经营规制法。为了规范金融经营者行为，保护金融经营关系，中国制定了大量的金融经营法律规范性文件，形成了金融经营规制法体系。金融经营规制法主要包括商业银行经营规制法、证券经营规制法、保险经营规制法、金融信托经营规制法等。

商业银行经营规制法是调整商业银行经营关系的金融法律系统，是金融法最基本的内容。商业银行法调整商业银行经营关系的法律规范主要集中表现在《中华人民共和国商业银行法》及其实施条例中。1995年5月

10日，第八届全国人民代表大会常务委员会第十三次会议通过《中华人民共和国商业银行法》并于同年7月1日起施行。《中华人民共和国商业银行法》明确规定了两类行为规范：一类是对商业银行法的设立、接管、终止、组织机构、监督管理等属于金融监管方面的内容；另一类是对存款人的保护、贷款和其他业务的基本规则等属于金融经营方面的内容。

证券经营规制法是调整证券经营关系和证券监督关系的法律规范系统。中国证券法的基本原则为公开、公平、公正原则，国家统一监督管理和证券业自律相结合的原则，分业经营、分类管理的原则。中国证券法具有丰富的表现形式，通过四个层级对证券行业进行管理：《中华人民共和国证券法》《中华人民共和国公司法》《中华人民共和国证券投资基金法》等基本法律，《股票发行与交易管理暂行条例》《企业债券管理条例》等行政法规，《首次公开股票发行并上市管理办法》《上市公司证券发行管理办法》等部门规章，以及深沪证券交易所制定的行业自律规范。

保险经营规制法是指调整保险经营关系的法律规范系统，不仅可以调整保险合同关系，而且为涉及保险的所有经营业务活动提供了行为准则。1995年6月30日，第八届全国人大常委会第十四次会议审议通过、2009年2月28日第十一届全国人大常委会第七次会议修订的《中华人民共和国保险法》是基本的保险经营规制法的表现形式，其对保险活动应当遵守的原则、保险合同、保险经营规则、保险代理人和保险经纪人的规定是主要的保险经营法律规范。保险经营的基本原则主要有保险合法原则、保险自愿原则、保险诚实信用原则、境内保险公司优先原则、公平竞争原则等五项原则。

◆拓展阅读◆

推动信托业根本性变革的"广东国投破产案"

1983年，中国人民银行批准广东国投为非银行金融机构，因此广东国投享有外汇经营权。在亚洲金融危机下，广东国投依然在世界范围融资，主要的省内债务人发放贷款近130亿元，而且没有严格审查其资信和偿债能力。不仅如此，广东国投在提出破产申请前存在违规吸收个人储蓄存款，挪用股民保证金等违规问题。1999年1月10日，广东国投董事会向境内外债权人发出通报，告知公司已提出破产申请。广东国投破产案中，共有494家债权申报人申报债权，总额为467亿元。为了提高破产清偿率，需要追收其对外的债权，耗费了大量人力物力。作为全国首例非金融机构破产案件，它推动了信托业的根本性变革，促进了信托法律体系的完善。

[资料来源：《广东国投公司破产案——首例非银行金融机构破产案》，见河南省高级人民法院官网（http：//www.hncourt.gov.cn/public/detail.php？id=176484），2018年12月18日。]

金融信托经营规制法是中国市场经济法律体系中的重要组成部分，是调整信托关系的法律规范系统。为调整国内信托关系，规范信托行为，促进中国信托业的健康发展，2001年4月28日，第九届全国人民代表大会常务委员会第二十一次会议通过了《中华人民共和国信托法》，对当事人从事信托活动的原则进行规定，即遵守法律、行政法规，遵循自愿、公平和诚实信用原则，不得损害国家利益和社会公共利益。这反映了中国信托法的基本原则，表明了中国信托法的基本价值取向和根本指导思想。

（2）金融监管法。金融监管法是调整金融业监督管理关系的法律规范系统。2004年2月1日起施行的《中华人民共和国银行业监督管理法》，与《中华人民共和国证券法》《中华人民共和国保险法》《中华人民共和国信托法》《中华人民共和国证券投资基金法》《中华人民共和国外汇管理条例》等法律法规中规定的商业银行、证券、保险、信托等金融行业监管法律规范内容，构成了中国金融监管法体系。

银行业监管法是调整银行业监督管理关系的法律规范系统，属于金融监管法的重要组成部分。2003年12月27日，全国人大常务委员会通过《中华人民共和国银行业监督管理法》，并于2006年10月31日通过《全国人民代表大会常务委员会关于修改〈中华人民共和国银行业监督管理法〉的决定》。其中，《中华人民共和国银行业监督管理法》是银行业监管法的主要形式，是政府金融监管机构对银行业实行监督管理的基本法律依据；其立法宗旨是，加强对银行业的监督管理，规范监督管理行为，防范和化解银行业风险，保护存款人和其他客户的合法权益，促进银行业健康发展。

证券业监管的体制主要有两种：政府监管和自律监管。大多数国家虽然两种监管体制并存，但仍然有所侧重。根据1998年国务院批准的《证券监管机构体制改革方案》，证监会成为证券期货市场的主管部门，可在中心城市设立证监会派出机构。中国主要以政府监管为主,《中华人民共和国证券法》第七条明确规定了国务院监督管理机构依法对全国证券市场实行统一集中监管,从而明确了证监会的法律地位。2005年修订的《中华人民共和国证券法》和2012年修订的《中华人民共和国证券投资基金法》分别增加了依法设立证券业协会实行自律性管理和关于基金行业自律管理的规定,完善了中国自律监管部分的法律依据。

保险业监管法是指调整保险监管关系的法律规范系统,是保险法的重要组成部分。其表现形式主要分为三大部分:国家制定的保险法律、国务院制定的保险业行政法规和国家专司保险监管职能的机构依据法律和行政法规制定的保险业政府规章和地方性法规。国家制定的保险法律是1995年颁布的《中华人民共和国保险法》,经2009年修订,强化了对保险业的监督管理,遵循依法、公开、公正的原则,维护保险市场秩序,保护投保人、被保险人和受益人的合法权益。国务院制定的与《中华人民共和国保险法》配套实施的行政法规主要有《外资保险公司管理条例》《机动车交通事故责任强制保险条例》《农业保险条例》等。保险业相关的政府规章和地方性法规主要有《保险公司管理规定》《保险代理机构管理规定》《保险营销员管理规定》等。

信托业监管法是指调整信托业监管关系的法律规范系统,主要用于规范政府监督机构对信托机构的设立、变更和终止、市场准入和信托机构经营活动进行监督管理的行为。尽管许多国家为加强对信托公司的监管而制定了专门的信托业法,但是中国暂未制定专门的《中华人民共和国信托业法》来规范信托行业。目前,中国信托业监管的主要依据是《信托公司管理办法》,它逐步促使信托公司成为提供信托理财和产品服务的非银行金融机构。这有利于保护信托投资者的合法权益,也有利于积极应对金融业改革和对外开放的新形势。

(3)金融调控法。金融调控法是调整中央银行在控制与调节货币供给量、利率、贷款量等过程中发生的金融宏观调控关系的法律规范系统。中国金融调控法的主要规范性文件是《中华人民共和国中国人民银行法》。除此以外,《中华人民共和国商业银行法》和《中华人民共和国银行业监督管理法》对存贷利率、同业拆借、境外借款、系统性银行业风险等做出规定,进一步防范和化解金融风险,维护金融稳定。《中华人民共和国外汇管理条例》则对调整人民币汇率和外汇市场调控关系等方面做出规定,以达到保持国际收支平衡的金融调控目标。

二、国外金融立法机构、程序和体系

(一) 美国金融立法机构、程序和体系

美国国会由参议院和众议院组成，是美国最高金融立法机构。两院议员由各州选民直接选举产生，任期为两年，均可连任，任期不限。国会两院在各自议长主持下工作，众议院议长由全员大会选举产生，副总统是参议院的当任议长。两院都设有许多委员会，并且设有两院议员共同组成的联席委员会，大部分工作在国会的各委员会中进行。

美国的立法程序包括了提出议案、委员会审议、全员辩论和表决、两院协商、总统签署等多个步骤。在众议院或参议院议员提出议案后，众议院议员或参议院主持人按议事规程将议案提交给主管常设委员会审议。随后到全员辩论和表决阶段，委员会将其表决通过的议案附上一份报告到议院，议员们对该项议案进行辩论，提出修正案，最后进行表决。议案在一议院通过后送另一议院审议，再次经过上述的程序，最后进行表决。如果两议院中任一议院对议案进行修改，即两议院对文本存在不同意见，则需要专门成立临时两院联合会协商解决所出现的问题。直到两院协商一致后，再送回两议院表决，如果全部通过，则到下一环节，即总统签署。总统签署之后的议案即成为法律。总统也可否决或搁置议案，从而为议案能否成为法律再增不确定性。

美国金融体系主要由联邦储备银行系统、商业银行系统和非银行金融机构组成，由美国联邦储备银行主导。美国金融法律体系主要包括银行法、证券法、信托法等，与金融实践需求保持密切关联。例如，1980年，为了应对当时国内经济发展速度低下与滞胀的情况，美国国会出台《存款机构放松管制和货币控制法》，该法是为了解决金融面临的危机和美联储的困境。1999年，美国国会出台《金融服务现代化法案》，全面突破《格拉斯－斯蒂格尔法案》(Glass-Steagall Act) 对金融混业设置的限制。该法案的核心是规定了银行、证券公司和保险公司可以通过金融控股公司的方式相互渗透，即证券公司或保险公司可以通过设立银行或收购银行以获得银行控股公司身份，从而可以申请成为金融控股公司，经营之前法律禁止的部分证券和保险业务。

(二) 英国金融立法机构、程序和体系

英国议会是英国的最高立法机关，也是英国政治的中心舞台。英国政府从英国议会中产生，并对其负责。英国议会由上议院（贵族院）、下议院（平民院）和国王共同组成，行使国家的最高的立法权。上议院是英国最高司法机关，保留着历史遗留的司法权，有权审查下议院通过的法案，并通过必要的修正案，还可要求推迟它不赞成的立法，最长可达一年。相比之下，下议院的主要职权是立法、监督财政和政府。

英国议会的立法程序主要分三个阶段：议案提出、讨论决议和送请批准公布。首先，其议案分为公议案、私议案两种，前者由内阁或议员个人提出，后者则由地方法团代理人向下议院提出。其次，在讨论决议阶段，两院对法案的完整审议程序是一致的，都必须经过一读、二读、委员会审议、报告、三读共五个阶段。一读主要是就法案的名称或者要点进行宣布，并确定讨论日期。二读是就法案全文进行宣读，讨论法案的一般内容和原则。委员会负责审议法案的细节、行文，做出技术性修正。报告阶段则是供全院大会正式听取委员会具体汇报审议结果并为全院议员正式提供一次修正法案内容的机会。三读是用呼声、举手等方式表决法案，运用辩论和表决表明议员们对法案的态度。最后是送交批准公布阶段。由于现代英国君主不能自主行使其权力，因此，两院送交君主签准的方案均予以通过，并进而成为法律。相比其他国家中元首签署阶段对立法机关存在制衡关系，英国立法程序的最后一步仅仅是议会立法程序的最后一个阶段而已。

英国在1844年颁布了世界上第一部银行法——《英格兰银行条例》，后经1979年和1987年两次修订，其中，1987年的《英格兰银行法》是在1979年的基础上加强了对银行业的监管。英国的票据法最早颁布于1882年，后经多次修改形成自己的特色：在立法体例上采取三票合一的立法体例，注重实际效果，建立较为自由的票据制度。英国无专门的证券法，有关证券的立法主要规定在公司法中，同时制定若干法规予以补充和完善。证券交易所及其会员以自律为主，有严格的自律制度和信息披露制度。英国是世界上最早就信托进行立法的国家，但是在信托业方面，英国至今还没有形成完整的立法体系。

三、中国金融立法存在的主要问题及未来完善方向

中国自20世纪90年代开始金融立法,目前大部分法律都有不同程度的修改。同时,由于当代金融业的发展速度较快,许多新兴领域没来得及制定对应的法律法规,部分规范立法层次较低。因此,中国的金融立法不完善的方面主要有以下三点:①银行法体系立法层级较低,互联网金融规范不完善。随着互联网技术迅猛发展,互联网+金融的模式应运而生,互联网金融存在P2P行业问题平台众多、互联网金融蕴含多种风险、消费者权益难以得到保障等问题,主要根源为中国互联网金融法律规范和监管的缺位(刘少军,2014)。②信托法体系中的法律规定不够具体,信托业发展定位不准确。中国信托法中对信托行业的规定采取的是委托立法形式,仅规定"受托人采取信托机构形式从事信托活动的,其组织和管理由国务院制定具体办法",这体现出中国信托业发展定位不准确的问题。同时,在信托法中没有专章制定信托行业的法律,2013年关于信托行业的行政法规,仅有中国人民银行在2001年年初颁布的《信托投资公司管理办法》。而且信托撤销权的行使规定不够具体明确,如信托财产有别于一般财产,《中华人民共和国信托法》第十二条有具体规定,但该条规定在具体的司法实践中往往难以认定(王纯,2013)。③中国证券法制度体系并不完善,难以满足推行注册制度的需求。目前,中国推行注册制改革,需要较多法律的变革来满足注册制的推行。

未来中国金融立法建议从以下三个主要方面加以完善:①修订、补充、完善与金融稳定工作相关的法律法规。例如,重新修订《中华人民共和国证券法》和《中华人民共和国保险法》,对证券业和保险业配合人民银行维护金融稳定做出制度安排,以实现与《中华人民共和国中国人民银行法》及其他金融稳定相关制度的对接;补充完善《中华人民共和国中国人民银行法》关于"建议国务院银行业监督管理机构对银行业金融机构进行监督检查"的内容,对《中华人民共和国中国人民银行法》中"出现支付困难,可能引发金融风险"的具体情况做出具体规定,使人民银行分支机构在处理该类问题时有法可依(杨振林、靳春晓,2010)。②采取单一、分散的立法模式完善开放性金融法律体系。例如,在立法步骤方面,可以先由国务院制定和颁行有关行政法规,对开发性金融机构创设的目的、法律地位、资金来源渠道、业务范围、财务会计制度、税负减免以及

公司治理结构等内容进行明确界定和规范，使开发性金融机构真正有法可依（李真、袁伟，2019）。③扩大《中华人民共和国证券法》调整范围，完善注册制的法律法规。修改现行《中华人民共和国证券法》，将不同层次和范围的证券市场纳入其调整范围，并统一债券市场，明确债券的发行条件、交易规则和偿还规则。为了适应注册制改革的推行，中国应在整体的法律法规、发行制度、信息披露、退市机制和惩处追责上立法规范，保障注册制的顺利推行（任泽平，2019）。

第二节　金融执法

一、中国金融执法概况

（一）金融执法的概念

金融执法是金融法的执行过程，指国家机关和授权单位依法运用国家权力，将金融法律规范应用到具体人或组织，用来解决法的实现的具体问题的一种行使权力的专门活动（徐孟洲、谭立，2019）。

中国银行业、证券业、保险业和信托业实行分业经营、分业管理，这四大行业被称为金融业的"四驾马车"。中国的金融执法也是由相关的部门对这四大行业分别开展的：①银行业执法的依据主要是银行业监管法，这是调整在国家金融机构对银行业金融机构的组织及业务活动进行监督管理过程中发生的经济关系的法律规范的总称；②证券业的执法则主要依据证券监管法，这是调整证券市场监督管理机构对证券市场主体及其行为进行监督管理过程中发生的经济关系的法律规范的总称；③保险业执法的法律依据主要是保险监管法，这是调整在国家对保险业进行监督管理的过程中发生的经济关系的法律规范的总称；④信托业执法的法律依据主要是信托业监管法，这是调整信托业监管关系的法律规范，主要用于规范政府监管机构对信托机构的设立、变更和终止、市场准入和信托机构经营活动进行监督管理的行为（杨紫煊，2014）。

(二) 中国金融执法发展历程

1. 银行业执法沿革

1948年12月,中国人民银行成立,在当时长期实行计划经济体制的背景下,它既充当了国家金融管理机关的角色,对金融行业开展执法工作,同时也从事工商信贷和储蓄存款业务。

直至1983年9月,在经济体制的逐步改革和对外开放的时代背景下,国务院出台《关于中国人民银行专门行使中央银行职能的决定》,以集中社会资金支持经济建设,改变资金管理多头、使用分散的状况,并从中国人民银行中分出中国工商银行,而中国人民银行则专门行使中央银行职能。该决定规定,各专业银行和其他金融机构,对人民银行及其理事会做出的决定必须执行,在业务上要接受人民银行分支机构的协调、指导、监督和检查,否则人民银行有权给予行政或经济的制裁,这实际上就是中国人民银行执法权的体现。

1995年3月,《中华人民共和国中国人民银行法》颁布,首次在法律的效力级别上明确了中国人民银行对金融业的执法权。

2003年4月,《关于国务院机构改革方案的决定》获得全国人大审议通过,并建立中国银行监督管理委员会,开始对银行业金融机构和金融资产管理公司、信托投资公司、财务公司、金融租赁公司等其他金融机构开展执法活动。同年12月,《中华人民共和国银行业监督管理法》发布,明确了银监会的法律地位及其执法活动的形式,包括检查执法对象的资产负债表等经营资料,开展现场检查,对银行业金融机构的违法行为采取暂停部分业务,限制资产转让等措施。同时,修改后的《中华人民共和国中国人民银行法》明确了银行业金融机构的监管职责转移至银监会,银行业金融机构则主要承担宏观调控职责。

2018年3月,《关于国务院机构改革方案的决定》由全国人大审议通过,同时组建中国银行保险监督管理委员会,不再保留银监会和中国保险监督管理委员会,对二者的职责进行整合,意味着执法主体变为银保监会。

2. 证券业执法沿革

1990年11月,上海市政府发布《上海市证券交易管理办法》,这是中国证券监管制度中第一部较全面、系统的地方政府规章,其中明确规定了中国人民银行上海市分行作为上海市证券主管机关的执法权,其职责包括管理、监督上海市证券市场,采取合理措施和步骤,制止证券活动中的违法行为,维持证券市场的正常秩序。

1992年1月,国务院办公厅发布《关于建立国务院证券管理办公会议的通知》,建立国务院证券管理办公会议,代表国务院行使对证券工作的日常管理职权。同年10月,国务院办公厅发布《关于成立国务院证券委员会的通知》,决定撤销国务院原证券管理办公会议,成立国务院证券委员会(简称"证券委"),并设立中国证券监督管理委员会(简称"证监会"),受国务院证券委员会指导、监督检查和归口管理。

1998年3月,国务院发布《关于议事协调机构和临时机构设置的通知》,决定撤销国务院证券委员会,其工作改由证监会承担,中国人民银行原履行的证券业监管职能也划入中国证监会,意味着证监会对全国证券市场实行集中统一监督管理。同年12月,《中华人民共和国证券法》发布,并于1999年7月开始实施。该法律首次明确了证监会的法律地位,由其行使执法权,对证券市场实行监督管理,维护证券市场秩序,保障其合法运行。具体职责主要包括:依法对证券的发行、交易、登记、托管、结算进行监督管理。依法对相关法人和自然人的证券业务活动进行监督管理;依法对监督检查证券发行和交易的信息进行公开;依法对证券业协会的活动进行指导和监督;依法对违反证券市场监督管理法律、行政法规的行为进行查处。[①]

此后,《中华人民共和国证券法》历经五次修订,但证监会作为证券行业执法的主体资格并未发生改变。

3. 保险业执法沿革

1985年3月,国务院发布《保险企业管理暂行条例》。其中,明确了中国人民银行对保险业的执法权,确定国家保险管理机关是中国人民银行,规定其职责包括监督保险企业的业务活动,检查保险企业的会计账册和报表单据,并对保险企业在经营业务中违反国家法律、法规、政策或者损害被保险方的合法利益的行为,给予经济制裁,直至责令其停业。

1995年6月,《中华人民共和国保险法》出台,明确国务院金融监督

---

① 《中华人民共和国证券法》,见中国证券监督管理委员会网(http://www.csrc.gov.cn/shenzhen/xxfw/tzzsyd/ssgs/zh/zhyfz/200902/t20090224_95395.htm),1998年12月29日。

管理部门依照本法对保险业实施监督管理，而当时国务院中履行保险监管职责的依然是中国人民银行。《中华人民共和国保险法》赋予中国人民银行对保险业的执法权，主要包括：有权检查保险公司的业务状况、财务状况及资金运用状况；有权要求保险公司在规定的期限内提供有关的书面报告和资料；责令未按规定提取或者结转各项准备金，以及严重违反本法关于资金运用的规定的金融公司采取规定的措施限期改正，如果在限期内未予改正，中国人民银行可组成整顿组织，对该保险公司进行整顿；接管违反规定，损害社会公共利益，可能严重危及或者已经危及偿付能力的保险公司。[①]

1998 年 11 月，国务院发布《关于成立中国保险监督管理委员会的通知》，决定成立中国保险监督管理委员会，明确中国保险监督管理委员会是全国商业保险的主管部门，其职责包括依法对保险企业的经营活动进行监督管理和业务指导、维护保险市场秩序、依法查处保险企业违法违规行为、保护被保险人利益等。此时，保监会作为独立的专业监管机构，依照法律、法规统一监督管理保险市场，履行对保险市场的执法权，中国人民银行则不再履行相关职责。

2002 年 10 月，《中华人民共和国保险法》经历第一次修订，特意将原先法条中"金融监督管理部门"的表述改为"保险监督管理机构"，进一步明确了保监会对保险行业的执法主体地位。此后，《中华人民共和国保险法》历经三次修订，但保监会的执法地位没有改变。

2018 年 3 月，全国人大审议通过《关于国务院机构改革方案的决定》，组建银保监会。保监会不再保留，意味着保险行业执法主体变为银保监会。此外，保监会拟订银行业重要法律法规草案的职责划入中国人民银行。

4. 信托业执法沿革

在 2003 年中国银监会成立以前，对信托业的执法权由中国人民银行行使。2001 年 1 月，中国人民银行发布《信托投资公司管理办法》，明确了中国人民银行对信托业的执法权，包括：对信托投资公司的经营活动进行检查；对信托投资公司实行年检制度；审查和考核信托投资公司高级管

---

① 《中华人民共和国保险法》，见中国人大网（http://www.npc.gov.cn/wxzl/gongbao/1995-06/30/content_1480122.htm），1995 年 6 月 30 日。

理人员的任职资格；对信托投资公司监管中发现的重大问题，有权质询信托投资公司的高级管理人员，并责令其采取有效措施，限期改正；责令管理混乱、经营陷入困境的信托投资公司采取措施进行整顿或者重组，必要时可以对其实行接管。①

2001年4月，《中华人民共和国信托法》出台，但其中很少涉及有关信托业执法权的内容，可以认为中国人民银行依然按照原有法律行使执法权。

2002年5月，中国人民银行发布了修订后的《信托投资公司管理办法》，适当细化了对监督管理和自律方面的规定，而中国人民银行作为执法主体的资格并未变化。

2003年4月，中国银监会成立，开始其对信托业的执法活动。同年12月，《中华人民共和国银行业监督管理法》发布，明确了国务院银行业监督管理机构对在中华人民共和国境内设立的信托投资公司等信托业机构及其业务活动进行监督管理的工作。此时，对信托业的执法权由中国人民银行转移至国务院银行业监督管理机构，即银监会。

2006年1月，中国银监会发布《信托公司管理办法》，同时废止《信托投资公司管理办法》，再次明确了银监会对信托业的执法权，规定由其对信托公司及其业务活动实施监督管理。

2018年3月，银保监会成立，银监会不再保留，意味着对信托业的执法主体变为银保监会，但其对信托业的执法权内容并未发生实质性改变。

（三）中国金融执法内容

目前，中国金融执法的形式依然是分业开展执法活动，根据银行业监管法律制度、证券业监管法律制度、保险业监管法律制度和信托业监管法律制度，有关机构分别对银行业、证券业、保险业和信托业进行执法。

1. 银行业执法内容

根据《中华人民共和国银行业监督管理法》《中华人民共和国中国人民银行法》《中华人民共和国商业银行法》等法律的授权，对中国银行业的执法权主要由中国人民银行、中国银保监会和国家审计机关行使。

（1）中国银保监会的执法权。根据《中华人民共和国银行业监督管

---

① 《信托投资公司管理办法》，见中华人民共和国中央人民政府网（http://www.gov.cn/gongbao/content/2002/content_61877.htm），2001年1月10日。

理法（2006 修正）》的相关规定，国务院银行业监督管理机构负责对全国银行业金融机构及其业务活动进行监督管理的工作，根据履行职责的需要设立派出机构，并对其实行统一领导和管理，派出机构在国务院银行业监督管理机构的授权范围内，履行监督管理职责。① 目前，国务院银行业监督管理机构是中国银保监会，其对银行业的执法权可以体现在如下两个方面。

第一，银保监会有监督管理职责。根据《中华人民共和国银行业监督管理法（2006 修正）》第三章中的相关规定，银保监会的监督管理职责主要包括：①依照法律、行政法规规定的条件和程序，审查批准银行业金融机构的设立、变更、终止以及业务范围；②申请设立银行业金融机构，或者银行业金融机构变更持有资本总额或者股份总额达到规定比例以上的股东的，对股东的资金来源、财务状况、资本补充能力和诚信状况进行审查；③对银行业金融机构业务范围内的业务品种进行审查批准或者备案；④对银行业金融机构的设立、变更、终止以及业务范围和增加业务范围内的业务品种做出批准或者不批准的书面决定；⑤审查董事和高级管理人员的任职资格；⑥对银行业金融机构的业务活动及其风险状况进行现场检查和非现场监管；⑦对银行业金融机构实行监督管理等。②

此外，根据《中华人民共和国商业银行法（2015 修正）》第六十二条的规定，银保监会也有权依照该法的相关规定，随时对商业银行的存款、贷款和结算等情况进行检查监督。商业银行应当按照国务院银行业监督管理机构的要求，提供财务会计资料、业务合同和有关经营管理方面的其他信息。③

第二，银保监会有采取监督管理措施的权力。根据《中华人民共和国银行业监督管理法（2016 修正）》第四章中的相关规定，银保监会有权采取的监管措施主要有以下十种：①要求银行业金融机构按照规定报送资产负债表、利润表和其他财务会计报表、统计报表、经营管理资料以及注册

---

① 《中华人民共和国银行业监督管理法（2006 修正）》，见中华人民共和国中央人民政府网（http://www.gov.cn/flfg/2006-10/31/content_429411.htm），2006 年 10 月 31 日。
② 《中华人民共和国银行业监督管理法（2006 修正）》，见中华人民共和国中央人民政府网（http://www.gov.cn/flfg/2006-10/31/content_429411.htm），2006 年 10 月 31 日。
③ 《中华人民共和国商业银行法（2015 修正）》，见郑州市政务公开网（http://hkg.public.zhengzhou.gov.cn/04CAA/4031930.jhtml），2015 年 8 月 29 日。

会计师出具的审计报告；②有权采取措施进行现场检查，包括对进入银行业金融机构进行检查，询问银行业金融机构的工作人员，要求其对有关检查事项做出说明，查阅、复制银行业金融机构与检查事项有关的文件、资料，对可能被转移、隐匿或者毁损的文件、资料予以封存，检查银行业金融机构运用电子计算机管理业务数据的系统；③与银行业金融机构董事、高级管理人员进行监督管理谈话，要求银行业金融机构董事、高级管理人员就银行业金融机构的业务活动和风险管理的重大事项做出说明；④有权责令银行业金融机构按照规定，如实向社会公众披露财务会计报告、风险管理状况、董事和高级管理人员变更以及其他重大事项等信息；⑤对银行业金融机构违反审慎经营规则的，责令其限期改正；逾期未改正的，或者其行为严重危及该银行业金融机构的稳健运行、损害存款人和其他客户合法权益的，经批准，有权区别采取下列措施：责令暂停部分业务、停止批准开办新业务，限制分配红利和其他收入，限制资产转让，责令控股股东转让股权或者限制有关股东的权利，责令调整董事、高级管理人员或者限制其权利，停止批准增设分支机构；⑥有权对已经或者可能发生信用危机、严重影响存款人和其他客户合法权益的银行业金融机构实行接管或者促成机构重组；⑦对银行业金融机构有违法经营、经营管理不善的，不予撤销将严重危害金融秩序、损害公众利益的，有权予以撤销；⑧在接管、机构重组或者撤销清算期间，经批准，对直接负责的董事、高级管理人员和其他直接责任人员，有权采取下列措施：直接负责的董事、高级管理人员和其他直接责任人员出境将对国家利益造成重大损失的，通知出境管理机关依法阻止其出境，以及申请司法机关禁止其转移、转让财产或者对其财产设定其他权利；⑨经批准，有权查询涉嫌金融违法的银行业金融机构及其工作人员以及关联行为人的账户，对涉嫌转移或者隐匿违法资金的，可以申请司法机关予以冻结；⑩经批准，有权对与涉嫌违法事项有关的单位和个人采取下列措施：询问有关单位或者个人，要求其对有关情况做出说明，查阅、复制有关财务会计、财产权登记等文件、资料，对可能被转移、隐匿、毁损或者伪造的文件、资料，予以先行登记保存。①

（2）中国人民银行的执法权。对银行业的执法权由银保监会主要行使

---

① 《中华人民共和国银行业监督管理法（2006修正）》，见中华人民共和国中央人民政府网（http://www.gov.cn/flfg/2006-10/31/content_429411.htm），2006年10月31日。

后，中国人民银行主要负责金融的宏观调控，但仍然保留了部分执法权力，依据《中华人民共和国中国人民银行法（2003 修正）》对商业银行行使执法权，主要有以下内容。

第一，中国人民银行有权对金融机构以及其他单位和个人的下列行为进行检查监督：①执行有关存款准备金管理规定的行为；②与中国人民银行特种贷款有关的行为；③执行有关人民币管理规定的行为；④执行有关银行间同业拆借市场、银行间债券市场管理规定的行为；⑤执行有关外汇管理规定的行为；⑥执行有关黄金管理规定的行为；⑦代理中国人民银行经理国库的行为；⑧执行有关清算管理规定的行为；⑨执行有关反洗钱规定的行为。

第二，当银行业金融机构出现支付困难、可能引发金融风险时，为了维护金融稳定，中国人民银行经国务院批准，有权对银行业金融机构进行检查监督。

第三，中国人民银行根据履行职责的需要，有权要求银行业金融机构报送必要的资产负债表、利润表以及其他财务会计、统计报表和资料。

此外，中国人民银行根据执行货币政策和维护金融稳定的需要，可以建议国务院银行业监督管理机构对银行业金融机构进行检查监督，也应当和国务院银行业监督管理机构、国务院其他金融监督管理机构建立监督管理信息共享机制。①

（3）国家审计机关的执法权。《中华人民共和国商业银行法》第六十三条规定，商业银行应当依法接受审计机关的审计监督，这是国家审计机关对银行业执法权的一种体现。根据《中华人民共和国审计法（2016 修正）》的规定，国务院和县级以上地方人民政府设立审计机关，审计机关及其派驻银行的审计人员行使审计职权，主要有以下内容。

第一，有权要求被审计单位按照审计机关的规定提供预算或者财务收支计划、预算执行情况、决算、财务会计报告，运用电子计算机储存、处理的财政收支、财务收支电子数据和必要的电子计算机技术文档，在金融机构开立账户的情况，社会审计机构出具的审计报告，以及其他与财政收

---

① 《中华人民共和国中国人民银行法（2003 修正）》，见中国人民银行官网（http://www.pbc.gov.cn/redianzhuanti/118742/118690/119215/121671/2817259/index.html），2003 年 12 月 27 日。

支或者财务收支有关的资料。

第二，有权检查被审计单位的会计凭证、会计账簿、财务会计报告和运用电子计算机管理财政收支、财务收支电子数据的系统，以及其他与财政收支、财务收支有关的资料和资产。

第三，进行审计时，有权就审计事项的有关问题向有关单位和个人进行调查，并取得有关证明材料。

第四，对被审计单位转移、隐匿、篡改、毁弃相关资料和转移、隐匿所持有的违反国家规定取得的资产的行为，有权予以制止；必要时，经批准，有权封存有关资料和违反国家规定取得的资产；对其中在金融机构的有关存款需要予以冻结的，应当向人民法院提出申请。对被审计单位正在进行的违反国家规定的财政收支、财务收支行为，有权予以制止；制止无效的，经批准，通知财政部门和有关主管部门暂停拨付与违反国家规定的财政收支、财务收支行为直接有关的款项，已经拨付的，暂停使用。

第五，认为被审计单位所执行的上级主管部门有关财政收支、财务收支的规定与法律、行政法规相抵触的，应当建议有关主管部门纠正；有关主管部门不予纠正的，审计机关应当提请有权处理的机关依法处理。

此外，审计机关履行审计监督职责，行使执法权的过程中，可以提请公安、监察、财政、税务、海关、价格、工商行政管理等机关予以协助。[1]

2. 证券业执法内容

根据《中华人民共和国证券法》《中华人民共和国证券投资基金法》《期货交易管理条例》等法律的授权，对该行业的执法权主要由中国证监会行使。

根据《中华人民共和国证券法（2019修订）》第七条的规定，国务院证券监督管理机构依法对全国证券市场实行集中统一监督管理。国务院证券监督管理机构根据需要可以设立派出机构，按照授权履行监督管理职责。《中华人民共和国证券投资基金法》第十一条也规定，国务院证券监督管理机构依法对证券投资基金活动实施监督管理，其派出机构依照授权履行职责。其中，国务院证券监督管理机构目前是中国证监会。《期货交易管理条例》第五条则规定，国务院期货监督管理机构对期货市场实行集

---

[1] 《中华人民共和国审计法（2006修正）》，见国家市场监督管理总局科技和财务司网（http://www.samr.gov.cn/kjcws/cwxx/201902/t20190225_291221.html），2006年2月28日。

中统一的监督管理，其派出机构依照《期货交易管理条例》的有关规定和国务院期货监督管理机构的授权，履行监督管理职责。结合《期货公司监督管理办法》第五条的规定，中国证监会及其派出机构依法对期货公司及其分支机构实行监督管理，可以看出，中国证监会对期货市场行使执法权。中国证监会对证券业依法行使执法权，主要体现在以下几个方面。

第一，根据《中华人民共和国证券法（2019 修订）》第一百六十九条的规定，国务院证券监督管理机构履行下列职责：①依法对证券的发行、上市、交易、登记、存管、结算等行为进行监督管理；②依法对证券发行人、证券公司、证券服务机构、证券交易场所、证券登记结算机构的证券业务活动进行监督管理；③依法制定从事证券业务人员的行为准则，并监督实施；④依法监督检查证券发行、上市、交易的信息披露；⑤依法对证券业协会的自律管理活动进行指导和监督；⑥依法对证券违法行为进行查处等。①

第二，根据《中华人民共和国证券法（2019 修订）》第一百七十条的规定，国务院证券监督管理机构依法履行职责，有权采取下列措施：①对证券发行人、证券公司、证券服务机构、证券交易场所、证券登记结算机构进行现场检查；②进入涉嫌违法行为发生场所调查取证；③询问当事人和与被调查事件有关的单位和个人，要求其对与被调查事件有关的事项做出说明，或者要求其按照指定的方式报送与被调查事件有关的文件和资料；④查阅、复制与被调查事件有关的财产权登记、通信记录等文件和资料；⑤查阅、复制当事人和与被调查事件有关的单位和个人的证券交易记录、登记过户记录、财务会计资料及其他相关文件和资料，对可能被转移、隐匿或者毁损的文件和资料，可以予以封存、扣押；⑥查询和复制当事人和与被调查事件有关的单位和个人的资金账户、证券账户、银行账户以及其他具有支付、托管、结算等功能的账户信息，对有证据证明已经或者可能转移或者隐匿违法资金、证券等涉案财产或者隐匿、伪造、毁损重要证据的，经国务院证券监督管理机构主要负责人或者其授权的其他负责人批准，可以冻结或者查封；⑦在调查操纵证券市场、内幕交易等重大证券违法行为时，经国务院证券监督管理机构主要负责人或者其授权的其他负责人批准，可以限制被调查的当事人的证券买卖；⑧通知出入境管理机

---

① 参见《中华人民共和国证券法（2019 修订）》第一百六十九条的规定。

关依法阻止涉嫌违法人员、涉嫌违法单位的主管人员和其他直接责任人员出境；⑨可以采取责令改正、监管谈话、出具警示函等措施。①

第三，根据《中华人民共和国证券投资基金法》第一百一十二条的规定，国务院证券监督管理机构依法履行下列职责：①对基金管理人、基金托管人及其他机构从事证券投资基金活动进行监督管理，对违法行为进行查处，并予以公告；②制定基金从业人员的资格标准和行为准则，并监督实施；③监督检查基金信息的披露情况等。②

第四，根据《中华人民共和国证券投资基金法》第一百一十三条的规定，国务院证券监督管理机构依法履行职责，有权采取下列措施：①对基金管理人、基金托管人、基金服务机构进行现场检查，并要求其报送有关的业务资料；②进入涉嫌违法行为发生场所调查取证；③询问当事人和与被调查事件有关的单位和个人，要求其对与被调查事件有关的事项做出说明；④查阅、复制与被调查事件有关的财产权登记、通信记录等资料；⑤查阅、复制和封存当事人和与被调查事件有关的单位和个人的证券交易记录、登记过户记录、财务会计资料及其他相关文件和资料；⑥查询当事人和与被调查事件有关的单位和个人的资金账户、证券账户和银行账户，对有证据证明已经或者可能转移或者隐匿违法资金、证券等涉案财产或者隐匿、伪造、毁损重要证据的，经国务院证券监督管理机构主要负责人批准，可以冻结或者查封；⑦在调查操纵证券市场、内幕交易等重大证券违法行为时，经批准可以限制被调查事件当事人的证券买卖。③

第五，根据《期货交易管理条例》第四十六条的规定，国务院期货监督管理机构对期货市场实施监督管理，依法履行下列职责：①制定有关期货市场监督管理的规章、规则，并依法行使审批权；②对品种的上市、交易、结算、交割等期货交易及其相关活动，进行监督管理；③对期货交易所、期货公司及其他期货经营机构、非期货公司结算会员、期货保证金安全存管监控机构、期货保证金存管银行、交割仓库等市场相关参与者的期货业务活动，进行监督管理；④制定期货从业人员的资格标准和管理办法，并监督实施；⑤监督检查期货交易的信息公开情况；⑥对期货业协会

---

① 参见《中华人民共和国证券法（2019修订）》第一百七十条的规定。
② 参见《中华人民共和国证券投资基金法》第一百一十二条的规定。
③ 参见《中华人民共和国证券投资基金法》第一百一十三条的规定。

的活动进行指导和监督;⑦对违反期货市场监督管理法律、行政法规的行为进行查处等。①

第六,根据《期货交易管理条例》第四十七条的规定,国务院期货监督管理机构依法履行职责,可以采取下列措施:①对期货交易所、期货公司及其他期货经营机构、非期货公司结算会员、期货保证金安全存管监控机构和交割仓库进行现场检查;②进入涉嫌违法行为发生场所调查取证;③询问当事人和与被调查事件有关的单位和个人,要求其对与被调查事件有关的事项做出说明;④查阅、复制与被调查事件有关的财产权登记等资料;⑤查阅、复制当事人和与被调查事件有关的单位和个人的期货交易记录、财务会计资料以及其他相关文件和资料,对可能被转移、隐匿或者毁损的文件和资料,可以予以封存;⑥查询与被调查事件有关的单位的保证金账户和银行账户;⑦在调查操纵期货交易价格、内幕交易等重大期货违法行为时,经国务院期货监督管理机构主要负责人批准,可以限制被调查事件当事人的期货交易,但限制的时间不得超过 15 个交易日;案情复杂的,可以延长至 30 个交易日。②

◆拓展阅读◆

证监会严厉打击上市公司财务造假

上市公司真实、准确、完整、及时地披露信息是证券市场健康有序运行的重要基础。财务造假严重挑战信息披露制度的严肃性,严重毁坏市场诚信基础,严重破坏市场信心,严重损害投资者利益,是证券市场"毒瘤",必须坚决从严从重打击。自 2019 年以来,证监会立足于提升上市公司质量的总体目标和服务实体经济的工作要求,强化协同,严格标准,优化机制,严厉打击上市公司财务造假,已累计对 22 家上市公司财务造假行为立案调查,对 18 起典型案件做出行政处罚,向公安机关移送财务造假涉嫌犯罪案件 6 起。

这些案件呈现以下特点:一是造假周期长,涉案金额大。经查,索菱股份 2016 年至 2018 年连续三年虚构海外业务、伪造回款单据,虚增巨额利润。二是手段隐蔽、复杂。经查,藏格控股 2017 年 7 月至 2018 年串通

---

① 参见《期货交易管理条例》第四十六条的规定。
② 参见《期货交易管理条例》第四十七条的规定。

上百家客户，利用大宗商品贸易的特殊性实施造假。三是系统性造假突出。经查，龙力生物2015年至2017年上半年为虚增公司利润，定期通过删改财务核算账套实施造假。四是主观恶性明显。经查，东方金钰2016年至2018年上半年以全资孙公司为平台，虚构翡翠原石购销业务，通过造假的方式实现业绩目标。此外，上市公司财务造假往往伴生未按规定披露重大信息、大股东非法占用上市公司资金等严重损害投资者利益的其他违法犯罪行为，审计、评估等中介机构未能勤勉尽责执业、"看门人"作用缺失的问题依然突出。

下一步，证监会将继续坚持市场化、法治化原则，重拳打击上市公司财务造假、欺诈等恶性违法行为，用足用好新《中华人民共和国证券法》，集中执法资源，强化执法力度，从严、从重、从快追究相关机构和人员的违法责任，加大证券违法违规成本，涉嫌刑事犯罪的依法移送公安机关，坚决净化市场环境，保护投资者合法权益，切实维护市场纪律和市场秩序，促进资本市场健康稳定发展。

[资料来源：《证监会严厉打击上市公司财务造假》，见中国证监会官网（http://www.csrc.gov.cn/pub/newsite/jcj/gzdt/202004/t20200428_374571.html），2020年4月20日。]

3. 保险业执法内容

《中华人民共和国保险法》规定，国务院保险监督管理机构依法对保险业实施监督管理，根据履行职责的需要设立派出机构，派出机构按照国务院保险监督管理机构的授权履行监督管理职责。目前，中国国务院保险监督机构是中国银保监会，由银保监会行使对保险业的执法权，主要有以下几点内容。

第一，对关系社会公众利益的保险险种、依法实行强制保险的险种和新开发的人寿保险险种等的保险条款和保险费率进行审批。

第二，有权责令保险公司停止使用违反法律、行政法规或者国务院保险监督管理机构有关规定的保险条款和保险费率，并限期修改；情节严重的，可以在一定期限内禁止申报新的保险条款和保险费率。

第三，对偿付能力不足的保险公司，有权根据具体情况采取下列措施：责令增加资本金、办理再保险，限制业务范围，限制向股东分红，限制固定资产购置或者经营费用规模，限制资金运用的形式、比例，限制增设分支机构，责令拍卖不良资产、转让保险业务，限制董事、监事、高级管理人员的薪酬水平，限制商业性广告，责令停止接受新业务。

第四，保险公司未依照《中华人民共和国保险法》规定提取或者结转各项责任准备金，或者未依照《中华人民共和国保险法》规定办理再保险，或者严重违反《中华人民共和国保险法》关于资金运用的规定的，由保险监督管理机构责令限期改正，并可以责令调整负责人及有关管理人员。如果保险公司逾期未改正，国务院保险监督管理机构可以选派相关人员组成整顿组，对公司进行整顿。整顿组有权监督被整顿保险公司的日常业务，国务院保险监督管理机构也有权责令被整顿公司停止部分原有业务、停止接受新业务，调整资金运用。

第五，有权对偿付能力严重不足，或违反法律规定，损害社会公共利益，可能严重危及或者已经严重危及保险公司的偿付能力的保险公司实行接管。如果被整顿、被接管的保险公司有《中华人民共和国企业破产法》第二条规定的情形，国务院保险监督管理机构可以依法向人民法院申请对该保险公司进行重整或者破产清算。

第六，保险公司因违法经营被依法吊销经营保险业务许可证的，或者偿付能力低于国务院保险监督管理机构规定标准，不予撤销将严重危害保险市场秩序、损害公共利益的，由国务院保险监督管理机构予以撤销并公告，依法及时组织清算组进行清算。保险公司在整顿、接管、撤销清算期间，或者出现重大风险时，国务院保险监督管理机构有权对该公司直接负责的董事、监事、高级管理人员和其他直接责任人员采取以下措施：通知出境管理机关依法阻止其出境；申请司法机关禁止其转移、转让或者以其他方式处分财产，或者在财产上设定其他权利。

第七，有权要求保险公司股东、实际控制人在指定的期限内提供有关信息和资料。

第八，保险公司的股东利用关联交易严重损害公司利益、危及公司偿付能力的，由国务院保险监督管理机构责令其改正。在按照要求改正前，国务院保险监督管理机构有权限制其股东权利。拒不改正的，可以责令其转让所持的保险公司股权。

第九，有权与保险公司董事、监事和高级管理人员进行监督管理谈话，要求其就公司的业务活动和风险管理的重大事项做出说明。

第十，保险监督管理机构依法履行职责，有权采取下列措施：①对保险公司、保险代理人、保险经纪人、保险资产管理公司、外国保险机构的代表机构进行现场检查；②进入涉嫌违法行为发生场所调查取证；③询问当事人及与被调查事件有关的单位和个人，要求其对与被调查事件有关的事项做出说明；④查阅、复制与被调查事件有关的财产权登记等资料；⑤查阅、复制相关文件和资料，对可能被转移、隐匿或者毁损的文件和资料予以封存；⑥查询涉嫌违法经营以及与涉嫌违法事项有关的单位和个人的银行账户；⑦对有证据证明已经或者可能转移、隐匿违法资金等涉案财产或者隐匿、伪造、毁损重要证据的，经批准，有权向人民法院申请冻结或者查封。①

4. 信托业执法内容

目前，根据《信托公司管理办法》第五条的规定，中国银行监督管理委员会对信托公司及其业务活动实施监督管理。

根据《信托公司管理办法》的相关规定，中国银保监会对信托业的执法权主要体现在以下几点内容：①可以定期或者不定期对信托公司的经营活动进行检查，必要时可以要求信托公司提供由具有良好资质的中介机构出具的相关审计报告；②信托公司的董事、高级管理人员和信托从业人员违反法律、行政法规或中国银行监督管理委员会有关规定的，中国银行监督管理委员会有权取消其任职资格或者从业资格；③可以与信托公司董事、高级管理人员进行监督管理谈话，要求信托公司董事、高级管理人员就信托公司的业务活动和风险管理的重大事项做出说明；④对违反审慎经营规则的信托公司责令限期改正，对逾期未改正的，或者其行为严重危及信托公司的稳健运行、损害受益人合法权益的，可以根据《中华人民共和国银行业监督管理法》等法律法规的规定，采取暂停业务、限制股东权利等监管措施；⑤可以依法对已经或者可能发生信用危机，严重影响受益人合法权益的信托公司实行接管或者督促机构重组；⑥在批准信托公司设立、变更、终止后，发现原申请材料有隐瞒、虚假的情形，可以责令补正或者撤销批准。②

---

① 《中华人民共和国保险法（2015 修正）》，见华律网（https://www.66law.cn/tiaoli/8132.aspx），2015 年 4 月 24 日。

② 《信托公司管理办法》，见法律图书馆网（http://www.law-lib.com/law/law_view.asp?id=188376），2006 年 12 月 28 日。

二、国外金融执法机构和执法权内容

（一）美国金融执法机构和执法权内容

根据美国法律的授权，美国金融执法机构主要有联邦储备体系、证券交易委员会、商品期货交易委员会、联邦存款保险公司、货币监理署、金融稳定监督理事会、消费者金融保护局。

1. 美联储的金融执法权

美国联邦储备体系（Federal Reserve System，FRS），即美联储，是美国的中央银行，于1913年12月23日根据《联邦储备法案》成立。

根据《联邦储备法案》等美国法律的授权，美联储监督并具有法定权力对以下实体采取正式的执法行动：①州会员银行；②银行控股公司；③储蓄贷款控股公司；④银行控股公司以及储蓄和贷款控股公司的非银行子公司；⑤从事外国银行业务的美国或外国银行的子公司①；⑥在美国经营的外国银行组织及其分支银行的分支机构和代理机构；⑦具有系统重要性的非银行金融公司（由金融稳定监督委员会指定，由美联储进行监管）；⑧与上述银行、公司和组织相关的高级管理人员、董事、雇员以及某些其他类别的个人或实体（也称为"机构关联方"）。

如果上述实体存在违反法律法规和规章制度以及不安全不适当的行为，违反了信托义务和已获授权的机构的最终指令，那么美联储有权采取正式执法行动，包括：①停止令；②达成并要求执行书面协议；③及时纠正措施的指令；④撤除和禁止令；⑤评估民事罚款的指令。

自1989年8月以来，美联储已根据《金融机构改革、恢复和执行法》（1989）公开了所有最终执行的命令。自1990年11月以来，美联储已根据《犯罪控制法》（1990）公开了书面协议。自2011年7月21日起，美联储已公开了针对储蓄和贷款公司采取的所有最终执法行动。但是，美联储在1989年8月之前采取的正式执法行动尚未公开。

2. 美国证券交易委员会的金融执法权

美国证券交易委员会（United States Securities and Exchange Commission，SEC）于1934年成立，致力于营造值得公众信任的市场环境，其使

---

① 从事外国银行业务的美国或外国银行的子公司也被称作 Edge Act Corporation（EAC）。

命是保护投资者，维持公平、有序和有效的市场，并促进资本的形成。通过实施法律，在法律的授权下开展执法行动，SEC 对证券业参与者进行监管，包括证券交易所、证券经纪人和交易商、投资顾问和共同基金等。SEC 的执法权限为其对上述对象的监管提供重要支撑，SEC 每年都会针对违反证券法的个人和公司实施数百次民事执法行动，典型的违法行为包括内幕交易、会计欺诈以及提供有关证券及其发行公司的虚假或误导性信息。

SEC 中设有专门的执法部门，该部门成立于 1972 年，合并了以前由 SEC 华盛顿总部的各个运营部门的执法权力。SEC 的执法权主要体现在以下两点。

（1）SEC 的执法人员有权对可能违反联邦证券法律的行为进行调查，并在联邦法院和行政机关中提起民事执行的诉讼。在民事诉讼中，SEC 有权提出禁止令，禁止未来的侵权行为，违反禁止令的主体将会受到罚款或监禁。SEC 有权提出民事罚款和追缴违法所得。SEC 也有权向法院要求禁止或中止个人担任公司高级管理人员或董事。

（2）SEC 有权提出各种行政程序，可以针对任何违反联邦证券法律的主体提出终止令的程序。对于受监管实体（例如经纪商、交易商和投资顾问及其雇员），委员会可以提起行政诉讼，以撤销、中止其注册，要求禁止或中止其就业。行政诉讼中，SEC 在被授权的情况下可以要求相关主体支付罚款并收缴不当收益。

3. 美国商品期货交易委员会的金融执法权

美国商品期货交易委员会（Commodity Futures Trading Commission，CFTC）成立于 1974 年，是一家独立的联邦监管机构，负责监管商品期货、期权和金融期货、期权市场，其任务是通过健全的监管促进美国衍生品市场的诚信度、弹性和活力。CFTC 的执法权主要由四个部门行使。

结算风险部（Division of Clearing and Risk，DCR）负责监管衍生产品结算组织（Derivatives Clearing Organizations，DCOs）和其他市场参与者的结算过程，包括期货佣金商人、掉期交易商、主要掉期参与者和大型交易员的期货结算、期货期权和掉期交易，并评估 DCOs 对 DCR 法规的遵守情况。

执法部（Division of Enforcement，DOE）负责对被认为违反《商品交易法》和 CFTC 规定的行为进行调查和起诉，这些潜在的违规行为包括欺诈、操纵以及由于滥用商品衍生品和掉期而影响交易诚信的市场参与者和公众的行为。

市场监管部（Division of Market Oversight，DMO）负责检查衍生产品平台和掉期数据存储库，审查指定合同市场，掉期执行工具和外国贸易委员会的新申请，以确保它们符合适用的核心原则和其他监管要求。DMO还负责评估新的平台交易产品，并审查实体规则，以确保符合《商品交易法》和CFTC规定的行为。

掉期交易商和中介监督部（Division of Swap Dealer and Intermediary Oversight，DSIO）主要监督衍生品市场中介机构，包括商品池运营商、商品交易顾问、期货佣金交易商、介绍经纪人、主要掉期参与者、零售外汇交易商和掉期交易商以及指定的自律组织。

4. 美国联邦存款保险公司的金融执法权

美国联邦存款保险公司（Federal Deposit Insurance Corporation，FDIC）成立于1933年，是由美国国会创建的独立机构，其主要任务是对美国商业银行和储蓄银行的存款人提供存款保险，检查和监督金融机构是否安全完善，并实施破产接管工作。FDIC有权在适当情形下行使一系列正式和非正式的执法权力，以解决在特定机构中发现的问题，最终实现其核心的三个战略目标：①受保机构是安全健康的；②消费者的权利受到保护，受FDIC监管的机构在对其社区进行投资；③大型和复杂的金融机构在破产情况下可以得到有序处置。FDIC执法权内容主要体现在定期风险管理检查，对于各类检查报告的审查，执行者使用场外监管工具以及在与其他联邦监管者达成协议和特殊情况下，参加其他联邦监管者进行的检查，并行使特殊审查权。①

5. 货币监理署的金融执法权

美国货币监理署（Office of the Comptroller of the Currency，OCC）根据1863年颁布的《国家货币法》而设立，是美国财政部的独立机构，负责对所有国家银行、联邦储蓄组织以及联邦分支机构和外国银行的代理机构等主体进行审查注册、规范和监督，以确保这些主体以安全、合理的方式运营，公平地对待客户和提供金融服务，并遵守适用的法律法规。OCC有

---

① 参见美国联邦存款保险公司官网（https://www.fdic.gov/about/strategic/strategic/supervision.html）。

权向其特许银行进行高质量、公平和平衡的监管，其审查员有权对银行进行现场审查，持续监督银行的运作，并与银行管理层和董事会会面，以获取信息或讨论问题。①

根据《国家货币法》(1863)、《联邦储备法》(1913) 和《多德－弗兰克华尔街改革和消费者保护法案》(2010) 等法律的授权，OCC 有权对金融机构及其关联方采取执法措施。② 针对银行的执法措施包括：①停止命令 (Cease & Desist orders)，受制于停止命令的银行组织必须采取行动或遵守命令中的规定；②民事罚款 (Civil Money Penalty Orders)，受到民事罚款的银行组织必须支付罚款；③正式协议 (Formal Agreements)，受正式协议约束的银行组织必须同意采取行动或遵守书面协议中的规定；④迅速纠正措施指令 (Prompt Corrective Action Directives)，受该指令约束的银行组织必须按照《外国直接投资法》第 38 条的规定，采取行动或遵守 OCC 施加的要求和规定；⑤安全与稳健命令 (Safety & Soundness Orders)，受该命令约束的银行组织必须采取行动或遵守 OCC 根据相关法律施加的禁令；⑥证券执法行动 (Securities Enforcement Actions)，从事证券活动的银行组织（例如市政证券交易商、政府证券交易商或转让代理人）可能会受到各种 OCC 制裁，根据联邦证券法律的规定，这些制裁可能包括谴责、停业和归还等。

针对银行机构关联方的执法措施包括：①针对个人的停止命令 (Cease & Desist Orders Against Individuals)，受制于停止命令的关联方必须采取行动或遵循命令中的禁令；②针对个人的民事罚款命令 (Civil Money Penalty Orders Against Individuals)，受到民事罚款的关联方必须支付罚款；③正式协议 (Formal Agreements)，受正式协议约束的关联方同意采取行动或遵循书面协议中的规定；④拆除、禁止令 (Removal/Prohibition Orders)，受禁止令约束的关联方未经事先监管批准，不得参与任何受保存管机构的事务；⑤归还令 (Restitution Orders)，受归还令约束的关联方必须赔偿给银行组织或联邦存款保险公司造成的损失或上缴不当收益；⑥针对个人的证券执法行动 (Securities Enforcement Actions Against Individu-

---

① 参见美国通货监理局官网 (https://www.occ.treas.gov/about/what-we-do/index-what-we-do.html)。

② 参见美国通货监理局官网 (https://www.occ.treas.gov/topics/laws-and-regulations/enforcement-actions/enforcement-action-types/index-enforcement-action-types.html)。

als），从事证券活动的银行组织（例如市政证券交易商、政府证券交易商或过户代理人）的关联方可能会受到 OCC 的各种制裁，根据联邦证券法律的规定，这些制裁包括谴责、停业和归还等。

6. 金融稳定监督理事会的金融执法权

美国金融稳定监督理事会（Financial Stability Oversight Council，FSOC）是美国联邦政府机构，根据《多德－弗兰克华尔街改革和消费者保护法案》的规定成立于 2010 年，具有明确的法定职责，也被赋予充分的权力以识别、应对和限制金融系统中的过度风险。FSOC 的执法权内容主要体现在以下几点。

（1）根据《多德－弗兰克华尔街改革和消费者保护法案》的规定，有权要求财政部内新成立的金融研究办公室（Office of Financial Research，OFR）提供数据和分析资料，并向 OFR 提供指导。

（2）在可用数据不足的情况下，FSOC 有权指示 OFR 从某些个别金融公司收集信息，以评估对金融系统的风险，这将有助于 FSOC 和 OFR 实现其共同目标，即消除金融系统内部的盲点，并协助其他监管机构识别风险和其他新出现的威胁。

（3）有权指定非银行金融公司进行合并监管。在 2008 年金融危机爆发之前，在金融体系内产生最大风险的一些公司没有受到严格的合并监管，而《多德－弗兰克华尔街改革和消费者保护法案》则赋予 FSOC 更多的执法权，使得 FSOC 有权要求对非银行金融公司（不论其公司形式）进行综合监管。

（4）有权对给金融稳定构成严重威胁的公司采取行动。FSOC 在确定是否应采取行动分拆那些对美国金融稳定构成严重威胁的公司方面起着重要作用。

（5）对于一些大型公司（包括指定的非银行金融公司）以及被确定对金融稳定构成威胁的特定行为，FSOC 可以向主要金融监管机构创新提出更为严格的监管标准的建议，以使这些机构更好地开展监管执法工作。

此外，FSOC 还促进了监管协调，其成员包括美国财政部部长、美联储主席、通货监理局主任、SEC 主席和 FDIC 主席等，提高了成员机构之间的政策制定、规则制定、审查、报告要求和执法行动的信息共享和协调能力，减小了不同监管机构间的隔阂，改进了监管结构内存在的弱点，以建立一个更安全和稳定的金融系统。①

7. 消费者金融保护局的金融执法权

美国消费者金融保护局（Consumer Financial Protection Bureau，CFPB）是美国政府机构，于2010年根据《多德-弗兰克华尔街改革和消费者保护法案》的授权而设立。CFPB为金融市场的消费者提供保护，使其免受市场上不公和欺诈交易的侵害，并对违法公司采取法定措施。CFPB的执法权来源主要是《多德-弗兰克华尔街改革和消费者保护法案》，该法案中还增加了对"联邦消费者金融法律"的定义，并将其作为授予CFPB权力的法律来源，这使得CFPB有了更加广泛和开放式的法律依据，且其权力可以通过法律进行扩充，为其未来进一步完善执法提供了空间。具体来看，消费者金融保护局的执法权体现在以下几点内容。

（1）有权对非存款性被监管对象进行监督。CFPB有权定期要求报告或组织检查这些对象以评估其是否符合联邦消费者金融法律的要求，可以要求被监管对象制作、提供或者保存相关记录，并对被监管对象的负责人、董事以及关键人员的背景进行审查。此外，所有被授权实施联邦消费者金融法律的联邦机构都可以推荐CFPB实施相关执法活动。

（2）有权对较大银行、储蓄联合会以及信用合作社进行监督。CFPB有权定期要求报告或者组织检查这些对象以评估是否符合联邦消费者金融法律的要求，获得活动或者合规系统和程序的信息。在CFPB和其他联邦机构被授权执行联邦消费者金融法律范围内，保护局对这些被监管对象有优先的执行权，任何被授权的联邦机构（联邦贸易委员会除外）可以书面推荐CFPB实施执法行动。

（3）有权对其他银行、储蓄联合会以及信用合作社进行监督。CFPB在执行联邦消费者金融法律的过程中，可以定期要求被监管对象对其进行报告，并要求其支持检查工作。CFPB还有权参加审慎监管者根据联邦消费者金融法对被监管对象发起的抽样检查，审慎监管者应该提供有关检查的所有报告、记录和文件，让CFPB的检查人员全程参与，并且考虑CF-PB对检查范围、检查方法、检查报告内容、检查注意事项以及检查评级

---

① 参见美国金融稳定监督管理事会官网（https://home.treasury.gov/policy-issues/financial-markets-financial-institutions-and-fiscal-service/fsoc/about-fsoc）。

的意见。此外，在 CFPB 有理由相信被监管对象实施了重大违反联邦消费者金融法律的行为时，CFPB 应书面通知审慎监管者并推荐合适的行动，审慎监管者应在接到上述书面通知后 60 天内做出书面回应。①

（二）英国金融执法机构和执法权内容

根据英国《金融服务和市场法案》（2000）和《金融服务法案》（2012）等英国法律的授权，英国金融执法机构主要有英格兰银行（包括金融政策委员会、审慎监管局）和金融行为监管局。

1. 英格兰银行

英格兰银行（Bank of England）成立于 1694 年，最初是一家私人银行，现为英国的中央银行，主要负责发行钞票、调控利率和维护金融系统的安全稳定等。英格兰银行对金融业的执法权主要由金融政策委员会（Financial Policy Committee，FPC）和审慎监管局（Prudential Regulation Authority，PRA）行使。

（1）金融政策委员会。FPC 成立于 2013 年，是英国《金融服务法案》（2012）实施后新的监管体系的一部分，其主要目标是识别、监视并采取措施消除或减少系统性风险，以保护和增强英国金融系统的弹性。FPC 具有指导权和建议权。②

FPC 的指导权主要体现在两个方面：①有权指导审慎监管局（PRA）和金融行为监管局（Financial Conduct Authority，FCA）实施特定的执法活动，也有权向 PRA 发出指示，要求银行、建筑协会和大型投资公司采取特定行动，以实现金融系统稳定的目标；②有权为受监管的公司设置特定要求，例如，设置反周期资本缓冲汇率，设置英国公司的资本要求、杠杆比率要求等。

FPC 的建议权是指其可以向任何人提出建议，以降低金融系统的风险。特别地，FPC 有权在 PRA 和 FCA "遵循或解释"的基础上提出建议。这意味着，如果 PRA 和 FCA 决定不采用和执行相关 FPC 的建议，则必须

---

① 参见胡春梅《美国消费者金融保护局的设立与权责》，载《金融法苑》2012 年第 1 期，第 246～269 页。

② 参见英格兰银行官网（https://www.bankofengland.co.uk/financial-stability）。

公开解释其原因。此外，FPC 还有权向其他机构提出一般建议。①

（2）审慎监管局。PRA 的监管规则要求金融公司保持足够的资本并有适当的风险控制措施。英格兰银行通过 PRA 审慎地监管和规范金融服务公司，其主要负责约 1500 家银行、建筑协会、信用合作社、保险公司和主要投资公司的审慎监管。通过对监管对象的密切监督，PRA 能够全面了解其活动和行为，在监管对象没有以安全合理的方式运营时，PRA 有权及时采取措施介入。② 根据《金融服务和市场法案》和《金融服务法案》等法律授权，PRA 的执法措施主要包括：①法定监督权，这一权力可以在监管过程中使用，例如，更改 PRA 授权的公司进行受管制活动的权限，或要求公司进行或停止某项行为；②公开调查权，从 PRA 任命调查员起，直至调查结束，或签订和解协议，又或在有争议的情况下 PRA 发出最终通知的过程中，其调查是公开的，但 PRA 通常不会公开正在调查的特定公司或个人的具体事实；③有权发出监管通知和做出执法决定；④罚款；⑤暂停或限制相关活动或行为；⑥与执法对象达成和解并监督和解协议实施情况；⑦有权公布所实施的监管措施；⑧根据《金融服务和市场法案》第 169（7）节的规定，有权对相关公司和人士进行访问调查。③

此外，英格兰银行还负责对金融市场基础设施采取监管措施，这些基础设施的良好运行为金融市场提供了持续性的服务和支持，提高了金融市场的稳定性，同时也扩大了金融体系所涵盖的范围。英格兰银行将对金融市场基础设施对金融体系构成的风险进行分析和评估，有权直接或利用外部专家间接地抽查金融市场基础设施的设计和运行情况，以评估其治理和风险管理能力。在必要时将要求监管对象采取措施以使风险降低到英格兰银行期望的水平以下。④

2. 金融行为监管局

金融行为监管局（FCA）根据英国的《金融服务法案》（2012），于 2013 年正式设立，其前身为金融服务管理局（Financial Services Authority,

---

① 参见英格兰金融政策委员会官网（https://www.bankofengland.co.uk/faq/the-financial-system#anchor_1579784890812）。
② 参见英格兰银行官网（https://www.bankofengland.co.uk/financial-stability）。
③ 参见英格兰银行官网（https://www.bankofengland.co.uk/financial-stability）。
④ 参见英格兰银行官网（https://www.bankofengland.co.uk/financial-stability）。

FSA）。FCA是英国59000家金融服务公司和金融市场的行为监管者，也是49000家公司的审慎监管人。FCA并为19000家公司设定了特定标准，以提高所监管公司的安全性和稳健性，使金融市场运作良好且公平有效，以提高金融市场主体诚信，并最终达到保护消费者和金融市场，促进竞争的目标。

FCA在金融刑事案件、民事案件和监管过程中掌握广泛的执法权，主要包括：①撤回公司的授权；②禁止个人从事受监管的活动；③暂停公司和个人从事受监管的活动；④对违反FCA的规定或滥用市场地位的公司和个人处以罚款；⑤向法院申请禁制令、恢复原状、清盘及其他破产令；⑥提起刑事诉讼以应对金融犯罪，例如内幕交易、未经授权的业务以及虚假宣传；⑦对未经授权的公司和个人发出警告，并要求网络主机停用相关网站。①

在金融执法的全过程中，FCA会发布执法通知告知公众，确保决策透明，并最大程度地发挥执法行动的威慑作用。在相关法令发布后，FCA将公布有关执法行动的相关信息，在建议采取行动时会发出警告通知，在决定采取行动时会发出决定通知，并在采取行动时会发出最终通知。此外，FCA还可能发布与执法相关的监督通知、要求通知、取消通知和其他出版物。②

三、中国金融执法存在的主要问题及未来完善方向

当前，中国金融执法中尚存在如下主要问题：①金融执法的法律制度安排不完全适应执法目标要求。根据中国的法律授权，中国执法手段以行政处罚、监管强制为主，难以触及因从业人员违法行为引发的损害赔偿问题。当金融消费者自行运用诉讼、仲裁等私权救济方式时，往往面临周期长、举证难等现实难题，监管执法的权力救济功能未能得到充分发挥。此外，属地管辖和分业监管难以适应市场发展变化。随着金融混业化经营趋势和金融市场联动性的不断增强，跨地域、跨行业的人员流动和业务合作日益增多。而在现行法律制度的安排下，对从业人员的监管职责主要由金

---

① 参见金融行为监管局官网（https://www.fca.org.uk/about/enforcement）。
② 参见金融行为监管局官网（https://www.fca.org.uk/about/enforcement）。

融机构所在地的监管机构承担，取消高管人员资格、行业禁入等执法措施一般仅限定适用于银行、保险、证券等金融子市场，"铁路警察、各管一段"式的体制在一定程度上制约了执法质效（陈森，2018）。②执法成本偏高与资源紧缺的矛盾日益突出。中国金融机构和金融从业人员数量众多，执法成本高而执法机构的资源较为紧缺。尤为突出的是对金融从业人员的执法，其违法行为有以下特点：一是数量众多且分布离散，行为监测识别难度大；二是违法形态复杂，情节危害等差异度较大，高频、低损的一般操作风险事件与低频、高损的重大恶性违法案件相互交织；三是违法行为隐蔽性强，执法双方的信息不对称程度高。这加重了执法机构的负担，使执法成本过于高昂。同时，受编制、经费等各种限制，对于执法机构的人、财、物等资源投入与监管执法的"主业"地位尚不相称。未来随着中国金融市场向纵深发展和从业人员队伍规模继续扩大，执法资源短缺的压力将进一步加剧（陈森，2018）。③金融执法独立性较差。中国证监会和银保监会等机构依法行使金融执法权，但在进行金融执法的过程中，难免受到地方本位主义或地方保护主义的思想及其行为的干预，从而导致金融执法不严，金融执法中存在避重就轻、大事化小、小事化了的不正常现象，金融执法检查难，查处更难，对金融违规违法行为的责任追究制度和处罚制度难以落到实处（常青、孔迅，2000）。

金融执法是防控化解风险最直接和有效的监管行动，也是洞悉和防范市场系统性风险的有效途径。加强执法是市场健康运行、金融业稳定发展的重要基础。防控金融风险，守牢不发生系统性金融风险的底线，要在准确甄别和认识风险的基础上，以强有力的金融执法维护市场稳定运行、防控系统性金融风险（方刚，2018）。结合对上述执法问题的分析，金融执法有必要通过以下几个方面进行完善：第一，完善金融执法的法律制度安排，增强法律责任的协调性；第二，以合作规制为依托，整合治理资源和优化执法策略；第三，强化金融执法的独立性，坚持从严执法（陈森，2018；常青、孔迅，2000；朱崇实、刘志云，2017）。

第三节 金融司法

一、中国金融司法机构、程序和实践

(一) 金融司法的概念

司法，又称法的适用，一般指的是国家司法机关及司法人员依法根据程序和职权，具体运用法律处理案件的专门活动。金融司法则是指在金融领域或者涉及金融相关的司法过程，即公安、检察机关或法院依法对金融民事、行政和刑事案件进行侦查、起诉、审批、执行（王兰军，2000）。

金融司法是中国全面深化金融改革、促进金融业持续健康发展大局的重要一环，也是全面建设法治在金融领域不可或缺的一步。通过有效的金融司法，可以保护投资者的合法权益，维护社会经济秩序和公共利益，促进金融市场的可持续发展，从而达到金融司法在法律和社会上的有机统一。

(二) 中国金融司法现状

1. 金融司法机构

近年来，为落实全面依法治国，完善国内司法体系，法院系统在金融领域进行了一系列探索。在国务院金融稳定发展委员会框架下，通过各方统筹、各方改革，严防系统性金融风险。其中，全面加强金融法治建设，依法监管、依法治乱、依法处置，成为防范风险的重要手段。

（1）金融审判庭。2008年，上海浦东新区法院在全国首设金融商事案件专项审判庭，随后北京、江苏、辽宁等省市也先后设立金融审判庭，作为专门性审判庭。其中，上海市在部分中级和基层法院设立了金融审判庭，并在其他法院也设立相关金融案件合议庭，基本形成较为独立的三级法院金融审判组织体系，具有专业金融知识和丰富审判经验的金融审判法官达到了124人。通过这种审判机制，上海法院审理了一系列新型复杂的金融案件。在当时形势下，金融审判庭的优势明显，短时间内解决了国内金融案件数量激增的审理难题。但金融审判庭也存在一定的不足。作为普通法院下设的一个部门，其本质上还是与其他法院庭没有区别，无法摆脱金融全国性与司法

地方性的矛盾，也无法体现出很好的专业性与科学性。虽然金融审判庭审理的案件的范围与其他庭不同，但是在法官选任、审判程序、部门管理上都一致，而且金融审判庭中的人员也来自普通法院内部，审委会委员并非均为金融法专家，难以避免司法不专业化、地方化的问题。

（2）金融法院。2018年3月28日下午，习近平总书记主持召开中央全面深化改革委员会第一次会议并发表重要讲话。会议审议通过了《关于设立上海金融法院的方案》，设立了国内第一家金融法院——上海金融法院，试点集中管辖涉科创板案件范围，涉及科创板证券发行纠纷、证券承销合同纠纷、证券上市纠纷、证券欺诈合同纠纷等多个方面；还出台了全国首个证券纠纷示范判决机制的规定，对示范案件的选定和审理以及示范判决的效力做了明确规定，为示范案件从构想变成实践奠定了制度基础。作为专门性金融法院，上海金融法院在案件应对上采取集中管辖制度；在法院人员挑选上，上海金融法院的法官来自现有的金融、民商事或行政审判的法官，具有丰富的金融审判经验；审判机制则大体与其他法院相同。2019年1月，由上海金融法院发布的《上海金融法院关于证券纠纷示范判决机制的规定》，是全国首个证券纠纷示范判决机制。该机制通过对筛选后的代表性案件先行审理判决，用示范案件来化解其他平行案件的纠纷解决，在处理群体性证券纠纷中发挥重要引领作用；次年3月发布《上海金融法院关于证券纠纷代表人诉讼机制的规定（试行）》，该规定第九十五条第三款直接赋予了投资者保护机构代表人的诉讼地位，并在诉讼成员范围的确定上采用"明示退出、默示加入"的方式，开创了代表人诉讼的新形式。

2020年12月30日，中央全面深化改革委员会第十七次会议审议通过了一系列文件，包括《关于设立北京金融法院的方案》，这标志着继上海金融法院后，国内第二家金融专门法院——北京金融法院的落地。同时，深圳市在2020年12月30日公布《中共深圳市委关于制定深圳市国民经济和社会发展第十四个五年规划和二〇三五年远景目标的建议》中也提到推动设立金融法院。

（3）金融司法协同中心。2019年4月，厦门成立了金融司法协同中心，这是全国首家以金融司法为主题、多元协同为核心、资源集聚为特色的联合工作平台，旨在加强金融司法协同，进一步完善金融审判执行体系，防范化解金融风险，营造良好的金融法治环境。厦门金融司法协同中心提出三项金融协同工作：金融风险协同研控、金融纠纷协同化解、金融理论协同研究。厦门金融司法协同中心整合多方资源，兼具司法保障、金融监管、金融服务、行业自治等多项功能，丰富了目前国内以金融审判庭为主的单一金融纠纷化解机构形式，将实现金融风险防控合力，成立多元合一的联合工作平台，充分发挥金融领域纠纷多元化解机制作用。

2. 金融司法实践

随着中国经济的快速发展，金融业空前繁荣，相关金融案件数量激增。同时，发生在金融领域的法律案件与纠纷也愈发多元化、复杂化和专业化。而且金融领域中案件风险传导性强，往往牵一发而动全身；涉及主体、利益相关方广泛，且受国际关注度高等问题，给中国的司法机构带来巨大挑战。但目前国内金融司法机构却普遍面临着专业性不强、金融案件审判标准不统一、机构审判范围不明确、审判机制和程序不合理等困境。

国内在金融领域的审判实践大多局限于商事纠纷，而行政与刑事方面的案件并不多。上海浦东新区法院在 2017 年实施了金融商事、行政、刑事一体化审判机制，但实际上案件主要集中于商事纠纷范围。如浦东新区法院在 2017 年受理了金融商事案件 25734 件、涉"一行三会"的金融行政案件 64 件、金融刑事案件 406 件。据统计，全国相关性的金融行政案件也不多，与中国人民银行及其分支机构有关的金融行政案件判决书 21 个，与中国银监会及其分支机构有关的金融行政案件判决书 149 个（范一、尹振涛，2018）。可见，相较于商事案件，行政和刑事案件的数量显得尤其少。

◆拓展阅读◆

粤港澳大湾区的金融司法实践

粤港澳大湾区汇集了广深珠以及惠佛等泛珠三角地区的九座城市与港澳两个国际贸易港区的金融实力，以期促进大湾区城市群的密切经济合作，整合内地庞大市场潜力和香港的国际金融实务以及澳门的自由经济政策。但"一国两制"和"三法域"背景下，内地的社会主义法系与香港沿用的英国普通法系、澳门的大陆法系存在较大差异，法律冲突普遍存在影响大湾区的法治统一性，也影响司法合作的深入。

为提供有效司法服务和保障，广东省各级法院做了一定努力：广州市南沙区法院建立自贸区商事调解中心，聘任境内外特邀调解组织、调解员，香港大律师作为特邀调解员主持调解；深圳市前海合作区法院以专业化的商事案件、涉外涉港澳台案件为特色，在内地率先试行港籍陪审员制度，聘请法学教授及在金融、商业方面具有丰富实践经验的多名港籍人士，突出港籍陪审案件专家审议的性质；深圳市中院在前海合作区设立有深圳金融法庭，专门办理市辖区内在基层法院管辖范围之外的第一审民商事金融案件。

目前中国内地与中国香港在民商事领域的司法合作中取得重大进展，如中国内地和中国香港先后签署了相互委托送达民商事司法文书、相互执行仲裁裁决、相互认可和执行当事人协议管辖的民商事案件判决、民商事案件相互委托提取证据、相互认可和执行婚姻家庭民事案件判决、相互认可和执行民商事案件判决等六项协议安排。这在目前涉港民商事审判中的当事人平行诉讼等问题中，有助于减少诉累。但总而言之，粤港澳大湾区目前仍有不少挑战，未来仍需进一步完善跨境争端解决的法律服务机制、健全司法合作安排、丰富深化涉港案件诉讼机制改革的法律依据。

（资料来源：谢雯、丘概欣《粤港澳大湾区建设中司法合作与司法保障的路径——以涉港澳民商事审判为视角》，载《法律适用》2019年第9期，第48～56页。）

在专门的金融法院成立以前，国内司法机构面对多样化、复杂化、深入化的金融案件缺乏专门性机制和程序。在司法实践中，金融纠纷已从银行借款合同、票据追索权等传统问题发展到金融衍生品、证券投资、互联网金融等新型金融纠纷，但最高人民法院在《金融法院管辖规定》之前的《民事案由规定》中并未对独立保函、保理、私募基金、非银行支付机构网络支付、网络借贷等进行明确（杨飞凤，2019）。在法律规定滞后于司法实践的情况下，金融案件审判法官往往需要从仅有的法律条文中寻求裁判依据，根据自身的金融专业知识、审判经验来发挥主观能动性进行审判。而这也导致了金融案件审判标准不一、审判机制和程序不合理、案件审判效率低下。

（三）中国金融司法程序

1. 一般司法程序

根据现行的《中华人民共和国民事诉讼法》，权益受损的金融消费者与金融机构协调未果时可向法院起诉。按纠纷涉及人数可分为一般诉讼、共同诉讼以及代表人诉讼；按纠纷的复杂程度和涉讼标的额大小可分为普通诉讼程序和简易程序两种形式。同时，新《中华人民共和国民事诉讼法》还确立了公益诉讼、小额诉讼这两种新型诉讼方式。此外，还有一些特别程序，主要包括特别程序非讼事件、特别程序婚姻和亲子关系事件、特别程序行政法律关系事件三类。中国金融案件的一般司法程序与其他普通案件诉讼程序无大差异。就民事案件而言，首先在立案前进行资料准备，包括起草民事起诉状，准备证据资料，对原告和被告的基本信息、诉讼请求、事实理由及管辖法院进行陈述。准备好上述材料后向法院提起诉讼，根据《中华人民共和国民事诉讼法》，符合起诉条件的，法院向原告出具一系列通知书，然后采用直接送达、电话送达、特快专递邮寄送达等方式通知，若无法送达则会进行公告，公示期满后则视为送达。此外，根据《中华人民共和国民事诉讼法》，为保障预期生效判决的执行或避免财产损失，人民法院还可进行财产保全，其中包括诉前财产保全和诉讼财产保全。接着就是开庭程序，最后是判决。如不服判决可在收到判决书的第二天起的 15 天之内上诉，若是不服裁定，可在收到裁定书的第二天起 10 天内上诉。

2. 上海金融法院

上海金融法院拥有特定金融案件的管辖权，在中国国情下积极探索满足证券市场司法需求的民事诉讼机制。要在上海金融法院登记立案，首先当事人需来院递交起诉材料，由立案人员核对起诉材料。若符合条件则当场立案；不符合要求的则出具《补正通知书》进行指导和释明，一次性告知补正内容，之后再根据补正情况来决定是否立案；不能当场判定起诉是否符合法律规定，则接收材料，出具材料接受告知书，在七天内做出立案与否的答复。此外，上海法院还可进行网上立案，可以通过网站或"上海法院 12368 诉讼服务平台"走立案流程。上海金融法院还发布了关于证券纠纷代表人诉讼机制的相关规定，对各类代表人诉讼的规范化流程做了系统规定。

◆拓展阅读◆

瑞幸咖啡造假

2020 年 1 月 31 日，知名做空机构浑水公司（Muddy Water Research）称瑞幸咖啡数据造假，并表示收到了一份长达 89 页的匿名做空报告。2 月 3 日，瑞幸否认了所有指控。4 月 2 日，因自曝虚假交易额 22 亿，瑞幸咖啡盘前暴跌85%。4月4日凌晨,事件持续发酵,周五收盘,瑞幸股价再次大跌15.94%。4月7日,瑞幸咖啡宣布停牌,交易暂停。4月19日,瑞幸陷入至少4起集体诉讼。2020年6月26日,瑞幸咖啡宣布撤销召开听证会的请求,不再试图推翻纳斯达克要求退市的决定;次日,瑞幸咖啡发表声明将于,6月29日在纳斯达克停牌,并进行退市备案。

实际上,在上海金融法院发布国内首个证券纠纷代表人诉讼机制规定与3月1日实施的新《中华人民共和国证券法》中增加"长臂管辖"条款的背景下,此次瑞幸咖啡事件中已有律师主张境内投资者向瑞幸提起相关维权诉讼。虽然该"长臂管辖"条款在法律适用上有较大争议,但是体现出国内投资者对证券市场违法行为的维权意识和积极性增强,中国证券纠纷的集体诉讼制度有望在上海破冰。此外,4月已有国内投资者向瑞幸咖啡注册地法院——厦门中级人民法院邮寄起诉书,申请立案。这是国内投资者起诉海外上市公司的第一案。同时,美国已有投资者申请担任首席原告,对瑞幸咖啡提起集体诉讼。根据美国联邦证券法,集体诉讼中法庭将指定一位首席原告代表集体主导案件,参与审理。

另外,瑞幸咖啡造假也反映出境外上市公司"罚款兑现难、中国籍高管无实质性惩罚、追责中介机构又受到跨境监管合作的诸多掣肘"等问题。尽管中国证监会在瑞幸咖啡自曝"伪造交易22亿元"后第一时间对其财务造假表示了强烈谴责,但由于瑞幸咖啡是注册地在开曼群岛的纳斯达克上市公司,并非其直接监管对象,中国监管机构对造假高管与相关中介机构都缺乏监管依据。但境外监管者要处罚中概股公司的中介公司,则需要获得存放于中国境内的相关资料,包括会计师事务所的审计底稿,否则法院无法裁决。比如2012年的东南融通一案,是中美审计争议的标志性事件,原告起诉总部位于上海的德勤华永会计师事务所(下称"德勤中国")未能按照美国法律规定向SEC递交审计工作底稿,而德勤中国当时的声明称,根据中国法律规定,任何中国会计师事务所不得在未经批准的情况下,向外国监管机构提供任何文件。在沟通无果的情况下,SEC将诉讼时间延长六个月;直到2014年1月27日,SEC与德勤中国达成和解。因此瑞幸咖啡事件有可能成为一个契机,探索建立能弥合双方分歧的监管合作模式。

[资料来源:《瑞幸陷入至少4起集体诉讼 证券集体诉讼制度有望上海破冰》,见新浪网(http://finance.sina.com.cn/wm/2020-04-19/dociircuyvh8696400. shtml），2020 年 4 月 19 日。全月、岳跃《跨境监管何其难》，载《财新周刊》2020 年第 15 期，第 32 页。]

二、国外金融司法机构的收案范围和审理程序

欧美以及一些新兴经济体国家的金融快速发展、金融体系结构调整以及金融案件数量的迅速增长，促使了专门化的金融法院（庭）在这些国家的设立。在面对和涉及更加专业化、复杂化和多样化的金融案件时，传统民事法庭往往存在审判效率低下和专业化水平不高等问题，案件不断积压，纠纷和冲突无法得到有效的解决，不利于金融市场的健康运行和发展。所以目前国际上设立金融法院（庭）的国家，都希望能通过专门化的司法审判机构来规范金融监管机构权力、处理金融机构与消费者间的纠纷等。

国际上设立的金融法院（庭）主要可分成四种：一是直接隶属司法部的金融法庭，如英国及英属国家的"金融服务和市场法庭"（the Financial Service and Markets Tribund，FSMT）；二是针对某市场的专门法务办公室，如美国证监会下设的行政法官办公室；三是一般法院下设的专门金融法庭，如开曼群岛大法院下设的金融服务法庭；四是实际意义上的专门金融法院，如迪拜的国际金融中心专门法院和哈萨克斯坦的阿拉木图专门金融法院（李纯、魏雷，2018）。

（一）英国：金融服务和市场法庭

2000 年，英国通过《金融服务和市场法》（2000），成立了金融服务局来对英国整个金融市场进行监管。随后英国又成立了"金融服务和市场法庭"（FSMT）以制衡与规范金融服务局权力，两者同时运行，共同监管。该庭作为一个独立司法机构，下属英国司法部（Ministry of Justice），向大法官直接负责。金融服务局内设有一名庭长，作为法官的领导；还有具备相应法律资格的其他司法人员、具有特定监管经验的兼职人员以及一名负责行政事务的秘书。英国金融服务和市场法庭有 8 名主席法官和 19 名兼职人员（邢会强，2012）。

1. 收案范围

英国金融服务和市场法庭主要审查金融服务局发布的特定决定和监管通知，涉及一系列广泛的法律和纪律内容。如对被授权个人的撤销授权、

对市场滥用行为有关的决定等。作为上述通知决定的直接对象，金融机构和个人有权将这些规定在一定限制下，提交到FSMT进行审查，然后由金融服务和市场法庭决定其中可施行的措施。

2. 审理程序

金融服务和市场法庭实际上审理的是行政诉讼案件，也就是所谓的"民告官"，是"对监管者的监管"。其适用程序在《金融服务与市场法庭规则》（2001）中有详细规定，审理案件时不收取诉讼费。

一般来说，原告须在规定日期内起诉，或对超时限未起诉说明理由，请求法庭予以延长，法庭视情况而裁定。提起诉讼时，金融服务局、法庭与原告会通过一系列相关的文件材料提交来做好开庭前的准备，有的还会有庭前审查来确认解决争议的事实。在开庭审理中，金融服务和市场法庭对金融监管案件的审理可采用公开和不公开两种方式，一般以公开审理为主。法庭审理案件可以做出以下判决类型：①支持FSA的决定；②判令金融服务局不能采取一定的行动；③判令金融服务局在一定时限内做出不同的行动（邢会强，2012）。原、被告双方也可以达成和解。法庭可以口头和书面形式宣布判决结果，但无权做出赔偿判决。当事人也可在收到判决14日内提出再审。

但是自2010年4月始，该法庭被废除，其职能移交上级法院。2012年英国从单一监管组织模式开始走向"双峰监管"模式的探索，英国金融服务局作为准司法机构，被分为金融行为监管局和审慎监管局。针对金融市场纠纷案件，英国通过金融监察专员服务来提供庭外的非正式途径解决消费者和金融企业间的争端。自此，英国专业金融审判机构维护市场的职权重新交回给普通法院（黄震、占青，2020）。

（二）美国：行政法官办公室

美国于1934年成立证券交易委员会，于1972年下设行政法官办公室。由首席行政法官和独立行政法官组成证券交易委员会行政法官办公室，它通过主持行政审裁程序和审理相关案件来制裁当事人。《联邦行政程序法》禁止了证券交易委员会对行政法官的绩效评估和其他控制行为，所以由隶属于国会的行政法官人事管理办公室具体负责的行政法官也有一定的独立性。此外，行政法官的选人拥有一套专业选拔标准，体现出极强的专业性和针对性；行政法官无须参与不相关工作，只负责与自身司法职能相关的工作，其主要职责包括：主持听证程序、对由证券交易委员会发起的行政处理程序做出裁决等。行政法官办公室还有一个扮演行政法官办公室和证券交易委员会间联络人的角色——首席行政法官，他作为行政法官办公室的行政首脑，对行政法官办公室日常事务的正常运作负责，但干预行政法官处理行政程序只能在维护行政法官独立性的前提下进行（郭雳，2008）。

1. 收案范围

美国行政法官审理的案件中，原告是证券交易委员会，被告是证券交易委员会追诉的人，案件性质上属于行政诉讼，这是一个"官告民"的程序。一般而言，证券交易委员会有权对当事人进行行政制裁。但是被证券交易委员会追诉的当事人需要在证券交易委员会注册，如各类受到证券交易委员会监管的证券交易商。

2. 审理程序

行政法官拥有多种听证和裁决权力，但行使权力需在一定条件下进行，以保障多方合法权利。如行政法官的审裁程序需在启动令发布后进行，其中启动令要向各方发出通知。证券交易委员会发布追诉令后行政法官主持公开听证，然后做出初步的裁定。制裁包括但不限于强迫接受停止和终止命令，暂停或撤销经纪商、交易商或投资顾问的注册、民事罚款的支付等。当事人双方可向证券交易委员会提请对初步裁定审查，证券交易委员会也可自行审查。审查后证券交易委员会可以采取发布生效令或向联邦地区法院提请制裁当事人的禁止令两种措施。实际上，证券交易委员会可以根据违反证券法的任何人的不法行为的严重程度、可获得的制裁手段等决定采取的审理方式。20世纪90年代以来，行政审裁程序因其审理周期短、审理法官专业与自身执法手段丰富成为适用最多的追诉机制。

三、中国金融司法存在的主要问题及完善的方向

相较于国外一些成熟的国家，目前国内的金融司法体系正处在初步探索和建立阶段。从司法机构来看，中国的金融司法机构设立时间要晚于经济发达国家，相关法律法案和条例也相对不完善，主要存在如下问题：①去"行政化"道路艰难。目前中国法院普遍具有行政化特色，主要体现在两个方面：一是按行政区域设置法院，涉及金融经济类案件往往牵连方面较多，重大案件审理结果对当地经济、政府税收等方面可能造成一定影

响。二是法院科层制的组织体系使得法院审判工作难以不受行政管理制度影响，尽管科层制的组织体系能减少管理成本而达到高效，但代价是科层制的权力转化成对司法审判的强制力，从而损害了法院审判工作的独立性。②"取证难"问题犹存。金融违法违规行为具有固有的隐蔽性和复杂性，尤其是新型互联网金融中的信息更为隐蔽。因此，金融民商事案件的涉案证据取证难，给法院实现公正司法带来了一定阻碍。③金融争议解决机制较单一，审判专业性不强，诉讼、执行成本过高。急速增长的金融争议纠纷及其涉及的专业知识日趋复杂和深入，使得法院和法官难以兼顾案件审理速度和审判质量，在两者间艰难地探索最佳解决方案。同时，金融仲裁等多元化争端解决机制发展尚不充分，无法在当事人自愿的前提下有效分流争议，分担法院或其他审判机构的压力。④现有的司法筛选机制使得大量金融争议案件没有机会通过司法程序来解决，抑或是在进入法院的过程中被人为设置了一些阻碍。

建议短期内充分借鉴发达国家的金融法院（庭）的发展经验，结合国内金融发展的实际情况进行调整和探索：一是完善法律体系，为金融法院（庭）的设立和运行提供法律保障；二是明确金融法院的定位和收案范围；三是优化金融法院人员配置（李纯、魏雷，2018）。此外，在去"行政化"、完善金融举报和律师取证制度、提高法官专业水平和丰富金融审判机制，以及完善金融案件司法筛选机制方面仍需做出努力和改善。

第四节　金融法制教育

一、中国金融法制教育发展历程和体系

金融法律知识普及教育是教育金融监管者、广大金融从业人员以及社会各界了解、掌握金融法律知识，遵守金融法律规定，运用金融法律知识保护自身合法权益的过程（尚明，2000）。

首先，完善金融法制教育体系是社会经济生活发展的需要。随着中国金融改革的不断深化，股票、基金、保险、期货等金融产品逐渐走进大众生活，金融广泛渗透到社会经济生活诸方面，"金融生活化，生活金融化"趋势日益明显。公众使用金融产品或服务，使掌握和了解金融常识成为必

需。其次，完善金融法制教育体系也是金融业深化改革发展的客观需要。普及金融法制知识，提高国民金融素养，有利于改善金融生态环境。良好的金融生态环境能促进金融创新与社会需求的良性互动，拓展金融发展空间，促进金融业健康快速发展。最后，完善金融法制教育体系还是发展普惠金融的客观需要。党的十八届三中全会提出要"完善金融市场体系，发展普惠金融"。金融具有政策性强、专业性强和风险高的特点。金融法制知识的普及，有利于提高金融消费者的行为理性，增强其对金融市场的信心，并扩大金融服务面，使更多金融消费者享受金融改革发展的成果，实现发展普惠金融的目标（朱伟彬等，2015）。

（一）中国金融法制教育发展历程

金融法制建设是社会主义法制建设的重要组成部分，应当服从"有法可依、有法必依、执法必严、违法必究"的基本原则。金融法制建设是金融立法、金融执法和金融普法工作三者的有机结合。就金融法制建设整体而言，金融立法是基础，金融执法是保证，金融普法是促进。普及金融法律知识、强化金融法律意识，不但有利于提高立法机关的立法水平，也能对枉法行政行为形成强有力的制约。

1. "一五"普法宣传教育

新中国成立后，第一个普法宣传教育"五年计划"从1986年开始实施。由于我国自改革开放以后才逐渐建立并完善社会主义民主与法制建设，因此存在基础薄弱、人们传统观念根深蒂固、社会法制意识淡薄等问题。一方面，人们习惯于利用行政手段和复杂的人情往来处理各种人际关系；另一方面，社会的法制环境不完善，法律流程未建立完善。因此，普及法制宣传教育是一项需要长期推行才能奏效的工作，也是我国社会主义精神文明建设的重要一环。

自党的十一届三中全会以来，国务院、中国人民银行总行以及各专业银行先后颁布了一系列金融法规和业务规章。这为金融业务的发展和维护正常的金融秩序，以及运用法律手段管理金融提供了重要的保障。但由于缺乏广泛深入的宣传教育和组织广大金融干部职工进行系统地学习，因此，在实际业务活动中，执法不懂法、用法不知法、有法不依、执法不严、违法不究的情况还屡有发生。业务监督出现的一些漏洞，给了一些犯罪分子可乘之机，使国家财产遭受损失。这些都有待于在"二五"普法宣传教育的实践活动中加以逐步完善、补充，以推进中国金融立法的进程和依法管理金融工作水平的提高。（陆汉麒、张耀，1992）。

2. "二五"普法宣传教育

社会主义市场经济的发展为中国法制建设带来了巨大的发展契机，在中国社会长期以来的计划经济体制下，法律没有得以生根和发芽的土壤。1992年，党的十四大报告指出，要高度重视法制建设，规定了新时期法制建设的要求，强调了要把民主法制实践和民主法制教育结合起来，不断增强广大干部群众的民主意识和法制观念。十四大之后，1993年3月15日《政府工作报告》中再一次强调，一切公职人员都要带头学法懂法，做执法守法的模范。继续在全体公民中深入开展民主和法制教育，增强法制观念，用法律规范社会行为。

在这样的环境中，中国的普法教育迎来了从1991年起的第二个"五年计划"。对广大群众的要求是要基本了解同自己工作、生产和生活密切相关的法律常识；对青少年法制教育的总体要求是要进一步完善学校的法制教育体系，努力实现法制教育系统化，增强学生的法制观念。

1993年第八届全国人民代表大会第一次会议通过修正宪法，规定了"国家实行社会主义市场经济""国家加强经济立法，完善宏观调控"。这一修改使中国社会进入了经济增长和高速发展的新时期，以宪法为核心的法律体系的建立也为市场经济的有序、健康运行提供了支持和保证。这一时期，从中央到地方都致力于尽快建立和完善社会主义市场经济法律制度。从"二五"普法开始，中国普法教育的格局基本确立（刘莹，2013）。

1995年是中国的"金融立法年"，全国人大常委会先后颁布了"五法一决定"，即《中华人民共和国中国人民银行法》《中华人民共和国商业银行法》《中华人民共和国票据法》《中华人民共和国担保法》《中华人民共和国保险法》和《全国人大常委会关于惩治破坏金融秩序犯罪的决定》，这些法律文件初步形成了我国金融法律规范。在央行的领导下，各金融机构组织成员系统学习、宣传和贯彻"五法一决定"，在金融系统干部职工中掀起学法、用法的高潮，并推动全社会树立金融法制意识。

自"一五"普法至今，中国普法工作已经开展了30多年，每个五年普法规划的内容也在顺应时代的发展而不断变化，普法对象、普法目标、普法内容均有不同侧重，而普法规划内容也从侧面反映出中国普法工作的快速发展与积极成效。

（二）中国金融法制教育体系

中国普法教育的发展历史是与中国改革开放以来的社会实践紧密联系在一起的，金融普法教育中每一次对象、内容、目标的改变都对应着党的方针、政策和工作重心的转移。普法这场初衷为"将法律交给十亿人民"的法治工程是史无前例的，也是声势浩大的，这个极具中国特色的政治现象和法律现象，从一开始就选择了"政府主导，全民参与"的模式，利用这种普法模式为中国公民、高校学生以及金融从业人员学习金融法制、知晓法律知识提供了平台，也为公民法律意识的增强，为国家民主法制建设的发展奠定了基础。

"七五"普法规划是指对公民开展法制宣传教育的第七个五年规划，时间跨度为 2016—2020 年，由中央宣传部、司法部主导。自"七五"普法规划启动以来，无论是金融监管部门、金融机构还是高校都纷纷设立符合规划的目标、任务和要求，加强金融法治队伍建设，探索"地毯式""流动式""固定式""调查式""案例式"普法宣传新模式，有效防范了金融风险（张卫国，2019），具体做法如下。

1. 针对社会大众的金融法制教育

首先是开展传统金融法制宣讲。传统宣讲模式一直以来是金融普法工作开展的重要方式方法，以金融监管部门为主力推动，市场金融机构受托参与推动，面向金融消费者宣传讲解金融法律知识。该模式通过两类传导机制实现：一是金融监管部门通过宣讲直接作用于金融消费者，围绕金融类受教育权展开，形成授益性法律关系；二是金融监管部门以金融机构或其他组织为媒介间接作用于金融消费者，围绕获益性金融权益展开，形成三方互益性法律关系。该模式目标明确而显著，发动方式简洁而富有效率，集成规模化容易实现，覆盖面容易扩散，适用于初期的金融普法活动。

其次是对从事金融活动消费者的金融法制教育。不同的金融机构在提供相同的金融服务中，根据金融法律法规设置不同的条件开展金融服务活动，消费者则通过价格比较发现差异并选择能够满足自身要求的服务。价格体系模式的实质是各参与方依据内外部金融法律信息，在谋取利益最大化的过程中，实现金融法律信息传递。在实践中，金融交易越频繁、金融市场越繁荣的地域，其金融普法水平相对越高（唐超，2016）。

2. 针对高等院校的金融法制教育

中国金融法治研究中心是中国首个正式成立的专门研究金融法治问题的学术机构，旨在整合国内外法学、经济学、管理学、社会学的学术资源并整合政府部门、金融机构等实务资源，以西南政法大学法学一流学科建设和一流人才培养为基本目标，就中国金融法治的重大理论和实践问题展开前沿性、国际性、协同性科学研究，推进科研组织协作模式的创新，积极培养创新能力，并争取经过建设后申报重庆市及国家级重点人文社科基地（协同创新中心），逐步将其打造为在全国有影响力和有特色的创新团队和学术研究机构。

面向高等院校的金融法制教育活动多以学术论坛的形式召开，如"金融消费者保护论坛""金融合作法制促进研讨会""自贸区法治论坛"等活动。论坛多由各地区金融研究院、央行、金融法研究所以及高校联合举办，围绕金融法制主题展开讨论，不仅提出了多种强化金融宣传、促进金融法律制度创新的方式，同时将会议内容、评选结果等予以公布，形成以高等院校为核心的辐射圈，以期达到宣传、教育和提醒广大金融消费者的作用。

3. 针对金融行业的金融法制教育

（1）针对从业人员的金融法制教育活动。银监会注重加强对银行业金融机构开展金融法律法规的培训，各银监局结合本地区实际，推动辖内银行业金融机构从业人员的法制教育培训，强化对基层银行从业人员的法制教育，提高基层银行业机构对法律制度的贯彻、执行水平。各银行业金融机构自主开展形式多样的教育培训，加强金融机构法制建设，如中国进出口银行、中国农业银行、中信银行、平安银行等机构以举办知识竞赛、巡讲、排演电视节目等方式创新法制教育培训方法，在行业内掀起了尊法、学法、用法的高潮。对于银行业金融机构从业人员，各银行支行结合总行开展专题教育活动，加强支行的内部制度建设和风险管理，开展全国金融知识学习月等活动，组织下属的各辖区金融机构积极开展金融法律知识普及宣传工作。在法制教育过程中，结合多种宣传方式，加大宣传范围，银行网点自主宣传与辖内商业银行联合宣传相结合，媒体宣传与实地宣传共推进，在电视媒体、微信平台上投放金融知识，营造良好的金融法制知识普及氛围。

（2）针对行业入门人员的金融法制教育。内容多为自律性行业协会进行的统一的法律基础知识考核。如证券从业资格证是中国证券业协会为通过协会统一组织的全国统一考试的人员所颁发的从业资格证书。证券从业人员资格考试是由中国证券业协会负责组织的全国统一考试，证券资格是从事证券行业人员的必备证书，是进入银行或非银行金融机构、各大上市公司和企业集团、财经媒体以及政府经济部门的重要参考。又如中国银行业协会所承担的银行业专业人员职业资格考试工作，要求通过"银行业法律法规与综合能力"科目加上任意一门专业科目的考试方能获得职业资格评定。入门资格考试主要考查证券专业基础知识和基本法律法规，以应知为主，以期通过入门资格考试的人员基本具备金融法制知识，能够遵守职业操守。

二、国外金融法制教育发展和实践

不同于中国，美、英等发达国家高度重视金融知识普及教育。这些国家针对各个阶段、不同行业的公民采取了一系列普及金融知识的措施，并通过立法手段将其纳入国家战略的一部分，有效地推动了国家金融法制教育事业的发展。

（一）美国金融法制教育发展概况和实践

1. 美国金融法制教育发展概况

（1）成立专责机构。美国国民金融知识普及发端于20世纪30年代经济大萧条时期。进入21世纪，美国先后设立了专责机构负责金融知识普及。2002年，美国财政部设立金融法制教育办公室，负责对全国金融知识普及的指导和协调；2003年，成立由财政部、美联储、证券交易委员会等23个部门组成的金融素养与教育委员会，作为全美金融知识普及的组织者。金融危机爆发后，美国政府愈加重视金融知识普及。2008年，成立"总统金融知识咨询委员会"，对志愿组织"金融扫盲队"提供支持。同时，颁布了《金融知识与教育促进法》，并成立金融知识与教育委员会，该委员会成立的主要职责是通过实施金融法制教育国家战略，提高美国国民的金融法制教育程度。在该委员会中，美国财政部和联邦储备局是核心成员，此外还包括其他18个重要的部门和机构组织。该委员会受制于美国国会，由财政部部长兼任委员会主席。2010年7月生效的《多德－弗兰克华尔街改革和消费者保护法案》规定设立金融消费者保护局。

金融消费者保护局于2011年7月正式运行，内设金融法制教育与消费者参与部，具体负责金融知识的普及，特别是向金融服务不足的消费者和社区提供金融产品和服务的信息和技术支持。

（2）建立普及规划。美国2003年颁布《金融素养和教育促进条例》，将金融普及列为从启蒙教育至大学教育的必修课程。2006年制定《金融法制教育国家战略》，确定金融法制教育目标和任务，强调基础金融法制教育的重要性，将与个人密切相关的家庭金融服务、信用卡、信用记录、识别欺诈金融等作为教育重点，并定期对战略目标完成状况进行评估。

（3）开展多形式普及。美国将每年4月定为国家"金融扫盲月"，还通过建立公众学习平台、设立官方网站、与私人金融法制教育机构合作等多种方式对民众进行金融知识普及。美国金融消费者保护局成立后开展了一系列金融知识普及工作（朱伟彬等，2015）。

2. 美国金融法制教育实践

（1）建立公众学习平台。在制定和实施美国金融法制教育战略时，美国政府意识到为公众提供方便的教育资源是金融法制教育战略成功的关键。为此，美国金融扫盲与教育委员会首先设立了政府官方网站（MyMoney.gov），正式启动了建立公众学习平台项目。基于这个平台，美国联邦政府可以迅速而广泛地传播金融法制教育理念，让美国大众知晓金融法制教育与个人和家庭的关系，并使他们通过网络平台，系统地了解金融常识，获取金融信息，学习如何使用金融工具。

（2）开发有针对性的传播渠道。美国金融法制教育战略的另一个核心内容就是针对特别的受众制定不同的传播策略，开发有针对性的传播渠道。大众媒体、工作场所、大中学校、居民社区都成为金融法制教育的宣传重点。"量体裁衣"式的传播方式把少数族裔人群、边远地区家庭、多文化多语言社区以及金融服务体系之外的潜在消费者都纳入了宣传范围。为了使传播渠道通畅而有效，美国联邦政府部门对金融法制教育战略的实施进行不断的跟进和监察，协助金融扫盲教育委员会开展有针对性的活动。

（3）培育政府与私人机构的伙伴关系。对美国国民进行金融扫盲教育并不只是美国联邦政府的事情。实际上，目前在美国为社会提供金融法制教育和技能培训的大都是金融服务和民间教育领域的私人组织，这些社会组织和政府部门一起协调，共同合作开发教育资源，大大促进了金融法制教育资源的利用率和传播效果。财政部和其他政府部门常常定期召集民间的社会机构共同商讨金融法制教育战略实施过程中的最新问题、协调合作伙伴之间的关系、分享金融法制教育普及的经验。这种公对私和私对私的协作模式在美国实施金融法制教育国家战略中扮演着至关重要的角色。在建立金融法制教育研究体系以及实施金融法制教育战略过程中，美国的组织者逐渐意识到金融法制教育应该在理论和实践层面上同时展开。对金融法制教育问题的深层研究不仅可以为政策的制定者提供参考，也可以为金融法制教育的实践者提供指导。自20世纪90年代以来，美国已有部分机构开始了金融法制教育研究工作，但大多数参与金融法制教育研究的机构都是20世纪末或21世纪初开始其研究项目的。从这点来看，美国的金融法制教育研究虽然已经走在世界前端，但仍属新领域，还缺乏成熟而系统的研究和评估体系。因此，美国金融法制教育的领导者在推动金融法制教育实践项目的同时，也在积极推进金融法制教育研究平台的建设，而高校和社会研究机构责无旁贷地背负起研究美国金融法制教育问题的使命（龚秀敏、韩莉，2008）。

美国对金融法制教育的定位非常明确，即把金融法制教育看成是美国未来发展的国家战略。在美国整个金融法制教育组织体系中，政府是关键的组织者，在实施金融法制教育战略中扮演重要角色；全体国民是参与者，也是金融法制教育的受益者；地方政府、社区组织、教育机构、银行、其他金融机构以及盈利或非营利私人组织都是金融法制教育战略的重要实施者。金融知识与教育委员会起到全面统筹规划的职责，为有效推行金融法制教育，制定了一系列评估金融法制教育的标准。定时依照金融普及教育战略的总体目标，通过互联网问卷调查等多种手段，对各项金融法制教育工作的成果进行分阶段评估。

美国金融法制教育非常强调实效性。为了解金融法制教育工作的进展情况，美联储每三年进行一次消费金融调查，每两年举行一次社区事务研讨会，讨论金融法制教育的成效。另外，美国联邦储备银行还与芝加哥联邦储备银行设立了金融法制教育研究中心，专门为金融法制教育提供信息和决策支持。

(二) 英国金融法制教育发展概况和实践

1. 英国金融法制教育发展概况

英国政府高度重视针对青少年的金融知识普及工作，政府与教育部门联合，积极开展金融知识普及教育，将金融知识写入学生教材当中，以加强青少年对财富的理解与管理。为进一步方便青少年对金融知识的学习，还专门开发了与金融知识相关的互联网软件，以方便青少年实时了解金融动态，为相关知识的学习提供便利。在传播途径上，英国在本国各地区建立了多个"货币博物馆"，吸引众多的青少年走进博物馆，学习金融知识（柴文梁、王文超，2018）。

英国的金融服务监管局（受2008年金融危机影响，金融服务监管局在2012年1月被拆分为两个机构，即金融行为监管局和审慎监管局）承担了消费者权益保护和金融法制教育的职责，其下设专门负责金融法制教育的部门，牵头制定英国国民金融素质教育规划。

第二次世界大战后至1988年前，英国课程具有地方化、多样化的特点。2008年国际金融危机带来的教训，使得英国社会越来越意识到在学校开展金融知识和消费理念教育的重要性。英国学校和家庭于2010年6月28日至7月4日开展了"英格兰中小学金融法制教育周"活动，政府认为青少年掌握一定的理财技能十分必要，青少年在成长的过程中要不断加强这方面的学习，才能最终成长为聪明睿智的消费者。英国对国家课程大纲的最新一次修订已在2013年2月7日公布并征询公众意见，其中重要的一项是将金融能力（知识）教育列入国家课程大纲，即规定对11~16岁的中学生进行金融能力（知识）教育。

金融危机后，为继续加强金融消费者教育工作，2010年4月消费者金融法制教育局（2011年4月改名为货币咨询服务公司）成立，开始独立、系统、全面地开展消费者金融法制教育工作。货币咨询服务公司是一个由政府设立的独立的公司，旨在帮助人们充分利用货币。公司向客户提供免费的、公正的货币咨询建议，包括资金方面的咨询建议、债务方面的咨询建议和公司专长的其他方面工作。

根据《2010年金融服务法》，2010年4月消费者金融法制教育局成立，独立、系统、全面地开展消费者金融法制教育工作，其法定职责是提升国家的金融能力，发展消费者金融法制教育，增进公众对金融事务的了解和认识,提升人们管理自身金融事务的能力。现阶段的主要工作有以下几个方面:一是在线健康检查。货币咨询服务公司在 2013 年推出在线健康检查项目,使用行为观察方法来鼓励人们做出金融事务行动。二是债务咨询服务。这是货币咨询服务公司的关键业务。《2012 年金融服务法》对有关债务咨询事宜的协调统筹做出了明文规定,这样就明确了货币咨询服务公司拥有消费者金融法制教育职能。这一新增的职能对货币咨询服务公司职能做了有益的补充,使得人们增加了以较低的费用获得服务的机会,更容易在适当的时间通过最适宜的渠道获得金融咨询服务。三是金融法制教育。为了在未来对金融法制教育提出更有效的改进建议,货币咨询服务公司已经评估了现有的规定,与金融行业及政府两方面一起持续开展此领域的工作(中国人民银行等,2015)。

2. 英国金融法制教育实践

为了提高国民的金融知识和操作技能,英国金融服务监管局发起了有史以来最大的运动,目的在于引导人们正确认识金融产品,正确认识金融工具中的风险与收益。英国金融服务监管局开展了调查并选取 5300 份调查材料进行深入研究,同时注意通过多部门协作,提升金融法制教育的效果。参加金融法制教育的主要有政府有关部门、学校、金融企业、社区和志愿者。

(1) 按年龄分组进行有针对性的教育。英国的金融法制教育主要将人群分为 16 岁以下和 16 岁以上两组。对于 16 岁以下群体,通过正规的教育系统提供金融法制教育,根据各个区域的日程安排略有微小的差异,目的是促进人们获得按年龄分组进行的有针对性的教育;对于 16 岁以上的群体,有各种机构协助继续金融法制教育,包括成人金融扫盲咨询小组、公民咨询部门、金融服务业。此外,还制订了一系列的计划,对该群体继续进行金融法制教育,如政府制订的社会包容议程、金融普及计划、成人金融能力计划、英国金融服务监管局法定要求。

(2) 英格兰银行在金融法制教育方面的做法。英格兰银行博物馆针对不同的年龄组举办特色展览。针对 14~16 岁的高中生开设的货币制造课程,主要讲述经济如何运转、经济与人们的关系;针对大学生,英格兰银行准备了反映经济运行规律的电影,大学生和他们的指导老师可以免费参观英格兰银行,了解英格兰银行历史和现代角色,明白货币的历史、黄金储备和银行每天运行情况。作为中央银行,英格兰银行履行职责,通过利用银行现有的各种资源，增加民众金融方面的知识，提高他们的素养。英格兰银行还鼓励员工积极加入社会和教育系统的扫盲机构，重视发挥银行员工的作用，增强金融法制教育的辐射效果（吴丽霞，2012）。

三、中国金融法制教育存在的主要问题及未来发展方向

近年来，中国金融法制宣传教育工作得到了社会的普遍重视。一方面，中国的金融法制宣传教育工作不断改进，宣传教育工作的形式不断创新；另一方面，金融法制宣传教育的内容日渐丰富，除宣传基本金融法律外，还逐渐深入至人民币管理、征信管理、反洗钱、国债、支付结算、外汇管理、金融消费者权益保护等领域。

与国外发达国家金融法制教育相比，目前中国对金融法制教育的重视程度仍有待加深。美国、英国、日本等国家都将金融法制教育上升为国家战略，并成立了专门的部门进行定期金融法制教育工作以及成果评估。而中国金融法制教育工作主要以"一行三会"或金融机构日常业务开展为主，尚未成立相关的组织机构，也没有专门的法律条款，导致公众金融法制教育缺乏统一的战略规划。同时，金融法制教育体系仍有待完善。美国成立了金融扫盲与教育委员会、金融法制教育总统顾问委员会、金融消费者保护局，而且美联储还设有社区事务计划部门负责金融法制教育工作，将金融法制教育由上而下渗透，确保公众能接受金融法制教育。英国实施《国民教育教学大纲》，要求必须对在校中小学生开设金融知识教育普及课程。目前，中国公众获取金融知识的主要渠道为金融门户网站、营业网点的宣传资料、各类宣传活动等，受众具有一定的局限性，并不能普及大众以及大中小学生，离全面推动金融法制教育普及尚有一定的差距（王芳，2017）。另外，随着中国金融改革的不断深入，金融领域中的新问题、新矛盾层出不穷，金融法制教育在以下方面有待完善，例如，宣传教育的覆盖面有待扩展、针对性有待加强、时效性和实效性均有待提升等（严继先，2016）。

党的十八大以来，习近平总书记从关系党的前途命运和国家长治久安的战略全局高度提出了新时代全面依法治国的工作布局，明确要求坚持依法治国、依法执政、依法行政共同推进。党的十九大确立了到2035年基本实现社会主义现代化的重要目标，要求"法治国家、法治政府、法治社

会基本建成",全面开启新时代全面依法治国新征程。① 未来的金融法制教育应在以下方面加以完善:一是充分发挥法制宣传教育的导向作用;二是完善立法,构筑联动机制;三是科学规划,构建长效机制;四是加强督导,强化金融机构责任;五是丰富形式,注重社会实效;六是建立平台,加强评价与反馈(陈金明,2009;朱伟彬等,2015)。

◆思考讨论题◆

1. 中国金融法律体系可以从哪些方面进行完善?试从金融组织结构和法律法规制定两个角度进行回答。

2. 简述金融监管与金融执法的联系与区别。

3. 简述中国与美国在金融执法方面的异同。

4. 国内的金融司法机构主要有哪几种类型?

5. 结合中国国情,简述互联网背景下中国金融法制教育的发展方向。

---

① 《坚持法治国家、法治政府、法治社会一体建设》,见人民网(https://baijiahao.baidu.com/s?id=1664541257772913247&wfr=spider&for=pc),2020年4月21日。

第五章　国家金融市场监管

金融市场监管是一种干预金融市场与经济活动的政府行为，它是指为了维护金融体系的安全稳固与平稳发展，打造有序、公平、高效的市场竞争环境，切实保护金融活动各相关方的利益，国家法律授权特定机构依法对金融机构的市场准入、经营活动、市场退出等实施一系列检查和督促性举措、协调和控制性举措。本章主要从对金融机构、金融业务、金融市场、金融政策法规实施的监管展开，通过介绍具体的监管现状，提出可能存在的问题，并结合国际发达国家的经验，提出中国金融监管体系的可借鉴之处。

第一节　金融机构监管

一、中国金融监管体系

（一）中国金融监管体系的发展与变迁

从"大一统"到"一行三会"，再到"一委一行两会"，中国的金融监管体系经历了从统一监管走向分业监管，再走向综合监管的道路。主要分为以下几个阶段：

1. 统一监管体系（1978—1992年）

从新中国成立至改革开放前期，处在计划经济体制时期的中国尚未形成发达完善的金融市场。作为国家银行，中国人民银行兼具中央银行、商业银行和政策性银行多重身份，承担着金融管理和货币发行的职责，但此时的金融管理并非本质意义上的金融监管，而更多的只是执行监督计划（李丹，2019）。

改革开放后，中国农业银行、中国银行相继从人民银行中分离出来，保险公司、信托投资公司等纷纷建立，金融机构与金融业务逐渐多样化，对成立一个能统一监管和综合协调金融业的职能部门的需求也日益迫切。1983年9月，国务院决定由中国人民银行专门行使中央银行职能，剥离其所承担的工商信贷和储蓄业务，由其实施全国金融宏观决策，对信贷总量进行控制并加强对金融机构的资金调节，对银行业、证券业、保险业、信托业进行综合监管。

2. 分业监管体系（1992—2017年）

1992年10月，国务院证券委员会（简称"国务院证券委"）和中国证券监督管理委员会（简称"证监会"）成立，中国人民银行正式将证券期货市场的监管权移交，标志着中国金融监管体系开始走向分业的道路。

1998年4月，国务院证券委与证监会合并。同年11月，中国保险监督管理委员会（简称"保监会"）成立，确立了央行宏观监管和保监会微观监管的新型保险业监管体系。

2003年4月，中国银行业监督管理委员会（简称"银监会"）成立，对金融资产管理公司、信托投资公司及其他存款类金融机构的监管职能正式从央行划出。至此，中国金融业"一行三会"的分业监管体系正式形成。

在此后的近15年里，中国"分业经营、分业监管"格局基本未发生改变：中国人民银行制定和执行货币政策，维护金融稳定、提供金融服务；证监会对期货市场实行集中统一的监督管理，维护证券期货市场秩序；银监会对银行业金融机构和信托公司、租赁公司等非银行业金融机构进行监管；保险市场则由保监会统一监督管理，确保保险业合法、稳健运行。

3. 综合监管体系（2017年至今）

2017年，为强化中国人民银行宏观审慎管理和系统性风险防范职责，落实金融监管部门监管职责，并强化监管问责，设立了国务院金融稳定发展委员会（简称"金融委"），作为国务院统筹协调金融稳定和改革发展重大问题的议事协调机构。金融委履行金融稳定、金融发展两大职能，对金融监管进行协调，提升其有效性。金融委的办公室职责由中国人民银行承担。

2018年3月，中共中央印发《深化党和国家机构改革方案》，决定将中国银监会和中国保监会的职责整合，组建中国银行保险监督管理委员会

（简称"银保监会"），原中国银监会和中国保监会拟定银行业、保险业重要法律法规草案和审慎监管基本制度的职责被划入中国人民银行。这标志着中国金融监管体系正式进入了"一委一行两会"的新时代。

金融委和银保监会的成立，聚焦于防控金融风险，保障国家金融安全，在一定程度上解决了现行体制存在的监管职责不清晰、交叉监管和监管空白等问题，优化了现代金融监管框架。

（二）地方金融监管机构的发展和现状

随着地方经济的快速发展，众多中小型金融机构日益涌现，中央垂直管理模式的缺陷逐渐凸显，业务多元、风控薄弱的地方金融机构的风险不断出现，中央和地方进行协调监管的迫切性不断提升。

2008年，《关于小额贷款公司试点的指导意见》发布，提出可由地方政府承担对小额贷款公司的监督管理和风险处置责任。2011年，"十二五"规划纲要明确提出完善地方政府金融管理体制，强化地方政府对地方中小型金融机构的风险处置责任。2014年，《国务院关于界定中央和地方金融监管职责和风险处置责任的意见》进一步确立中央和地方分级监管，强调地方政府要加强对民间借贷、新型农村金融合作组织的引导和规范。

虽然中国地方金融监管职责逐渐增强，但此前地方政府并不具有法定意义上的金融监管事权。直到2017年第五次全国金融工作会议召开，会议明确了地方政府监管的对象包括"7+4"类金融机构，首次赋予地方政府金融监管事权，同时初步确定了地方金融监管的职责和权力范畴（郑联盛和孟雅婧，2019）。此后，各省市地方金融办陆续升级为金融监管局，加挂金融工作局牌子，并将综合职能向监督管理和风险处置职能转变。

目前，中国地方层面的金融监管机构，主要由中央金融管理部门派出机构（中国人民银行分支机构、银保监局、证监局）和地方政府金融管理机构（地方金融监管局或金融工作局）组成。中央金融管理部门派出机构中，中国人民银行在省、市、县三级均设置有分支机构，银保监会在地市一级设有银保监分局，而证监会则只在省级单位设有派出机构；地方金融管理事项由省级人民政府授权金融监管局（或金融工作局）负责，主要职责是拟订当地金融工作总体规划和促进金融发展的政策措施并组织实施，组织协调推动地方金融机构改革，负责所监管机构的风险监测、评估、预警和处置等。

(三) 中央-地方金融监管组织关系

中国的中央与地方金融监管分权体制,是中央"一委一行两会"牵头领导并适当下放部分金融监管权力,以实现中央与地方金融监管部门共同维护金融业的安全与稳定运行的结果。在现有金融监管体系下(见图5-1),中央机构享有全部的监管权力,包括让渡给地方的部分监管权,而地方监管机构则承担组织、协调、监督与取缔有关的工作,二者明细权责,协调合作,共同促进国家和地方金融发展和稳定(郑联盛、孟雅婧,2019)。

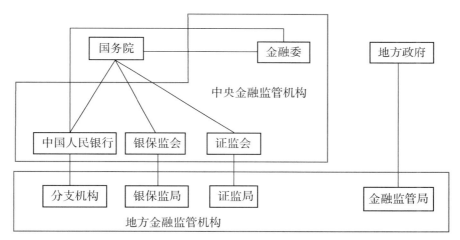

图 5-1　中国现阶段金融监管体系

(资料来源:郑联盛、孟雅婧《地方金融监管体系的发展难题与改进之策》,载《银行家》2019年第6期,第131～133页。)

二、中国金融监管机构

(一) "一委一行两会"的具体职能

1. 国务院金融稳定发展委员会

国务院金融稳定发展委员会是国务院统筹协调金融稳定和改革发展重大问题的议事协调机构,即"一委一行两会"体系中的"一委"。金融委以强化人民银行宏观审慎管理和系统性风险防范职责、落实金融监管部门监管职责、强化监管问责为目的,加强金融监管协调、补齐金融监管

205

短板。

国务院金融稳定发展委员会明确了五方面的主要职责：①落实党中央、国务院关于金融工作的决策部署，审议金融业改革发展的重大规划；②统筹金融改革发展和监管，协调货币政策和金融监管，统筹金融监管重大事项；③协调金融政策与相关财政政策、产业政策；④研究系统性金融风险防范处置以及维护金融稳定重大政策，以应对国际金融风险；⑤指导地方金融改革发展与监管，监督、问责金融管理部门和地方政府的业务和履职（邢会强，2018）。

金融委的核心目标是稳定金融和发展金融。当前，中国的系统性金融风险总体来说是可控的，但是诸如一些房地产泡沫风险、影子银行业务风险、互联网金融风险等的不断积累，金融市场也呈现出混乱之象，而金融监管问题也暴露出来，如不协调、监管缺失、执法不严等。设立金融委能够从中国国情出发，推进金融监管体制的改革，加强金融监管协调的权威性和有效性，强化金融监管的专业性、统一性、穿透性，防范国家的金融风险，促进金融的稳定推进，提高金融监管的效能。

2. 中国人民银行

中国人民银行（简称"央行"）是国务院的组成部门，即"一委一行两会"体系中的"一行"。其在金融委的直接领导和协调下，制定和执行货币政策，强化金融监管，预防、化解金融风险，从而维护中国金融稳定。

根据2019年1月实施的《中国人民银行职能配置、内设机构和人员编制规定》，中国人民银行的主要职能众多，总结起来，涉及金融监管方面的职能主要有：①拟订金融业改革、开放和发展规划，制定审慎监管基本制度，负责宏观审慎管理；②负责防范系统性金融风险和应急处置，重要金融机构基本规则制定、监测分析和监管，以及重要金融基础设施建设规划并统筹实施监管；③检查、监督、化解金融风险；④监督管理银行间债券市场、货币市场、外汇市场、票据市场、黄金市场及上述市场有关场外衍生产品；⑤负责国内金融市场跟踪监测和风险预警，监测和管理跨境资本流动，持有、管理和经营国家外汇储备和黄金储备，统筹国家支付体系建设并实施监督管理；等等。

中国人民银行的金融监管目标是保证货币政策能够得到有效执行，维护金融稳定发展，提供良好的金融服务。为了达到目标，中国人民银行需要在各个方面进行严谨的监管。

3. 中国银行保险监督管理委员会

中国银行保险监督管理委员会（简称"银保监会"）是由先前的中国保监会和中国银监会合并而来，属于国务院直属单位，即"一委一行两会"体系中"两会"的其中之一，是为了适应中国金融创新的快速发展而形成的金融监管机构。

从中国中央人民政府2018年发布的《中国银行保险监督管理委员会职能配置、内设机构和人员编制规定》来看，中国银保监会在监管方面有如下职能：①依法依规对全国银行业和保险业实行统一监督管理，对银行业和保险业机构及其业务范围实行准入管理，对派出机构实行垂直领导；②依法依规审查高级管理人员任职资格，制定银行业和保险业从业人员行为管理规范；③保护金融消费者合法权益，依法查处违法违规行为；④负责指导和监督地方金融监管部门相关业务工作。

中国银保监会依照法律法规统一监督管理银行业和保险业，其核心目标是维护银行业和保险业合法、稳健运行，防范和化解金融风险，保护金融消费者合法权益，维护金融稳定。银保监会对中国的银行业和保险业相关企业和机构进行统一监督管理，包括监督银行、保险机构的业务范围，审查高级管理人员，监督银行业、保险业法律法规和相关制度的运行情况等。

4. 中国证券监督管理委员会

中国证券监督管理委员会（简称"证监会"）为国务院直属单位，即"一委一行两会"体系中的"两会"中的一个，在国务院的授权下，依法对全国证券期货市场进行统一监督管理。

依据各项法律法规，证监会在金融监管方面的主要职责有：①垂直领导全国证券监管机构，对证券期货市场实行集中统一监管，管理有关证券公司的领导成员；②监管上市公司及其按法律法规必须履行有关义务的股东的证券市场行为；③管理证券期货交易所，以及证券期货交易所的高级管理人员；④监管证券期货经营机构、证券投资基金管理公司、证券登记清算公司、期货清算机构、证券期货投资咨询机构、证券资信评级机构，对中国证券业、期货业协会开展证券期货从业人员的资格管理；⑤监管境内企业直接或间接到境外发行股票、上市，监管境内机构到境外设立证券机构，监管境外机构到境内设立证券机构、从事证券业务；⑥监管证券期货信息传播活动，监管律师事务所、律师从事证券期货相关业务的活动；⑦依法对证券期货违法违规行为进行调查、处罚。①

中国证监会的监管对象包括：证券期货交易所、上市公司、证券期货经营机构、证券投资基金管理公司、证券期货投资咨询机构和从事证券期货中介业务的其他机构等。中国证监会统一监督管理全国证券期货市场，目的是维护证券期货市场秩序，保障其合法运行，防范和化解证券期货市场金融风险，促进金融稳定发展。

（二）各部门的关系和运作机制

2018年，银监会和保监会拟订银行业、保险业重要法律法规草案和审慎监管基本制度的职责被划入中国人民银行，说明在相当大的程度上，国家将宏观审慎政策权限交给了中国人民银行。因此，中国人民银行在新的监管体系下将主要负责制定货币政策和宏观审慎管理。中国证监会和中国银保监会分别监管证券期货市场和银行保险市场，负责微观层面上的审慎监管和各方面的行为监管，并负责具体的监管措施落实。而金融委负责协调、领导"一行两会"的工作，将宏观与微观的金融监管融为一体，形成新时代下的"一委一行两会"金融监管体系。四个部门互不隶属，但又紧密合作，共同推动国家的金融稳定发展，防范化解金融风险。②

"一委一行两会"金融监管体系既兼顾中国国情和历史路径，同时也参考了金融危机后部分国家的经验。总结起来，"一委一行两会"金融监管体系的运作机制为：在宏观层面由中国人民银行负责货币政策和宏观审慎，在微观层面由银保监会、证监会负责微观审慎、行为监管、政策落实，而宏观和微观的衔接由金融委实现，从而保证货币政策、宏观审慎、微观监管三者明确分工而又充分协调运作。

---

① 《证监会主要职责》，见中华人民共和国中央人民政府网（http://www.gov.cn/fuwu/2014-02/22/content_2618851.htm），2014年2月22日。

② 参见国信证券研究所金融团队《双支柱之础：新金融监管体系详解》，见搜狐网（https://www.sohu.com/a/228846694_460385），2018年4月20日。

三、国际金融监管体系

(一) 发达国家的金融监管体系

美国是最早建立金融分业监管体制的国家,其金融监管体系的形成与结构也相对复杂。为应对1929—1933年经济危机,美国于1933年颁布了《格拉斯-斯蒂格尔法案》,形成了分业监管体系。20世纪70年代,金融自由化浪潮到来后,美国政府开始放松金融管制,鼓励金融创新,分业严重阻碍了美国金融业的发展,于是美国于1999年通过了《金融服务现代化法案》(也称《格雷姆-里奇-比利雷法案》),建立了混业经营的金融体系。[①] 2007年,次贷危机爆发,美国对金融监管体系进行大幅度改革,通过了《多德-弗兰克华尔街改革与消费者保护法案》,实施"沃尔克法则",加强宏观审慎和微观审慎,调整监管体系,强调对消费者权益的保护。[②]

英国金融监管体系由"自我管制"到央行进行干预、混业经营,再到后来的分业经营和分业监管。在2008年金融危机之前,英国监管体系呈现的是"三头监管模式",即英格兰银行、金融服务局和英国财政部共同监管。其中,作为中央银行,英格兰银行除要执行货币政策之外,也要维系整个金融体系的稳定性。而金融服务局负责对银行机构、投资公司、保险公司等金融机构实施审慎监管。英国财政部负责金融监管体系的设置和相关立法,以及与欧盟之间的谈判和协调(张晓艳,2014)。2008年金融危机后,英国多家金融机构出现问题。对此,英国政府开始对金融监管体制进行改革,于2012年通过了《金融服务法案》,英国金融监管体系呈现"双峰模式",如图5-2所示。

[①] 参见张莹、易凯、施娟等《美国金融监管体系变迁研究及借鉴》,见中华人民共和国审计署官网(http://www.audit.gov.cn/n6/n1558/c112057/content.html),2013年7月29日。

[②] 参见张莹、易凯、施娟等《美国金融监管体系变迁研究及借鉴》,见中华人民共和国审计署官网(http://www.audit.gov.cn/n6/n1558/c112057/content.html),2013年7月29日。

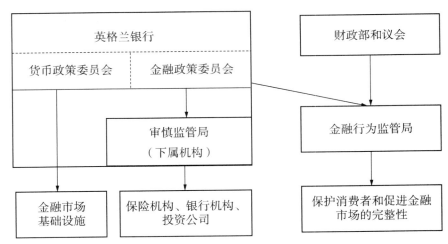

图 5-2　英国金融监管体系

（资料来源：《金融服务法案》。）

2008年金融危机爆发后，欧盟加快了推动建立统一金融监管体系，欧洲金融监管体系由混业监管向分业监管过渡，改革内容主要有：①创立系统性风险监管机构，设立欧洲系统性风险理事会；②建立超国家金融监管机构，有欧洲证券及市场管理局、欧盟银行管理局、欧洲保险和职业养老金管理局；③确立以"消费者保护"为金融监管的中心目标，防范和打击金融消费过程中的欺诈行为和非理性行为。在2012年后，欧洲的金融监管体系改革的精髓在于建立宏观审慎监管和微观审慎监管相结合的监管框架。

（二）国际经验对中国金融机构监管的参考价值

美国、英国以及欧洲不同的监管体系的演变和发展现状对中国金融机构的监管具有一定的参考价值。

第一，构建宏观和微观并举的监管协调机制。2008年金融危机后，美国、英国、欧洲等国家（地区）在深化微观审慎监管的基础上，建立了各自的宏观审慎监管机制，对中国金融机构的监管具有重要参考价值。第二，要加强对金融消费者的保护。国际金融危机后，对金融消费者权益的保护不足使得金融监管机构饱受诟病，从美国、英国、欧洲等国家（地区）金融监管体系的改革措施可以看出，各国政府积极主动加强了对消费者的保护。中国金融监管机构对金融机构的监管工作也亟须考虑对消费者的保护。第三,加强对系统重要性机构的监管。对系统重要性机构的监管在金融监管中的位置非常重要,如果一国发生"系统性金融风险",可能会引发多米诺骨牌效应,造成金融市场的混乱甚至引发金融危机,故加强对系统重要性机构的监管的重要性与必要性不言而喻。例如,欧盟实施的"一对一"监管模式有利于更好地防范系统性金融风险,及时预防并且消灭潜在的行业风险,维护金融市场的稳定。第四,要有国家顶层的金融监管协调、处置、决策机制。为应对由系统性风险引发的金融危机,各国各地区成立了有效解决金融监管重大事件的机构,比如美国成立了金融稳定监督委员会,英国成立了金融政策委员会,欧盟成立了欧洲系统性风险理事会。中国也于2017年建立了国家金融稳定发展委员会,形成了"一委一行两会"的监管体系,以更好地进行金融监管。第五,金融监管政策要互动。金融监管离不开货币政策、财政政策、汇率政策等的相互协调与共同作用。为了更好地维护金融环境的稳定,要加强金融监管同货币政策、财政政策、汇率政策之间的信息交流,及时公布其执行情况与未来走向,同时,提高各部门的工作透明度,保持国家金融市场运行有效且稳健。①

第二节 金融业务监管

一、银行业务

根据2007年1月1日起施行的《中华人民共和国银行业监督管理法》,国务院银行业监督管理机构负责对全国银行业金融机构及其业务活动的监督管理工作。

(一)监管现状

随着十九大的召开,回归本质、服务实体经济成为"强监管时代"的主旋律,中国监管部门对各类金融机构的监管力度也大大增强。在2017年召开的全国银行业监督管理工作会议上,时任银监会主席的尚福林在发表讲话时提到,"以回归本源专注主业为导向,深入推进银行业改革开放"。2017年4月9日,银监会发布《关于提升银行业服务实体经济质效

---

① 参见陈云贤著《国家金融学》,北京大学出版社2018年版,第180页。

的指导意见》,要求银行业金融机构按照风险可控、商业可持续原则,坚持以推进供给侧结构性改革为主线,深化改革、积极创新、回归本源、突出主业,进一步提高金融服务实体经济的能力和水平。

此后,银监会陆续出台了一系列相关监管政策,多涉及对银行业金融机构有关业务的规范和监督管理(见表5-1),掀起了银行业"强监管"的风暴。

表5-1 近几年与中国银行业务监管相关的重要通知与文件

时间	文件名称	涉及业务	主要内容
2017年3月29日	《关于开展银行业"监管套利、空转套利、关联套利"专项治理工作的通知》	同业业务、投资业务、理财业务等跨市场、跨行业交叉性金融业务	明确"三套利"行为的内容及范围,要求各银行业金融机构开展全面系统自查,银监会监管检查;要求各机构问责到位,严肃整顿
2017年4月7日	《中国银监会关于提升银行业服务实体经济质效的指导意见》	信贷、同业、理财、票据等业务和其他创新业务,跨行业、跨市场金融业务	要求确保银行业务规范性和透明度,加强创新业务制度建设和风险管理,杜绝违法违规行为和市场乱象
2017年4月7日	《关于集中开展银行业市场乱象整治工作的通知》	各类银行业务	要求对超业务范围经营、账户管理不严格、不同性质业务界限不清、虚假业务等问题进行检查;要求组织全国银行业集中整治市场乱象
2017年4月11日	《关于开展银行业"不当创新、不当交易、不当激励、不当收费"专项治理工作的通知》	同业业务、理财业务、信托业务及其他金融创新业务	要求各银行类金融机构开展自查,明确"四不当"行为自查范围及标准

续表 5-1

时间	文件名称	涉及业务	主要内容
2017年6月26日	《关于进一步规范银行业金融机构吸收公款存款行为的通知》	公款存款业务	要求各银行加强公款业务管理、严禁利益输送、提高服务水平等；各级银行业监管部门加强对银行业金融机构吸收公款存款业务的监督检查
2017年12月22日	《关于规范银信类业务的通知》	银信类业务	明确银信类业务及银信通道业务的定义，规范银信类业务中商业银行的行为，规范银信类业务中信托公司的行为，加强银信类业务的监管
2018年1月6日	《商业银行委托贷款管理办法》	委托贷款业务	明确委托贷款业务的定位和各方当事人职责；规范委托贷款的资金来源、资金用途；要求商业银行加强委托贷款风险管理；加强委托贷款业务的监管
2018年4月28日	《关于规范金融机构资产管理业务的指导意见》	资产管理业务	"破刚兑、控分级、降杠杆、提门槛、禁资金池、除嵌套、去通道"
2018年5月9日	《关于规范银行业金融机构跨省票据业务的通知》	票据业务	对跨省票据业务进行界定；对票据业务主要风险和隐患、跨省票据交易类业务和授信类业务提出监管要求；强化跨省票据监管

续表 5-1

时间	文件名称	涉及业务	主要内容
2018年9月28日	《商业银行理财业务监督管理办法》	理财业务	推动理财业务规范转型，强化投资者适当性管理，促进银行理财回归资管业务本源
2018年12月2日	《商业银行理财子公司管理办法》	理财业务	规定了银行理财子公司的设立、变更与终止的有关事项，明确了其业务范围和相关规则，确定了相关风险管理和监督管理要求
2019年8月27日	《商业银行代理保险业务管理办法》	代理保险业务	明确商业银行经营保险代理业务的准入条件、经营规则、业务退出规章等，强调了银保监会对有关业务的监督管理责任
2019年10月18日	《关于进一步规范商业银行结构性存款业务的通知》	结构性存款业务	明确结构性存款定义，提出结构性存款的核算和管理要求，强化信息披露，保护投资者合法权益，加强结构性存款合规销售等
2019年12月2日	《商业银行理财子公司净资本管理办法（试行）》	理财业务	规定理财子公司净资本管理应当符合的标准，要求定期报送净资本监管报表

（资料来源：作者根据相关材料整理。）

近年来，中国商业银行资产负债扩张显著，同业业务和理财业务等快速增长（如图 5-3 所示），这使得银行体系资金空转、链条层层叠加延长等不良现象逐渐严重，暴露出资金脱实向虚、与实体经济渐行渐远的问题。① 为了防范化解银行业风险，推动银行业提高服务实体经济能力，监管部门开启了对银行业的一系列监管风暴，对同业业务、理财业务、委外业务等进行重点检查，以摸清行业风险程度，补齐监管空白，引导资金回归实体经济。

图 5-3　中国商业银行理财产品余额规模及增长率

（数据来源：作者根据公开资料整理。）

1. 理财业务

2018 年 4 月 28 日《关于规范金融机构资产管理业务的指导意见》（简称"资管新规"）的颁布标志着中国正式迎来统一监管的"大资管时代"。资管新规为银行业理财业务的转型发展奠定了大格局与大基调。

2018 年 9 月 28 日，银保监会公布实施《商业银行理财业务监督管理办法》（简称《办法》）。《办法》总体上与资管新规保持一致，定位于规范银行非保本理财产品，其发布既是银保监会落实资管新规的重要举措，也有利于细化银行理财监管要求。2018 年 12 月 22 日，银保监会发布《商业银行理财子公司管理办法》，对银行理财业务起到了进一步的规范和引导作用。

---

① 参见张燕《银监会强监管进行时》，载《中国经济周刊》2018 年第 4 期，第 30～32 页。

2019年12月2日，银保监会发布的《商业银行理财子公司净资本管理办法（试行）》，进一步完善了理财业务监管框架。

2. 同业业务

银行同业业务最初以解决流动性需求为目的，随着宏观环境和监管环境的变化，商业银行同业业务快速膨胀，逐渐演变为以流动性调节为辅、以信贷功能为主的投融资金融活动。① 受限于不完善的监管体系以及银行内部管理的不规范，部分同业业务逐步演变成为监管套利的手段，使得金融风险累积。因此，近年的银行业监管将同业业务视为重要的监管领域。

《关于开展银行业"监管套利、空转套利、关联套利"专项治理工作的通知》《关于开展银行业"不当创新、不当交易、不当激励、不当收费"专项治理工作的通知》《关于切实弥补监管短板提升监管效能的通知》等相继发布的多个通知都提到要对银行类金融机构同业业务开展检查整顿，对同业融资占比高、同业存单增速快等现象进行监管约束，以抑制同业业务的过度扩张，减少监管套利行为，促进银行业回归本源，更好地服务于实体经济。

（二）银行业务监管需要完善之处

首先，相关监管法律法规不完善。目前，中国针对银行业业务的监管文件大多都是原银监会、保监会等金融监管机构发布的管理办法、指导意见、通知等部门规章或地方性法规，法律效力较低，只具备规范性和指导性；而属于正式法律层面的只有三部——《中华人民共和国商业银行法》《中华人民共和国人民银行法》《中华人民共和国银行监督管理法》，且这三部法律都是涉及银行业监管的综合性法律，更多的是对整个银行业的系统性监管，对于具体层面的业务监管和责任主体等则缺乏细致规定，且诸多条文尚需要具体阐述。相关法律的不完善使得银行业业务监管存在"无法可依"的情况，不利于相关监管的落实到位和问责处理。未来，银行业务监管相关法律法规的健全仍应是重点方向。

其次，监管效率有待提升。包括《商业银行理财业务监督管理办法》《关于进一步规范商业银行结构性存款业务的通知》在内的诸多政策法规都采取了各银行针对相关业务报送统计报表及相关材料和监管机构现场检

---

① 参见曾刚《强监管下的银行同业业务》，载《21世纪经济报道》2017年9月19日第4版。

查的监管形式。银行自主报送材料给了粉饰信息可乘之机，相关信息的真实程度有待考量；而现场监管则存在着效率较低的问题，检查流程的机械化、形式化以及后续跟踪处理的缺失使得现场监管往往比较空泛（金寿贤，2019），实际效果不佳。如何正确利用信息技术的发展、建立能与现场监管互补的非现场监管体系，是当前留待有关监管部门思考的问题。

最后，金融科技的发展给银行监管带来风险。随着金融科技的发展，银行在和金融科技类公司进行合作之时，也需要承担相应的风险，这给银行监督管理机构带来更大的压力。由于中国的金融科技还处于初级阶段，倘若银行业务出现突发的问题，监管机构没有足够的经验、预警措施的缺乏将会导致更大的风险（葛金，2019）。银行业的发展离不开科技的支撑，因此，建立完善的风险预警机制对银行业的监管非常必要。

对此，可以学习参考发达国家在相关方面的经验和做法。例如，中国一直强调要提高银行业服务实体经济质效，要着力解决中小微企业融资难、融资贵的问题，对此，可参照近年来美国对社区银行的监管动向，针对区域发展需要与中小银行的自身特点，适当放松对中小银行业务的监管，减轻其监管负担；指导调整信贷投向，促进资源的合理配置，以支持中小银行更好服务地方实体经济。

二、证券业务

中国证券业主要由中国证券监督管理委员会及其派出机构统一监督管理，涉及证券业务的金融机构包含证券公司、公募基金管理公司、期货公司等。

（一）监管现状

对证券业务的监管也于 2016 年开始进入"强监管"时代，近几年相关监管机构出台了一系列监管文件（见表 5-2）。

表 5-2 近几年与中国证券业务监管相关的重要通知与文件

时间	文件名称	主要内容
2016 年 7 月 15 日	《证券期货经营机构私募资产管理业务运作管理暂行规定》	对证券期货经营机构私募资产管理业务做了严格规范，绝对禁止保本保收益、不得宣传预期收益率、收紧合格投资者人数计算口径，在"共享共担、降低杠杆"原则下重构分级产品等
2017 年 11 月 17 日	《关于规范金融机构资产管理业务的指导意见（征求意见稿）》	规范金融机构资产管理业务，统一同类资产管理产品监管标准，在产品分类、金融机构受托管理职责和投资者保护、产品代销、产品投资要求、信息披露等多方面进行规定
2017 年 12 月 7 日	《证券发行上市保荐业务管理办法》	要求发行股票的发行人和主承销商应当在发行和承销过程中公开披露有关发行定价、详细报价、潜在风险、获配投资者的信息
2018 年 1 月 12 日	《证券公司参与股票质押式回购交易风险管理指引》	强化对证券公司尽职调查、融出资金监控、细化风控指标、建立黑名单制度、明确展业底线、强化投资者的权益保护、限制关联方交易的要求
2018 年 4 月 3 日	《关于加大通过互联网开展资产管理业务整治力度及开展验收工作的通知》	明确包括不限于"定向委托计划""定向融资计划""理财计划""资产管理计划""收益权转让"为非法金融活动，可能构成"非法集资、非法吸收公众存款、非法发行证券"等依托互联网发行销售的资管产品，未经许可，其行为须立即停止，原则上存量业务最迟于 2018 年 6 月底前压缩至零

续表 5-2

时间	文件名称	主要内容
2018年4月27日	《关于规范金融机构资产管理业务的指导意见》	对资产管理产品的发行销售、投资、兑付等各环节提出了更严格、更全面的监管要求，着力防控部分业务发展不规范、多层嵌套、刚性兑付、规避金融监管和宏观调控等问题
2018年5月11日	《关于进一步加强证券公司场外期权业务监管的通知》	强化证券公司场外期权业务日常监管。严控合格券商的数量，监管评级A级以下无缘场外期权。防止风险对冲业务异化为杠杆交易工具
2018年5月30日	《关于进一步规范货币市场基金互联网销售、赎回相关服务的指导意见》	对"T+0"赎回提现实施限额管理，并强调持牌经营，禁止除持牌商业银行外的其他机构或个人为"T+0"赎回提现业务提供垫支
2018年9月25日	《证券公司和证券投资基金管理公司境外设立、收购、参股经营机构管理办法》	放宽外资持股比例，首家外资控股证券公司获批
2018年10月22日	《证券期货经营机构私募资产管理计划运作管理规定》	作为资管新规的配套设施，细化证券期货经营机构私募资管业务监管要求，重点强调七方面规则：明确基本原则、界定业务形式、统一监管标准、借鉴公募经验、压实经营机构主体责任、强化重点风险防控、加强监管与自律协作
2018年12月24日	《资产证券化监管问答（二）》	证券公司、基金管理公司子公司在ABS业务中，不得将不合规的ABS项目推荐给其他机构，也不得为其他机构提供规避其合规风控要求的"通道"服务。法定职责不得外包

续表 5-2

时间	文件名称	主要内容
2019年2月15日	《期货公司风险管理公司业务试点指引》	明确风险管理公司可开展的试点业务为基差贸易、仓单服务、合作套保、场外衍生品业务、做市业务、其他与风险管理服务相关的业务
2019年2月22日	《公开募集证券投资基金销售机构监督管理办法（征求意见稿）》	厘清公募基金销售业务边界，将各类服务主体纳入监管。强化公募基金持牌准入管理并全面梳理完善公募基金销售业务规范
2019年6月3日	《证券投资咨询机构执业规范（试行）》	规定从事证券投资顾问业务的营销、客服等直接为客户提供服务。不涉及向客户提供投资建议的业务人员也应取得证券从业资格

（资料来源：作者根据相关材料整理。）

1. 资产管理业务持续高压监管

近年来资产管理业务备受关注，证券公司、期货公司、基金公司等金融投资公司均涉足此项业务。虽然2018年资产管理业务全年净收入达275亿元，收入略有减少，但自2015年以来，资产管理业务在行业总收入中的比重持续提升，2018年首次突破10%（中国证券业协会，2019）。

2016年7月，证监会颁布《证券期货经营机构私募资产管理业务运作管理暂行规定》，对证券期货经营机构私募资产管理业务做了严格规范；2017年11月底，《关于规范金融机构资产管理业务的指导意见（征求意见稿）》出台，各券商通道业务的清理整顿工作陆续开展；2018年4月27日，《关于规范金融机构资产管理业务的指导意见》正式发布，对同类资产管理产品监管标准进行统一规定，标志着资管行业向统一监管模式迈进。

此后，在资管新规框架下，诸多相关规范文件为严格监管的实现持续助力，针对不同行业的资产管理业务，监管部门陆续出台细则规范其行为。① 在证券业务上，2018年10月22日，证监会正式发布针对期货经营机构私募资产管理的资管细则，即《证券期货经营机构私募资产管理计划运作管理规定》，贯彻了打破刚兑、禁止资金池、消除多层嵌套、净值化管理等要求；2018年11月28日，证监会发布了《证券公司大集合资产管理业务适用〈关于规范金融机构资产管理业务的指导意见〉操作指引》。

除了传统资管，互联网相关的资管行为也被纳入严格监管的行列。2018年3月28日，互联网金融风险专项整治工作领导小组下发《关于加大通过互联网开展资产管理业务整治力度及开展验收工作的通知》，命令立即停止未经许可并依托互联网发行销售资产管理产品的行为，存量业务最迟于2018年6月底前压缩至零。

2. 券商海外业务监管步入新阶段

2018年1月25日，商务部、人民银行、国务院国资委、银监会、证监会、保监会、国家外汇局七部门联合制定了《对外投资备案（核准）报告暂行办法》，旨在形成监管合力，完善对外投资管理制度，有效防范风险，引导对外投资健康有序发展。

在券商加快境外业务布局的同时，相关监管制度也在不断完善。证监会于2018年9月25日正式发布《证券公司和证券投资基金管理公司境外设立、收购、参股经营机构管理办法》。该管理办法在维持适当门槛的前提下支持相关机构"走出去"，要求境外子公司规范组织架构，母公司须加强对境外子公司业务治理以及内控、风险管理。这一管理办法的出台，旨在依法有序推动证券基金经营机构走出去，切实加强证券基金经营机构对境外机构的管理，同时也发出了券商海外业务步入规范化发展阶段的信号。

（二）证券业务监管需要完善之处

当前，中国证券业务在监管方面仍存在一些问题需要完善。例如，智能投顾监管空白，在中国证券行业，从事证券投资组合服务的很多公司都已推出面向投资者的智能投顾服务，其自身的"智能"特性决定了这一业

---

① 参见张彧通、关联《年终盘点及新年展望：资管新规重塑下的资产管理政策》，见新浪网（http://finance.sina.com.cn/money/bank/yhbg/2019-01-02/doc-ihqhqcis2454110.shtml），2019年1月2日。

务的监管模式必须区别于传统人工投顾监管模式，但由于尚无出台关于技术标准的明文规定或算法资质的准入许可，从业机构采用智能投顾的模式向投资者提供的服务质量参差不齐，投资者面临选择困境和利益风险；从业机构出现不履行或不完全履行法定义务现象时，监管机构也难以实施有效监管（李虹瑶，2019）；互联网资管业务监管不足，2018年开启一轮互联网资管专项整治，大量违规机构退出市场，已见实质性成效，但互联网资管业务监管体系的建设并未完成，相关法律法规尚不健全；资管市场交叉性金融产品监管有待深化，当前金融创新节奏加快，金融机构之间跨行业、跨市场合作业务数量激增。在资产管理行业里，资管机构以产品为载体，既包括对资管产品进行资产组合管理，从而使投资标的横跨货币市场、资本市场等多个市场的行为，也包括产品运作管理中出于对冲风险、套利等目的而产生的跨市场关联交易，其发起与运作涉及银行业、信托业、证券业、保险业等多个金融行业。在资管市场交叉性金融产品跨市场、跨机构流动的过程中，存在期限错配、流动性转换、信用转换以及杠杆层层叠加等潜在风险（王玉国，2016）。因此，交叉性金融产品的风险防控与监管问题已引起监管部门的高度重视。2018年4月出台的"资管新规"对资管产品从发行到兑付的各个环节重磅出击，强调"对于多层嵌套资管产品，向上识别产品的最终投资者，向下识别产品的底层资产"的穿透监管原则。但穿透式监管在中国交叉性金融风险防控领域仍处于探索阶段，尚未形成成熟的操作框架（杨新兰，2018）。

对此，可在借鉴相关国际经验的基础上，结合中国智能投顾、互联网资管发展的实际情况，不断完善相关监管规则、手段，提升监管的有效性。

三、保险业务

保险业务由中国银保监会及其派出机构进行监管。依照相关法律法规，通常情况下保险公司不得同时经营财产保险和人身保险两种业务，且不能经营除保险法及其他相关法律法规规定的其他业务。

（一）监管现状

近几年，随着金融自由化，金融市场充斥着大量的金融创新产品，各类产品互相交错，高杠杆运作，横跨各个市场。中国保险市场也呈现出

"保险乱象"的局面。2015年7月,"宝万之争"爆发,引起了监管机构的极度重视,"宝能系"以"万能险"撬动杠杆,耗资数百亿元收购万科股权,将保险业不规范发挥到极致,而这背后涉及银行、保险、证券等多层市场,其资金也游走于"银证保"各自的监管边界。此次事件暴露了当时分业监管体系的漏洞,给监管部门敲响了警钟。

2016年进入金融业严监管时代,监管部门也对保险业提高了监管力度。监管部门接连颁布出台政策文件(见表5-3),以此来规范保险业务的发展。可以看出,中国保险业务监管主要强调了一些业务监管重点,例如在资金运用等方面进行了明确规定。

目前,中国也注意到统一监管的必要性,将中国保监会和中国银监会合并为中国银保监会,注重包括保险等多个行业在内的地方金融监管体系的建设。

表5-3 近年与中国保险业务监管相关的法律法规与政策文件

时间	文件名称	主要内容
2014年8月31日	《中华人民共和国保险法(2014修正)》	规定国务院保险监督管理机构及其派出机构依法对保险业实施监督管理,包括对保险合同等多种金融业务的监管细则
2015年2月13日	《保险公司偿付能力监管规则(1—17号)》	规定了保险公司的偿付能力要求,以及相应监管流程等
2015年7月22日	《互联网保险业务监管暂行办法》	规定了互联网保险业务的经营规则、信息披露等事宜。在风险管控上,对不能确保客户服务质量和风险管控的保险产品,保险机构应及时予以调整;互联网保险消费者享有不低于其他业务渠道的投保和理赔等保险服务等
2016年1月29日	《关于加强互联网平台保证保险业务管理的通知》	针对互联网平台保证保险业务存在的问题,重点对互联网平台选择、信息披露、内控管理等提出明确要求

续表 5-3

时间	文件名称	主要内容
2017年4月20日	《关于进一步加强保险监管 维护保险业稳定健康发展的通知》	全面分析了保险业面临的形势，明确了加强保险监管、治理市场乱象、补齐监管短板、防范行业风险的主要任务和总体要求
2017年4月23日	《中国保监会关于进一步加强保险业风险防控工作的通知》	要求全行业进一步加强风险防控工作，强化各保险公司在风险防控工作中的主体责任和一线责任。风险防控工作涉及流动性风险、资金运用风险、战略风险、新型保险业务风险、外部传递性风险、群体性事件风险、底数不清风险、资本不实风险和声誉风险九大重点领域
2017年4月29日	《关于强化保险监管打击违法违规行为整治市场乱象的通知》	着力整治虚假出资、整治公司治理乱象、整治资金运用乱象、整治产品不当创新、整治销售误导等
2017年5月7日	《关于弥补监管短板构建严密有效保险监管体系的通知》	要求各级保险监管部门要深入排查梳理，找准并弥补存在的短板，切实完善监管制度，改进监管方式，深化改革创新，构建严密有效的保险监管体系，提升监管效能和权威性
2017年5月24日	《关于保险业支持实体经济发展的指导意见》	构筑实体经济的风险保障体系、引导保险资金服务国家发展战略、创新保险服务实体经济形式、持续改进监管工作
2018年1月26日	《保险资金运用管理办法》	明确保险资金投资的主要形式，规定保险资金运用的管理模式，重点明确保险资金运用的决策机制和风险管控机制，要求保险机构健全公司治理和内部控制，切实承担各项管理职责和相关风险，明确监管机构对保险机构和相关当事人的违规责任追究

续表 5-3

时间	文件名称	主要内容
2018年2月23日	《反保险欺诈指引》	明确了保险机构承担欺诈风险管理的主体责任、明确了各单位在反欺诈协作配合机制中的职责、明确了保监会及其派出机构的职责
2018年8月7日	《关于银行业和保险业做好扫黑除恶专项斗争有关工作的通知》	对于保险业领域，要重点打击有组织的保险诈骗活动
2018年10月25日	《关于保险资产管理公司设立专项产品有关事项的通知》	化解优质上市公司股票质押流动性风险，为优质上市公司和民营企业提供长期融资支持，维护金融市场，规定保险资产管理公司设立专项产品的条件，规定专项产品投资范围，并且该专项产品不纳入保险公司权益类资产计算投资比例等
2020年1月3日	《关于进一步做好银行业保险业反洗钱和反恐怖融资工作的通知》	银保监会及其派出机构应做好银行保险机构市场准入环节的反洗钱和反恐怖融资审查工作。同时，应当将反洗钱和反恐怖融资工作情况纳入机构日常监管工作范围，督促银行保险机构建立健全反洗钱和反恐怖融资内部控制机制

（资料来源：作者根据相关材料整理。）

（二）保险业务监管需要完善之处

尽管中国对保险业务的监管日益加强完善，但随着经济、技术环境的变迁，仍存在一些需要完善之处。例如，互联网保险的法律法规不健全，险种创新监管不到位，以及对偿付能力监管没有做特别规定，互联网保险业务监管有待完善；目前保险市场的退出行为更多的是根据《中华人民共和国公司法》《中华人民共和国保险法》《中华人民共和国破产法》《中华人民共和国保险公司管理规定》涉及的保险公司撤销或破产的处理方式，然而，已经不能单纯根据这几部法律对目前的一些保险公司退出进行处理，保险业务的市场退出机制有待完善。此外，保险监管不仅要注重效率，而且要注重公平。

相对而言，欧美的保险监管体系更加的一体化和统一化，并且地方监管体系比较完备。中国应当充分借鉴国外保险监管经验，结合国情，形成适合自身发展的保险业务监管体系。此外，在偿付能力监管上，美国偿付能力监管制度对中国也具有借鉴意义。

四、信托业务

信托业务可分为担保信托、管理信托、处理信托。目前，信托业务监管由中国银监会及其派出机构负责。

（一）监管现状

自从 2007 年信托业第六次清理整顿之后，中国信托业步入了规范发展阶段。信托业的资产管理规模扩张速度极快，根据中国信托业协会公布的行业统计数据，2016 年信托资产余额已经达到 20.22 万亿元，9 年中实现了 20 多倍的规模扩张。

2016 年，在去杠杆大背景下，原银监会颁布了《商业银行理财业务监督管理办法（征求意见稿）》，明确规定信托作为银行理财对接非标产品的通道，给券商资管和基金子公司的通道业务带来严重冲击，信托业资产规模增速回升。

随着 2017 年年末资管新规的征求意见稿和 2018 年资管新规及相关细则的发布，信托业进入严监管时代，信托业务规模也于 2018 年年初大幅压降。2018 年，信托业严监管的主要体现是去杠杆与去通道。在去通道方面，由于"55 号文"的出台，再加上金融形势的严峻，大量信托公司在压降通道业务、严格的监管过程中暴露出一些问题。2018 年 8 月，信托版资管新规实施细则颁布，提出要区别对待事务管理类信托，监管力度适度缓和。近几年信托业的部分监管文件见表 5-4。

表 5-4　近年与中国信托业务监管相关的法律法规与政策文件

时间	文件名称	主要内容
2016年3月18日	《进一步加强信托公司风险监管工作的意见》	对信托资金池业务穿透管理，结构化配资杠杆比例原则上不超过1:1，最高不超过2:1；对信托公司的拨备计提方式提出改变
2017年4月20日	《信托业务监管分类试点工作实施方案》	对"八大业务"（债权信托、股权信托、标品信托、同业信托、财产信托、资产证券化信托、公益信托及事务信托）分类试点做出监管部署
2017年8月30日	《信托登记管理办法》	按照"集中登记、依法操作、规范管理、有效监督"的总体原则，主要规定了信托登记的定义及流程、信托受益权账户管理及信托登记信息管理、监管要求等
2017年12月22日	《关于规范银信类业务的通知》（银监会55号文）	明确银信类业务及银信通道业务的定义，规范银信类业务中信托公司的行为，加强银信类业务的监管，等等
2018年8月17日	《关于加强规范资产管理业务过渡期内信托监管工作的通知》	明确以财产权信托的名义开展资金信托业务的，适用于资管新规；明确公益（慈善）信托、家族信托不适用资管新规相关规定；区别对待事务管理类信托，支持信托公司开展符合监管要求的事务管理类信托等
2018年8月19日	《信托公司受托责任尽职指引》	进一步明确了信托公司在信托业务流程中的相应职责，促进信托业务操作的规范性，提高尽职履责水平

（资料来源：作者根据相关材料整理。）

（二）信托业务监管需要完善之处

当前，中国还存在信托监管体系不完善、信托公司偏离主业等方面的问题。前者主要表现为相关法律配套不完善、政策失效。例如，有学者对房地产信托业务监管政策的有效性进行了实证研究，发现中国房地产信托业务监管政策存在弊端，即以调控为目的的政策和以监管为目的的政策容易发生混淆和错配，而信托的政策规避特质和司法沉默进一步加重了监管政策的失效（陈敦等，2017）。另外，中国信托法律配套不全，立法真空导致监管机构无章可循，立法不完善使得监管机构职责分工不明确，监督机构不得不接纳"刚性兑付"的业务行为，而刚性兑付会阻碍信托行业的整体发展，应当予以规制（魏婷婷，2018）。后者则表现为很多信托公司偏离主业，发展协同主营业务的固有业务，这与固有业务监管要求低有着密不可分的关系。未来，监管部门要引领信托公司回归信托主业，要加强对固有业务的监管，同时也要进一步解决信托主业发展难题，做到发展与监管的平衡。①

五、影子银行

随着经济的快速发展，中国的影子银行也在不断地发展。对于影子银行的定义，金融稳定理事会（Financial Stability Board，FSB）定义影子银行为游离于金融监管体系之外，因未受到严格的审慎监管，可能引发系统性风险和监管套利的信用中介机构或业务活动（黄志刚、刘丹阳，2019）。2013年国家发布的《国务院办公厅关于加强影子银行监管有关问题的通知》首次界定了中国影子银行范畴：一是不持有金融牌照、完全无监管的信用中介机构，包括新型网络金融公司、第三方理财机构等；二是不持有金融牌照、存在监管不足的信用中介机构，包括融资性担保公司、小额贷款公司等；三是机构持有金融牌照、但存在监管不足或规避监管的业务，包括货币市场基金、资产证券化、部分理财业务等。总而言之，关于影子银行的界定还是较为模糊。② 在中国，影子银行既可以以机构的形式，也

---

① 参见袁吉伟《信托公司固有业务十年回顾和展望》，见信托网（http://www.suobuy.com/baijia/1426_1.html），2019年3月25日。
② 参见任泽平《同业存单或纳入同业负债 收缩影子银行业务》，见金融界网（http://bank.jrj.com.cn/2017/07/18065822761492.shtml），2017年7月18日。

可以以业务产品的形式出现。机构主要包括信托、券商、基金及其子公司、担保公司、小贷公司、P2P 网贷平台等非银行金融机构；而业务产品包括信托计划、信托受益权、票据买入返售、同业代付、委外投资、资管计划、同业理财、银行表外理财、票据贴现、信托贷款、信贷资产转让、委托贷款、小贷公司贷款、P2P 网络贷款等。①

随着影子银行形式的多元化以及规模的迅速增长，影子银行因其受监管弱、透明度低、操作杠杆高等给金融市场的稳定性、货币政策的有效性等带来风险。首先，中国影子银行的资金来源于理财等短期资金，而资金则多投资在非标、长期的设施建设项目和高风险项目，可能会造成流动性的期限错配，引发流动性风险（郝威亚，2018）。不仅如此，由于影子银行通过同业业务、结构嵌套增加杠杆，资金链条延长，可能导致金融系统的脱实向虚风险，容易引发系统性风险（王喆、张明，2018）。此外，影子银行从事的业务与商业银行类似，也具有一定的信用创造功能，对货币政策的传导与有效性也会产生重要影响，从而降低中国金融的稳定性（李向前等，2013）。因此，有必要对影子银行业务加强监管。

（一）监管现状

近十年来，影子银行业务的形式也变化多端（详见拓展阅读），业务创新与监管一直在博弈中。总的来说，中国影子银行业务创新与监管呈现出"业务创新—政策限制—规避监管—监管趋严—新创新出现"的状况。在 2017 年之前，影子银行规模呈快速爆发式增长，风险不断积累，对中国金融安全构成严重威胁（廖儒凯和任啸辰，2019）。于是，政府部门加强对影子银行监管工作，在 2017 年"去杠杆"的背景下，各监管机构出台一系列法律法规，影子银行规模大幅下降。2018 年年末，影子银行首次出现绝对规模和占 GDP 比重双降，规模为 61.3 万亿元，相比 2017 年减少了 4.3 万亿元，占 GDP 比重也由 2017 年的 79.93% 降为 68.09%（见图 5–4）。

2013 年年底国家发布的《国务院办公厅关于加强影子银行监管有关问题的通知》明确了"分业经营、分业监管"的原则，按照"谁批准，谁负责"，逐一落实各类影子银行主体的监督管理责任，银监会、证监会、

---

① 参见任泽平《中国影子银行报告：银行的影子和监管博弈》，见搜狐网（https://www.sohu.com/a/206008549_467568），2017 年 11 月 23 日。

保监会分别管理自己领域内的影子银行业务，而中央银行统一进行协调监管混业经营的业务，并且采用了中央和地方相结合的方式进行监管。影子银行的监管也多次被写进政府工作报告。2018年3月，李克强总理在《政府工作报告》中强调要强化金融监管统筹协调，健全对影子银行、互联网金融、金融控股公司等的监管，进一步完善金融监管。[①]

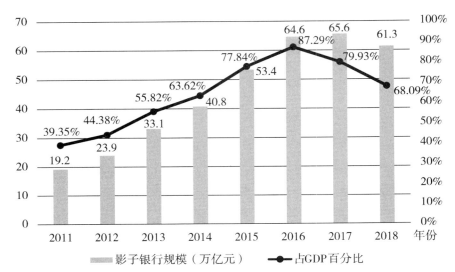

图5-4　2011—2018年影子银行（收入）规模及占GDP比重
（数据来源：作者根据相关材料整理。）

各类监管机构也出台了一系列规范性文件对影子银行业务进行监管。其中，银监会针对理财产品、银信合作等影子银行业务颁布了大量规范性文件，证监会也颁布了规范性文件，主要针对信托公司、资产证券化、私募基金等影子银行业务。自2016年以来的部分监管相关文件如表5-5所示。

---

① 参见郝臣、付金薇《金控公司治理十大病》，载《董事会》2018年第7期，第36～39页。

表5-5 近年与中国影子银行业务监管相关的法律法规与政策文件

时间	文件（措施）名称	主要内容
2016年4月27日	《关于规范银行业金融机构信贷资产收益权转让业务的通知》	转让后按原信贷资产全额计提资本，出让方银行理财资金不得直接或间接投资本行信贷资产收益权等
2016年7月14日	《证券期货经营机构私募资产管理业务运作管理暂行规定》（新八条底线）	结构化产品设杠杆率上限（股票类、混合类杠杆倍数不超过1倍，固定收益类不超过3倍，其他不超过2倍）。第三方机构及关联方不得以自有或募集资金投资结构化产品
2016年7月27日	《商业银行理财业务监督管理办法（征求意见稿）》	限制理财资金投资方向，提出第三方托管和计提风险准备等要求
2016年10月27日	"银行表外理财纳入MPA广义信贷监管范围"	将表外理财纳入MPA广义信贷指标范围，引导银行加强表外业务风险管理
2017年3月28日	《关于开展银行业"违法、违规、违章"行为专项治理工作的通知》	加强银行业的合规管理，在银行业金融机构中全面开展"违反金融法律、违反监管规则、违反内部规章"行为专项治理工作，主要形式是机构自查和监管检查
2017年3月28日	《关于开展银行业"监管套利、空转套利、关联套利"专项治理工作的通知》	针对当前各银行业金融机构同业业务、投资业务、理财业务等跨市场、跨行业交叉性金融业务中存在的杠杆高、嵌套多、链条长、套利多等问题开展的专项治理
2017年4月6日	《开展银行业"不当创新、不当交易、不当激励、不当收费"专项治理工作的通知》	机构自查与监督检查，对银行2016年年末余额的各类业务进行整治，检查银行同业、理财、信托业务中是否有"不当交易行为"，以及是否存在"不当创新、不当激励、不当收费"等行为

续表 5-5

时间	文件（措施）名称	主要内容
2017年4月7日	《中国银监会关于银行业风险防控工作的指导意见》	加强银行业风险防控工作，严守不发生系统性风险底线。对银行业的风险防控提出全面要求，明确风险重点监管领域；控制同业业务增量，规定新开展的同业投资不得进行多层嵌套；将同业业务纳入流动性监管
2017年4月10日	《关于切实弥补监管短板提升监管效能的通知》	主要在监管制度建设、风险源头遏制、非现场监督、信息披露监管、监管处罚、责任追究等方面进一步强化
2017年4月26日	《关于进一步规范地方政府举债融资行为的通知》	重点在全面组织开展地方政府融资担保清理整改工作、切实加强融资平台公司融资管理、规范政府与社会资本方的合作行为、进一步健全规范地方政府举债融资机制、建立跨部门联合监测和防控机制、大力推进信息公开等方面
2017年12月22日	《银监会关于规范银信类业务的通知》	对商业银行、信托公司在银信业务、银信通道业务方面进行规范，如商业银行在银信通道业务方面，要还原业务实质，不得掩盖风险实质，规避资金投向、资产分类、拨备计提和资本占用等监管规定，不得通过信托通道将表内资产虚假出表
2018年1月5日	《商业银行委托贷款管理办法》	商业银行不得接受委托人下述资金发放委托贷款：受托管理的他人资金，银行的授信资金，具有特定用途的各类专项基金（国务院有关部门另有规定的除外），其他债务性资金（国务院有关部门另有规定的除外），无法证明来源的资金

续表 5-5

时间	文件（措施）名称	主要内容
2018年1月13日	《关于进一步深化整治银行业市场乱象的通知》	抓住影子银行及交叉金融产品风险这个重点，严查同业、理财、表外等业务层层嵌套，违规加杠杆、加链条、监管套利等行为。影子银行和交叉金融产品风险：违规开展同业、理财、表外、合作业务
2018年4月27日	《关于规范金融机构资产管理业务的指导意见》	全面规范金融机构资产管理业务：明确资管产品分类标准；区分表内表外，打破刚性兑付；规范资金池；控制杠杆水平；消除多层嵌套和通道等；实施机构与功能监管结合的穿透式、宏观审慎、实时监管
2018年9月28日	《商业银行理财业务监督管理办法》	严格区分公募和私募理财产品，加强投资者适当性管理；规范产品运作，实行净值化管理；规范资金池运作，防范影子银行风险，去除通道，强化穿透管理；设定限额，控制集中度风险；加强流动性风险管控，控制杠杆水平；加强理财投资合作机构管理，强化信息披露，保护投资者合法权益；实行产品集中登记，加强理财产品合规性管理等
2018年12月2日	《商业银行理财子公司管理办法》	在"公募理财产品投资股票和销售起点方面""销售渠道和投资者适当性管理方面""非标债权投资限额管理方面""产品分级方面""理财业务合作机构范围方面"以及"风险管理方面"进行了改进

（资料来源：作者根据相关材料整理。）

（二）影子银行业务监管需要完善之处

自 2016 年以来，中国逐步加强对影子银行业务的监管力度，但还是存在一定的监管问题，主要包括：金融监管法规制度体系不完善，在某些领域还缺乏相应的监管法规，比如民间借贷，目前高利贷制度仍没有相关法律约束，其借贷标准、违法责任追究等无法可依；在网络金融上，缺乏法律法规对其批准设立、运营模式、风险跟踪提示及信息披露进行规范。或者部分法律文件已经过时，无法适应中国影子银行体系（李震宇，2018）。缺乏有效的监管协调机制，影子银行的发展打破了银行业、证券业和保险业之间经营的界限，而目前中国的主要监管机构在进行监管时，主要是"分业监管"，虽然先前银监会、保监会、证监会建立了"监管联合会议机制"，在一定程度上起到协调作用，但是实际情况中监管机构更多的还是关注自身职责，所以监管协调方面可能存在问题。此外，在不同领域，监管的标准不同，缺乏协调统一，可能导致监管套利（巴曙松，2017）；多头监管缺乏有效的协调机制，可能导致监管出现真空与重叠（陈洪波，2017）。

对此，可参考美、英对影子银行监管改革的举措。例如美国 2010 年 7 月颁布的《多德－弗兰克法案》，该法案旨在允许美国金融监管机构放弃原有的监管惯例，按照"谁是金融中介功能的最终实施者"这一思路对影子银行体系进行管控（巴曙松，2017），同时也成立了金融稳定监督委员会和消费者金融保护局，设立了"沃尔克规则"。英国则是在 2009 年全球金融危机之后，才发布《银行法》确立了金融稳定委员会，明确英格兰银行在金融体系中的重要地位，对影子银行活动也进行了有针对性的监管（马奔腾、张长全，2019）等措施。结合中国对影子银行业务监督发展实践，建立健全影子银行监管法律法规制度；建立宏观审慎与微观审慎相结合的监管体制；构建影子银行的动态风险监测、预警以及防控机制；完善影子银行国际监管合作机制建设。

◆拓展阅读◆

影子银行十年的"风花雪月"

中国影子银行的发展历程，就是一场业务创新与监管博弈的"猫鼠游戏"。那么这十年来的银行与监管的斗智斗勇，是如何进行的呢？我们分四个阶段来看。

(一) 第一阶段 (2008—2010 年): 银信合作

2008 年金融危机过后, 政府提出"四万亿计划"救市, 银行放贷不断增加, 但是却受到了存贷比、资本金、合意贷款规模限制。表内信贷业务无法满足超额的贷款需求, 银行开始借助表外进行放贷。银行在茫茫人海中找到了信托公司, 因为这时候的信托公司投资限制少, 又可以发放贷款。很快, 双方进行了合作, 简单来说, 就是银行通过发行理财产品募集资金, 然后用其募集到的资金购买信托产品, 信托公司再把钱借给缺钱的企业, 特别是基建和房地产领域的企业 (见图 5-5)。

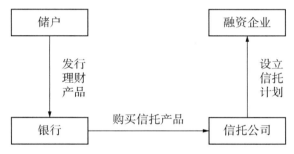

图 5-5 第一阶段: 银信合作

在银信合作中, 类信贷资产无法在表内体现, 使得反映银行风险的资本充足率指标失效, 不利于对其风险进行监管。于是, 监管部门着手处理这个问题。2010 年 8 月 5 日, 银监会颁布《关于规范银信理财合作业务有关事项的通知》; 8 月 24 日, 颁布了《信托公司净资本管理办法》; 2010 年 12 月和 2011 年 1 月, 银监会又分别发布《关于进一步规范银行业金融机构信贷资产转让业务的通知》和《关于进一步规范银信合作理财业务的通知》。几个文件要求银行理财业务由表外转向表内, 也对信托公司的资本金做了要求, 银信合作业务的规模遭到了重创。此后, 一方面, 银行开始绕过信托产品, 通过设立过桥企业避开监管的规定; 另一方面, 银行也开始寻求新的通道接替信贷公司将表内资产挪至表外。

(二) 第二阶段 (2011—2013 年): 多通道合作

银信合作模式受到限制后,《巴塞尔协议Ⅲ》在中国落地, 2012 年银监会发行了《商业银行资本管理办法 (试行)》, 对资本充足率等监管指标提出更为苛刻的要求。恰逢这时候, 证监会鼓励券商、基金公司、期货公司等金融机构从事资管业务，于是银行开始寻求新一轮的合作，交易主体结构更为复杂，采取多通道进行合作。比较典型的是银证信合作模式（见图5-6）。

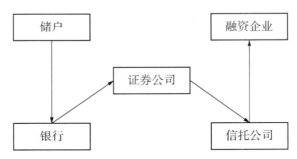

图5-6　第二阶段：多通道合作

2013年3月，中国银监会出台《关于规范商业银行理财业务投资运作有关问题的通知》，对理财产品投资非标资产进行规范，规定银行理财投资非标资产（即影子银行放贷）的余额不能超过理财产品余额的35%且不能超过商业银行总资产的4%。这也意味着通过理财产品募集资金进行影子银行放贷的通道被堵住。

（三）第三阶段（2013—2017年）：同业业务

银行没有办法用理财产品的资金购买过多的非标资产，又因为有资本充足率（资本净额与风险加权资产之比）的限制，于是银行开始把目光投向其他银行，互为影子（见图5-7）。

图5-7　第三阶段：同业业务

银行A先买了信托产品，然后把信托受益权卖给银行B，同时答应银行A未来会将其购回。实质上，是银行B把钱借给了融资企业，银行A

和信托公司只是充当影子功能，赚取费用。然而，对银行 A 来说，资产出表并不会增加风险加权资本，而对银行 B 来说，会把这笔交易计入"买入返售金融资产"，相当于借钱给银行而不是企业，故可以节省资本金。这种操作早在 2012 年就开始有了，于 2013 年（在 8 号文之前）达到顶峰。

2014 年年初，《关于规范金融机构同业业务的通知》颁布后，相关规定对同业业务的要求更加严格。这个规定特别针对同业非标业务，规定买入返售下的金融资产必须为银行承兑债券等标准化资产，而且卖出回购方不可以把资产挪出表外。

买入返售的操作受到限制后，银行用类似的方式买同业的应收账款，躲开了监管。这一阶段，监管和业务的创新互相促进，不断加强。随着 2014 年之后宽松货币政策的实施，各影子银行机构"资金池"业务获得了更为宽松的流动性，随着实体经济回报率下降，资金脱实向虚，金融机构间加杠杆"空转套利"愈演愈烈，影子银行规模持续扩张。

（四）第四阶段（2017 年至今）：开始消亡

2016 年 7 月以来，"一行三会"开始推进金融市场去杠杆进程，并出台了一系列监管文件。直至 2018 年资管新规的落地，监管的核心变成了"打破刚性兑付"和"穿透式监管"，影子银行业务规模急剧缩减，影子银行开始走向"消亡"。

［资料来源：任泽平《中国影子银行报告：银行的影子和监管博弈》，见搜狐网（https：//www.sohu.com/a/206008549_467568），2017 年 11 月 23 日。肖璟《中国影子银行极简史：十年的相爱相杀》，见搜狐网（https：//www.sohu.com/a/294654355_117959），2019 年 2 月 14 日。］

第三节　金融市场监管

一、对货币市场的监管

（一）监管主体及目标

中央银行作为金融市场管理者，在金融市场上的特殊地位决定了它是最适合于制定及实施对货币市场进行监管的法令、条例的机构，所以中国中央银行承担着一定的监督职责，在货币市场尤为如此。因而，货币市场的监管主体就是中央银行。在监管目标上，中央银行既要维持货币市场的稳定性，同时也要确保货币市场高效运作和货币市场竞争的公平性。

（二）各子市场监管历程

中国的货币市场是指一年以下的短期资金融通市场。货币市场主要包括同业拆借市场、商业票据市场、可转让大额定期存款单市场等，其监管历程如下。

1. 同业拆借市场

中国的同业拆借始于 1984 年，直到 1996 年才正式建立全国统一的银行间同业拆借市场。1996 年 1 月 4 日，央行发布了全国统一的同业拆借利率——中国银行同业拆借市场加权平均利率，并取消了同业拆借利率上限，实现了由利率管制向利率市场化的转变（廖乐一，2010）。

2007 年，央行颁布《同业拆借管理办法》，在市场准入、拆借限额、拆借期限、资金用途等方面有所放松，而在信息披露、事后监督检查等方面有所加强，并且规定了央行对同业拆借市场的三种监管方式：非现场监管、现场检查和约见谈话，同时也明确了各主体的法律责任。2017 年 1 月，上海银行间同业拆借利率报价制改革正式实施。《同业拆借管理办法》和拆借利率的配套出台，也标志着中国正在稳步推进利率市场化。

2016 年 2 月，国务院正式取消金融机构进入全国银行间同业拆借市场的行政审批事项，这意味着中国同业拆借市场发展得比较成熟，市场化水平不断提高。2016 年 8 月，《银行间同业拆借市场业务操作细则》出台，进一步明确了金融机构进入全国银行间同业拆借市场相关流程和事中事后监管要求。

2. 商业票据市场

商业票据市场是以商业票据为金融工具，主要从事短期融资交易或者融资业务的货币市场。商业票据市场通过贴现、再贴现、转贴现等业务把商业银行、中央银行、企业各部门联系在一起，成为货币政策的传导渠道。

自改革开放到 21 世纪之前，中国的商业票据市场处于探索起步阶段，票据交易极不活跃。商业票据业务的法律制度基础在 21 世纪之前已经初步确立。1984 年，中国人民银行颁布了《商业汇票承兑、贴现暂行办法》《银行结算办法》。1995 年，《中华人民共和国票据法》通过，中国票据市场进入法制化轨道。1997 年，中央银行印发了《票据管理实施办法》《支付结算办法》《商业汇票承兑、贴现与再贴现管理暂行办法》等一系列文件，加强了对商业汇票的宏观管理和制度建设（肖小和，2018）。

2000年至2015年是中国票据市场规模迅猛扩张的阶段。在这个阶段，因为经济的繁荣发展，带来更多的实体经济融资需求，票据的多重功能正好迎合中小银行的需求，票据受到商业银行的极度重视，因此票据市场规模快速增长。在此期间，中国电子商业汇票系统建成，为规范电子商业汇票业务健康发展，央行于2009年10月印发了《电子商业汇票业务管理办法》。2013年7月，中央银行取消贴现利率，采用在再贴现利率基础上加点确定的方式，从而正式确立金融机构自主决定贴现利率的市场化定价机制。

从2016年起，中国的金融监管核心是去杠杆和严监管，票据市场进入规范稳健发展阶段。票据业务回归本源，业务链条缩短，资金嵌套减少，业务开展更加注重规范，市场规模也进一步萎缩。为了进一步引领电子商业汇票的规范使用及配合上海票据交易所的运行，央行于2016年8月和12月分别印发《关于规范和促进电子商业汇票业务发展的通知》《票据交易管理办法》。同年12月，上海票据交易所也发布了一系列文件，如《票据交易主协议》《上海票据交易所票据交易规则》，填补了票据市场法律法规的空白，健全了中国票据市场制度体系，同时也有利于中国票据市场向着操作规范化、交易电子化、信息透明化的轨道并拢。

3. 可转让大额定期存单市场

中国的可转让大额定期存单市场起步晚，其发展过程较为曲折。

1986年中国就引入了大额存单业务（CDs），主要是由交通银行等商业银行首先发行，其利率比同期存款上浮10%，并且可流通转让。由于当时全国缺乏统一的管理办法和安全稳定高效的交易环境，导致市场出现了混乱，于是中央银行陆续颁布法律整肃CDs市场。在1989年5月下发了《大额可转让定期存单管理办法》，随后在1990年5月又下达通知规定，限定向企事业单位和个人发行的CDs利率，CDs的利率优势下降，CDs市场开始陷于停滞状态（史晨昱，2008）。

1996年，人民银行对《大额可转让定期存单管理办法》进行修改，明确了CDs的审批、发行面额、发行期限、发行利率和发行方式等。然而，由于没有建立统一的二级交易市场，大额存单业务市场还是出现了一系列问题。中央银行于1997年暂停审批银行的CDs发行申请，CDs市场的发展暂告一段落。

随着中国利率市场化改革的推进，2015年6月2日，央行发布了《大额存单管理暂行办法》，再次推出大额存单业务，允许商业银行、政策性银行和农村合作金融机构以及中国人民银行认可的其他存款类金融机构，面向企业和个人投资者（前者认购金额不低于1000万元，后者不低于30万元）发行标准期限的记账式大额存单凭证，并明确利率以Shibor（上海银行间同业拆放利率）为基准，采用市场化定价的方式，部分突破了存款利率的上限管制（许坤、黄璟宜，2015）。这使得大额可转让存单在中国再次得到发展，大额存单的重启也验证了利率市场化再进一程。

（三）国际货币市场监管经验

国际货币市场的监管为中国在促进相关市场监管方面提供了丰富的经验。例如，在同业拆借市场方面，美国联邦基金市场的交易模式是通过联邦基金经纪商进行的，具体就是经纪商把资金需求方和供给方集合起来，然后通过电话和计算机屏幕设备简要说明相关的可贷资金及相应的利率水平（谢德杰，2011）。日本绝大多数的拆借交易都是由中介机构——短资公司完成的。总的来说，这种方式使交易更有效率，减少了市场寻租行为，使得拆借利率更能反映资金的供求状况（巴曙松，1997）。在商业票据市场方面，则应加强对评级机构的监管（胡松，2007；牛艳飞，2016）。在大额存单市场方面，则可以参考美国和日本的经验，循序渐进放开大额存单利率管制（高勇，2015），加强CDs监管，推动金融监管改革等（蒋旭成等，2016）。

二、对证券市场的监管

（一）监管主体及目标

根据《中华人民共和国证券法》规定，国务院证券监督管理机构依法对全国证券市场实行集中统一监督管理。国务院证券监督管理机构根据需要可以设立派出机构，按照授权履行监督管理职责。同时，在国家对证券发行、交易活动实行集中统一监督管理的前提下，依法设立证券业协会，实行自律性管理。

由于各国的国情和发展阶段不同，对于证券市场监管的具体模式和相应法规也有所差异，但在监管目标上具有较强的统一性。根据国际证监会组织 1998 年颁布的《证券监管目标与原则》，证券市场监管的主要目的是：保障投资者之合法权益；确保证券市场的公平、透明、效率；降低证券市场的系统性风险（Michael、张文，2004）。

（二）中国证券市场监管体系发展历程

对应证券市场的发展历程，中国的证券市场监管大体可以分为三个阶段（王凯迪，2019）。

1. 分散监管的起步阶段（1981—1991 年）

在中国证券市场的发展初期，尚未形成集中统一的监管体系，证券市场监管比较分散，且监管主体较多。在该阶段，主要由中国人民银行作为证券主管机关，负责金融债券、企业债券等的发行管理以及证券交易市场、股票发行试点的管理，中国经济体制改革委员会等部门和上海、深圳地方政府也充当着主要管理者的角色。由于缺乏集中统一的监管机构和相应的法律体系支撑，当时证券市场的监管较为混乱。

2. 证券委＋证监会统一监管的过渡阶段（1992—1997 年）

1992 年 10 月 26 日，国务院证券委员会和中国证券监督管理委员会的成立标志着中国证券市场统一监管体制开始形成。1993 年 4 月 22 日，《股票发行与交易管理暂行条例》出台，首次以全国性法规体系的形式对证券市场做出相关规定，为日后证券法的出台奠定了基础。同年 7 月，鉴于不断发展的资本市场对于一部全国性的证券法的迫切需要，第七届全国人大常委会做出了起草《中华人民共和国证券法》的决定，证监会开始着手证券法的立法工作。

在这个阶段，《禁止证券欺诈行为暂行办法》《关于严禁操纵证券市场行为的通知》等一系列证券市场的法规、规章及规范性文件陆续发布。同时，全国各地也成立了很多证券监管机构，包括证券管理办公室和证监局等，证券市场的统一监管体系更加明晰。

3. 中国证监会领导下的集中统一监管阶段（1998 年至今）

1997 年 8 月，上海、深圳证券交易所划归中国证监会监管，进一步增强了证券市场监管的集中性。同年 11 月，原由中国人民银行监管的证券经营机构也划归中国证监会统一监管。1998 年 4 月，国务院证券委撤销，相关职能划归到证监会，中国集中统一的全国证券监管体制基本形成（张计平，2002）。1998 年 12 月，第九届全国人大常委会通过《中华人民共和国证券法》,这是中国第一部由国家最高立法机构制定的对证券市场实施监管的经济法,正式在法律层面确定了中国证券市场集中统一监督管理的监管体系,为证券市场的健康稳定持续发展提供了法律保障。中国证券市场监管进入了新的历史时期,2001—2013 年与中国证券市场监管相关的部分政策文件见表 5-6。

表 5-6　2001—2013 年与中国证券市场监管相关的法律法规与政策文件

时间	名称	重要意义
2001 年 6 月	《关于规范证券投资基金运作中证券交易行为的通知》	拉开了打击证券市场违规的序幕
2002 年 12 月	《合格境外机构投资者境内证券投资管理暂行办法》	标志着中国 QFII 制度正式启动
2004 年 2 月	《国务院关于推进资本市场改革开放和稳定发展的若干意见》	强调了证券市场的重要地位,为证券市场注入强劲的发展动力
2005 年 4 月	《关于上市公司股权分置改革试点有关问题的通知》	正式拉开股权分置改革工作的序幕
2005 年 10 月	《中华人民共和国证券法(修订案)》	完善了证券发行程序,有利于保护投资者利益
2005 年 7 月	《证券公司综合治理工作方案》	开启了为期三年的证券公司综合治理工作。治理完成后,众多历史累计风险和问题得以解决,证券业进入常规监管期
2009 年 3 月	《首次公开发行股票并在创业板上市管理暂行办法》	首次对创业板股票发行做出了有关规定。同年 10 月,中国创业板正式上市,标志着中国多层次资本市场体系框架基本建成
2013 年 11 月	《关于进一步推进新股发行体制改革的意见》	新一轮新股发行制度改革正式启动
2013 年 12 月	《国务院关于全国中小企业股份转让系统有关问题的决定》	新三板市场正式扩容至全国,标志着多层次资本市场体系的建立和完善

(资料来源:作者根据相关材料整理。)

2015年股票市场出现巨幅波动，为了促进证券市场的健康稳定发展，证监会的监管思路由鼓励创新变为稳中求进，去杠杆、引导资金脱虚向实成为整个金融市场监管的主流导向。自2016年起，"一行三会"密集颁布了一系列政策，共同推进资管行业供给侧改革，证券市场进入严监管时代。

2016年10月1日，新修订的《证券公司风险控制指标管理办法》正式实施，将原有净资产/负债、净资本/负债两个杠杆控制指标，优化为一个资本杠杆率指标；并规定境内证券公司资本杠杆率不得低于8%，提升了风控指标的完备性和有效性。

2018年4月27日，央行、银保监会、证监会、外汇管理局联合印发《关于规范金融机构资产管理业务的指导意见》，正式拉开了新一轮的资管去杠杆的大幕。

2019年1月30日，证监会发布《关于在上海证券交易所设立科创板并试点注册制的实施意见》，开启了有序推进设立科创板并试点注册制的各项工作。同年3月1日，《科创板首次公开发行股票注册管理办法（试行）》和《科创板首次公开发行股票注册管理办法（试行）》发布；6月13日，科创板正式开板，中国资本市场迎来了一个全新板块。

2019年12月20日，证监会发布《关于修改〈非上市公众公司监督管理办法〉的决定》和《非上市公众公司信息披露管理办法》，明确了新三板改革和监管的具体制度安排，以推动新三板各项改革措施平稳落地，弥补多层次资本市场服务中小企业的短板，更好地服务于实体经济。

2019年12月28日，十三届全国人大审议通过了修订后的新《中华人民共和国证券法》。新《中华人民共和国证券法》于2020年3月1日起正式施行。新《中华人民共和国证券法》在强化信息披露、打击中介机构违法、保护投资者等方面打出了一系列"组合拳"，为资本市场深化改革提供了坚实的法制保障。

◆拓展阅读◆

中国科创板的设立

科创板的设立是中国为推进供给侧结构性改革、增强市场包容性、提升资本市场对提高中国关键技术核心创新能力的服务水平而做出的重大改革举措。2018年11月5日,国家主席习近平在首届中国国际进口博览会开幕式上宣布设立科创板并试点注册制。2019年7月22日,科创板正式开板。截至2020年2月28日,科创板累计受理企业210家,上市公司数量已达92家,另有1家企业处于发行中,有2家企业已获得注册批复。

科创板是面对科技型和创新型中小企业的板块,重点支持新一代高新技术、新能源、生物医药等高新技术产业和战略性新兴产业。创新板精简优化并设置了多元包容的上市条件,允许符合科创板定位、尚未盈利或存在累计未弥补亏损的企业及符合相关要求的特殊股权结构企业和红筹企业在科创板上市。同时,板块试点推行注册制,将上市审核权下放上交所,大幅缩短了审核时间。在定价机制方面,板块取消直接定价方式,全面采用市场化的询价定价方式,对新股定价不设限制。

科创板是中国建设多层次资本市场体系中的一次重大创新,大大增强了市场对创新企业的包容性和适应性,促进了资本市场和科技创新的融合,对中国"创新驱动发展"战略的落实有着重大意义。同时,注册制的实施也导致了证券市场监管重心向事中事后监管的转移,对于监管部门提高信息披露质量,为投资者提供真实透明的信息也提出了较高要求。中国现阶段仍应努力构建完备的以信息披露为核心的法律体系,在立法、执法、司法各个层面确保信息披露理念落地,将监管重心转移到对上市公司信息披露质量的监管和违法违规惩处上。

[资料来源:《2019中国科创板全面解读报告:设立背景、上市规则及28家企业分析》,见前瞻产业研究院网(https://bg.qianzhan.com/trends/detail/506/190425 – b10916e0.html),2019年4月25日。任泽平《科创板首战告捷,配套改革任重道远》,见虎嗅网(https://www.huxiu.com/article/332402.html),2019年12月23日。]

(三)中国证券市场监管存在的问题及完善建议

当前,中国证券市场监管仍存在自律监管组织独立性较弱、证券监管相关法律法规不完善等方面问题。美国证券市场作为世界上规模最大的证券市场,拥有运转良好的多元化证券市场监管体系。对此,可合理借鉴美国的监管经验,正确统筹集中统一监管、行业自律监管和市场力量自发监管力量是中国证券市场监管未来应瞄准的方向。同时,建立具有中国特色的证券集体诉讼制度,对于维护投资者的权益也具有重大意义,这也正是新《中华人民共和国证券法》在投资者保护专章所提到的新的探索。

三、对债券市场的监管

(一) 监管主体

目前,中国的债券市场监管呈现多头监管模式,监管机构主要包括人民银行、发改委、财政部、银保监会、证监会。

中国债券市场监管方式是根据市场、债券类别和业务环节的不同进行分别监管。根据市场划分,中国的债券市场分成场外交易市场(银行间债券市场、柜台债券市场)、场内交易市场(交易所债券市场)。其中,银行间债券市场有人民银行进行监管,交易所债券市场由证监会进行监管。根据债券类别划分,中国的企业债由发改委进行监管,公司债由证监会监管,国债和地方债券由财政部监管。具体的债券市场监管体系见表5-7。

表5-7 债券市场监管体系

监管类别			监管机构
产品发行审批监管	国债、地方政府债券		财政部
	中央银行债券:央行票据		中国人民银行
	金融债	政策性银行债	
		特种金融债	
		非银行金融机构债	
		商业银行债	中国人民银行、银保监会
		证券公司短期融资债	
		证券公司债券	中国人民银行、证监会
	保险公司债券		银保监会
	非金融机构债	企业债	发改委
		中期票据	银行间市场交易商协会自律监管
		短期融资券	
		超短期融资券	
		中小企业集合债券	
		中小企业集合票据	
		资产支持证券	中国人民银行、银保监会、证监会
		可转换债券	证监会
		分离交易可转换债券	
		公司债券	
	国际机构债券		中国人民银行、发改委、证监会、财政部

续表 5-7

监管类别		监管机构
交易场所监管	交易所市场（沪、深两市）	证监会
	银行间市场	中国人民银行
	商业银行柜台市场	中国人民银行、银保监会
清算、结算和托管机构监管	中国证券登记结算有限责任公司	证监会
	中央国债登记结算有限责任公司	中国人民银行、财政部、银保监会
	银行间市场清算所股份有限公司	中国人民银行

[资料来源：《中国债券市场体系大全详解》，见搜狐网（https://www.sohu.com/a/135521251_499067），2017年4月6日。]

（二）中国债券市场监管体系的发展历程

1. 债券市场起步阶段（1981—1993年）

1981年，中国国债恢复发行，规模逐渐扩大；1988年年初，中国尝试国债流通转让的试点工作，奠定国债二级市场（柜台交易市场）发展基础。由于金融债券规模较小，企业债券规模逐年增大，1985年，中国开始发行金融债券，其发行主体主要是四大国有独资商业银行，发行规模较小。1988年，中国开始发行企业债券，规模逐年增大。直至1993年，国务院颁布新的《企业债券管理条例》，对企业债券实行额度管理和审批制，债券市场得到规范，但规模也随之缩小。

2. 债券市场多头监管格局形成（1994—2015年）

在这段时期，中国债券市场多头监管的局面开始形成。《企业债券管理条例》规定中央企业发行的企业债券，由中国人民银行会同国家计划委员会（即国家发展改革委员会）审批；地方企业发行的企业债券，由中国人民银行省、自治区、直辖市、计划单列市分行会同同级计划主管部门审批（郭雳，2005）。1997年3月25日，《可转换公司债券管理暂行办法》规定，可转换公司债券的发行由中国证监会审批。1999年12月，中国人民银行提出的《关于企业债券改由国家计委审批的请示》得到批准，意味着企业债券发行总规模和审批企业债券发行由国家计委统一负责。

2003年8月29日，中国证监会发布《证券公司债券管理暂行办法》，规定经中国证监会批准后证券公司可以发行债券。然而,由于《企业债券管理条例》的规定("企业发行短期融资券按照中国人民银行有关规定执行"),中国证监会并不完全掌握证券公司的债券发行的审核权(范中超、马骁驰,2008)。2004年10月18日,《证券公司短期融资券管理办法》的发布,确定了证券公司短期融资券由中国人民银行和中国证监会联合管理,其他短期融资券则由中国人民银行独立管理(范中超、马骁驰,2008)。

然而在这段时期,中国企业债券不能公开上市流通和转让,投资需求不足,影响了企业债券的发展。直到2007年8月14日,中国证监会颁布《公司债券发行试点办法》,规定境内发行公司债券需要中国证监会核准,而且仅限于沪、深证券交易所上市的公司及发行境外上市外资股的境内股份有限公司(范中超、马骁驰,2008)。2008年1月2日,《关于推进企业债券市场发展、简化发行核准程序有关事项的通知》发布,明确上市公司发行公司债券不属于国家发展改革委管理(范中超、马骁驰,2008)。2015年1月15日,证监会颁布《公司债券发行与交易管理办法》,明确了非上市公司亦可发行公司债,公司债券的发行方式既可以是公开发行,也可以是非公开发行。在中国就形成了这样一种债券发行的多头管理体制。①

3. 债券进入严监管时代(2016年至今)

(1)贯彻"强监管、去杠杆、防风险"的指导思想(2017—2018年)。2016年前后,股票市场波动加大、资金收益率下降,大量杠杆资金涌入债券市场,使得债券市场杠杆率达到历史顶点。尤其是在打破债券市场刚性兑付的背景下,这种高杠杆使得债券一、二级市场风险相互传染与交叠,整个债券市场处于系统性风险的环境中(管晓明,2016)。"强监管、去杠杆、防风险"已然成为2017年债券市场监管的主基调。2017年8月15日,发改委下发《关于在企业债券领域进一步防范风险加强监管和服务实体经济有关工作的通知》,提出加大对国有企业"去杠杆"和处置僵尸企业等重点工作的融资支持力度。2017年12月29日,《关于开展2018年度企业债券存续期监督检查和本息兑付风险排查有关工作的通知》

---

① 参见宋常、韩斯玥、张羽瑶《中国债券市场的多头监管:低效监管抑或部门竞争》,载《上海金融》2013年第2期,第54~59页。

颁布，该通知要求各地发展改革委和有关中央企业认真对已发行企业债券的募集资金使用、募投项目建设等情况开展检查，抓紧建立企业债券管理数据库，同时启动开展 2018 年度企业债券本息兑付风险排查工作。2018 年对地方政府债务风险的防范与监管已扩展到资金方和中介机构，全面遏制了地方政府隐性债务的增量。

（2）加强协调监管机制，各项制度持续完善（2018—2019 年）。2019 年监管机构出台了一系列政策，旨在提高市场效率，提高银行间市场和交易所市场转托管效率、统一各债券品种信息披露制度、扩大商业银行进入交易所市场范围、完善债券回售转售机制等（中国工商银行金融市场部课题组，2020）。在持续完善各项制度的同时，债券市场统一、协调监管也取得了实质性突破。一是统一了公司信用类债券的信息披露要求。2019 年 12 月 20 日，人民银行、发改委、证监会就《公司信用类债券信息披露管理办法（征求意见稿）》公开征求意见，在推动公司信用类债券信息披露规则统一和完善信息披露制度上迈出了重要的一步。二是创建了信用评级统一监管制度框架。2018 年 11 月 29 日，人民银行、发改委、财政部、证监会联合对外公布《信用评级业管理暂行办法》，明确了行业规范发展的政策导向，弥补了制度短板，信用评级行业进入了统一监管的新阶段。三是建立了债券市场统一执法机制。2018 年 12 月国家发布的《关于进一步加强债券市场执法工作有关问题的意见》，明确证监会依法对银行间债券市场、交易所债券市场违法行为开展统一执法工作，中国人民银行、发改委等协同配合。

（三）中国债券市场监管存在的问题及完善建议

尽管中国债券市场监管不断完善，但仍存在多重监管、法律法规尚不完善以及信用评级机制有待提高等方面问题（刘庭竹，2018；沈炳熙，2010；牛玉锐，2019）。对此，可参考发达国家相关经验，进一步促进中国债券市场监管的完善。例如，发达国家对于信用评级行业的监管制度具有"松紧"结合的特点。"松"体现在放宽债券市场准入的信用级别门槛、促进信用评级行业自律等方面，以增强信用评级服务的市场化程度；"紧"体现在信用评级市场准入、事中监管等方面，以维持评级服务市场基本秩序（简尚波，2019）。中国可借鉴其经验，通过强化招投标以及评级过程的行政监管，使监管层对评级机构的监管形成常态化；通过强化行政监管与市场化监管,进一步完善中国债券市场信用评级机制。

四、对外汇市场的监管

(一)监管主体和目标

外汇市场监管,是指国家政府动用经济手段、政治手段或法律方法对外汇市场进行监管,包括外汇的收支、使用、结算、买卖、汇率等方面。中国对外汇市场进行监管的主体为中国人民银行授权的国家外汇管理局,中国人民银行负责整体的宏观监管,外汇管理局及其分支局负责微观的外汇监管,例如国际收支和外汇储备等方面的监督管理。其监管目标在于弥补外汇市场机制的失灵,保护利益相关者的合法权益,维护市场公平有效、透明稳定,促进外汇市场各项功能的发挥,从而实现维护金融稳定、促进经济增长的最终目标(陈小五,2004)。

(二)外汇市场监管内容

1. 银行结售汇市场监管

结汇是指外汇收入所有者将外汇卖给外汇指定银行,售汇是指外汇指定银行将外汇卖给外汇使用者,结售汇均根据交易日的汇率进行转换。根据2008年修订后的《外汇管理条例》,以及1996年颁布实施的《结汇、售汇及付汇管理规定》,中国对经常账户下的国际支付转移不做限制,但禁止外币在国内流通和计价(特殊规定除外),并对资本账户的兑换进行严格限制。简单来讲,外汇管理局主要在外汇账户、收结外汇、购付外汇三个方面进行监管。

2. 银行间外汇市场监管

银行间外汇市场是指国家外汇管理局批准的可以经营外汇业务的境内金融机构(包括银行、非银行金融机构和外资金融机构)之间通过中国外汇交易中心进行人民币与外币交易的市场。

根据1996年发布的《银行间外汇市场管理暂行规定》,中国外汇交易中心在国家外汇管理局的监管下,负责外汇市场的组织和日常业务管理。交易中心会员须经交易中心理事会同意,并报备外汇管理局。此外,市场内的交易时间和交易方式也须报备外汇管理局并经过批准。按照规定,中国人民银行授权国家外汇管理局规定和调整每日外汇市场交易价格的最大浮动幅度,且中国人民银行可以在银行间外汇市场买卖外汇,以满足货币政策实施的需要。交易中心依照本规定制定交易中心章程、业务规则，报国家外汇管理局批准后实施，且有权按规定处罚违反规定的会员和交易中心工作人员。

中国人民银行及外汇管理局严格监管国内的外汇市场交易，严厉打击非法买卖外汇、洗钱等违法犯罪行为。

3. 汇率的监管

一般而言，一国对于汇率的监管方式有三种：①直接管制汇率，即由国家政府或中央银行直接制定、调整和公布汇率。②间接调节市场汇率，即对汇率不进行直接的干预，而是让汇率自发调节外汇市场供求。中央银行适时干预市场，稳定汇率。③复汇率制度，即实行外汇管制使国内货币汇率有多个形式，不同活动采用不同汇率。

目前来说，中国的汇率的形成机制为"收盘价＋一篮子货币＋逆周期因子"，因此，监管办法偏向于第一、二种方法的结合。在银行结售汇市场，中国要求外汇指定银行根据央行每日公布的人民币汇率中间价和规定的买卖差价幅度，确定对客户的外汇买卖价格，办理结汇和售汇业务。在银行间外汇市场上，外汇交易将在央行公布的当日人民币市场汇率及规定的每日最大价格浮动幅度内进行。

（三）中国外汇市场的发展历程

中国外汇市场的发展历程主要分为以下三个阶段（王国刚、林楠，2019）。

1. 外汇市场的尝试性发展（1978—1993年）

此阶段，中国初步形成了外汇调剂市场，这是外汇市场的尝试性发展结果。在1979年以前，中国的外汇业务由中国银行统一经营。1979年以后，中国正式实行外汇留成制度。此外，中国开始建立健全外汇管理机构，允许多家金融机构经营外汇，初步形成外汇监管体制。1980年，中国银行开启外汇调剂业务；1981年，形成了外汇额度有偿调剂的交易市场；1985年，取消贸易结算价以及随后的上海、深圳外汇调剂市场的建立，促进了调剂外汇汇率的发展。随后，央行制定了"外汇调剂用汇指导序列"，对调剂外汇加以引导，增强市场的调节作用，从而初步形成了外汇调剂市场。

2. 外汇市场的市场化发展（1994—2013年）

此阶段，中国银行间外汇市场得到了初步的形成和迅猛的发展。1994

年，中国实行单一的有管理的浮动汇率制，废除外汇留成制度，改为实行银行结售汇制度。随后外汇调剂中心关闭，企业的外汇交易全部归属银行结售汇体系。同年，上海成立中国外汇交易中心系统，建立了全国统一的银行间外汇市场。中国银行间外汇市场和零售外汇市场并存的格局初步形成，中国外汇市场进入了新的发展阶段。2005 年，中国建立了外汇一级交易商制度，外汇市场机制进一步形成。此外，中国还引入了国际询价交易方式和做市商制度，有利于更合理地形成人民币汇率中间价，大大促进了银行间外汇市场的发展，形成了以银行间外汇市场为主，零售外汇市场为辅的格局。

3. 外汇市场创新性发展（2013 年至今）

这一阶段，中国外汇市场面临着人民币国际化的大背景。2017 年，《中国外汇市场准则》发布，意味着中国外汇市场规则进一步国际化和市场化。2007 年，习近平总书记指出要完善外汇市场体制机制。2019 年，习近平总书记强调，对于外汇市场而言，要把防范化解外汇领域的风险放在重要位置。对此，中国在外汇市场的相关方面实施了一系列举措。① 实行跨境人民币双向资金池业务，促进人民币国际化，实现境内外人民币资金池的双向流通；开放银行间债券市场，允许境外投资者办理人民币外汇衍生品业务；有序推进资本项目开放，稳步实现人民币国际化，将外币的被动负债列为豁免项目等。

在汇率管理方面，人民币汇率改革也经历了 1978—1993 年的双重汇率制、1994 年开始的汇改钉住汇率制、2005 年的汇改推动浮动汇率制和 2015 年"811 汇改"完善中间报价机制等重要阶段或节点。

（四）中国外汇市场监管存在的问题及完善对策

目前，中国外汇市场监管体系存在一些问题。例如，在人民币国际化的背景下，外汇市场的发展非常迅速，中国外汇市场的法律法规不完善，导致出现了一些监管盲区；监管机构权限划分不明，监管效率不高。未来中国的外汇市场监管体系需要进一步的完善，尤其是法律和机构方面，应当尽快更新新时代形势下的法律法规，科学地完善机构的监管分工职责，并尽快填补监管法律规定不明确的部分（陈嘉丽，2019）。此外，汇率改

---

① 《2017 年外汇管理年度报告》，见中国理财网（https://www.chinawealth.com.cn/zzlc/sjfx/hgsj/20180601/2405670.shtml），2018 年 6 月 1 日。

革的问题还是中国外汇市场监管面临的主要问题。中国外汇市场监管的一大重要问题,便是政府的作用仍然定位不清;中国外汇市场的核心问题仍然是政府和市场的关系(丁志杰等,2018)。随着人民币国际化的趋势,清楚政府调控的辅助作用,明确市场的决定作用,显得更为重要。在此过程中,可以研究参考国际外汇市场监管经验,取长补短,提升中国外汇市场监管效率和效能。

第四节 金融政策法规实施情况监管

一、相关的监管部门

(一)各级人大常委会

执法检查是"法律法规实施情况的检查"的简称,是各级人大常委会依法履行监督权最为有效的监督形式之一。相比其他监督形式,执法检查具有独特的优势和特点,它不是一般性工作检查,而是国家权力机关根据法律授权,针对法律的实施情况开展的专门检查,目的是督促"一府两院"严格执法、公正司法,确保法律法规在实践中不落空、不走样、不变形,得到应有的尊重和遵循。这自然也包括对金融相关法规实施情况的检查。[①] 例如,2019年6月26日,全国人大常委会执法检查组关于检查《中华人民共和国中小企业促进法》实施情况的报告指出,中小企业融资仍有惜贷、压贷、抽贷现象,部分银行存在"垒小户"瓜分贷款指标等弊端。[②]

[①] 参见余洪刚《人大执法检查工作必须抓好"五个环节"》,见上饶市人大常委会官网(http://www.jxsrrd.gov.cn/2017/0911/2768.shtml),2017年9月11日。

[②] 《全国人民代表大会常务委员会执法检查组关于检查〈中华人民共和国中小企业促进法〉实施情况的报告》,见全国人大网(http://www.npc.gov.cn/npc/c30834/201906/58bef89b23b5468e8c647197365ba66c.shtml),2017年8月16日。

（二）纪委检查

1. 中共中央纪律检查委员会

中共中央纪律检查委员会（简称"中央纪委"）是纪律检查机关，不隶属于任何部门，但服从中共中央委员会领导。其组织机构包括：职能部门、直属单位和派驻纪检监察组，其职能部门包括办公厅、组织部、监督检查室、纪检监察干部监督室等。

中央纪委监管的对象并不仅仅是中共党员，其在中国人民银行、银保监会、证监会，以及中国银行、中国农业银行等中管金融企业（国有或者国有控股金融企业）内还派驻纪检监察组，以通过自上而下的党内监督和国家监督，切实防控金融风险。根据 2018 年中共中央办公厅印发的《党组讨论和决定党员处分事项工作程序规定（试行）》，派驻纪检监察组拥有党风廉政的监督权、执纪审查权和监察权等执纪权力，其主要职责是以政治监督为首，严格查处惩治金融乱象和腐败问题，保障金融系统在落实服务实体经济、脱贫攻坚等国家重大战略及金融支持政策等方面更好地发挥作用。仅 2014—2018 年五年，中央纪委就通报了落马金融监管官员超过 12 人。根据中央纪委工作报告，2019 年全国纪检监察机关共立案审查调查金融系统违纪违法案件 6900 余件，金融领域反腐力度十分强劲，这也为金融政策法规的落地和执行扫清了障碍。

2. 金融系统内设纪检监察部门

金融系统内设的纪检监察部门，是金融企业内部专司执法监督监察的重要部门，也是党和国家纪检监察机构的重要组成部分。其重要任务之一就是监督检查党和国家金融方针、政策的执行落实情况，特别是加强对信贷、货币政策的贯彻执行情况的监察（李克渊、姜华柱，1993）。根据中央要求，"中央金融机构总部、省级机构、下设分支机构的地市级机构和人员多规模大的县级机构，要单独设置监察机构"。

（三）金融审计

金融审计是金融监管不可或缺的一环。通过对金融监管部门、金融市场、金融机构开展全方位、多层次审计监督，调查国家宏观调控措施的执行情况和效果，能够及时制止与宏观调控主旨背道而驰的金融行为，并发现贯彻落实不够顺畅的政策措施和影响国家宏观经济健康运行的突出症结,进而向国家宏观经济管理部门建言献策,保障国家调控经济的执行。①

中华人民共和国审计署作为全国审计工作的主管机关,隶属中华人民共和国国务院。其主要职能包括审计监督国家财政收支以及法律法规规定的属于审计监督范围的财务收支的真实性、合法性和效益,起草审计法律法规草案,以及出具审计报告等。负责组织实施对国家财经法律法规、规章、政策和宏观调控措施执行情况等进行专项审计的调查。依法检查审计决定执行情况、督促整改审计查出的问题,也是其重要职责之一。②

多年来,审计署的监管重点也随着金融的发展而不断变化。2015年9月18日,审计署发布《关于进一步加大审计力度促进稳增长等政策措施落实的意见》,明确指出要重点关注金融机构支持实体经济特别是小微企业发展、保障重大项目融资等情况。2016年5月17日,审计署印发《"十三五"国家审计工作发展规划》的通知,重点关注银行、证券、保险等金融机构贯彻落实国家重大政策措施情况,推动落实国家货币政策等宏观调控政策措施。2019年4月25日,审计署发布《关于完善审计制度若干重大问题的框架意见》,提出实行审计全覆盖的工作目标,做到应审尽审、凡审必严、严肃问责,更好发挥审计在保障国家重大决策部署贯彻落实、维护国家经济安全等方面的重要作用。

党的十八大以来,审计机关突出推动政策落地、防范化解重大风险、切实维护金融安全三个重点,金融审计工作成效卓著。③ 2019年12月31日,审计署发布了《2019年第三季度国家重大政策措施落实情况跟踪审计结果》。审计署围绕推动经济高质量发展和供给侧结构性改革,聚焦减税降费、三大攻坚战、乡村振兴战略,以及稳就业、稳金融、稳外贸、稳外资、稳投资、稳预期等重大政策措施落实情况,抽查了3249个单位、2762个项目,涉及资金5700.09亿元,并对以往审计查出问题整改情况进

---

① 参见吴承虎《金融审计在维护金融安全中的作用之管见》,见中华人民共和国审计署官网(http://www.audit.gov.cn/n6/n41/c20882/content.html),2013年3月22日。
② 《审计署简介》,见中华人民共和国审计署官网(http://www.audit.gov.cn/n10/n14/index.html),2013年3月22日。
③ 《近年来,金融审计取得了哪些主要成效》,见中华人民共和国审计署官网(http://www.audit.gov.cn/n6/n37/c131060/content.html),2019年4月30日。

行了跟踪检查。①

关于未来金融审计工作的方向和重点，审计署审计科研所发文表示将持续强化政策措施落实情况跟踪审计，推动重大决策部署在金融领域落地生根，推动货币信贷政策有效传导，不断提高金融体系服务实体经济的能力，全力推动深化金融改革。此外，也将持续加大对金融风险和隐患的揭示力度，持续推动惩腐治乱、揭示和打击金融领域各类乱象和违规违法活动，继续推进金融审计创新。②

（四）专项巡视

专项巡视是继2013年中央做出"巡视对象不固定""巡视组长一次一授权"变革后的又一新部署。它以问题为导向，形式更为灵活，哪里问题多、哪个部门问题多，就往哪投入更多力量，以便发挥巡视和监督的最大效力。在金融领域，专项巡视对相关法规政策的实施起到有效的监督作用。③ 例如，2019年4月22日，人民银行组织召开全国金融系统脱贫攻坚专项巡视整改电视电话会议。会议指出，要聚焦深度贫困地区，加大信贷资源和政策措施倾斜力度，规范发展扶贫小额信贷，强化风险防范。④

二、地方对金融政策法规实施情况的监管

（一）监管现状

2017年，第五届全国金融工作会议召开。本次会议对金融监管框架进行进一步设计，央地监管协作也随之进入一个新的阶段。在机构设置上，明确在各地方设立地方金融监管局，原有的金融办等机构并入地方金融监管局。相较于原金融办，大多数省级金融监管局新增诸多职能。不同地区金融监督管理局的架构设置与机构职责不尽相同，但其核心任务均围

---

① 《2019年第10号公告：2019年第三季度国家重大政策措施落实情况跟踪审计结果》，见中华人民共和国审计署官网（http://www.audit.gov.cn/n5/n25/c136378/content.html），2019年12月31日。

② 《未来金融审计工作的方向和重点》，见中华人民共和国审计署官网（http://www.audit.gov.cn/n6/n37/c131059/content.html），2019年4月30日。

③ 《专项巡视》，见人民网（http://theory.people.com.cn/n1/2017/0906/c413700-29519565.html），2017年9月6日。

④ 《全国金融系统脱贫攻坚专项巡视整改电视电话会议在京召开》，见中国人民银行官网（http://www.pbc.gov.cn/goutongjiaoliu/113456/113469/3812651/index.html），2019年4月22日。

绕贯彻落实国家关于金融工作的方针政策、决策部署这一中心，包括推动地方金融工作、防范和处置地方金融风险、打击非法金融活动等。

地方金融监管机构与监管对象接触频率和交往密度较高，具有信息收集与传导的速度优势，在国家金融政策法规落实的引导与监管方面发挥着重要作用。地方金融监督管理局主要通过制定地方性管理规定来引导国家金融政策更有效落地，并采取现场检查、数据统计等监测反馈方式对相关政策执行与落实情况予以监察。如2020年2月19日，财政部、国家发改委、工业和信息化部、人民银行、审计署联合发布《关于打赢疫情防控阻击战强化疫情防控重点保障企业资金支持的紧急通知》，随后各地相继出台地方性金融支持政策、制定政策落地监察措施（廉晶，2020）。

（二）存在的问题及未来展望

目前，地方在金融政策法规实施情况的监管中主要存在以下三个问题：①金融监管权配置设计不合理导致监管政策的实施受限（管斌、万超，2020）；②地方监管力量比较薄弱，难以应对新形势的变化（陆岷峰、欧阳文杰，2020）；③地方难以平衡"发展"与"监管"之间的关系。地方支持金融产业的发展，往往会更加重视审批准入，容易滥发金融牌照，然而后续的监管却比较滞后，这就积累了大量的金融风险（王晓等，2018）。

针对上述问题，未来需要进一步构建中央-地方金融协调监管机制，地方要定期向中央金融监管部门通报地方金融发展和监管情况，配合中央金融监管部门加强跨市场、跨行业、交叉性金融业务监管，避免出现监管套利与监管真空；中央金融监管部门要加强对地方金融监管工作的督促指导，及时沟通协商央地金融监管政策措施，促进国家宏观调控政策和金融政策法规的有效贯彻落实（管斌、万超，2020）。加强地方监管能力建设，可以从人员数量和专业水平两方面入手，地方金融监管机构要全面提高监管工作人员的业务水平（陆岷峰、欧阳文杰，2020）。平衡"发展"与"监管"问题，有学者指出要将进入和监管适度分开。首先，为了不让地方乱发金融牌照，避免地方金融发展的短期冲动，金融机构的进入审批事权由地方转至中央监管部门，由中央监管部门集中统一管理，统一制定准入和监管规则；其次，将更多的金融机构的日常监管任务下放给地方，既解决了央地金融监管权配置问题，又能更好发挥地方监管机构接地气的优势（殷勇，2018）。

◆思考讨论题◆

1. 请简述对金融证券市场的监管历程以及监管问题。
2. 请简述中国的金融监管体系模式。
3. 请谈谈发达国家对影子银行的监管经验为中国影子银行监管带来的启示。
4. 简述中国金融监管机构的构成，并指出不同监管机构的主要职责。
5. 请指出金融业务的监管现状，并思考存在的问题与未来可能的监管走向。

第六章 国家金融市场环境

构建良好的国家金融市场环境既是金融资源高效配置的前提，亦是促进实体经济发展的基础。国家金融市场环境的要素包括实体经济、产权制度、社会信用体系和市场化运作。金融要服务于实体经济，实现金融与实体经济的良性互动有赖于金融市场环境各要素的建设和优化。后国际金融危机时代，中国实施积极财政政策与适度宽松的货币政策，使经济保持良好的增长势头。随着转变经济发展方式的不断推进，国家金融市场环境的改革和完善也愈发重要。本章主要介绍国家金融市场环境的发展历史、建设现状与展望。

第一节 金融服务实体经济

一、实体经济与金融体系的关系

实体经济和金融体系相互影响。每个时期实体经济的变化与发展往往给金融体系带来相应的变化。同时，金融体系中各个市场与中介机构决策和行为的变化也会对实体经济的规模、结构、资源配置效率等产生影响。在现代经济体系中，实体经济的运行与金融体系之间有着密不可分的关系。

处于不同经济发展阶段的经济体有着差异化的生产力要素结构，并在此基础上衍生出与其相匹配的最优产业结构，而不同产业的企业有着不同的规模、风险和融资需求。因此，不同经济发展阶段的经济体对于金融服务的需求存在差异。实体经济的发展要求金融业提供更大规模、更加复杂的金融服务。例如，股份制的出现促进了股票市场的发展、经济规模的扩展。实体经济中,企业经营风险的提升又导致了企业对于金融衍生品需求的扩大。经济体制的变化也会带动金融体制变化。1992 年以来,中国经济体制由计划经济向市场经济转型,金融体制也随之发生巨大的变化:金融机构由单一的国有银行转为国有银行、股份制银行、保险公司、信托投资公司等多种金融机构并存的格局,投资方式由单一的银行贷款转为金融机构贷款、债券融资、保险等多元化方式,对金融发展与金融深化起到了重要促进作用(米建国、李建伟,2002)。

实体经济的发展也会带动金融创新。从宏观层面上看,金融创新涉及的范围十分广泛,包括金融技术的创新、金融市场的创新、金融服务的创新、金融制度的创新等。每一次金融创新都伴随着相对应的驱动因素,总的来说包括需求驱动、供给驱动和规避既有管理法规的驱动。例如在 20 世纪 70 年代,为满足人们对于低利率风险的金融工具的需求,产生了三种金融创新:可变利率抵押贷款、金融期货交易和金融工具的期权交易。随着计算机技术的发展,金融交易成本大幅降低,技术供给的发展推动了更加方便快捷的金融工具的诞生,例如银行卡等。中国金融创新经过多年的发展,也取得了巨大的进步。从组织制度、管理制度、金融市场、金融业务与工具、金融技术等方面都体现了中国金融的创新。当下,大数据时代给金融的发展带来新的机遇,互联网技术的发展推动了新的金融创新——互联网金融。随着互联网金融的发展,新兴的互联网金融公司和传统金融机构将展开激烈竞争,传统金融业的经营模式和运行格局未来甚至可能改变(宫晓林,2013)。

金融体系具有降低交易成本、提高资源配置效率等方面的功能,金融功能发挥的好坏直接关系到经济增长的速度和质量。在"金融功能观"看来,金融体系拥有六大核心功能(Merton,1995;张晓朴、朱太辉,2014)。其中,金融体系最原始、最基础的功能是融通社会资金,为实体经济进行跨期和跨区域配置,使得资金不足的经济主体仍然可以通过融资进行投资和消费。在这一功能的基础上,金融体系派生出了第二个功能——集中资本和分割股份。在一定的程度上,资本市场、银行、投资基金等可以集中小额资金、短期资金,解决大额资金、长期资金需求,资本市场又为企业股份的细分和流通提供了平台(张晓朴、朱太辉,2014)。第三个功能是提供清算和支付结算,完结商品、服务和各种资产的交易,这一功能大大降低了交易成本。第四个功能是提供信息和形成价格，利率、汇率、股票价格等都是实体经济投融资决策、经营决策的重要参考变量。第五个功能是分散、转移和管理风险，将风险配置到有承担意愿且有承担能力的经济部门或经济主体。第六个功能是缓解信息不对称所带来的逆向选择和道德风险，以及"委托－代理"问题。在这六大功能之上，金融体系还衍生出了另外两个功能：一是通过金融体系，政府的宏观经济调控政策可以发挥杠杆作用；二是金融体系的发展可以推动实体经济的公平竞争。当融资变得更加容易和便利后，创业、投资和创造财富就不会再依赖内源资金和已有的财富积累，而是主要依靠技能、创造性思想和努力工作（张晓朴、朱太辉，2014）。

二、中国经济基础与金融体系实践

（一）中国经济基础

总体来看，中国经济长期处于中高速增长状态。新中国用70年走完了西方资本主义国家200多年的工业化进程，在1949年到2018年的69年里，中国经济总量翻了2515倍，年均增长10.49%。2018年中国人均GDP高达9608美元，迈入中等偏上收入国家的行列。中国经济实力以及以此为基础的综合国力进入世界前列，推动了中国国际地位实现了前所未有的提升，迎来了实现中华民族伟大复兴的光明前景（洪俊杰、商辉，2019）。新中国经济发展历程可以划分为四个时期：第一个时期是社会主义经济改造期，即从新中国成立到1956年，全国绝大部分地区基本上完成了对生产资料私有制的社会主义改造，建成了以国有制和集体所有制为主的公有制经济体系；第二个时期是对社会主义经济建设道路的探索期，从1956年到1978年，这一时期主要工业品产量不断增长，工业部门逐步建立齐全，人民生活水平也有所提高；第三个时期是1978年到2012年的改革开放和中国特色社会主义成功实践期，这一时期中国特色的社会主义市场经济体制不断建设完善，对外开放程度加深，经济实现了持续高增长，同时中国GDP总量增长至世界第二位；第四个时期是党的十八大之后，中国进入高质量发展的新时期。党的十八届三中全会做出了全面深化改革的若干重大问题的重大决定，党中央为经济的高质量发展做出了一系列重大战略部署,包括促进区域协调发展的京津冀协同发展、长江经济带等,促进对外开放的一带一路倡议、粤港澳大湾区建设、海南自贸区建设重大战略,这些都为中国经济发展注入了持续动力。

(二) 中国金融体系实践

中国的金融体系,特别是宏观调控体系,是从传统体制转型而来的。中国的现代金融体系从无到有,再到新的改革阶段,即深化金融供给侧结构性改革、推动资本市场全面深化改革措施落地,以更好支持实体经济发展。世界各国的经济发展实践以及不断爆发的金融危机生动地表明,金融体系与实体经济是血脉相连、不可分割的有机整体,两者的关系是共生共荣,而非完全对立。金融体系创造的价值体现在两个方面:一是作为服务业的重要组成部分,直接贡献实体经济产出;二是作为现代经济配置资源的核心,其高效运转可以改善实体经济的投融资效率,促进经济更好地发展。

1. 金融体系产值贡献实体经济产出

金融业本质上属于服务业,是国民经济重要部分。金融业与餐饮业等非金融服务业的出现都是城市化和专业化分工的结果。在国内外经济核算体系中,金融业产值以及金融产品都被划入了服务业。联合国统计署制定的国际标准产业分类法(ISIC 2.0 版)将金融业划入了广义服务业——"金融、保险、房地产和商务服务"。此外,在中国国家统计局发布和实施的《中国国民经济核算体系(2002)》中,金融业(包括银行业、证券业、保险业和其他金融活动)是第三产业的组成部分之一。

从中国经济发展的实践看,近年来金融业对经济发展的贡献在不断增大。近几年来,中国金融业产值稳步增长,到 2018 年年底,金融业增加值逾 6.9 万亿元,金融业对 GDP 的贡献率也达到 5.4%(见图 6-1)。同时,中国金融业提供的就业岗位也在不断增加,其就业量在 2015 年年底就已超过了 600 万人,占第三产业就业人口比接近 7%(见图 6-2)。放眼全球,金融业对世界经济发展和财富增长的贡献也非常大。近几十年来人类在世界范围内创造了史无前例的财富增长,其中金融体系的广泛发展功不可没。

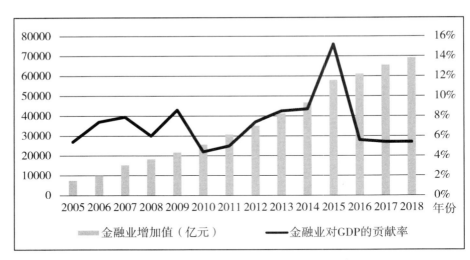

图 6-1 金融业增加值及对 GDP 的贡献率

（数据来源：根据 Wind 数据库提供的数据整理。）

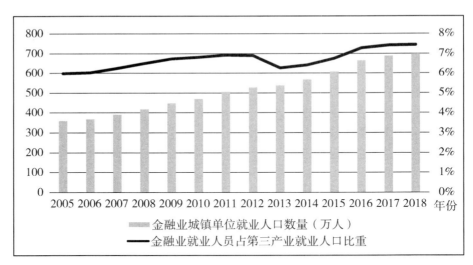

图 6-2 金融业就业人口情况

（数据来源：根据 Wind 数据库提供的数据整理。）

2. 金融体系功能服务实体经济运行，提高资源配置效率

（1）支持民营经济发展。银行贷款、股权融资和债券融资是民营企业外部融资的三种基本途径，其中，银行贷款在中国企业融资中占据重要地位。受益于改革开放以来中国商业性银行的快速发展，近年来，众多中小银行和新型银行在民营企业和中小企业贷款融资中发挥着日益重要的作用。小微企业贷款阶段性实现"两增"目标。截至 2018 年 6 月末，全国小微企业贷款余额 32.35 万亿元，较上年同期增速 13.06%，比各项贷款平均增速高 0.95 个百分点；小微企业贷款余额户数 1699.05 万户，较上年同期增加 281.82 万户。在资本市场方面，民营企业直接融资比例扩大，融资方式广泛拓展，资本市场功能得到有效发挥。中国证监会 2018 年年报显示，2018 年，证监会核准 73 家民营企业 IPO，约占全部核准上市企业的 72%；全国股转系统民营挂牌公司共实施定向发行 1332 次，约占全国股转系统定向发行总数的 95.01%，融资额达 490.63 亿元，约占全国股转系统融资总额的 81.17%。债权融资方面，2018 年，民营企业在交易所市场发行公司债券 2933.12 亿元，同比增长 14.77%；其利用供应链金融应收账款资产证券化等方式，探索小微企业融资服务新模式，2017 年和 2018 年已发行 1281.31 亿元。

（2）助推"一带一路"建设。在资本市场方面，交易所债券市场进一步服务"一带一路"建设，促进沿线国家（地区）资金融通。截至 2018 年年底，累计发行"一带一路"债券 18 单，发行金额总计 269.50 亿元。支持国内交易所加强与境外交易所在股权、技术、业务等多方面的战略合作。支持沪、深交易所成功竞标孟加拉国达卡交易所 25% 股权。上交所参股的阿斯塔纳国际交易所于 2018 年 7 月正式开业，实现稳步开局。近年来，私募股权投资基金逐步开始在全球范围内协助中国实体企业进行资源配置和产业升级整合，并积极推动中国与其他国家战略伙伴关系的发展。

（3）支持"双创"。在资本市场方面，证监会大力支持符合条件的创新企业加大直接融资，2018 年核准 73 家高新技术企业 IPO，约占全部核准上市企业的 72%。对"四新"企业及创新公司实行"分道制"审核，支持关键领域自主创新。扩大创新创业公司债券试点，2018 年，发行创新创业公司债 22 只，融资金额 37.35 亿元。此外，证监会明确创业投资基金作为上市公司股东的差异化监管安排，推动创业投资企业和天使投资人税收优惠政策试点范围扩大到全国，完善合伙型创业投资基金税收政策。截至 2018 年年底，私募股权投资基金投资于未上市、未挂牌企业股权项目数量达到 9.5 万个，为实体经济形成股权资本金 5.2 万亿元。

(4) 服务脱贫攻坚。在资本市场方面，国家政策继续对贫困地区和新疆、西藏自治区企业进行倾斜，在上述地区首次公开发行股票、新三板挂牌、发行公司债券等方面实行"绿色通道"政策，提高贫困地区和民族地区企业上市融资效率。截至2018年年底，共有12家企业发行上市，募集资金69亿元；63家拟上市企业正在筹备上市工作，105家公司新三板挂牌；已累计发行扶贫公司债和资产支持证券66只，金额341.16亿元。在银行中介方面，推进金融扶贫政策落地，发挥小额信贷扶贫放大效应。从2017年2月开始，在河南省国家级贫困县卢氏县开展试点，通过建立金融服务体系、信用评价体系、风险防控体系、产业支撑体系，形成了"政银联动、风险共担、多方参与、合作共赢"的扶贫小额信贷落地模式。扶贫小额信贷获贷率从2016年年末的不到1%提高到2017年12月的49%左右。

(5) 服务"三农"。在资本市场方面，支持现代农业企业利用资本市场融资。加快推进棉花、玉米、天然橡胶等涉农期权品种及红枣等涉农期货品种的上市，丰富期货市场服务农户、涉农企业发展的手段。银行中介方面，涉农信贷投放稳步增长。截至2018年6月末，全国涉农贷款余额达到32.16万亿元，同比增长7.3%。农户贷款余额8.81万亿元，同比增长14.6%；农户贷款中生产经营类贷款为5万亿元，同比增长7.96%，农户消费性贷款为3.81万亿元，同比增长24.6%，增速较快；城市涉农贷款余额6.09万亿元，同比增长9.1%。

(6) 支持绿色发展。在资本市场方面，支持打好污染防治攻坚战，积极支持"绿色企业"发行上市。2018年，中国共有2家生态环境行业企业首发上市；7家绿色能源及环保产业上市公司实施再融资，融资213.22亿元。1家绿色企业开展债券试点，2018年发行绿色债券（含ABS）43只，融资金额455.25亿元。资本市场严格监督环境信息披露，共对4家上市公司的环保信息披露违法行为进行立案调查和公开谴责。另外，中国积极借鉴国际经验，推动机构投资者参与公司治理，确立环境、社会责任和公司治理（ESG）信息披露的基本框架。在银行中介方面，健全绿色信贷制度体系，积极开展绿色业务，全方位推进绿色金融发展。以中国进出口银行为例，截至2015年年末，中国进出口银行节能环保项目与服务贷款余额766.02亿元，较年初增加236.83亿元，同比增长44.75%，高出同期全部贷款余额增速24个百分点。据初步统计，2015年中国进出口银行绿色信贷业务支持的项目合计减少标准煤使用量505.72万吨,二氧化碳减排当量1401.99万吨,减排二氧化硫2.41万吨,减排氮氧化物4790.29吨,节水1328.12万吨,产生了显著的环境保护和社会效应。目前,该行正在编制《中国进出口银行绿色金融白皮书》,拟通过白皮书向各界系统详细、全面地介绍中国进出口银行支持绿色发展的理念、标准、实践、效果等。

(7) 服务国企改革。资本市场方面,中国证监会与国资委、财政部正式联合发布《上市公司国有股权监督管理办法》,规范上市公司股权变动行为,推动国有资源优化配置,支持国有控股上市公司利用并购重组做大做强。2018年国有控股上市公司共发生并购重组交易1048单,交易金额达9925.40亿元。例如,支持中国外运股份有限公司(简称"中国外运")换股吸收合并中外运空运发展股份有限公司(简称"外运发展"),支持国家能源投资集团开展整合、实现煤电一体化发展。

(8) 拓宽中小企业融资渠道。中国的银行业已经从过去只重视大企业,慢慢转向与中小企业共同发展。由于中小企业具有贷款频繁、周期短、数量少等特点,银行已经意识到了中小企业能够为银行的业务带来更好的可持续发展,因此对中小企业金融服务进行不断创新与完善,主动推出与扶持中小企业发展相关的信贷金融产品。例如,株洲银行业围绕轨道交通产业集群需要,推出了"供应链金融"融资模式,以点带面将模式推广到轨道交通、新能源汽车、航空动力三大高端制造业中,以主机企业信用让渡为核心,以应收账款为质押,构建了"融资平台+银行+核心企业+配套小微企业"的全线上供应链融资模式,极大改善了配套小微企业融资状况。

(9) 促进金融机构的相互竞争与创新。随着社会经济不断发展,资本市场的融资手段呈现出多样化特征,商业银行之间的竞争愈加激烈,不同的银行都断然采用了"差异化生存、特色化发展"的战略方法,不断通过业务创新奠定竞争优势。银行业的竞争迫使银行简化客户服务需求、调整市场定位、改变信贷行为,使信贷资源在一定范围内从大客户向"三农"和小微企业等中小客户偏移。例如中国建设银行的"速贷通"、中国农业银行的"微捷贷"、泉州银行的"无间贷"、中国民生银行的"快捷贷"等。银行业的竞争促进其业务的创新,从而对实体经济产出的增加也不断做出贡献。

（10）促进就业增长。金融发展可以通过多种途径引发就业效应从而促进实体经济的增长。一是金融发展直接就业效应，即金融机构自身发展产生劳动需求；二是金融发展所产生的间接就业效应，金融系统通过促进实体经济发展，带来了就业的间接增长。

（三）中国金融体系在促进经济增长中面临的挑战

中国金融体系改革不断深化，金融创新产品种类也不断丰富。在实体经济层面，中国经济发展进入新常态、经济改革不断深入，区域经济协同发展也迎来新机遇。中国经济向高质量发展转型必然要求金融体系发挥有效作用，对金融体制深化改革和金融服务实体经济能力的提升提出了新的要求。当前金融体系出现的新挑战主要集中在资本市场和外汇市场，需要针对相应问题进一步深化改革，以更好地满足经济结构转型和产业升级的要求。

1. 资本市场体系不完善

（1）资本市场体制不健全，企业过度依赖间接融资。①挑战：股票发行核准制下，企业上市盈利要求过高、审核周期长，在一定程度上造成市场供求不平衡，企业转而投向债券融资。多层次资本市场发展的滞后性造成实体经济中融资的"模式错配"，企业过度依赖间接融资。②改革方向：不断健全多层次资本市场体系，支持企业拓展直接融资渠道。2019年上交所设立科创板是改革举措之一，推进发行、上市、信息披露、交易、退市、投资者适当性管理等基础制度改革，服务科技创新和经济高质量发展。深化创业板和新三板改革，加快发展私募股权投资基金，发展和完善企业资产证券化业务，更好支持民营经济发展。

（2）债务增长与经济增速的"剪刀差"。①挑战：2011年以来，中国经济增速与债务增长之间的"剪刀差"日益加剧，信用扩张难以驱动经济扩张（朱太辉等，2018）。债务总量超越良性阈值，债务结构恶化可能增加政府和企业部门的偿债流动性风险，加剧经济下行压力。②改革方向：坚持金融结构性去杠杆，降低杠杆率。一方面，坚定债务出清、产能出清、僵尸企业出清，激发企业创新的活力；支持新经济、新产业、新业态、新模式，早日实现中国经济高质量发展（陈婉，2019）；另一方面，推行金融去杠杆改革的同时也需要创造稳定的宏观经济金融环境。当经济下行压力比较大的时候，政府宏观调控需要发挥财政政策和货币政策的逆周期的调节作用,来保证经济运行在合理的区间(陈婉,2019)。

(3)预算软约束下的地方政府和国有企业。①挑战:在中国投融资体制下,存在资金大量流向产出效率低的项目及企业的现象,导致中国实体经济产出效率持续下降(纪志宏等,2014)。这种结构性的资金配置结构导致企业之间信贷可获得性的不公平,从而进一步制约了市场竞争和行业发展(朱太辉等,2018)。②改革方向:解决地方政府债务的区域不平衡问题,在财政层面,需要优化中央政府和地方政府的财政收支,强化地方政府财政纪律;在金融层面,应该根据地区的经济发展水平、财政自有收入和财政支出效率采取适配的债务融资机制。

2. 中小微企业融资难融资贵

(1)挑战。由于精细化管理水平较低、差异化竞争能力不足、风险管理体系不完善,金融机构发展过于注重市场规模,"贪大求全",热衷于服务拥有隐性担保的国有企业和政府项目,小微企业融资难、融资贵的问题始终未得到明显缓解,轻资产的高科技企业发展资金瓶颈突出,形成了金融资源的"结构错配"(朱太辉等,2018;朱太辉,2018)。除了体系内生障碍以外,近年来金融监管和房地产调控等政策导致了总体信贷收缩,而中小企业由于贷款可得性原因更依赖债券和表外融资渠道,政策对中小企业的融资冲击则进一步放大。

(2)改革方向。改革要注重有效降低中小企业和民营经济的融资成本。首先,政府创建便利中小微企业间接融资的设施。建立和扩大公益性中小微企业担保基金作为最重要的基础设施,为中小微企业提供贷款担保,由此商业银行以基准利率或优惠利率提供中小微企业的贷款的动力会增加。其次,中央银行按照商业银行发放中小微企业贷款的规模,给予相应的精准政策激励,促进贷款的精准投放。最后,政府也应该推动辅助的市场基础设施的建设,大力推动商标、专利等知识产权及其证券化市场的建设,推进知识产权质押的便利化。此外,各地政府还可以通过推动各类一级市场股权投资基金特别是长期产业基金和早期基金的设立便利企业的直接融资。

3. 汇率波动冲击经济增长

(1)挑战。2015年下半年以后,中国外汇市场经历了一轮高强度的外部冲击。在2015年8月11日人民币兑美元汇率中间价贬值近2%后,人民币汇率贬值与2015年12月至2016年1月中国股市异常波动相互叠加，中国外汇储备快速下降，汇率波动和跨境资本流动外部冲击风险加大。从守住底线看，外汇市场非理性波动成为宏观审慎管理的系统性风险来源之一（王国刚、林楠，2019）。

（2）改革方向。进入新时代以后，中国外汇市场改革发展更加重视制度性建设和防范系统性金融风险，有效维护国家金融安全。2017年5月，《中国外汇市场准则》正式发布，这是中国外汇市场自律机制的基础性制度，意味着中国外汇市场规则的国际化又迈出了重要一步，有助于进一步提高人民币汇率形成机制的市场化程度。2017年7月，习近平总书记在第五次全国金融工作会议上强调："要坚定深化金融改革。要优化金融机构体系，完善国有金融资本管理，完善外汇市场体制机制"。2019年2月22日，在主持中央政治局第十三次集体学习时，习近平总书记强调，防范化解金融风险特别是防止发生系统性金融风险，是金融工作的根本性任务。对外汇市场而言，主要任务是把防范化解外汇领域的各种风险隐患放到更加重要的位置，坚持综合平衡、科学监管，切实维护国际收支平衡和外汇市场稳定（王国刚、林楠，2019）。

第二节 金融发展与现代产权制度完善

一、产权制度相关理论

产权制度及其相关理论是现代经济学基础理论之一，也是目前国内外经济理论问题研究热点之一。科斯是现代产权理论的奠基者和主要代表，其后，威廉姆森、阿尔钦、德姆塞茨和诺斯等人进一步关注产权问题。他们的研究形成了以交易成本为基本概念，以科斯定理为核心内容，以分析产权制度和经济效率之间关系为主的较为完整的理论体系。[①] 产权理论所讨论的核心问题是外部性，其原因是：实际的市场运行是存在外部性这一缺陷的，其产生的根源在于企业产权界限含混，由此导致交易过程存在摩擦和障碍，这严重影响企业行为和企业资源配置的结果。产权理论研究如何通过界定、安排产权结构，降低或消除市场机制运行的社会费用，提高

---

① 参见屈斐《西方产权理论研究综述》，载《知识经济》2013年第6期，第6~7页。

运行效率，改善资源配置，促进经济增长。①

产权理论不断进行演化，先后出现了马克思和恩格斯关于共有产权的论述；德姆塞茨从资源配置的角度对产权的起源进行探讨；张五常和巴泽尔则分别指出，当资源对特定个人（即潜在寻租者）的价值大于获取资源所需的成本（即寻租成本）时，产权的界定就成为必要，新的产权也就产生了。总体而言，产权的界定来源于经济发展的需求，并随着经济的发展不断发生变化。

产权在经济运行中承担着确定交易边界、降低交易成本以及优化资源配置等多方面的功能。具体而言，产权对交易边界的界定和明确，形成了市场交易活动的基础；而产权制度的建立，则有助于降低契约成本、信息成本和控制成本等交易成本。此外，通过产权制度的建立，也有效促进了资源从低效率者手中向高效率者手中的转化，提高了社会整体效率。

产权理论被广泛地运用于宏观和微观经济发展的各个方面。其中，从宏观层面来看，现代产权制度是促进经济高质量发展的重要保障，也是中国深化经济体制改革的关键；从微观层面来看，现代产权制度的建立，有助于辨析委托代理问题，推进企业激励机制的完善，促进企业发展。

二、产权制度在中国的发展历程

（一）背景介绍

改革开放以来，中国的经济体制改革不断深化，产权制度也经历了构建、创新到完善的过程，产权制度改革使得公私产权关系稳定和谐，市场主体的活力得到充分调动，市场要素充分流动，实现资源的市场化有效配置。无论改革的任何时期，产权制度的改革创新都是关键和重点（李红娟，2018）。

产权改革首先从农村土地产权切入。党中央决定进行市场化经济体制改革，提出以制度基础最薄弱、改革需求最强烈的农村土地产权制度改革为切入点，实行以家庭承包经营为基础、统分结合的双层经营体制。1982年1月1日，中共中央批转《全国农村工作会议纪要》，1983年中央下发文件，家庭联产承包责任制由此确立（李红娟，2018）。

---

① 参见屈斐《西方产权理论研究综述》，载《知识经济》2013年第6期，第6～7页。

随着土地产权改革的进行，经济体制改革逐渐涉及企业产权制度。1984 年，党的十二届三中全会召开，标志着中国改革的重心从农村推向城市。《中共中央关于经济体制改革的决定》（以下简称《决定》）的制定表明中国的经济体制改革从农村推向城市，《决定》指明国有企业的所有权和经营权相分离的改革思路（李红娟，2018），提出企业应有的多项自主权，应使企业真正成为相对独立的经济实体，能够自主经营、自负盈亏，成为具有一定权利和义务的法人。私有产权也逐渐得到官方重视，1987 年，中共中央发布《把农村改革引向深入》，首次明确肯定了"私营企业"及其权益保护。这是改革开放以来第一份提出允许私营经济存在的文件，也是非公经济产权制度建设的一次重要突破（李红娟，2018）。

（二）国有企业相关的产权制度

中国改革开放的历史也是不断强化产权保护的历史。国有企业作为国民经济的重要支柱，其改革与发展一直是经济体制改革的中心环节。回顾国有企业产权制度改革历史，大致可以分为三个阶段。

1. 探索阶段（1978—1992 年）

20 世纪 80 年代以来，国家已开始对国营企业进行人事管理的初步探索。1980 年 8 月，邓小平同志指出"逐步推广、分别实行工厂管理委员会、公司董事会、经济联合体的联合委员会领导和监督下的厂长负责制、经理负责制"，主张赋予厂长管理企业的权力，同时明确与之相应的经济责任（戚聿东、肖旭，2019）。1984 年，党的十二届三中全会通过了《中共中央关于经济体制改革的决定》（简称《决定》），明确提出适当分开企业的所有权和经营权，让企业自主经营，使企业成为真正独立的生产者和经营者（梁毕明、邢丹，2019）。《决定》的提出标志着国有企业真正开始享有自主经营权和收益权。于是国有企业开始了产权探索，北京、上海、广州等地最先开始进行股份制试点，一些地区还尝试进行了国有企业产权转让。1988 年，产权交易市场在武汉、石家庄先后成立，国有企业得以尝试兼并重组，盘活资产。

2. 制度改革阶段（1993—2013 年）

经过上一时期的探索发展后，1993 年，党的十四届三中全会通过《中共中央关于建立社会主义市场经济体制若干问题的决定》，提出"转换国有企业经营机制，建立现代企业制度"，将现代企业制度的特征明确归纳为"产权清晰、权责明确、政企分开、管理科学"四个方面（戚聿东、肖旭，2019；王国刚、林楠，2019）。现代企业制度的提出标志着国有企业进入以所有权为主的产权改革阶段。

公司制的实行进一步推动了国有企业转换经营机制，切实提高了企业效益，扭转了亏损局面。在以公有制为主体、多种经济成分共同发展的改革方针下，产权的流动与重组促进了不同所有制主体之间的混合，有助于发挥不同经济成分的比较优势，共同开创国有企业改革与发展的新局面（戚聿东、肖旭，2019）。

1995年，党的十四届五中全会提出，要以市场和产业政策为导向，"搞好大的""放活小的"，把优化国有资产分布结构、企业组织结构同优化投资结构有机地结合起来，择优扶强，优胜劣汰，形成兼并破产、减员增效机制，防止国有资产流失。秉持"抓大放小"的改革思路，国家抓住改革中的主要矛盾，对国营企业生产领域进行区分，进一步推动在一般竞争性领域的国有企业的产权盘活（戚聿东、肖旭，2019）。2003年，党的十六届三中全会提出，产权是所有制的核心和主要内容，包括物权、债权、股权和知识产权等各类财产权，要建立归属清晰、权责明确、保护严格、流转顺畅的现代产权制度。

随着改革的深化，保护出资人权利的问题要求监管职能的进一步完善。在党的十六届三中全会召开的同年，国务院国有资产监督管理委员会应运而生。国资委的设立旨在进一步推动"政企分开"，推动"管企业"向"管资产"过渡，确立政府与企业之间"出资人"与企业的关系。对于国有资本收益权的探索也不断深入，分税制改革推出国有企业交纳所得税，税后利润不上交的办法，一方面，改变了此前财政预算与国有资产经营预算混淆的状态，但另一方面却又阻碍了出资人享有企业成长收益。为了解决新的矛盾，2007年，国务院开始在中央企业层面试行国有资本经营预算制度，旨在加强对出资人权益权的维护。

3. 制度完善阶段（2013年至今）

2013年，党的十八届三中全会通过《中共中央关于全面深化改革若干重大问题的决定》，针对国有企业改革从混合所有制经济和现代企业制度两个方面做出了进一步改革的部署。在发展混合所有制经济方面，2015年，国务院发布《关于国有企业发展混合所有制经济的意见》，首次将国有企业分层分类，采取差别化的改革举措，鼓励不同所有制主体之间的产权混合和流动。结合不同类型国有企业的作用,分为三类并分类改革。在完善现代企业制度方面,不断推动国有企业的科学管理,优化薪酬激励。2016年,国资委提出要推行"十项改革试点",其中包括"落实董事会职权""市场化选聘经营管理者""推行职业经理人制度"等政策措施。2019年12月,中央经济工作会议提出,要制定实施国企改革三年行动方案,提升国资国企改革综合成效。2020—2022年是国资委制定并推动"三年行动方案"落地的战略节点,是国企改革坚持市场化方向、抓落实提成效的重大攻坚克难时期,也是积极解决国资改革中的问题并探索出新的模式的时期。

三、金融发展与现代产权制度的完善

"十三五"规划纲要指出,推进产权保护法治化,依法保护各种所有制经济权益。产权明晰和完善的产权保护制度不仅有利于维护社会公平正义,增强企业投资信心,对金融市场来说,也有利于市场化价格的形成和资源的有效配置。唯有建立了完善的现代产权制度以及和要素市场化配置配套的市场竞争秩序,保障了经济行为者为自己的行为获取收益或承担风险,金融市场才能通过风险和利益机制实现资源配置。

完善现代产权制度对于金融发展具有必要性和重要性。随着中国生产社会化、资本社会化和市场经济体制的发展,完善现代产权制度是遵循生产力、生产关系和社会发展目标的必然结果。在混合所有制改革的背景下,完善产权制度为实现国有资本、集体资本、非公有资本等交叉持股、相互融合的混合所有制经济提供了制度环境基础,公平的市场环境有助于各种所有制资本取长补短、共同发展,有利于释放金融市场各投资主体的活力。

(一)产权制度完善有利于实现金融资源的战略布局

党的十九大报告提出,要推动国有资本做强做优做大。通过完善现代产权制度,国有资本可以采取绝对控股、相对控股、参股等多种方式撬动社会资本,实现国有资本放大功能。国有资本向关系国家安全和国民经济命脉的行业集中,吸引和带动更多非国有资本,为具有战略意义的行业提供更丰富的金融资源。最典型的案例是近期联通公司的混改。阿里巴巴、腾讯等非国有资本进入国企联通公司,既做大了联通的资本规模,更重要

的是有助于 5G 产业领域相关技术的开发（洪银兴，2018）。

（二）产权制度完善有利于提升金融业市场化水平

建立产权交易市场，形成公开、公平、公正的资产交易市场及构建多层级资本市场，有助于国有产权和非国有产权在产权交易市场规范流转，使非上市企业的价值能够得到客观公正的评估，有利于产权的流转重组，充分发挥金融市场资源配置的作用。在公开、公平、公正的资产交易市场中，无论是国有企业还是民营企业，效率高者便是兼并重组的主体。由此使资产向高效率企业集中，进一步释放资本市场活力，淘汰"僵尸企业"。

（三）国有企业产权改革有助于优化信贷市场配置

2018 年，国务院出台《关于加强国有企业资产负债约束的指导意见》（简称《指导意见》），旨在打破国有企业的预算"软约束"，为解决国有企业债务问题建立长效机制，配套的措施包括盘活存量资产、完善多渠道资本补充机制、推动兼并重组、依法依规实施破产等。另外，《指导意见》要求"厘清政府债务与企业债务边界"，以解决政府债务和国企债务互相缠绕的体制难题。国有企业的产权明晰、产权流转是金融供给侧改革的关键要素，有助于防止信贷资金持续流向落后产能国企，让银行的专业信贷决策发挥作用。

四、公司治理体系

（一）公司治理概况与主要模式

公司治理的实践随着公司制组织形式的出现而诞生。好的公司治理结构和内部控制机制能够减少企业内部的利益冲突，增强企业信用，加速企业发展，以及更有效地防范企业由于内控失效所面临的欺诈、偷窃等行为。如果以 1600 年东印度公司的设立作为标志，公司治理实践已有 400 多年的历史（李维安等，2019）。在公司治理的发展历史中，国内外研究对公司治理的内涵和外延进行了深入且丰富的讨论。从产权理论、两权分离理论到委托代理理论、利益相关者理论等，公司治理的理论基础不断丰富和发展。

公司治理要素分为内部治理要素和外部治理要素。内部治理要素包括"三会一层"，即股东会、董事会、监事会及高管层。其中，股东会是公司最高权力机关，由全体股东组成，有权对公司一切重要事务（合并、分立、解散、年度决算、利润分配、选举董事成员和经理层等）做出决议。董事是由股东会选举产生的，可以对外代表公司并行使经营决策权和管理权，是公司的常设机关。董事会是由所有的董事组成，一般有 3～13 人，设有董事长、副董事长、常务董事。如果公司股东少或是规模比较小，可以设置一名执行董事，不设董事会。监事是公司中常设的监察机关的成员，由股东选举产生。由监事组成的监事会就是公司的监察机关，一般负责监察公司的财务情况、公司高管们的职务执行情况。高管层是公司的执行机关，主要负责公司的一些日常事务，由董事会聘任或者解聘，要听从董事会的指挥和监督，只能在董事会的授权后对外代表公司。有些公司的高管层由董事或者是股东担任，有些则是职业经理人担任。外部治理要素则包括政府及市场（见图 6-3）。

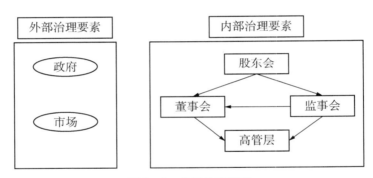

图 6-3　公司治理要素

（资料来源：买生、单胜男、杨英英《融入企业社会责任的公司治理要素研究》，载《商业经济研究》2016 年第 1 期，第 94～96 页。）

广义的公司治理不局限于股东对经营者的制衡，而涉及更加广泛的利益相关者群体，包括股东、债权人政府和市场等对公司有利害关系的集团。公司的有效运行和科学决策需要一系列通过证券市场、产品市场和经理市场来发挥作用的外部治理机制，如公司法、证券法、信息披露、会计准则、社会审计和社会舆论等（李维安、武立东，2002）。

通常认为，公司治理与企业价值有着较强的关联性。具体而言，公司治理通过影响公司的目标、风险、收益等多个渠道对企业价值产生影响。

目前，国外主要的公司治理模式包括英美国家的"市场监控"模式、德日国家的"银行监控"模式、东南亚国家的"家族控制"模式以及苏联和东欧国家的"内部人控制"模式。

(二) 中国的公司治理模式与挑战

中国对公司治理模式的研究是伴随中国企业改革,特别是国有企业的改革而展开的。其形成的过程中,基本上采取了混合的发展模式。由于中国缺乏高度发达的市场,市场难以起到如英美国家公司治理模式中的监督作用。因此,一方面,中国的公司治理制度主要吸取了日德国家公司的治理模式的经验,强调了监事会的作用和地位;另一方面也吸收了美国公司治理模式的经验,大力发展股票市场,拓宽企业融资渠道,使公司的经营者们处于公众股东的监督之下。

中国公司治理结构基本构造被称为"新三会",即股东大会、董事会、监事会分立的模式。股东大会作为公司的权力机关,居于核心地位。董事会是公司的经营决策机关,执行股东会的决议,有权做出经营决策。高层经理是高级管理人员,执行董事会的决议,接受监事会的监督。监事会是法定的监督机关,行使对董事、经理的监督权(见图6-4)。

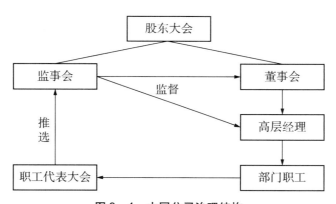

图6-4 中国公司治理结构

(资料来源:李维安、武立东编著《公司治理教程》,上海人民出版社2002年版,第54页。)

合理的公司治理模式为公司在现代市场经济中发挥作用提供了重要保障,同时为企业的长久发展、改善公司经营业绩、提高投资回报率做出了巨大的贡献。同时,在现代社会的市场经济体系中,公司是市场运行中的主体,其法律制度的优劣与完善程度对于一国经济发展也有着重要影响。

中国加入世界贸易组织后,企业受到国际经济一体化冲击的程度越来越高，中国公司治理体系面临着很大的挑战。公司治理体系越优化完善，资源配置就越有效，就越能实现经济的快速增长。

现阶段中国公司治理体系存在以下问题有待完善：①国有企业股权结构不合理，国有股东对公司处于绝对控制地位；②董事会职责不清，缺乏独立性；③公司内部监控机制不健全，监事会作用有限；④外部的治理机制不健全，对管理人员的激励和约束不足；等等。因此，建立更加完善有效的公司治理结构需要从中国的实际情况出发，从发展和制度均衡的角度总体规划中国未来的公司治理模式。具体而言，需要从以下几个方面进行完善：①调整和优化股权结构，重塑法人治理体系；②健全董事监事制度，明确相应职责；③强化信息披露制度，增强透明性原则；④完善外部管理机制，建立有效约束机制；等等。

（三）公司治理的中国新实践

1. 党建与公司治理

中国是社会主义国家，中国共产党是执政党，这种政治制度已通过法律条文形成了一种硬性约束。同时，中国正在建立完善的市场经济制度，企业是市场经济运行的主体，需要按照市场经济规律建立有利于企业竞争的公司治理结构。这就是中国企业发展的制度背景。在此基础上，形成了企业党建与公司治理相融合的、极具中国特色的公司治理模式。

企业党建与公司治理能否融合，不仅是理论研究需要回答的问题，也是实践中必须解决的问题。企业党建与公司治理的融合有助于解决两者的内在制度冲突，也有助于完善党建理论，更有助于实践问题的解决。企业党建与公司治理的融合模式，通过理论和实践的探索，总结出不少有益的模式。虽然这些模式并不是通用模式，但具有借鉴意义。

（1）联席会议。联席会议实际上是党委会与董事会分权体制下的一种平面的联合。实行这种制度的企业，党委会和董事会的权力主体地位对等，分工明确。一般来说，联席会议制度下机构的设置，党组织是企业的独立组织，党务人员从事专职的党务工作，党委会成员和董事会成员是两套不同的人马。

联席会议的召开主要由党委会和董事会的主要负责人协商召集，轮流召集的比较少。联席会议主要讨论和决定企业的重大问题，会议实行民主集中制的原则，按照少数服从多数的议事规则对重大问题做出决策。目前这种制度除了极少数党建工作做得比较好的国有企业外，大部分企业都不采用。因为这种制度实际上将党委会游离于企业经济发展的中心之外，党委会专职从事党务，从而导致因专业知识缺乏而失去对重大决策的话语权。所以，这种制度难以单独成为一种通行的制度，而是被整合于其他模式之中。

（2）交叉任职。交叉任职主要是指党委会成员进入董事会、董事会成员进入党委会的做法。一般来说，交叉任职都是指党委书记或副书记兼任副董事长或副总经理，党员董事长或总经理兼任党委副书记。在具体实行过程中，党委书记往往还可以兼任工会主席，或者由党委副书记兼任工会主席。

这种模式在很多建立了现代企业制度的企业中比较普遍，尤其是合资企业。交叉兼职明显地缩短乃至省略了党委会与董事会两大系统间物质、能量、信息的交换过程，因而减少了乃至消除了内耗，大大降低了体制成本，使企业大系统运转自如，从而提高了企业的综合效益。

（3）一肩挑。一肩挑模式是指党委书记兼任董事长或总裁的机构设置。在这种情况下，党委会和董事会或者经理层高度重合，党组织和公司治理融为一体，决策程序不会因为不同的制度安排而受到影响。这种模式一般为改制后的国有大中型企业所采用，这些企业一般来说有着良好的党建基础，同时又适应市场经济规律，建立了比较良好的公司治理结构。

一肩挑模式是指企业高层决策机构的党组织和公司治理融合模式。但企业的中下层部门的机构设置，往往比较复杂。有的采用行政一把手兼任党委书记，有的采取交叉任职的办法。职能部门的设置也采取了多种形式，有的是合署办公、职能交叉，有的是一套人马两块牌子等。

总的来说，联席会议制度在实践中面临很大的风险。因为联席会议实际上是企业党建和公司治理的简单组合，还没有达到深层次的融合，因此，很容易引起制度冲突，从而使得企业既失去党建工作的优势基础，又不能充分保证法律规定的公司治理应有的权力。所以，联席会议制度只是交叉任职和一肩挑模式下的一种运作模式，宝钢（中国宝武钢铁集团有限公司）的"中心组学习制度"就有点类似于联席会议制度，但这种制度是党委书记兼任董事长的情况下的沟通制度。

在交叉任职模式中，党委书记兼任副董事长或者副总经理，需要党员具有很高的素质，成为一个优秀的复合型人才，否则党员就难以在企业中发挥作用。在党委书记兼任副总经理的情况下，可能还会因为其不能进入董事会的决策层，而削弱党组织参与重大决策、发挥政治领导的作用。如果党委书记兼任副董事长，那么他在董事会中的决策应该由自己个人独立承担责任，这和他作为党委代表的意见可能发生冲突，因为党委的决策是少数服从多数，而董事会决策则是由董事会各个成员发表自己的独立意见并签字负责。

一肩挑模式除了具有交叉任职所面临的一些风险，还存在监督风险。党委书记兼任董事长或者总经理，那么该如何约束他的权力？如果约束不力将导致独断专行和贪污腐败，这也是两种制度融合下所面临的风险，需要高度关注（蒋铁柱等，2006）。

2. 混合所有制改革与公司治理

混合所有制改革的进行让中国国营企业的行政职能与经济职能逐渐分离，改变了传统的计划经济背景下国家作为国有资产所有者和经营者行政化企业治理行为的模式。国有企业治理行为的行政化呈现资源分配、经营目标和人事任免的行政化，造成了企业运营的效率损失及高昂的治理成本。混合所有制改革旨在破除行政型公司治理，塑造独立的市场竞争主体，提升国有企业的市场竞争力。

根据中共中央、国务院《关于深化国有企业改革的指导意见》[①]和《国务院办公厅关于进一步完善国有企业法人治理结构的指导意见》[②]等规定，国有企业公司治理的主要原则有以下几方面：一是明晰产权，同股同权，依法保护各类股东的权利；二是规范企业股东会、董事会、经理层、监事会和党组织的权责关系；三是政企分开，落实董事会对经理层成员等高级经营管理人员选聘、业绩考核和薪酬管理等职权，落实和维护董事会依法行使重大决策、选人用人、薪酬分配等权利；四是加强董事会内部的制衡约束；五是推进职业经理人制度建设，逐步扩大职业经理人队伍，有序实行市场化薪酬，探索完善中长期激励机制。

（1）股权分置改革。股权分置改革影响深远，其形成的全流通市场格

---

① 《关于深化国有企业改革的指导意见》，见中华人民共和国中央人民政府网（http://www.gov.cn/xinwen/2015-09/13/content_2930377.htm），2015年9月13日。

② 《国务院办公厅关于进一步完善国有企业法人治理结构的指导意见》，见中华人民共和国中央人民政府网（http://www.gov.cn/zhengce/content/2017-05/03/content_5190599.htm），2017年5月3日。

局使中国股票市场真正具备现代资本市场的基本特征，为私募市场和私募基金、创业板和创新企业、股指期货和各类金融衍生品的创设和发展打开了空间，构建起权利公平、机会公平、规则公平的股权文化和公司治理的股东共同利益基础（安青松，2018）。

股权分置改革前，中国上市公司的公司治理存在较严重的结构不完善和委托代理问题。资本市场上的股权分置阻碍了控股股东对公司治理正向作用的发挥。股改前资本流动的基础有非流通股协议转让和流通股竞价交易两种价格，因此，公司股价难以对大股东和管理层形成市场化的激励和约束。控股股东所持有的非流通股使其无法通过资本利得获得收益，扭曲了最大化股东利益的动机。控股股东更有可能凭借其控股地位侵害中小股东利益，从而导致资本市场上出现普遍的委托代理问题。

2004年1月，国务院发布《国务院关于推进资本市场改革开放和稳定发展的若干意见》，2005年4月，证监会出台《关于上市公司股权分置改革试点有关问题的通知》，正式启动股权分置改革。2005年9月，中国证监会发布《上市公司股权分置改革管理办法》，意味着中国股权分置改革从试点阶段开始转入全面铺开阶段。A股市场上的上市公司按股份能否在证券交易所上市交易被区分为非流通股上市公司和流通股上市公司两类股份。两种价格并存的二元体制是中国证券市场历史遗留的制度性缺陷（林莞娟等，2016）。这两类股票表现出不同股、不同价、不同权的特征，这一特殊的市场制度与结构被称为股权分置。股权分置改革以消除股权分置为目标，具体方式则是原先的非流通股股东为了让所持股票获得流通权，向原流通股股东全体进行现金或股份补偿。

股权分置改革的实施一方面使非流通股股东和流通股股东形成共同的公司治理利益基础，有效发挥大股东治理的正向作用；另一方面使资本市场股权更为分散，国有资本比重降低，民间资本流入，机构投资者持有更多股份，能发挥更加积极的监督制衡作用，使上市公司经营目标回归利润最大化。此外，股权分置改革完善了公司内部控制权市场和外部控制权市场，上市公司管理层经营压力增加，提高公司绩效的动力增加。上市公司逐渐建立起了产权清晰、激励明确、股东利益一致的制度，中国资本市场的发展往前大大地跨越了一步。

（2）以管资本为主，改革国有资本授权经营体制。2013年，党的十八届三中全会对新时期全面深化国有企业改革进行了战略部署，明确了新时期全面深化国有企业改革的重大任务。2015年,《中共中央国务院关于深化国有企业改革的指导意见》出台,后续配套文件也相继出台。2018年,国务院发布《关于推进国有资本投资、运营公司改革试点的实施意见》,要求通过改组组建国有资本投资、运营公司,实现国有资本所有权与企业经营权分离,构建国有资本市场化运作的专业平台,促进国有资本合理流动,优化国有资本布局,提高国有资本配置和运营效率,更好服务国家战略需要。至此,深化国有企业改革的指导文件体系"1+N"基本形成(沈红波等,2019)。

新一轮国有企业改革强调市场化、法制化的企业运行方式,有利于厘清国资监管机构的职责边界,转变直接管理的监管理念,促使国有企业真正成为依法自主经营、自负盈亏、自担风险、自我约束、自我发展的独立市场主体。在新一轮改革中,国资监管机构依法对国有资本投资、运营公司和其他直接监管的企业履行出资人职责,而由国有资本投资、运营公司对所出资企业履行股东职责。由此强化了基于产权关系和资本关系的规范化专业化管理,切实赋予企业更多自主权,强化国有企业的市场主体地位。

对于非国有资本占比的问题,国资委的方针是分类管理。国有企业根据主营业务被界定为商业类和公益类两种类型。公益类国有企业可以采用投资主体多元化、政府购买模式。而商业类国有企业又按照其所处行业分为充分竞争行业、重要行业以及自然垄断行业进行管理。对于自然垄断行业,例如烟草行业,由于其利润率较高,改革强调政企分开和政府监管,暂未将混合所有制改革作为第一目标。根据分类管理的相关改革方针,可以看出,完全竞争行业企业是本轮国企混改的重点,通过积极引入非国有战略投资者实现股权多元化,提升股权制衡效果。

第三节 金融生态与社会信用体系建设

一、社会信用体系概况

社会信用体系也称国家信用管理体系或国家信用体系,其建立和完善是中国社会主义市场经济不断走向成熟的重要标志之一。社会信用体系主要作用在于记录社会主体信用状况,警示其信用风险,并协同社会力量,对诚信行为进行褒扬,对失信行为进行惩戒,促进诚信文化的发展,形成良好的社会氛围。社会信用体系是一种社会机制,有助于社会资本的形成,为一国市场经济不断发展、市场规模不断扩大提供保障。

社会信用体系由一系列要素组成,包括信用管理行业和信用法律体系、公共信用体系、企业信用体系和个人信用体系。前两者有机结合,促进了社会信用体系的健康运转;后三个方面共同作用,提升了社会信用体系的完整性。

信用体系运行机制有三大基础,分别是信用信息的征集与传播、信用行业自律与同业监督以及信用服务标准。在这三个方面中,各种信用机构都在此中发挥重要的作用。第一,信息的征集与传播。信息可以分为两大种类:第一类是免费开放查询的公共信用信息。这一类信息的来源包括人们依法公布的信用信息,媒体发布的信用信息,政府和法院保存的信用信息。第二类是对外有偿查询的信用信息,如信用机构共享的内部信用信息。这一类信息的来源包括信用机构征集的内部信用信息以及其他单位保存的内部信用信息。随着互联网、大数据、云计算、区块链等科技手段与金融的结合,信息在界定、流转、交易、挖掘等各方面都突破了传统认知。例如,一些金融科技企业开始从事类征信业务,其存在和发展有利于补充传统信用体系的信息库。这类企业在提高征信服务便利性的同时,也带来了网络信息安全问题。第二,信用行业自律与同业监督。行业自律与同业监督涉及信用机构的管理和信用专业人员的管理。信用中介机构行业需要市场准入和退出标准,对各类信用中介机构实行严格的资质和市场准入制度,反对不正当竞争。信用行业也需要守信意识和诚信自律,信用行业不进行行业自律,就不会有一个健康发展的信用行业,也就无法搭建有效的社会信用体系。信用业同业监督机制通过对失信进行行业评议使信用中介组织规范运营。① 第三,信用服务标准。信用服务标准包括信用评价标准和其他信用服务标准。这些标准是由信用公司或信用行业自律组织,自行制定信用服务标准,由市场直接检验标准的可靠性、科学性。

从上述的社会信用体系运行机制来看,应该明确政府与市场在机制运

---

① 参见黎振强、罗能生《建立健全社会信用体系》,载《经济日报》2009年4月6日第7版。

行中的角色。政府和法院应当通过立法来保证政府与法院保存的信用信息的信息完整性和易查询性，但是对于其他需要由信用行业完成的事情，应当主要由市场的优胜劣汰机制来调节，政府仅起到辅助作用。政府不宜越位，不宜过分干预，以免影响市场的有效运行。政府在社会信用机制运行中的关键之一，就是要做到不缺位、不越位，与市场一起携手，保证社会信用体系的顺利运行。

二、美国等发达国家信用体系的构建

在以信用经济为主要特征的现代市场经济时代，良好的信用关系已成为连接经济主体的重要纽带，完善、有效的社会信用体系成为经济良好运行的重要保证。目前，发达国家经过探索与实践，已经形成了较为完善的社会信用体系，其中美国、以德国为代表的欧洲大陆国家和日本的发展模式最具特点（郭娜等，2013）。借鉴发达国家信用体系建设的成功经验，有助于中国建立和完善适合国情的、可持续发展的社会信用体系。

（一）美国的信用体系管理：纯市场化模式

美国是世界上社会信用体系发展较为完善的国家之一，形成了主要依靠市场管理运作的信用模式，有以下四个方面的特点。

1. 信用中介机构发挥主导作用

在企业征信领域，美国有许多专门从事征信、资信评级、商账追收等业务的信用中介机构。最具影响力的邓白氏公司拥有世界上最大的数据库，覆盖了过亿的企业的信息，全方位向企业提供信用服务。资信评级行业有穆迪、惠誉、标准普尔世界三大评级公司。商账追收、信用保险、保理、信用担保也是信用中介机构提供的重要服务内容（郭娜等，2013）。

在个人征信领域，美国建立了专门从事个人信用评估和中小企业信用数据搜集的信用局，主要通过公民从出生便一直拥有的社会保障号（Social Security Number，SSN）来搜集记录保存公民的信用额度、房屋贷款还款、银行开户记录等信息（郭娜等，2013）。SSN终身不变、终身使用，如果一个人有过不良信用记录，那么这一记录将伴随着他一生，他将因此在求职、创业、申请贷款等方面四处碰壁。

2. 较为完备的信用法律体系

目前，美国信用管理的法律框架是以《公正信用报告法》和《金融服务现代化法》为核心，以其他相关法律为辅助，共同构成了国家信用管理体系的法律环境。随着美国社会经济状况的变化，这些法律法规也被不断进行修改完善。在美国生效的信用管理相关法律中，规范授信、平等授信、保护个人隐私等方面是法律规范的重点（郭娜等，2013）。

3. 注重对信用行业的管理

由于有较完善的法律制度作为监督和保障，美国建立了一些民间机构（信用报告协会、信用管理协会、美国收账协会等），采取行业自律的特色监管方式。行业协会还代表行业进行政府公关，为本行业争取利益（郭娜等，2013）。另外，虽然政府在对信用行业管理中所起的作用比较有限，但美国的有关政府部门和法院仍然起到信用监督和执法的作用。其中，联邦贸易委员会（Federal Trade Commission，FTC）是对信用管理行业的主要监管部门，司法部、财政部、货币监理局和联邦储备系统等在监管方面也发挥着重要作用（曹元芳，2006）。

4. 市场主体具有较强的信用意识

在美国，信用交易十分普遍，缺乏信用记录或信用历史很差的企业很难在业界生存和发展，而信用记录差的个人在信用消费、求职等方面会受到很大制约。因此，不论是企业还是普通的消费者，都有很强的信用意识（曹元芳，2006）。

市场化模式的征信制度优缺点共存，优点在于其投资是纯粹市场化行为，无须政府进行投资，同时也支持现金信用、各类零售信用和服务信用授信业务，有助于市场信用交易额度的提升。此外，征信机构的竞争有利于提升服务水平和质量。其缺点在于发展速度缓慢，对于发展中国家而言，如果采取此模式，则会由于竞争劣势让市场落于跨国公司之手，同时，激烈的竞争也会导致资源的浪费和重复投资，并对监管提出了更高的要求（李依霖、王树恩，2007）。

（二）欧洲大陆国家的信用体系管理：中央银行主导模式

以德国为代表的欧洲大陆国家的社会信用体系采取中央银行主导模式，有以下四个方面的特点。

1. 中央银行主导

德国社会信用体系通常是由中央银行或银行监管机构组织，各商业银行、保险公司、租赁和代理经营公司、信用卡公司等金融机构参加的一个公共信用调查机构，其成立的目的就是给商业银行、中央银行和其他银行的监督机构提供有关公司和个人债务状况的信息。信用机构不仅搜集有关延迟或拖欠还款的负面数据，还搜集在良好或正常条件下借用信贷的正面数据。这种模式有利于形成统一的信用评估标准，各金融机构实现信息资源共享，使金融机构了解贷款申请者的特点，掌握其整体负债情况，并对其偿付可能性做出预测（李依霖、王树恩，2007）。

2. 金融机构依法向信用机构提供相关信用信息

在比利时、德国、法国这些国家，中央银行或银行监管机构通过法律或决议强迫所有金融机构必须参加公共信用调查机构，并依法定期报告商业借款人和消费者借款的情况（李依霖、王树恩，2007；曹元芳，2006）。

3. 中央银行承担主要的监管职能

由于信用信息局是中央银行的一个部门，因而对信用信息局的监管通常主要由中央银行承担，有关信息的搜集与使用等方面的管理制度也由中央银行提供并执行（李依霖、王树恩，2007；曹元芳，2006）。

4. 个人数据有法律保护

在数据的搜集和使用过程中，遵循欧盟《数据保护指令》八项原则，以保护个人的隐私和贷款信息。

中央银行模式的信用征信制度有利于保护金融系统的安全和更有力地保护个人隐私，有助于快速建立社会信用系统。但是它也存在缺点一是它不向零售信用和服务信用授信人提供服务，不利于将不同类别信用工具渗透到社会的各个角落，信用交易对扩大市场份额的贡献不够大；二是个人征信数据库的信用档案容量相对较小；三是采用中央银行模式致使只有一个大系统支持社会征信服务，不能满足市场的多样需要；四是中央银行模式下的社会征信机构不以赢利为目的，政府有财政负担（李依霖、王树恩，2007；曹元芳，2006）。

（三）日本的信用体系管理：会员制模式

日本社会信用体系的独特之处在于它是由银行等金融机构自愿出资联合成立、独立于借贷双方的非营利信用局。会员制意味着只有会员才能享受到信用机构提供的信息；同时，各会员单位有义务向信用局提供其掌握的准确而全面的信用信息。该模式有以下三个方面的特点。

1. 行业协会发挥主导作用

在日本的征信体系中，政府没有专门征信监管机构，而主要是由行业协会在经济发展中发挥巨大影响力。各行业协会成为信用信息中心建设的主体，并为协会会员提供个人和企业的信用信息交换平台，通过内部信用信息共享机制实现征集和使用。这种协会信用信息中心不以营利为目的，只收取成本费。

2. 信用信息机构作用突出

个人征信方面，日本形成了以全国银行个人信用信息中心、株式会社日本信息中心和信用信息中心三大信用信息中心为主的个人征信格局。三大信用信息中心分别对应三大行业协会——银行业协会、信贷业协会和信用产业协会。目前三大行业协会的信用信息服务基本上满足了会员单位对个人信用信息征集和查询的需求。

企业征信方面，相关数据则被帝国数据银行和东京商工所两家机构所垄断。其中规模最大的为帝国数据银行，拥有亚洲最大的企业资信数据库，有4000户上市公司和230万户非上市企业的资料，占领70%以上的日本企业征信市场份额。帝国数据银行不仅对外提供信用信息、催收账款、市场调查及行业分析报告等服务，还可为委托人以"现地现时"的方式进行信用调查服务。

3. 征信监管：政府与行业协会明确分工

在监管层面，日本并没有专门的监管机构，政府将自身的管理作用逐步弱化，而将法律的完善作为政府监管的主要目标。从20世纪80年代开始，日本政府相继颁布了《贷款业规制法》《个人信息保护法》《政府信息公开法》等多部法律用以保护消费者信息、规范征信市场的发展。法律在征信监管中起着主要的作用，并且注重个人信息的保护。

由于政府在监管中的逐步弱化，行业协会的自律管理显得更加突出，各信用中心的业务内容和范围，以及相关的运营规则都由各管理协会制定。协会的会员章程很好地规范和管理了会员的权利与义务，对于任何违反法律或者协会规章的会员，协会将对其进行处罚，包括通报批评以及取消会员资格等。

会员制模式的优势在于，其会员银行是自愿加入的，弹性较大，各银行有自主选择的权利。当然，这种信用模式的信息来源和使用有很大的局限性，存在公司和个人信息资料不全的问题。只有在银行协会的会员广泛而且有良好的合作时，信用体系才能发挥较大的作用（李依霖、王树恩，2007；曹元芳，2006）。

三、中国社会信用体系构建的实践

(一) 发展状况

社会信用体系的建设是社会制度建设的重要组成部分,社会信用水平是一个国家治理体系现代化的重要标志。改革开放以来,中国的社会信用体系经历了从无到有、逐步发展的过程,在信用立法、征信体系和信息数据库等建设方面取得了显著成就,建立了较为完备的信用立法体系、全国统一的信用信息交换平台和金融信用信息基础数据库(蔡旭,2020)。这些都是国家治理体系现代化的标志和表现。

1. 国家计划信用体系阶段(1949—1978年)

新中国成立后,中国借鉴苏联高度集中的计划经济体制,在国家计划主导下快速建立了现代国民经济体系。在这一体制下,经济主体之间的经济联系依靠政府信用加以维持。国家计划和行政的约束力强大,以国家计划为主导,由国家信誉为社会经济活动提供保障,对经济发展起到了促进作用(蔡旭,2020)。

2. 社会信用体系建设的萌芽阶段(1979—1992年)

改革开放以来,商品经济的客观规律得到了越来越多人的重视,并在社会主义市场经济体系中发挥重要作用。原来计划经济体制下的社会信用制度逐步无法适应现代经济活动的需求,中国社会信用体系的建设开始萌芽。1984年,辽宁省抚顺市工商局为了解决市场交易中越来越突出的企业信用问题,在当地企业中开展"重合同守信用"活动,全国各地纷纷学习,积极开展了"重合同守信用"活动。到1986年年底,全国已有20个省、自治区、直辖市开展了这项活动。这是中国社会信用体系建设最早的尝试(蔡旭,2020)。国家层面也开始重视信用征集和信用应用体系建设。1987年3月,国务院发布的《企业债券管理暂行条例》,有效推动了资信评级机构在中国的发展。但是这一阶段,中国社会信用体系建设仍存在着一些问题,例如资信调查机构信息渠道单一、企业信用管理理念淡薄等。

3. 社会信用体系建设的起步阶段(1993—2003年)

随着社会主义市场经济体制改革目标的进一步明确,中国资信服务机构不断开始出现并发展,推动中国社会信用体系发展进入起步阶段。20世纪90年代,随着现代企业的发展和中国资本市场的发展,中国诚信、上海远东等信用评估机构相继出现（蔡旭，2020）。而信用立法方面的建设也在不断推进，《中华人民共和国合同法》《中华人民共和国企业财务通则》《中华人民共和国企业会计准则》《中华人民共和国公司法》《中华人民共和国商业银行法》《中华人民共和国担保法》《中华人民共和国仲裁法》等一系列法律法规不断出台。21世纪之后，呈现出政府信用信息与社会信用体系不断联合发展的趋势。2003年召开的中国金融工作会议则进一步强调要加强社会信用制度建设，完善全国企业和个人征信体系。

4. 社会信用体系建设的加速发展阶段（2004年至今）

在这一阶段，信用征集体系和信用服务体系建设取得了突破性进展。在人民银行的统一部署下，中国企业和个人信用信息基础数据库于2006年建成并联网运行，个人信用信息和企业组织机构信用信息都可以在线核查。这是中国征信体系发展的里程碑。同时，社会信用体系建设呈现系统推进的态势，《关于社会信用体系建设的若干意见》《中华人民共和国政府信息公开条例》等相关文件陆续出台。2013年1月，中国首部《征信业管理条例》的发布，为中国征信业的发展注入了新的动力。在2014年召开的国务院常务会议中，原则通过《社会信用体系建设规划纲要（2014—2020年）》，这是中国第一部国家层面社会信用体系建设专项规划，标志着中国社会信用体系发展进入崭新阶段（蔡旭，2020）。

（二）社会信用体系构建与企业价值

良好的信用文化是建立规范的社会主义市场经济秩序的保证，可以有效地防范信用风险，保障现代经济金融的正常运行，促进企业的利润增长和长期发展。陈雨露和马勇（2008）通过引入社会信用文化这一影响因子来考察金融业绩效。该研究发现，社会信用建设越完善，金融体系的运行效率越高，结构越合理。在微观企业价值层面，社会信用体系的构建则从以下五个方面发挥作用：第一，社会信用体系的构建促进企业融资，从而提升企业价值；第二，社会信用体系的构建减少企业的成本，从而提升企业的价值；第三，社会信用体系的建设提高资源配置效率，从而提升企业的价值；第四，社会信用体系的建设增强企业的竞争力，从而提升企业的价值；第五，社会信用体系的建设净化经济环境，从而提升企业的价值。

◆思考讨论题◆

1. 请论述实体经济与金融体系的关系,并结合实例分析中国金融体系如何服务实体经济。

2. 产权制度相关理论对中国国有企业改革有何意义?

3. 中国公司治理模式面临哪些挑战?我们能从英、美、日、德等国的治理模式中借鉴到什么?

4. 美国等发达国家信用体系对中国信用体系的构建有何启示?

第七章 国家金融市场基础设施

一般而言，金融市场基础设施指的是支持金融市场和金融中介有效运行的机构、制度、信息和技术，具体包括法律制度、会计与审计制度、信息披露机制、征信机制、支付与清算组织、监管机构等。从这个定义可以看到，通常意义上的金融市场基础设施有硬件和软件两个方面（程炼，2019）。本章分四节：第一节对金融基础硬件设施进行介绍，第二节对金融基础软件设施进行介绍，第三节介绍金融标准发展情况，第四节则阐述中国金融市场基础设施建设实践。

第一节 金融基础硬件设施

金融基础设施是整个金融生态的核心，支撑金融体系运行。其中，金融基础硬件设施是指支付清算系统等为金融机构和市场运行提供服务的机构与设施，是金融系统的物质保障。2012 年，国际清算银行支付与结算委员会和国际证监会组织共同发布了《金融市场基础设施原则》，并划分了五类金融市场基础设施：支付系统、中央证券托管系统、证券结算系统、中央对手方、交易数据库。该原则已经成为各国推动金融市场基础设施的"共识"。从中可见，通常我们所说的支付清算体系均已被这五类金融市场基础设施（FMIs）所囊括。

按照《金融市场基础设施原则》中的定义，支付系统（Payment System，PS）指的是两个或多个参与者之间资金转账的一套工具、程序和规则，包括参与者和运行上述安排的单位。其通常分为零售支付系统和大额支付系统。零售支付系统通常为处理大量金额相对较小的支付业务的资金转账系统，小额支付业务的形式包括支票、贷记转账、直接借记以及亏支付交易等。大额支付系统通常为处理大额和优先支付业务的资金转账系统。与零售支付系统相比，很多大额支付系统由中央银行运行，使用实时金额支付系统或类似机制。中央证券存管（Central Securities Depository，CSD）提供证券账户、集中保管服务和资产服务（包括公司行为管理和赎回管理等），在确保证券发行完整性方面（即保证证券不会因意外或欺诈而产生、销毁或改变细节）发挥重要作用。CSD 的具体活动会因所在辖区和市场惯例的不同而不同。在许多国家，CSD 也运行证券结算系统职能，不过《金融市场基础设施原则》将二者视为不同类型的 FMIs。证券结算系统（Securities Settlement System，SSS）通过预先设定的多边规则，支持证券通过簿记系统进行转让和结算。该系统可以实现纯券过户，或在付款后完成证券转让。当以付款为条件过户时，很多系统可以进行付款交割，当且仅当付款完成时才进行证券交割。SSS 可以提供额外的证券清算和结算功能，例如交易和结算指令确认。中央对手（Central Counter Party，CCP）自身介入一个或多个市场中已成交合约的交易双方之间，成为每个卖方的买方和每个买方的卖方，并据此确保履行所有敞口合约。CCP 可以通过交易多边轧差以及为所有参与者提供更有效的风险控制手段来显著降低参与者承担的风险，如 CCP 要求参与者提供抵押品（以初始保证金和其他金融资源形式）覆盖当前暴露和未来潜在的暴露。CCP 也可通过违约基金等机制与参与者分担某些风险。交易数据库（Trade Repository，TR）是集中保存交易数据电子记录（数据库）的单位。通过数据的集中搜集、存储和传递，设计良好且有效控制风险的 TR，可为有关管理部门和公共部门提高交易信息的透明度、促进金融稳定，并可以为检查和防止市场滥用提供支持。TR 的一项重要功能是为单个机构和整个市场提供信息，这有助于降低风险、提高经营效率和节约成本。[1]

本节接下来将主要介绍金融基础的三种硬件设施：支付清算体系、科技信息系统、网络金融服务。

一、支付清算体系

支付清算体系（Payment Clearing System）包括提供支付清算服务的中

---

[1] 参见国际清算银行、国际证监会组织技术委员会等编《金融市场基础设施原则》，中国金融出版社 2013 年版，第 8～10 页。

介机构和实现支付指令及货币资金清算的专业技术手段，是中央银行向金融机构及社会经济活动提供资金清算服务的综合安排。

支付清算本质是货币的转移和债权债务关系的变更，是一切经济活动的最终目标和结果，因此，需要建立完善、高效、严格的架构体系。支付清算体系由支付结算工具、支付清算系统、支付服务组织以及统筹、协调、监督支付清算的法律法规、监管机构共同组成（见图7-1）。

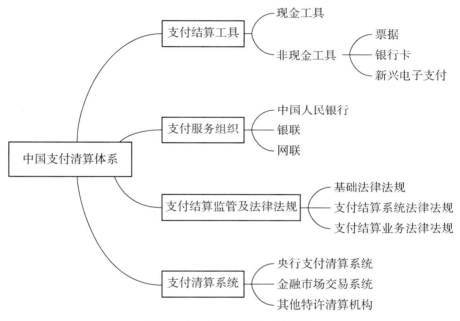

图7-1 支付清算体系的组成

（资料来源：作者根据相关材料整理。）

（一）支付结算工具

支付结算工具是用于资金清算和结算过程中的一种载体，可以是授权传递支付指令并能进入金融机构（银行等）账户执行资金划转的证件，也可以是支付发起者合法签署的可用于清算和结算的金融机构认可的资金凭证（黄立文，2014）。具体包括现金工具和非现金工具，随着网络的兴起，网络支付结算的资金转移成本大幅度降低，非现金工具成为支付清算的主要承担者。

(二) 支付服务组织

中国人民银行是中国支付体系的管理部门,其职责包括制定全国支付体系发展规划,统筹协调全国支付体系建设,会同有关部门制定支付结算规则,负责全国支付、清算系统的正常运行。目前人民币支付清算组织为银联和网联,都受中国人民银行的监管。①银联。中国银行卡联合组织,借助于银联跨行交易系统,促进商业银行系统间的联通和资源共享,为银行卡跨行、跨地区和跨境使用提供支持。②网联。非银行支付机构网络支付清算平台,搭建共有转接清算平台,服务于支付宝、财付通等非银行的第三方支付机构,并通过网联统一和商业银行系统进行互联。

(三) 支付结算监管及法律法规

支付清算系统是中国经济金融最重要的基础设施之一,对促进国民经济健康平稳发展发挥着越来越重要的作用。因此,在法律层面对支付结算体系的规范和引导,在监管层面不断监督法规的落实,促进支付结算体系平稳运行,对国民经济的发展是极度重要的。支付结算系统的法律法规主要可以分为基础法律法规、支付结算系统法律法规和支付结算业务法律法规。

基础法律法规有《中华人民共和国票据法》《中华人民共和国人民币银行结算账户管理办法》《支付结算办法》;支付结算系统法律法规有《大额支付系统业务处理办法》《大额支付系统业务处理手续》《中国现代化支付系统运行管理办法》《中国人民银行自动质押融资业务管理暂行办法》等;支付结算业务法律法规则有《客户交易结算资金管理办法》《非金融机构支付服务管理办法》《银行卡收单业务管理办法》《支付机构预付卡业务管理办法》等。

(四) 支付清算系统

1. 央行支付清算系统

中央银行现代化支付系统,具有完成支付体系中金融机构间资金清算的职能,是支付体系的基础和核心。中央银行支付清算系统总体框架如图7-2所示。

第七章 国家金融市场基础设施

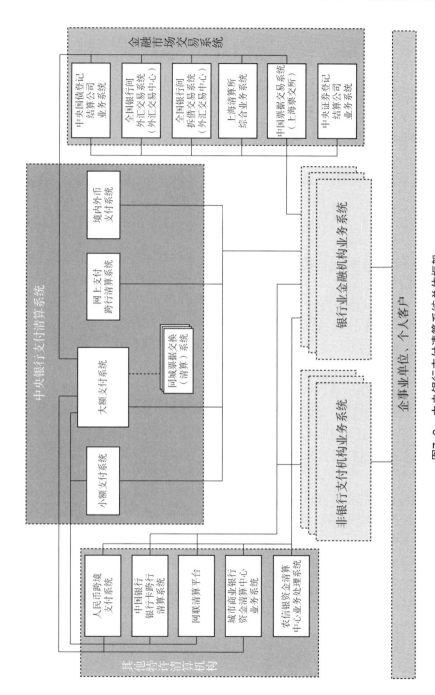

图7-2 中央银行支付清算系统总体框架

(资料来源:中国人民银行支付结算司《中国支付清算系统总体架构图》,载《金融会计》2018年第4期,第80页。)

（1）大额支付系统。该系统是现代化支付系统的重要组成部分，主要用于处理单笔金额在 5 万元以上的跨行普通汇兑或 5 万元以下的跨行紧急汇兑业务。同时还负责处理国库资金汇划，资金拆借市场、证券买卖、外汇交易等业务的资金清算，现金存取、缴存款、再贷款等中央银行业务的资金清算以及同城票据交换净额清算等，是大额资金汇划清算的主渠道。大额系统实行对支付指令逐笔发起、全额清算的方式，加快了大额资金汇划到账的速度及社会资金的周转。

（2）小额支付系统。该系统是现代化支付系统的主要组成部分，主要用于处理单笔 5 万元以下的普通贷记业务和定期扣划业务。与大额支付系统相比，小额支付系统采取了批量发送业务、定时清算轧差的业务处理方式，故其资金划拨的实时性没有大额支付系统高。小额支付系统的主要优势在于其支持的支付业务种类繁多，可以处理与单位和个人相关的业务，且划款费用低廉。

（3）网上支付跨行清算系统。俗称"超级网银"，支持一定金额以下的网上支付、移动支付等新兴电子支付业务的跨行（同行）交易，逐笔、实时发送，定时清算，客户在进行支付操作时，可以实时获知处理结果。该系统为符合条件的非金融支付服务组织提供公共清算平台。

（4）同城票据交换（清算）系统。由中国人民银行分支行组织运行，主要处理以支票为主的支付工具的交换、清分和轧差清算，同城清算系统主要处理同城贷记支付业务和定期借记支付业务的清分和轧差。全国县级以上的城市建立了同城票据交换所，许多城市还建立了同城清算系统。

（5）境内外币支付系统。该系统作为中国人民银行建设运行的支持多币种运行的全国性银行间外币实时全额结算系统，为中国境内的银行业金融机构和外币清算机构提供外币支付服务，支持美元、港币、日元、欧元、澳大利亚元、加元、英镑和瑞士法郎八个币种的支付与结算，资金结算通过代理结算银行处理。代理结算银行由指定或授权的商业银行担任，代理资格实行期限管理。

2. 金融市场交易系统

境内金融市场交易系统主要完成交易成员之间的资金划付和金融工具交割功能。

（1）中央国债登记结算公司业务系统。该系统服务于全国银行间债券市场为其提供国债、金融债券、企业债券和其他固定收益证券的登记、托管、交易结算等，通过与大额支付系统连接，实现债券交易的票款对付结算。

（2）上海清算所综合业务系统。上海清算所综合业务系统是上海清算所核心业务系统，主要功能包括债券簿记、债券实时逐笔清算、现券净额清算、人民币外汇即期竞价等业务系统等方面。此外，综合业务系统还具备债券回购交易中央对手清算、债券交易代理清算、外汇远期和掉期中央对手清算、外汇交易代理清算等功能。该系统在现有生产系统的基础上进行了全面的升级，为上海清算所提高服务质量服务和水平、更好地服务银行间市场的创新和发展和更好地支持上海国际金融中心建设，提供了有力的支持与保障。

（3）全国银行间外汇交易系统。其交易系统包括电子竞价交易系统、询价交易系统。前者在会员自主报价的基础上按照"价格优先、时间优先"的原则撮合成交。后者为会员根据"双边授信、双边清算"原则直接进行交易币种、汇率和金额等交易要素磋商提供技术便利。人民币资金清算通过中国人民银行支付系统办理，外币资金清算通过境外清算系统办理。

（4）全国银行间拆借交易系统。银行间本币市场目前由拆借市场和债券市场组成。通过信用拆借、债券回购（包括质押式回购和买断式回购）、债券买卖、债券远期交易等途径，金融机构利用银行间市场管理资金头寸、调整资产负债结构和进行投资理财。

（5）中国票据交易系统。中国票据交易系统作为全国统一的票据业务交易平台，为票据市场参与者提供票据登记托管、报价交易、清算结算、风险管理、信息服务等全方位服务。引入了非银行金融机构和非法人产品，创设了票据信用主体概念，实现了直通式处理和票款对付结算机制，有效防范操作风险，极大提高了交易效率，为上海票据交易所的业务发展奠定了坚实的基础。

（6）中央证券登记结算公司业务系统。该系统负责交易所（上海交易所和深圳交易所）证券市场各类证券交易的证券结算，证券交易对应的资金结算则通过银行业金融机构行内业务系统完成。

二、科技信息系统

（一）概述

科技信息系统是串起金融基础硬件设施的重要保障，是保证中央证券存管机构、证券结算系统、中央对手方、交易报告库等系统能安全、稳定、高效运行的技术支撑。这个概念与当下流行的"金融科技"有许多不谋而合之处，但又有些许不同。

根据金融稳定理事会的定义，金融科技主要是指由大数据、区块链、云计算、人工智能等新兴前沿技术带动，对金融市场以及金融服务业务供给产生重大影响的新兴业务模式、新技术应用、新产品服务等。而金融基础硬件设施的科技信息系统所指的信息技术范围更广，不局限于新兴前沿技术带动，也不强调新兴的业务模式等，侧重于追求各基础设施、系统之间协调高效运行的信息技术，职责在于保障和支持金融市场、金融中介、金融监管有效运行。科技信息系统的主要作用包括以下四个方面。

（1）提高风控水平，辅助金融机构的服务决策。科技信息系统有助于将大量碎片化的信息进行智能化整合，用于判断用户的信用情况和偿还能力，为金融机构决策提供支持。

（2）增强金融惠民，提升金融服务效率。随着科技信息系统的不断完善，金融机构提供的服务可以更加便捷地通过自助柜台、手机等方式自主、快速完成。如各大商业银行的 App，已经可以实现在线理财、信用卡申请、信息完善与更新、快速借贷等服务，无须线下前往服务网点。近年来，银行等金融机构的"智慧柜台"数量快速上升，人工窗口服务的权重开始下降，服务效率不断提高。

（3）推动金融机构转型，促进业务和模式变革。以机器来逐步实现目前由人类智慧才能完成的任务是科技发展的中长期大趋势。现阶段在产业链成套方面，比如破除大数据资源孤岛、底层非结构化数据的海量存取、分析管理、云计算软硬件设备和机器深度学习方面都已经完成了筑基动作，基本能够成熟商用。基于人工智能和大数据的"深度学习"神经网络，在未来可以替代人工进行"智能投顾"，依据资金属性和风险偏好智能化地给出股票投资组合和交易策略，并依据市场实际情况向投资者推送消息。进一步还可以基于投资者个人的财务状况和风险回报需求进行个性化理财分析。基于以上分析,金融机构的发展思路会从商业模式创新(C端)不断向科技赋能方向(B端)转移。

(4)提高金融监管能力,使监管机构的监督作用得以完善。得益于科技信息系统的发展,金融监管机构(银保监会、证监会等)可以实现全面、实时、快速的行为追踪和监控,降低金融监管的难度,提高监管力度。

(二)央行数字货币[①]

目前,在金融科技方面最值得关注的方向之一是数字货币。数字货币可以认为是一种基于节点网络和数字加密算法的虚拟货币。目前市场上存在的由市场私人主体发行的诸如比特币等数字货币,由于缺乏国家信用的背书,更多的只有投机炒作的价值。与普通数字货币不同,中国央行数字货币是经国务院批准计划发行的法定数字货币。

除了以广义账户体系为基础、支持银行账户松耦合等两大特点外,央行数字货币还具有六大个性设计。一是双离线支付,可像纸钞一样实现满足飞机、邮轮、地下停车场等网络信号不佳场所的电子支付需求;二是安全性更高,如果真的发生了盗用等行为,对于实名钱包,数字货币可提供挂失功能;三是多终端选择,不愿意用或者没有能力用智能手机的人群,可以选择IC卡、功能机或者其他的硬件;四是多信息强度,根据掌握客户信息的强度不同,把数字货币钱包分成几个等级,如大额支付或转账,则必须通过信息强度高的实名钱包;五是点对点交付,通过数字货币智能合约的方式,可以实现定点到人交付,如民生资金,可以发放到群众的数字钱包上,从而杜绝虚报冒领、截留挪用的可能性;六是高可追溯性,在有权机关严格依照程序出具相应法律文书的情况下,进行相应的数据验证和交叉比对,为打击违法犯罪提供信息支持。即使腐败分子采取化整为零等手段,也难以逃避监管。

从部分前沿领域先行先试,到面向公众开放体验,中国数字货币研发试点速度,已经走在世界前列。目前,中国数字货币试点主要采取"4+1"模式,将在深圳、苏州、雄安新区、成都及未来的冬奥场馆等地进行内部试点测试。其中,深圳、苏州地区主要采取发放数字货币消费红包的

[①] 《图说数字货币》,载《北京商报》2020年12月8日第6版。

方式，调动市民参与的积极性；成都则围绕太古里商圈地理位置与商业条件，形成试点商户聚焦效应；而北京则将依托冬奥会这一典型情境，在跨境支付领域取得探索突破。

据披露的信息，截至2020年8月底，全国共落地试点场景6700多个，覆盖生活缴费、餐饮服务、交通出行、购物消费、政务服务等领域；累计开立个人钱包11.33万个、对公钱包8859个，交易笔数312多万笔，交易金额超过11亿元，支持条码支付、刷脸支付和碰一碰支付等多元支付方式。①

三、网络金融服务

网络经济是20世纪末在以信息技术为主要标志的新技术革命的推动下迅速发展的全新经济形态。随着计算机网络的广泛应用，很多金融活动也逐渐开始选择在网上进行。网络金融服务即存在于电子空间中的金融活动服务，它不同于传统的以物理形态存在并进行的网络金融服务，其存在形式以及运行的方式都依赖于网络。网络金融服务是新时代不断发展的网络技术与现代金融不断进步发展下的必然产物，是适应新的网络经济大环境的实际金融运营模式，也将是未来金融行业发展的重要领域。

网络金融服务包括传统金融机构提供的网络化金融服务和金融软件等通过公共信息网络提供的各种形式的金融服务，主要有网络银行、网络证券与网络保险、电子货币等。

（一）网络银行

网络银行最初诞生于美国，用户利用网络进行银行业务操作。随着网络银行从最初的电话银行发展到PC银行、WAP银行，人们对网络银行的认识不断深化，但没有一个统一的定义，并且不同国家的网络银行涵盖范围也有所不同。

网络银行一般情况下存在两种建立模式：一种建立模式是原有传统商业以互联网为工具通过银行网络站点或客户端应用向个人或者企业客户提供的在线服务，及原有的负担银行，这种网络银行的分支机构密集、人员众多，在提供传统银行服务的同时提供网络上的金融服务，形成营业网

---

① 《数字人民币试点露真容：全国试点交易超11亿元，深圳将发1000万元数字人民币红包》，见经济参考网（http://www.jjckb.cn/2020-10/09/c_139428292.htm），2020年10月9日。

点、ATM 机、POS 机、电话银行、网上银行的综合服务体系。目前，中国以这种形态的网络银行为主。另一类建立模式是在传统银行之外兴起的以互联网技术为依托的信息时代崛起的直接银行。这类银行一般只有一个办公地点，无分支机构，无营业网点，采用电话、互联网等技术手段与客户进行联系，提供全方位的金融服务（陈云贤，2018）。

随着网络银行的不断发展，其所提供的网络金融服务也不断多元化。总体而言，其网络银行服务涉及将传统商业银行线下服务网络化以及基于互联网特点进行创新业务两大类别，具体包括公共信息的发布、客户咨询投诉、账户查询、申请与挂失、网络支付功能以及金融创新多个方面功能。

（二）电子货币

货币产生后，随着人们生产力水平的不断变化，货币的形式也经历了商品货币—金属货币—信用纸币—电子货币的变化。电子货币是以数据或电子形式存在，通过计算机网络传输实现流通和支付功能的货币，是信息网络技术和现代市场经济高度发展要求资金快速流通的产物。电子货币具有交易方便快捷、处理简单、简化国际汇兑、安全性较高等优势，并且同传统货币一样，其职能上具有充当价值尺度、流通手段、储存手段、支付手段的作用。主要包括以下类别：

1. 电子支票

电子支票是客户向收款人签发的、无条件的数字化支付指令。所谓电子支票，也称为数字支票，是将传统的支票的全部内容电子化和数字化，形成标准格式的电子版，借助计算机网络完成其在用户之间、银行与客户之间的传递与处理，从而实现银行客户间的资金支付结算。由于依托互联网的优势，电子货币也具有很多优势，如电子货币的发行与处理更为及时，节省了很多时间；减少了处理纸质支票的费用；减少了支票被退回的情况；不易丢失或被盗且不需要安全储存；能够适用于各种市场，易于与 EDI 应用结合。目前，电子支票的电子货币系统主要包括 Net Bill 系统、Netcheque 系统和美国金融服务技术国际财团实施的"电子支票项目"等。

2. 电子信用卡

电子信用卡是一种由银行发行，并由银行提供电子支付服务的手段。信用卡具有购物消费、信用借款、转账结算、汇兑储蓄等多项功能。信用卡可以采用刷卡记账、POS 结算、ATM 提取现金等多种支付方式。相比于其他的付款形式，信用卡的发行广泛，使用简单，给消费者提供良好的保护，货币兑换方便。网络上的信用卡机制简单易学。为了保证信用卡的付款安全，过去的几年间建立了两个标准，即安全套接层（SSL）标准和安全电子交易（SET）标准。

3. 电子钱包

在中国，电子货币的主要形式就是电子钱包，电子钱包是在小额购物时常使用的支付工具。电子钱包是个人电子货币数据储存的信息库，也是中国"金融联"支付网关的配套工具。金融联是全国商业银行等金融机构互联网的电子结算中心，在金融业发达和电子化程度很高的地区都有分支机构。通过电子钱包，用户可以用"金融联"入网银行的任意一张银行卡完成网上支付。电子钱包系统包括电子计算机系统、智能卡、刷卡设备、电子钱包服务系统、电子钱包微型阅读器、电子钱包终端以及其他协调统一的相关设备等。目前，国外几种常见的电子钱包主要有：Agile Wallet、E-Wallet、Microsoft Wallet。

（三）网络证券与网络保险

网络证券是以互联网为平台，运用信息技术对证券公司业务流程、证券发行与交易进行重组，为客户提供全方位证券投资服务的一种经营模式。网络证券包含三大部分：网上证券的发行服务、网上证券交易服务和网上客户理财服务。其内容具体为网上路演、网上信息披露、网上证券资讯、网上证券行情、网上证券交易、网上基金投资和网上理财等。涉及对象有证券公司、客户与上市公司、网络产业服务商与商业银行。在国外，证券交易系统主要分为独立电子交易系统和网络虚拟证券交易所，国内的网上证券交易经营模式有"华夏模式""赢时通模式"和"飞虎证券模式"。

1. 网络证券

（1）国外的网络证券交易系统。独立电子交易系统是区别于证券交易所和柜台市场的"另类交易系统"。根据美国证券投资委员会的定义，独立电子交易系统是指除证券投资所或证券商协会以外，不经过美国证券投资委员会注册登记，却能自动集中、显示、撮合或交叉执行证券投资的电子系统。证券投资者在独立电子交易系统内可自行报价、下单并执行交易。其中有些系统的结构与证券投资相同,但与传统的集中证券投资有所不同。

网络虚拟证券交易是网络证券交易的一种形式。虚拟交易是指投资者不通过证券公司和证券交易所而直接在互联网上买卖股票的活动。网络虚拟证券交易所没有固定场所,也没有营业机构,只有一些供投资者选择的互联网站或网上自动撮合系统。投资者和经济商通过一对一、一对多、多对多的直面方式完成交易。网络证券交易有两种交易方式,一种是公告牌方式,另一种是自动撮合方式。

(2)中国网络证券服务系统。在中国,网络证券业务都采取传统证券经营机构在互联网上设立网站,为投资者、股东、上市公司提供证券发行和交易的业务及服务。由于资金和技术的原因,从合作伙伴的角度上看,中国证券公司网上证券交易的经营方式有证券公司独立进行、证券公司和ISP合作等。从证券公司经营的角度,中国证券公司开展网上证券交易的业务有三种模式。

第一种是"华夏模式"。该模式中,传统证券公司通过建立网站的形式,为所在营业部客户提供下单渠道,满足其需求。在实践中为华夏证券、银河证券、平安证券等证券公司所采用。

第二种是"赢时通模式"。该模式是有证券公司背景又具有财经网站背景的网络金融的经营模式。一些财经网站,由于其本身不是证券公司,没有合法经营证券交易的资格,可通过与证券公司营业部建立联系,为其网上交易提供网页支持。例如证券之星、和讯网等。

第三种是"飞虎证券模式"。该模式定位于"交易类证券网站"的网络证券服务商的经营模式,飞虎证券是其代表。此网站建立了一种不同于传统的财经资讯类网站的全新商业模式,使网上证券交易更加简单、快捷、安全、可靠。

2. 网络保险

网络保险是指实现保险信息咨询、保险计划书设计、投保、缴费、核保、承保、保单信息查询、保权变更、续期缴费、理赔和给付等保险全过程的网络化。网络保险无论从概念、市场还是到经营范围,都有广阔的空间以待发展。网络保险是新兴的一种以计算机网络为媒介的保险营销模式,有别于传统的保险代理人营销模式,是保险公司或新型网上保险中介机构以因特网和电子商务技术为工具来支持保险的经营管理活动的经济行为（吴蓁蓁、吴明波，2011）。其常见的商业模式包括官方网站模式、第三方电子商务平台模式、网络兼业代理模式、专业中介代理模式、专业互联网保险公司模式。目前，中国保险类相关网站主要包括保险公司自建网站、独立保险网站、中国保险网一类的保险信息网站三个类别。

第二节 金融基础软件设施

一、基本概念

国家金融基础软件设施是指约束与支持金融运行的各种制度与规则，从大的范围看，可以划分为三类：法律基础设施、会计基础设施和监管基础设施。这些基础设施的正常运作是在银保监会、证监会、中国人民银行等国家机构的监督下建设和完善的。

法律基础设施是金融基础软件设施的核心，完善的金融法律为金融市场的健康运转提供有效保障。其涉及范围广，包括金融领域相关的法律法规、规章制度。高效的法律基础设施还必须有高效的执法、司法与之相配套。

会计基础设施是良好金融基础软件设施的重要组成部分。在市场经济条件下，会计工作不仅为各利益相关方了解企业经营提供了详细的信息，也有助于相关方对经济影响做出判断和决策。如果无法获取企业经营状况的充分信息，市场约束就无法产生效力，因此，相应的会计、审计制度必不可少，需要有权威的会计师事务所和审计机构参与其中的运作。目前，国际四大会计师事务所是指普华永道、毕马威、德勤、安永。会计师事务所的主要业务有审计、税务规划、咨询和财务顾问等。

监管制度也是金融基础软件设施的重要组成部分。现代金融监管的目的在于促进金融市场信息效率的提升、保护消费者权益、保持系统稳定运行。这对监管制度提出了更高的要求。具体而言，监管制度应从以下五个方面强化建设：一是监管应独立于政治行为；二是监管制度要给予主动保护存款、保险资金和税收资金的监管者以激励；三是监管者的责任意识要强；四是监管者要同时关注银行的风险形势以及风险管理过程；五是金融监管应利用好市场工具。

在以上三大金融基础软件设施的互相配合下，国家金融体系构建了包括信息披露机制、征信机制、评级机制、信用机制在内的各类准则、协议、标准、方法等。这些都属于国家金融基础软件设施，能够保障金融市场基础硬件设施平稳运行和金融体系的稳定。

二、金融法律体系

金融法是调整金融关系的法律的总称。金融关系由金融监管关系与金融交易关系组成。前者主要指政府金融主管机关与金融机构、金融市场、金融产品及金融交易的监督管理的关系。后者主要指在货币市场、证券市场、保险市场和外汇市场等各种金融市场之间，金融机构之间，金融机构与大众之间，大众之间进行的各种金融交易的关系。具体而言，金融法是银行法、证券法、票据法、保险法、外汇管理法等类别的总称（张晓红，2011）。

银行法是调整银行和非银行金融机构的主要组织和业务行为的法律规范的总称。银行法按不同的标准，可以划分成不同的类别。例如，按银行的类型，银行法可以分为中央银行法、普通银行法和非银行金融机构法；按银行的运作情况，银行法可分为银行组织法和银行活动法。目前，中国银行法相关的立法包括《中华人民共和国中国人民银行法》《中华人民共和国商业银行法》。银行法由调整对象决定，兼具公、私法特征，主要为经济法；调整方式涉及刑事、民事、行政等。银行法在中国金融法律体系中具有重要的功能与作用，它确认了普通银行的法律地位，强化了中央银行的地位，同时能够建立健全银行组织体系以规范银行的经营和防范风险。

证券法是调整证券发行和流通中发生的资金融通关系的法律规范的总称。证券法从不同的角度亦有不同的分类：从静态上，可以分为债券法和股票法；从动态上，即从证券融资的运作过程来看，可以分为证券发行法和证券交易法。目前，证券法和有关规定的调整范围主要限于股票、债券、基金以及国务院依法认定的其他证券，其调整对象为该类证券发行与交易中产生的社会关系。证券法的颁布促进了证券发行和交易行为的规范化，有利于保护投资者的合法权益，维护社会经济秩序和社会公共利益。

票据法是调整票据关系的法律规范的总称。广义的票据法是指涉及票据关系调整的各种法律规范，既包括专门的票据法律、法规，也包括其他法律、法规中有关票据的规范。一般意义上所说的票据法是指狭义的票据法，即专门的票据法规范。它是规定票据的种类、形式和内容，明确票据当事人之间的权利义务，调整因票据而发生的各种社会关系的法律规范。票据法以票据关系为调整对象，票据关系是因为票据的签发、转让、承兑、保证等形成的以金钱利益为内容的财产关系。票据关系是财产关系，具有司法上财产关系的基本特点，理应受私法调整。然而，票据关系又具备私法上物权关系、一般债权关系所不具有的特点，难以用物权法、债权法加以规范。

保险法有广义和狭义之分。广义保险法包括专门的保险立法和其他法律中有关保险的法律规定；狭义保险法则指保险法典或在民法、商法中专门的保险立法，通常包括保险企业法、保险合同法和保险特别法等内容，另外国家将标准保险条款也视为保险法的一部分内容。通常所说的保险法指狭义的保险法，它一方面通过保险企业法调整政府与保险人、保险中介人之间的关系；另一方面通过保险合同法调整各保险主体之间的关系。在中国，保险法还有形式意义和实质意义之分，形式意义指以保险法命名的法律法规，即专指保险的法律和法规；实质意义指一切调整保险关系的法律法规。

外汇管理法又称外汇管制，通常涉及一个国家对外汇买卖和国际结算实施的限制性政策，以维持国际收支平衡和汇率水平稳定。外汇管理法是指调整外汇管理活动中发生的社会关系的法律规范的总称。这些法律规范主要存在于中国的相关行政法规和部门规章之中。

三、信息咨询服务类金融中介

金融中介是借助于金融机构的服务将储蓄者的资金转移给最终的资本投资者的间接融资者。金融中介机构从贷款者手中借入资金，之后再将资金贷放给借款者，通过自身的经营活动对整个国民经济起着增量增加和存量调整的作用，金融中介在构造和活化金融市场的同时，活化了整个社会经济（魏伟，2012）。金融中介按照在金融活动中所起的作用可分为融资类金融中介、投资类金融中介、保险类金融中介、信息咨询服务类金融中介。信息咨询服务类金融中介是指以合同关系为基础，以知识、信息、经验、技术和技能为载体，针对特定的对象进行财务分析、信用调查等经营活动，为客户提供有金融信息、咨询建议和策划方案的专业信息咨询服务机构。

信息咨询服务类金融中介主要包含会计师事务所、资信评级机构、征信公司等。信息咨询服务类金融中介在金融活动中可以避免因不对称信息而引发的信用风险，促进储蓄资金向投资的有效转化，减少或控制不对称信息的影响。

（一）会计师事务所

会计师事务所是指依法独立承担注册会计师业务的中介服务机构，是由有一定会计专业水平、经考核取得证书的会计师组成的，受当事人委托而承办有关审计、会计、咨询、税务等方面业务的组织。

国际会计师行业发展较早且较为成熟，会计师事务所通常采取合伙制形式，一些大型的会计师事务所已经发展成为国际性组织。例如国际公认的四大会计师事务所，分别是普华永道、德勤、毕马威、安永，其分支机构遍及全球，其业务范围也从传统的会计、审计等相关业务，发展到全面提供经济管理和技术管理的咨询服务。其中，一些较大的国际性合伙公司在中国已设立了常驻代表处或派驻了常驻代表。

中国会计师事务所在新中国成立以前发展艰难，在新中国成立初期暂时性退出历史舞台，改革开放以后加速成长，总的来说起步慢且发展滞后，但正逐渐成熟且在中国的经济活动中占有日益重要的地位。

行业发展得益于积极地对外开放与借鉴外来经验。中国注册会计师行业恢复与重建只有20多年的历史，虽然取得了如此迅速和规范的发展，但是与发达国家已有100多年历史的注册会计师行业相比还存在着很大的差距。中国应通过对外交流合作，不失时机地采取"请进来""走出去"的方式，加强与各国、各地区以及国际会计职业组织的交流，积极学习和借鉴行业管理经验；加强执业界之间的交往与合作，在世界范围内吸收最先进的审计理念、技术、方法和事务所管理经验；积极参与会计职业组织的国际事务，提升行业形象和国际影响力。特别是近年来，中国大力开展与境外职业组织的人才培养合作，实施会计准则国际趋同战略，推动会计师事务所走向国际、开拓国际市场。

（二）资信评级机构

资信评级也称信用评价、信用评估、信用评级等，是由专门机构根据规范的指标体系和科学的评估方法，以客观公正的立场，对各类市场的参与者（企业、金融机构和社会组织）及各类金融工具的发行主体履行各类经济承诺的能力及可信任程度进行综合评价，并以一定的符号表示其资信等级的活动，它是建立在定量基础上的定性判断。这些专门机构对发行证券的企业所处的产业部门、企业本身的经济金融状况及证券的收益率和安全性及担保情况等进行合理的分析后，就各个因素逐个打分，予以加权，然后评定出各个等级。证券投资者则根据它们的评级酌情进行投资。

全球信用评级业是从商业信誉评价逐步发展起来的。1837年，刘易斯·塔班在美国纽约建立了第一个商人信誉评级机构，这一时期的资信评级也称为信用评级。到20世纪80年代末，资信评级公司在债券信用评级基础上，又增加了对企业基本素质进行评估，此时发展成为更加全面的资信评级。目前，穆迪投资者服务公司、标准普尔公司和惠誉国际信用评级有限公司是当今世界最具权威、规模最大的三家资信评级机构。这些公司评定出的证券等级，比较客观地反映了证券发行者及证券本身的资信程度。而中国的资信评级机构是从1987年左右开始发展，虽起步较晚，但是经过调整阶段后，目前中国的资信评级机构处于迅速发展的阶段。

信用评级在增强企业信用意识、提高投资透明度、促使证券市场规范发展等方面具有十分重要的作用。对投资者而言，信用评级可以揭示债务发行人的信用风险，起到防范并降低投资者所面临的信用风险、协助投资者进行投资决策和提高证券发行效率的作用。对发债人而言，信用评级首先可为其降低融资成本。高等级的信用可以帮助企业较方便地取得金融机构的支持，得到投资者的信任，能够扩大融资规模，降低融资成本。同时信用评级是监管部门监管的重要参考依据。

（三）征信公司

征信公司是指依法设立的、独立于信用交易双方的第三方机构，专门从事搜集、整理、加工和分析企业或个人信用信息资料的工作，出具信用报告，提供多样化征信服务，帮助客户判断和控制信用风险等。征信机构是征信市场的支柱，在现代市场经济条件下扮演着至关重要的角色，是信息不对称情况下扩大市场交易规模的必要前提。若没有征信机构承担该社会功能，社会信用很难充分发挥作用。

从世界各国征信系统的发展状况看，由于各国国情和立法传统等方面的差异，各国建立的征信机构各具特色。按所有权性质的不同，征信机构的组织模式可以分为公共征信机构、私营征信机构和混合型征信机构。其中，公共征信机构起源于欧洲，是指由中央银行建立的公共信用信息登记系统，采集商业银行的信贷信息，为商业银行、中央银行和其他金融监管部门提供有关企业、个人乃至整个金融系统的负债情况。私营征信机构是指产权私有、市场化运作的征信机构，包括由商会、银行协会经营的征信机构，一般独立于政府和大型金融机构之外，主要为商业银行、保险公司、贸易和邮购公司等信息使用者提供服务。混合型征信机构一般指由政府部门或行业协会等运作、建立在会员互惠互利基础上的征信机构，或者由政府作为征信数据库的所有者拥有所有权，但以民营方式进行市场化运作的模式。混合型征信机构一般在提供信息时要收费，以保证其可持续发展。

征信在国外已有100多年的历史，最初是提供赊销服务的小业主之间互相交换欠债不还的客户名单，以避免继续为其提供赊销服务而造成损失。之后，消费者个人信用的形式逐渐由商品赊销转向银行贷款，征信业逐渐演变成了为银行等信贷机构服务的专业化机构。

为适应中国改革开放的需要，中国企业的征信业务从1987年外经贸部计算中心开始发展起步。1992年年底，民营征信机构开始出现。1994年之后，外资征信机构开始进入中国。1999年，由中国人民银行牵头，各商业银行参与，共同建立的中央银行信贷登记咨询系统，已逐步发展成为企业和个人两大信用信息数据库。

第三节　金融业标准建设

标准是指为了在一定范围内获得最佳秩序，经协商一致制定并由公认机构批准，共同使用和重复使用的一种规范性文件。标准化是为在一定范围内获得最佳秩序，对现实问题或潜在问题制定共同使用和重复使用的条款的活动。标准化是人类在长期实践过程中逐渐摸索和创立起来的一门科学，也是一门重要的应用技术（李东荣，2011）。金融标准化是标准化这一活动在金融领域中的具体体现。金融标准化的范围包括术语、数据元、符号、代码、文件格式等的要求，通信、数据处理、安全和通用报文等方面的应用要求，金融产品的要求，金融活动中的管理、运营和服务要求等。

一、金融标准化体系建设

改革开放以来，中国对标准化建设的重视程度不断增加，将其作为推动国民经济和社会发展、提升自主创新能力的重要举措。根据国家标准化战略部署，人民银行不断适应金融改革发展的需要，把实施金融标准化战略作为提高金融行业整体竞争力的一项重要举措。

（一）新型金融标准体系框架[①]

《金融业标准化体系建设发展规划（2016—2020年）》规定了新型金融标准体系框架范畴。新型金融标准体系的构成要素包括由政府主导制定的强制性金融国家标准、推荐性金融国家标准、推荐性金融行业标准和由市场自主制定的金融团体标准、金融企业标准。

强制性金融国家标准定位为保障人身健康和生命财产安全、国家安全以及满足经济社会管理基本需要的标准。推荐性金融国家标准、推荐性金融行业标准定位为政府职责范围内的公益类标准。

金融团体标准定位为满足市场和创新需要，由行业协会等社会团体组织制定的标准，重点在互联网金融、保险等方面。金融企业标准定位为鼓励企业制定严于国家标准、行业标准，具有竞争力的企业产品与服务标准。

（二）金融国家标准、行业标准建设

目前，中国金融国家标准和金融行业标准主要分为五大类，包括通用基础标准、产品与服务标准、基础设施（信息技术）标准、统计标准、监管与风险防控标准（见图7-3）。2016年之后，相关金融团体如中国互联网金融协会、中国支付清算协会、中国银行业协会、中国保险行业协会等，逐步制定一些团体标准，同时金融企业也积极自行制定相关企业标准，这些行为促使金融标准供给从政府的单一化转向"政府+市场"的多元化。

---

① 相关内容参见中国人民银行发布的《中国金融标准化报告（2017）》。

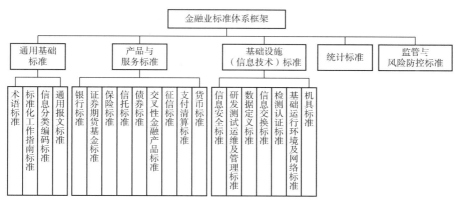

图 7-3 金融业标准体系框架

[资料来源：《一图读懂金融标准——金融标准体系架构》，见搜狐网（https：//www.sohu.com/a/253221299_305272），2018 年 9 月 11 日。]

一般而言，对金融标准的评估可以从以下三个方面进行：一是确保兼容性和互操作性，二是知识与创新传播的有效载体，三是确保安全、降低风险的有效工具。[①] 目前，金融业标准在中国经济社会发展多方面发挥重要作用。例如，在标准发挥创新推广作用方面，中国对移动支付采取"包容审慎"的监管原则，移动支付快速发展。自 2012 年至今，围绕移动支付、非银行支付，中国制定发布了约 50 项金融标准，涵盖标识编码、安全规范、接口要求、受理终端、支付应用、联网联合、检测规范等各个环节。同时，采用"金融标准+检测认证"方式，规范事前准入、事中监管，推动清算机构、银行、非银行支付机构、芯片厂商、终端厂商、商户等整个产业链实施相关标准，构建良好生态，保障移动支付的健康快速发展。在标准发挥风险管理作用方面，制定了银行营业网点服务规范、不宜流通人民币规范、金融信息系统等级保护规范等金融国际标准、行业标准，为金融消费者权益保护、人民财产安全以及确保金融信息系统和网络安全等相关标准的制定发挥了重要作用。此外，针对网银系统趋利性犯罪问题，中国人民银行组织银行卡检测中心及各商业银行于 2009 年开始编写《网上银行系统信息安全通用规范》，2012 年发布正式发布版。该规范针对性地解决网银系统漏洞隐患，全面预防网银系统存在的安全问题，系

---

① 参见李国辉《金融标准：平衡创新与风险的桥梁》，载《金融时报》2018 年 12 月 4 日第 2 版。

统性地提高了网银系统安全水平,增强了网银系统的信息安全保障能力。[①]

(三) 金融行业标准管理

国家金融标准化技术委员会(简称"金标委")是由国家标准化管理委员会授权,在金融领域内从事全国性标准化工作的技术组织,负责金融业标准化技术归口管理工作和国际标准化组织中银行与相关金融业务标准化技术委员会的归口管理工作。国家标准化管理委员会委托中国人民银行对金标委进行领导和管理。金标委下设证券、保险、印制三个分技术委员会,分别负责开展证券、保险、印制专业标准化工作。1991 年,第一届全国金融标准化技术委员会成立。金标委成立后,在 1992 年发布了第一个金融国家标准——《全国清算中心代码》,它保障了清算系统的互通,很好地发挥了基础设施的中枢作用。[②] 第二届金标委于 2002 年成立,委员 56 人。第三届金标委于 2012 年 5 月成立,委员 48 人。第四届金标委于 2017 年 6 月成立,委员 59 人。人员主要来自中国人民银行有关司局及直属单位、银监会、证监会、保监会,银行、证券、保险等金融机构,以及标准化研究机构等多家单位。

金融行业标准由中国人民银行统一管理。其管理职能有:制定金融行业标准计划,向全国金融标准化技术委员会下达标准任务;审批、编号、发布金融行业标准;监督、检查金融行业标准的贯彻实施。金标委在提出金融行业标准计划和建议时,必须与中国人民银行进行协调,以建立科学、合理的标准体系。金标委按照金融行业标准计划组织行业标准的制定,负责检查项目进展情况,督促并创造条件,保证负责项目承担单位或工作组按计划完成任务。

(四) 金融标准化成效[③]

金融标准的应用为实体经济的运营提供了有效支持,最显著的体现是降低了实体经济运营的成本,并促进了物流、餐饮等服务领域的延伸。同时,中国金融移动支付、中国金融集成电路(IC)卡、非银行机构支付、

---

① 参见李国辉《金融标准:平衡创新与风险的桥梁》,载《金融时报》2018 年 12 月 4 日第 2 版。
② 参见李国辉《金融标准:平衡创新与风险的桥梁》,载《金融时报》2018 年 12 月 4 日第 2 版。
③ 相关内容参见中国人民银行发布的《中国金融标准化报告(2017)》。

银行卡受理终端等系列金融标准的落地实施,为中国移动支付产业发展提供了有效支持,便利了人民生活,为实体经济发展提供了加速度。

此外,金标委通过组织开展《金融业信息系统机房动力系统规范》和《金融业信息系统机房动力系统测评规范》两项金融行业标准贯标、对标和达标行动,进一步确保了金融信息系统的用电安全,为金融信息系统稳定运行提供保障。

截至2020年2月,现行有效的金融国家标准有65项、金融行业标准有257项,在全国团体标准信息平台公开金融团体标准22项。金融企业标准发展迅速,2019年,人民银行会同市场监管总局围绕银行营业网点服务、网上银行服务、销售点终端(POS)、自助终端(ATM)、条码支付受理终端、清分机六个领域,协调组织企业标准"领跑者"活动,全国1233家金融机构和金融机具企业踊跃参与,主动公开企业标准2293项,形成"领跑者"107家,企业标准标杆作用得到广泛认可和重视。

二、金融标准化研究

(一) 绿色金融标准体系构建

2016年8月,中国人民银行、财政部等六部委联合发布《关于构建绿色金融体系的指导意见》,明确了中国绿色金融体系,包括绿色信贷、绿色债券等方面。各部门分别结合自身工作职责,相应制定了绿色金融各领域的标准或指引,初步形成了中国绿色金融的标准体系。2018年,全国金融标准化技术委员会绿色金融标准工作组正式成立,这对中国绿色金融标准体系建设起到积极作用(王海全、唐明知,2019)。

国际绿色金融发展主要与环境保护以及社会责任相结合,目前主要的绿色金融标准有:赤道原则(Equator Principles,EPs)、绿色债券原则(Green Bond Principles,GBP)、气候债券标准(Climate Bond Standard,CBS)、《京都议定书》等。赤道原则是一套非官方性质的自愿性绿色信贷原则,是绿色贷款的主要标准,由花旗银行、巴克莱银行、荷兰银行和西德意志州立银行等10家分属7个国家的国际领先银行率先实行。赤道原则主要通过对项目潜在的社会和环境影响分为A、B、C三级,并设定10条特别条款和条件,对项目提供融资和信贷。GBP和CBS是一套相互补充、相互援引的绿色债券标准,主要确定了绿色债券发行人的信息披露制度、第三方认定以及项目的指定范围。GBP 由国际资本市场协会（ICMA）和 130 多家金融机构于 2014 年合作推出，已成为被国际市场主体认可的主要共识准则。该原则于 2016 年 6 月修订最新版推荐发行人使用外部审查以确保发行的绿色债券符合 GBP 的关键要求，主要从募集资金用途、项目评估流程、募集资金管理和出具年度报告四个方面为发行人提供指引。CBS 由气候债券倡议组织（CBI）推出，只针对是否为"绿色"进行认证。《京都议定书》包括联合履约、清洁发展机制和国际碳排放交易三部分，推动了全球温室气体减排和碳排放交易市场体系的形成。①

（二）标准化助力互联网金融

信息技术的发展和电子商务的兴起，推动了互联网在金融领域的应用。目前，互联网金融已发展成为由互联网支付、P2P 网贷、众筹、互联网金融门户等多种业态组成的新兴金融领域，以其方便快捷、门槛低的特点受到大众的青睐。然而，互联网金融作为一种高效普惠的新兴金融领域，爆发式发展的同时暴露出不少问题，其潜在风险不容忽视，亟须加强监管、规范发展（黄瑞，2019）。

互联网金融的健康发展，需要多方面协力合作：一方面要发挥政府作用，通过法律法规来保护金融消费者权益；另一方面，要发挥行业自律组织作用，通过行业自律来维护金融市场的公平公正和透明。同时，还需要通过推进金融监管体制改革，健全适应现代金融市场发展的金融监管框架，用法律规范互联网金融。② 为此，新《消费者权益保护法》于 2014 年开始实施，进一步明确了网络交易平台经营者的责任、规定金融服务经营者的信息提供义务；《关于加强金融消费者权益保护工作的指导意见》于 2015 年发布，进一步强化对金融消费者权益的维护。此外，中国互联网金融协会作为全国性行业自律组织，在推动互联网金融经营管理规则和行业标准制定方面，也正发挥着越来越重要的作用。③

---

① 参见王海全、唐明知《优化我国绿色金融标准体系》，载《中国金融》2019 年第 1 期，第 74~76 页。
② 参见王宇《信息不对称、行为监管与互联网金融规范发展》，载《金融时报》2016 年 7 月 5 日第 2 版。
③ 参见王宇《信息不对称、行为监管与互联网金融规范发展》，载《金融时报》2016 年 7 月 5 日第 2 版。

第四节 中国金融基础设施建设实践

一、金融基础设施功能与作用

作为国家金融体系的重要组成，金融基础设施在连接金融机构、保障市场运行、服务实体经济、防范金融风险等方面发挥着至关重要的作用，是现代金融体系的关键节点。其建设和发展水平直接关系到能否更好地发挥金融功能、推动中国经济高质量发展（何德旭，2019）。

第一，完善的金融基础设施是保障金融体系健康运行的"压舱石"。金融基础设施为金融市场稳健高效运行提供基础性保障，交易平台、支付体系、结算系统等硬件设施与法律法规、会计原则等制度软约束在金融体系中居于十分重要的地位，它们彼此协调配合，共同打造良好金融生态，支撑金融体系功能的正常发挥。

第二，高效的金融基础设施是促进市场经济发展的"催化剂"。作为金融工具价格发现机制的载体，金融基础设施通过记录信息、集中报价等市场化手段撮合交易、提高金融资源配置效率。高效规范的金融基础设施能够提高资本流动的效率，更好地服务于经济增长、技术创新、金融制度变革。同时，高效运行的金融基础设施还能充分调动市场流动性，疏通货币政策传导渠道。

第三，先进的金融基础设施是提高金融服务质量的"助推器"。信息不对称是造成小微企业"贷款难"与银行"难贷款"的深层原因之一。而先进的金融基础设施可以弥补这一市场缺陷，其通过建立以政府为主导的公共征信服务平台加强政、银、企投融资信息共享，有效提高金融服务实体经济的效率。

第四，规范的金融基础设施是确保国家金融安全的"隔离墙"。经验表明，历史上数次国际金融危机的爆发皆与金融基础设施不健全、不完备有关。金融基础设施越发达、越规范，往往意味着更能识别潜在的风险隐患，金融体系应对外部冲击的能力也就越强。

可以说，金融基础设施是整个金融生态的核心。它支撑着金融体系运行，形成经济价值外溢。无论从政策视角还是功能视角，加快金融基础设施建设都是深化金融供给侧结构性改革的必然选择,也是实现经济高质量发展的必由之路。

二、中国金融基础设施建设实践

长期以来,中国对金融基础设施建设的重视程度不断增加,无论是硬件架构,还是制度建设,金融基础设施建设都在不断完善,为金融市场稳健运行提供了有效保障。

(一)中国金融基础设施建设

当前中国金融基础设施建设包括以下方面:①央行体系。包括成立于1996年的中央国债登记结算公司(简称"中债登")、成立于2007年的银行间市场交易商协会(简称"交易商协会")、成立于1994年的外汇交易暨同业拆借中心、成立于2009年的银行间市场清算所(简称"上海清算所")、成立于2010年的北京金融资产交易所(简称"北金所")以及分别成立于2002年10月与2016年12月的上海黄金交易所与上海票据交易所。②证监会体系。包括成立于2001年的中国证券登记结算公司(简称"中证登")、成立于1990年的上交所和深交所、成立于2006年的中国金融期货交易所(简称"中金所")、四大商品期货交易所(成立于1990年10月的郑州商品交易所、成立于1990年11月的上海期货交易所、成立于1993年2月的大连商品交易所、成立于2013年11月的上海能源交易所)、成立于2012年的中国证券投资基金业协会(简称"中基协")、成立于2013年的中证机构间私募产品报价与服务系统(简称"报价系统")、成立于2012年的全国中小企业股份转让系统有限责任公司(简称"新三板")。③新四板(36家区域股权交易中心)。④地方金融资产交易所(简称"金交所",目前有13家金交所、44家金交所中心、6家互联网金交中心)。地方金融资产交易所是由地方政府批准设立的综合性金融资产交易服务平台,和新三板、新四板一起共同构成证监会体系的场外市场。⑤金融业保障体系。包括成立于2019年的存款保险基金管理有限责任公司、成立于2008年的保险保障基金有限责任公司、成立于2015年的信托业保障基金有限责任公司。

(二)中国金融基础设施建设现状

1. 相关政策

当前,国家一系列政策举措中,金融基础设施建设明确成为国家战略。例如，2019年9月9日，中央全面深化改革委员会第十次会议通过了《统筹监管金融基础设施工作方案》，明确要加强对重要金融基础设施的统筹监管，统一监管标准，健全准入管理，优化设施布局，健全治理结构，推动形成布局合理、治理有效、先进可靠、富有弹性的金融基础设施体系。此外，2017年7月16日，第五次全国金融工作会议明确提出"健全风险监测预警和早期干预机制，加强金融基础设施的统筹监管和互联互通，推进金融业综合统计和监管信息共享"；2016年3月16日，国家"十三五"规划纲要明确提出建立安全高效的金融基础设施，实施国家金库工程和统筹监管系统重要性金融机构、金融控股公司和重要金融基础设施，统筹金融业综合统计，强化综合监管和功能监管；2015年11月9日，十八届五中全会指出，国际金融危机发生以来，主要经济体都对其金融监管体制进行了重大改革。其主要做法是统筹监管系统重要金融机构和金融控股公司，尤其是负责对这些金融机构的审慎管理；统筹监管重要金融基础设施，包括重要的支付系统、清算机构、金融资产登记托管机构等，维护金融基础设施稳健高效运行；统筹负责金融业综合统计，通过金融业全覆盖的数据搜集，加强和改善金融宏观调控，维护金融稳定，同时提出建立安全高效的金融基础设施。2013年11月15日，十八届三中全会通过的《中共中央关于全面深化改革若干重大问题的决定》明确指出要加强金融基础设施建设，保障金融市场安全高效运行和整体稳定（博瞻智库，2019）。

同时，央行和证监会也积极推动相关政策落实完善。2014年1月22日，央行与证监会联合发布《关于开展金融市场基础设施评估工作的通知》，针对中国外汇交易中心、中国人民银行清算总中心、中央国债登记结算有限公司、中国银联股份有限公司、银行间市场清算所股份有限公司、城市商业银行资金清算中心、农信银资金清算中心、中国证券登记结算有限公司、郑州商品交易所、上海期货交易所、大连商品交易所和中国金融期货交易所及其运行的支付系统、中央证券存管、证券结算系统、中央对手方和交易数据库联合实施内部评估与外部评估。随后，2014年5月27日，央行与证监会联合发布《关于成立金融市场基础设施领导小组及办公室的通知》。2013年5月8日，央行与证监会分别发布《关于实施〈金融市场基础设施原则〉有关事项的通知》，其囊括了证券结算系统、中央存管机构、中央对手方、系统重要性支付系统以及交易信息集中报告机构等所有以完成金融系统支付结算为目的的金融机构（博瞻智库，2019）。

2. 典型实践举措

在相关政策指导下，中国积极推动金融基础设施建设实践，夯实各项金融基础设施。主要实践包括（博瞻智库，2019）：①国务院金融稳定发展委员会的成立、双峰监管体制的确立（即银监会和保监会的合并）、银保监会管辖范围的扩大、地方金融监管局正式挂牌以及上海金融法院的成立等，也即中国金融监管架构形成"一委一行两会＋地方金融监管局＋上海金融法院"的新格局。②针对支付机构，搭建非银行支付机构网络清算平台。其实质是一个网络版的银联，相当于在支付机构与银行之间重新搭建一个平台，所有的支付机构与网联直接相连，而银行与网联相连，也即支付机构无法再通过备付金来多重选择银行，更有助于央行对客户交易进行监管。③推动资管行业综合统计和统一估值体系的实现。之前整个大资管行业各自为政，分头监管，各自经营。资管新规出台之后，银行理财、信托、基金、券商资管、保险资管等整个大资管行业的统一规范政策体系已经比较明确，因此需要在配套政策上也要保持统一，如资管行业综合统计和统一估值体系等。④交易所与银行间市场渐趋统一。2018年8月24日，国务院金融稳定发展委员会专题会议明确提出，要建立统一管理和协调发展的债券市场。这个提议直指处于割裂的银行间市场与交易所市场。目前关于两个市场的统一性进程正逐步加快。⑤推动设立上海票交所，打造全国统一的标准化票据交易市场。票据业务是商业银行最为传统的一类业务，也是商业银行实体经济发放贷款的一种方式，央行在进行统计时将其归为短期贷款一类。本来承载着银行信用的票据业务应为零风险。但2014年以来，一些金融机构利用票据业务绕规模、赚利差以及一些票据"掮客"浑水摸鱼，使得票据业务风险频频发生，因此，国家层面开始逐步对此进行规范。从2015年年底开始，至2016年12月8日上海票交所正式成立，票据领域金融基础设施基本建设完成。⑥货币市场推出"三方回购"，引入上海清算所作为中央对手方。为解决货币市场受参与主体信用风险的影响，借鉴欧美三方回购交易模式，中国在交易所市场、银行间市场以及货币市场基础上，相继推出三方回购交易。在三方回购交易之后，交易对手不再直接面对，也互相不知道对手为谁，而是引入上海清算所作为中央对手方。这意味着金融体系的风险传导将由上海清算所直接进行隔离，显著减弱了风险事件对回购交易的冲击。⑦规范支付机构线上货币市场基金，降低社会融资成本。货币市场基金实际上是以影子银行的形式在运作，符合金融稳定委员会对影子银行的定义，即具备期限错配、流动性转换、信用转换和高杠杆四个特征。而影子银行之所以存在通常是为了监管，但由于无须考虑运营成本、合规成本、监管成本等，因此其利差空间往往较高，并间接抬高了社会的融资成本。2019年8月6日，央行发布《中国人民银行年报2018》，专门阐述线上货币市场基金的规范情况。其在明确货币市场基金为影子银行外，还对2018年以来如何规范货币市场基金进行了说明。

三、中国金融基础设施建设存在的不足及改善建议

（一）金融基础设施建设存在的不足

当前中国金融基础设施的有效供给依然存在短板（何德旭，2019）：一是在金融监管方面，金融监管部门的协调配合水平还有待提高，监管标准不够一致，监管层次不够明确，不利于金融基础设施向集中统一、安全有效、先进开放的方向发展；金融监管职能与行政管理职能的界限尚不清晰；跨境监管尚需完善，随着跨境资本业务的相继开通，配套监管框架建设亦需提上日程。二是在法律法规方面，还缺乏具有统领性、基础性作用的专门法律。中国有关金融基础设施的法律条款相对分散、模糊，且以行政规范为主，缺少清晰、可执行的专门性法律基础，同时，金融法律的执行机制尚不健全，金融法规的效力有待提高。三是在机构运行方面，非公司制金融基础设施组织形式与市场化建设不相适应，金融机构分散的现状与集中统一发展的目标不相适应，金融基础设施供给数量及质量与日新月异的金融创新进程不相适应等。

（二）加强金融基础设施建设的建议

为了更好地推动金融业高质量发展、建设金融强国，补齐金融基础设施建设短板、改善对金融基础设施监管的薄弱环节，已经成为当前及未来一个时期金融领域改革的工作重点。中国金融基础设施建设工作仍任重道远，需多方发力、多管齐下（何德旭，2019）。

第一，加强统筹监管，形成部门协调。"一委一行两会"应充分发挥统领全局作用，对金融基础设施准入、治理、运营、风控、监管等进行顶

层设计。各个部门通过协调配合,形成"全国一盘棋",共筑金融风险"安全网"。第二,加快专门立法,完善法律环境。金融基础设施应当具有稳健、清晰、透明并可执行的法律基础。从规范金融基础设施行为的综合性法律、细化监管分类、促进金融信息标准化立法、强金融基础设施跨境监管立法供给等多方面着手推动。第三,加速机构改革,促进市场整合。积极引导金融机构尤其是非公司制机构的改制转型,以适应现代化金融市场建设要求。第四,加大设施供给,强化金融创新。金融市场基础设施位于金融服务体系的"后台",发挥着重要的底层服务功能。但因其本身类似公共物品,所以供给数量较为有限。随着其所连接机构数量的增多,市场资源的集聚有助于产生规模效应,降低运营成本,但同时也需要加强金融创新,提高运行效率,通过"金融+科技"等方式,促使金融机构增速提效,同时也为金融产品市场创新提供基础支持,为促进金融市场的安全稳健提供有效保障。

◆思考讨论题◆

1. 中国金融基础设施包括哪些内容?
2. 结合本章内容谈谈如何对目前越来越多的金融科技巨头实行有效监管。
3. 结合普惠金融谈谈对金融基础设施中征信体系板块发展的看法。
4. 论述美国与中国当前金融市场基础设施有何异同。

第八章 国家金融体系的现在与未来

本章从国家金融、离岸金融与在岸金融、金融科技相互融合、国际金融体系变革四个层面，探讨国家金融体系的现在和未来。

第一节 国家金融

一、国家金融体系现状

我们通常讲的国家金融体系即指现代金融体系。从总体来看，目前中国国家金融体系正进一步建设完善。就金融市场体系而言，已经基本形成了货币市场、资本市场、外汇市场、黄金市场共存的金融市场体系，尤其是 21 世纪以来，各类金融市场迅速发展，市场参与主体的规模不断扩大，市场在资源配置中的作用不断增强。就金融组织体系而言，中国人民银行作为中央银行的调控能力不断增强，2018 年银保监会的设立以及 1998 年中国证监会职能的进一步明晰都进一步完善了金融管理组织构成；同时，各类金融机构种类和数量不断增长，经营机制不断改善。就金融法制体系而言，党的十八大以来，习近平总书记提出了新时代全面依法治国的战略部署，党的十九大把"法治国家、法治政府、法治社会基本建成"确立为到 2035 年基本实现社会主义现代化的重要目标，进一步推进新时代依法治国的新征程；同时金融法制教育也愈加普及，公民法律意识不断增强。就金融监管体系而言，中国金融监管体系逐步完成了从统一监管到分业监管再到综合监管的转变，2017 年国务院金融稳定发展委员会的建立进一步强化了人民银行宏观审慎管理和系统性风险防范的职能；银保监会的成立则进一步推动了中国金融体系监管进入"一委一行两会"新时期，优化了现代金融监管框架。就金融环境体系而言，中国实体经济发展迅速，为金融业的发展提供了基础,社会信用体系逐步构建完善,对社会信用重视程度不断增强;中国积极促进企业建立现代企业制度,完善公司治理,提升企业经营能力和竞争实力。就金融基础设施而言,无论是硬件基础设施,例如支付清算体系、科技信息系统、金融服务网络、配套设备技术等,还是制度建设系统,例如金融法律法规、会计审计服务、金融标准程序等,均随着中国改革开放的深化不断完善,有效促进了金融市场信息效率的提升,为金融消费者利益保护提供了有效支持,促进了金融体系的稳定运营。

二、国家金融的未来发展趋势

现代国家金融的发展必然由一国单一制定运行走向国际化。现代国家金融体系的发展,也必然由一国走向国际化、开放化。蒙代尔教授(Robert A. Mundell)曾就现代金融体系发展、国际货币体系改革提出了著名的"创建美元、欧元、人民币三位一体'货币区'"的概念。这种货币联盟区,由不同国家或区域组成,实行单一货币或虽有几种货币但相互之间汇率永久固定、对外统一浮动。这就是货币一体化的高级表现方式,也是货币合作的高级形式。它会使成员国的货币主权受到一定程度削弱,但是这种创建美元、欧元、人民币三位一体"货币区"的设想,正为世界探索新时代金融体系的发展和国际货币体系改革指出了积极的方向。同时,各国应及时调整与改善自身的外汇储备结构,要在推动一国本币国际化的进程中抓紧本币作为国际主要结算币种之一的地位发挥其作用,从而赢得国际金融事务的话语权和主动权。

关于央行职能与地位的进一步提升的同时各国央行是否应该扩大、提升和完善自身的职能。陈云贤(2018)曾指出,各国央行不仅要履行货币供应、流动性调剂、外汇实务等专项职能,还应扩充其对银行、证券、保险市场的一定的调剂与监管功能。央行作为一国金融体系发展的主导机构,在金融体系中具有重要的地位。央行除了现有的功能外,也应当对证券、保险市场等起调剂与规制作用,如将证券、保险投资基金纳入货币发行、调剂的基础因素考虑,运用货币市场基金有效调剂证券、保险市场,对证券、保险投资信用比例列入货币政策工具之一加以运用等。同时,还应当加强对各国金融机构海外业务的延伸调节与监管,建立相关的辅助金融监管机构,以全面完善金融监管体系的问题。例如,成立由各国银行掌控的货币市场共同基金,以有效调节银行、证券、保险、投资市场的稳定发展等。

互联网金融进一步增添活力。近年来互联网金融的发展为中国的金融市场增加了很多活力。从目前来看,谁都无法否认互联网金融的巨大作用,但是不能因为如此就可以随意违反金融监管规章,而是要尽可能地降低金融市场中的风险隐患。金融市场中多种金融形式的共同存在需要金融体系的制约,而金融体系的存在和适时变革能够提供更加专业化的金融服务、进行金融资源的高效分配等。在这种情况下,传统金融的存在还有很大空间,而互联网金融的出现更是拓宽了金融服务渠道,为金融市场的发展创造了更多的机会。

现代金融体系强调正确认识和处理政府与市场的关系,既要市场在资源配置中起决定性作用,也要更好地发挥政府的作用。市场机制的一个重要特征就是优胜劣汰、自主出清。近年来,中国经济发展进入新常态,经济发展中遇到了诸如产能过剩、杠杆率高等问题,这一现象表明,凯恩斯主义经济政策通过积极的宏观调控刺激经济增长、通过增量扩张来消化存量矛盾,不利于市场自主出清过程,会导致一些结构性矛盾呈现(徐忠,2018)。2008年全球金融危机后,中国出台了"4万亿"投资刺激计划,中国经济在全球范围内率先复苏。但过度依赖总需求管理维护宏观稳定,一方面破坏了市场机制在传递信息、形成激励、资源配置、收入分配等领域的基础性功能;另一方面也阻碍了政府在弥补市场失灵等方面更好地发挥作用,导致体制机制建设进展缓慢。① 因此,应充分发挥市场在资源配置中的决定性作用,更好地发挥政府的作用,推动有效市场和有为政府更好地结合。

第二节 离岸金融与在岸金融

一、离岸金融及其发展历程

20世纪50年代初期,离岸金融开始在欧洲出现,70年代开始,离岸

---

① 参见徐忠《市场出清与供给侧结构性改革》,载《财新周刊》2017年第21期,第28~31页。

金融在全球范围内不断发展，21 世纪之后，离岸金融发展的速度进一步加快。离岸金融中心具有独立的司法管辖权，可自行决定更为宽松的税收规定，离岸金融市场吸引了全球约 60% 的资金，为各国金融交易带来了高额收益和便利。

（一）离岸金融发展状况概览

离岸金融市场早期经历了苏联转移在美国的资产、英镑危机、美元外流三个阶段，在 20 世纪 70 年代之后快速发展。1981 年，美国设立的国际银行设施（International Banking Facilities，IBFs）和 1986 年日本建立的东京离岸金融市场（Japanese Offshore Market，JOM），都标志着开始在本土设立离岸金融市场，突破了长期以来对离岸金融市场地域观念的局限。这一阶段，发达国家纷纷建立自己的离岸金融市场，促使市场规模不断增加，市场结构呈现出多元化特征，同时，新兴市场的离岸金融业不断快速发展。

（二）各地区或国家离岸金融发展情况

香港是内外一体型离岸（也称"内外混合型"）金融市场，即自发形成的、在岸和离岸业务高度融合渗透的、拥有高度发达的金融运作体系的市场。香港特区政府在离岸金融方面采取宽松政策，对境外金融机构在香港从事金融服务活动不设限制（鲁晓君等，2015）。具体而言，离岸机构无严格的申请程序，不设单独离岸账户，与在岸账户并账运作，资金出入没有限制。该市场交易的主体包括非居民、居民以及离岸金融机构（陈云贤，2018）。

日本是内外分离型离岸金融市场，对在岸和离岸业务实施隔离，其交易主体仅仅包括非居民和离岸金融机构。日本离岸金融市场由政府积极推动创设而成。在此类离岸金融市场中，离岸机构的设立必须得到当局审核，离岸业务只能在专门的账户 IBFs 中进行，离岸交易和在岸交易分开，严禁离岸与在岸的渗透（陈云贤，2018）。

新加坡市场是典型的渗透型的离岸金融市场，采取发放分类牌照的措施，规定金融业务范围（鲁晓君等，2015）。其交易主体包括了非居民、居民和离岸金融机构，交易则包括了由外到内型、由内到外型以及内外交互型（陈云贤，2018）。

此外，百慕大、巴哈马群岛是典型的避税型离岸金融市场，以极低的税收吸引金融交易，但是仅仅提供交易场所。

（三）离岸金融市场未来发展的趋势以及前景

1. 创新业务品种将成为发展方向

从离岸金融市场发展的历程来看，离岸金融市场先后经历了起步、局部发展和全球化发展的不同阶段，其业务模式也不断发展，形成了各具特色的、多元化的发展格局。对于中国而言，随着互联网的发展、技术创新在经济发展中的重要性的不断提升，发展离岸金融市场是一个必然选择。建设离岸金融市场一方面可以较大程度地吸引国际资金，另一方面也可以将其作为缓冲带，规避国际资金可能对国内政策造成的预期外冲击，有助于实现既合理引进外资、又有效隔离外资流入可能导致的对宏观经济的干扰。但总体来看，离岸金融市场发展时间不长，相对于传统金融市场而言，其业务创新的空间很大，就未来而言，促进离岸金融市场产品和业务的创新，是其实现可持续发展的重要方向。

2. 新兴离岸金融市场将保持较快的发展步伐

相对于早期建立的离岸金融市场而言，20世纪90年代建立的新兴离岸金融市场有可以借鉴的经验和教训，这为其快速发展提供了有效支持。根据相关统计资料，1991—1997年，新兴地区的离岸金融资产占全球离岸金融资产的比例从1991年的58.5%增长到1997年的66.8%，跨境负债从36.4%增长到42.6%。而同一时期，这些地区的金融资产仅占整个世界金融业的22.1%，负债仅占29.8%，两者形成了鲜明的对比（鲁晓君等，2015）。中国的离岸金融市场起步较晚，在20世纪90年代进行了尝试，但是因种种原因停止。2002年，中国人民银行发布了继续推进离岸金融市场发展的通知。但是从总体而言，中国的离岸金融市场尚不完善，需要不断改革创新实现可持续发展。

二、在岸金融市场及其发展历程

目前在岸金融市场主要分为三个主要发展中心，包括伦敦金融中心、纽约国际金融中心和东京国际金融中心。

（一）伦敦金融中心

随着19世纪下半叶世界格局的变化，英国世界工厂霸主的地位逐步丧失。在20世纪初，随着第一次世界大战后经济危机的爆发，英国国内的经济矛盾不断尖锐，纽约取代伦敦成为世界第一的金融中心。第二次世界大战之后，伦敦借助于欧洲美元的发展，并积极进行自身的创新，重新成为现代国际金融中心。在此过程中，伦敦发展成为欧洲美元的清算中心，至今一直保持全球第一的综合性离岸金融中心地位。20世纪80年代，在撒切尔夫人推动的伦敦金融业政策变革一系列措施下（金融大爆炸），伦敦的综合性离岸金融中心的地位得以进一步强化。1997年的第二次金融大爆炸，伦敦通过深化改革金融监管体制，促进了金融机构自由化发展，吸引了大量的国际资金，进一步巩固了伦敦国际金融中心的地位。

伦敦金融中心具有以下特点：第一，银行业是金融业的主导，伦敦金融中心是世界著名的银行中心。第二，保险业处于领先发展地位。伦敦保险市场与参与者紧密相连，这也是伦敦保险市场重要的竞争优势。目前伦敦保险市场是全球最重要的保险业交易中心。第三，发达的证券交易所。伦敦证券交易所在欧洲债券、外汇交易领域处于领先地位。同时，伦敦也积极推进与国际最强的股票市场合作，其中，外国股票交易量远远超过其他证券交易所。第四，外汇交易的高频率。伦敦是全球最重要的外汇交易市场，有超过250家指定运营商，600多家外国银行机构参与外汇市场。伦敦外汇交易市场的自由化程度高，交易效率高，交易水平发达，集聚了众多经验丰富的专业人才。第五，发达的国际交通体系也为伦敦国际金融中心的发展提供了有效支持。

（二）纽约国际金融中心

"二战"后，借助美元的优势，纽约成为最大的国际金融中心。纽约在21世纪遭遇打击并经历艰难调整后，金融机构经营状况开始好转。各类金融机构和金融资产交易平台云集，金融市场交易量居全球前列。纽约的国际化程度与金融创新程度的提高、完善的金融法律与监管体系和人才储备为国际金融中心提供保障。纽约虽然也面临来自新兴金融中心的竞争、所得税率过高等问题，但长期来看，仍将保持国际金融中心地位。

纽约自然区位条件优越，位于美国大西洋海岸东北部的哈德逊河入海口，有着世界上著名的天然港口。贸易的迅速发展促进了纽约金融业的兴起。到19世纪早期，纽约已拥有美国最大的银行及证券交易所，这为纽约逐步发展成为国际金融中心奠定了厚实的基础。历经时代的发展，在"二战"之后，美国以其经济实力和黄金储备作为美元的信用基础，通过布雷顿森林体系确立了美元作为国际储备货币的地位。此后,借助美元的优势,美国的金融机构迅速扩张至全世界,作为美国金融机构大本营的纽约终于超越伦敦,并在国际金融中心中独占鳌头(宋湘燕,2015)。

进入 21 世纪初,纽约先后遭遇"9·11"事件和安然事件的打击。2008 年的金融危机更是对纽约国际金融中心地位的一次巨大考验:雷曼兄弟公司等一大批银行倒闭,2009 年纽约市的失业率曾达到了 9.5%。在经历了长时间的艰难调整后,纽约的金融机构经营状况开始有了明显好转。根据 2014 年 11 月发布的"新华-道琼斯国际金融中心发展指数",纽约仍然在全球国际金融中心排行榜上稳居第一。各类金融机构和金融资产交易平台依然聚集纽约,包括众多的商业银行、储蓄银行、证券公司、保险公司以及资产管理公司、信托基金、对冲基金。同时,纽约外汇市场也是除美元以外所有货币的第二大交易市场,纽约证券交易所、纳斯达克的股票交易量长期居于全球前列,纽约金融发展的国际化程度也处于全球领先地位。

完善的金融法律与监管体系为纽约国际金融中心提供了制度保障。2008 年国际金融危机后,《多德-弗兰克法案》对美国金融监管体系进行了大幅调整,并有针对性地强化了对华尔街的监管。为适应新的监管规则要求,花旗银行、摩根大通和高盛等大型金融机构纷纷剥离非核心业务或提高资本金水平,从根本上重塑业务模式。值得关注的是,纽约州地方监管部门的影响力日益扩大。纽约州金融服务局在 2011 年获得了监管本州 4400 多家金融机构的权力;2014 年 8 月,该机构以违反反洗钱法规为由给予渣打银行 3 亿美元的罚款,令业界瞩目。

国际金融危机后,受到新出台的监管法律法规的制约,美国金融衍生品领域的金融创新有所放缓,但华尔街在利用 IT 技术开展金融创新方面并未止步。嘉信、亿创理财等公司推出的股票网上交易颠覆了整个证券经纪行业的格局与规则。1998 年,美国证监会发布"另类交易系统规定"后,华尔街在高频交易与"黑池"交易平台等金融创新方面取得较大进展。高频交易使得交易者在强大的计算机系统和复杂的运算的帮助下,能够在极短时间内自动完成各类交易活动。

人才优势也是纽约国际金融中心的制胜法宝。长期以来,纽约聚集了全球最优秀的法律、会计、管理咨询服务等方面的高级金融类人才,并拥有纽约大学、哥伦比亚大学等世界级名校,成为金融人才培养的重要力量。

作为国际金融中心,当前纽约也面临一系列问题。例如,面临来自美国国内以及发展中国家新兴金融中心的竞争、所得税率过高、过度的金融监管产生了严重的负面影响、商务活动成本过高等。不过从中长期来看,纽约仍将继续保持国际金融中心的地位。这主要是源于以下方面的动力:第一,经历2000年的泡沫经济后,美国高科技行业已经逐步成熟并成为美国经济增长的主要动力,与高科技行业相配套的融资需求将继续支撑纽约国际金融中心的发展;第二,美元在今后相当长的时间内仍将保持其在国际货币体系中的主导地位;第三,稳定的法律与监管环境为外来投资者与市场参与者提供了良好预期;第四,纽约仍将保持较强的金融创新活力。第五,政府积极作为,努力保持纽约国际金融中心的地位。

(三) 东京国际金融中心

东京国际金融中心的发展主要源于政府的推动,其形成的过程也是日本经济实力增强和日元不断加快国际化的过程。1980年,日本修改了《外汇与外贸法》,原则上取消了外汇管制,日元实现自由兑换。1990年,东京证券交易所交易额超过了纽约,东京逐步成为与伦敦、纽约并列的全球性国际金融中心。

但是,日本政府推动的日元成为国际化的硬通货以及金融自由化改革,也为此后的经济发展埋下了隐患。在国内经济繁荣预期和日元升值刺激下,国内外投机资本不断进入,导致金融和房地产泡沫不断增大,此后的房地产、金融泡沫的破灭,导致了日本陷入萧条,东京作为国际金融中心的地位和实力开始下降(于建东,2012)。

三、离岸金融与在岸金融的发展融合

一国货币的国际化是该国跻身世界经济强国、建立全球经济事务影响力和话语权的重要标志。随着一国经济的崛起,推进本国货币国际化,成为该国全面融入经济全球化和金融市场国际化的必由之路,成为该国走向经济大国、提升国际经济地位和竞争力的必要举措,也成为后金融危机时代健全国际货币体系、加强全球金融体系治理的必然选择。

一方面,发达的离岸市场可以进一步推动本国货币国际化进程,使其在主要国际货币的竞争中赢得有利地位。国际经验表明,离岸金融市场的建立对一国货币的国际化具有重要推动作用。美元的国际化就是在境内 IBFs 市场和以伦敦为基地的欧洲美元市场的发展过程中不断演进的。目前，世界各种主要储备货币的国际使用主要是通过离岸市场实现的，离岸金融中心是财富集中地和金融活动交易地，世界货币存量的 50%～70% 通过离岸金融中心周转，世界银行资产的 1/3、私人财富的 30%～40% 投资于离岸金融市场。

另一方面，离岸市场与在岸市场的有序对接，既有本国货币国际化的内在需求，又有世界实体经济全球一体化和金融市场国际化的外在压力。本国货币国际化的内在需求表现在：经济全球化和金融市场国际化，加快了一国货币离岸在岸对接、国际化发展和提高国际经济事务话语权的需求；在岸管制的有效性受到挑战；在岸管制的成本难以承受。离岸在岸对接的外在压力主要体现在世界贸易组织和相关国际组织的推动，要求一国经常项目可兑换—资本项目可兑换—完全可兑换。因此，一国货币要实施国际化战略，就需要推动形成一个全球性的、离岸与在岸对接互动的本币金融市场。

中国人民币国际化的进程应探讨设立人民币离岸业务在岸交易结算中心（简称"在岸中心"）。目前，国际上已初步形成了香港、新加坡、伦敦三个人民币离岸业务中心，境内上海、深圳、珠海等地也开展了人民币离岸业务。作为货币发行国，关键是引导离岸市场有序发展，防止离岸本币对国内货币政策、金融稳定造成冲击，同时完善离岸与在岸对接的通道和机制，促进离岸市场发展与在岸市场开放相互推动。设立在岸中心正是实现中国人民币国际化的有效抓手，它有利于中国加快离岸金融市场发展进程，是中国现阶段发展人民币离岸金融市场、推进人民币国际化的必然要求，是多方共赢的理性选择（陈云贤，2018）。人民币离岸业务在岸交易结算中心建设的总体思路应是坚持金融服务实体经济，坚持改革创新、先行先试，坚持风险可控、稳步推进，建立多层次、国际化的在岸中心，引导人民币向外输出、有序回流、多币种交易，推动以人民币为主体的多样化金融产品的发展，促进人民币汇率形成市场化和资本项目可兑换，形成一个离岸在岸对接联动并覆盖亚洲、辐射全球、高度繁荣的人民币离岸金融市场，加快人民币国际化进程，提升中国的贸易竞争力和经济影响力。

(一) 模式选择

模式选择由一国金融市场开放程度、风险监控水平、经济发展状况等因素决定。当前,中国人民币离岸市场的建设刚刚起步。鉴于中国金融市场开放度还较低、监管制度不够健全、资本项目未自由兑换等因素,在岸中心作为国家离岸市场的重要载体,有必要采取内外分离型模式。内外分离型模式特点在于"政府创设"和"内外分离",这样既可以较好地防范金融风险,保护在岸金融市场独立发展、不受境外金融波动影响,又可以打破在岸金融政策法规的制约,吸引境外金融机构和资金,发展国际金融业务,促进中国金融国际化。从长远看,随着中国金融市场进一步成熟开放和监管体系健全,未来应该可以从内外分离型逐步向渗透型转化,使离岸资金直接为在岸所用,为国内企业的海外发展提供更大支持,持续提升离岸市场竞争力(陈云贤,2018)。

(二) 基本框架和制度探讨

1. 区域布局

可考虑将广东或上海作为中国在岸中心试点区域之一。以广东为例,广东具备开展离岸人民币业务的经济金融基础,经济体量大、外向度高,不但制造业发达,而且金融产业链条齐全,又有珠三角金融改革创新综合试验区的政策优势。此外,广东是人民币国际化的重要"桥头堡",2009年起即开展首批跨境贸易人民币结算试点,目前结算量占全国30%,人民币成为仅次于美元的第二大跨境收支货币。粤港共建全球人民币离岸市场有天然优势,设在广东的在岸中心又可与上海中国外汇交易中心分工合作、错位发展。在岸中心作为服务离岸人民币用于非居民之间、居民与非居民之间贸易与投资的多币种结算中心,可在人民币与各币种间灵活汇兑,不受额度限制,但发展初期必须依托真实贸易和投资背景,而后逐步实现资本项目离岸可兑换(陈云贤,2018)。

2. 主要内容

一是推动企业在对外贸易和投资中使用人民币计价结算,营造人民币"走出去"和"流回来"的综合服务平台;二是开展跨境人民币业务和产品创新,建立服务实体经济、连接港澳、联通世界的跨境人民币投融资服务体系;三是引进境内外市场主体,在离岸与在岸人民币市场之间开展跨境交易,成为离岸与在岸人民币市场对接的主要枢纽;四是形成离岸人民币市场价格,成为人民币汇率形成的市场风向标。最终,各种可流动要素在此通过金融安排实现无障碍配置。

3. 核心制度

建议央行批准设立 CIBFs(China International Banking Facilities),允许境内金融机构(首批为外汇指定银行)建立 CIBFs 账户,率先在在岸中心(条件成熟后,可扩展到其他地区)开展离岸人民币业务,吸引离岸人民币回归。CIBFs 参照美国 IBFs 设立,不是一个独立的银行体系,也非特设的业务机构,而是金融机构专门处理离岸人民币业务的在岸资产负债账户。基本要素如下:境内银行等金融机构可使用其国内机构和设备,通过 CIBFs 吸收外币和境外人民币存款,不受国内法定准备金和利率上限等的约束,也无须在存款保险基金投保;贷款可以向境内在岸发放,但必须用于境外离岸;CIBFs 账户的人民币存贷款视同境外离岸人民币,与国内人民币账户严格分开管理;CIBFs 的业务净收入是否缴税、缴税多少,视离岸人民币业务发展、竞争状况等而定;与 IBFs 有区别的是,居民也可以开设 CIBFs 账户,但必须用于离岸人民币和外币相关业务;非居民和居民只有开设 CIBFs 账户,才能在在岸中心以人民币进行贸易和投资,进行人民币与各币种的结算。简而言之,CIBFs 就是一套专门用来在中国境内在岸从事离岸人民币金融业务的资产负债账户及相关制度安排(陈云贤,2018)。

4. 定价体系

依托 CIBFs 开展离岸人民币与多币种交易结算,形成离岸人民币价格,可分阶段推进:第一阶段是建设多币种流通市场。仅面向实体经济交易主体,凭真实贸易和投资进行离岸人民币和多币种自由结算,人民币价格由交易主体参考银行挂牌价决定。第二阶段是建设银行间货币交易所。在中国人民银行的支持下,以中外资商业银行等为会员或做市商,建设离岸人民币与中国香港和中国澳门以及东南亚等经济体货币交易的现货市场,在交易所内开展银行间交易,同时开设银行面向客户的场外交易。在交易所形成并发布人民币与周边国家货币的综合性汇率指数,并由此开发人民币与周边国家货币的衍生品交易和指数交易,确立离岸人民币的基准价格体系,与上海的在岸人民币汇率相呼应。从更长远看,将来还可建立统一的货币交易所,即包括商业银行、非银行金融机构和合格的实体经济部门参与的场内交易市场,无须真实贸易投资背景,即可进行人民币与外币的现货与衍生品交易，人民币汇率形成机制将更为市场化（陈云贤，2018）。

5. 配套措施

配套措施主要包括：①重点推动资本项目下的人民币输出。推动本土企业走出去以人民币直接对外投资（ODI），更多地发展人民币合格境内机构投资者（RQDII）和 High-techQDII；允许非居民在境内在岸通过发行债券、股票和贷款等方式融入人民币，扩大其在境内在岸发行人民币熊猫债券的规模，适时推出面向境外离岸投资者的国际板股票；培育境外离岸对人民币的需求，包括推动人民币金融产品和工具在香港等离岸中心交易，推动人民币用于跨境大宗商品交易的定价，推动第三方使用；推动人民币对外贷款，包括对发展中国家提供人民币无息贷款或援助。②建立与实体经济发展相配套的跨境人民币投融资服务体系。为传统产业海外转移提供服务，配套建立与对外直接投资相关的人民币私募股权市场；在在岸中心设立人民币境外投资基金、出口信贷基金等，支持区内企业海外经营扩张；促进跨境人民币融资便利化。③着力推动跨境服务贸易。把粤港共建人民币离岸市场与推进粤港服务贸易自由化和粤港澳大湾区建设结合起来，在在岸中心所在区域建设知识产权、技术、金融等服务贸易集聚区和跨境服务贸易中心，优化服务贸易发展环境，促进跨境服务贸易便利化。重点推动金融、保险、管理咨询、法律、会计等现代服务业加快走出去，以人民币进行跨境服务贸易和投资。④推动中国国内银行加快提升国际竞争力。利用 CIBFs 账户，致力发展国际银行业务；大力拓展海外市场，尤其是在新加坡、伦敦等地，积极开拓境外人民币客户，扩大人民币在境外的使用；更好地为本土企业走出去服务，加快形成对主要经贸地区的全覆盖，构建起全方位、全能化的服务链条，使机构设置、金融资源布局与企业走出去格局匹配（陈云贤，2018）。

总之，中国金融市场离岸在岸对接包括三个层次：信息交换（Information Exchange）；部分协调（Partial Coordination），也称相机抉择的协调（Discretion-based Coordination）；全面协调（Full Coordination），也称以规则为基础的协调（Rule-based Coordination）。通常我们会更多地选择全面协调，主要着手于离岸在岸实际对接中的四大方面联动：结算体系联动、规则标准联动、法律条款联动和监督管理联动。中国实体经济逐步走向全球化，金融市场逐步走向国际化，根据国家实际发展，采取或运用不同类型、不同方式推动人民币离岸市场与在岸市场的有序对接互动，它将能使中国更加有效地参与全球金融体系治理，促进全球经济和金融市场稳定发展。

第三节　金融科技相互融合的现在与未来

一、金融科技概述及类别

目前金融科技仍处于发展初期，涉及的业务模式尚不稳定，各类业务形态存在不同程度的差异，在定义方面仍存在较多的分歧（李文红、蒋则沈，2017）。目前使用较多的是，2016年3月由全球金融治理的牵头机构——金融稳定理事会在《金融科技的描述与分析框架报告》中对金融科技所进行的定义，即金融科技是指通过技术手段推动金融创新，形成对金融市场、机构及金融服务产生重大影响的业务模式、技术应用以及流程和产品。

"金融科技"与国内的"互联网金融"概念两者之间既有联系，又有区别。从共同点来看，两者均为科技与金融的融合，都采用新技术手段优化创新金融服务。从差异性来看，金融科技更强调新技术对金融服务的辅助、支持和优化作用，其运用仍需遵循金融业务的内在规律、遵守现行法律和监管要求。国内的"互联网金融"概念既涵盖金融机构的"金融＋互联网"模式，也涵盖互联网企业的"互联网＋金融"模式。在实践中，一些"互联网＋金融"模式注重运用互联网技术促进业务发展，推动产品创新，提高运营效率和改进客户体验，但也存在忽视金融本质、风险属性和必要监管约束的现象，出现了业务运作不规范、风险管理不到位、监管适用不恰当或不充分等问题。一些非持牌机构未经批准从事金融业务，一些持牌机构超范围经营或违反监管规定开展业务，甚至引发了风险事件。从中长期看，国内的"互联网金融"概念可能逐步趋近并融入"金融科技"的概念体系，最终与国际通行概念保持一致。①

---

① 《银监会李文红系统阐述金融科技业态分类与监管思路》，见搜狐网（https://www.sohu.com/a/145137369_585697），2017年6月26日。

目前对金融科技的分类是参照巴塞尔银行监管委员会的分类标准，即分为支付结算、存贷款与资本筹集、投资管理、市场设施四类（见表8-1）。四种不同类别在发展规模、市场成熟度方面均存在显著差异，对金融体系的影响也不尽相同。

表8-1 金融科技业务模式分类

支付结算	存贷款与资本筹集	投资管理	市场设施
零售类支付	借贷平台	智能投顾	跨行业通用服务
移动钱包	借贷型众筹	财富管理	客户身份数字认证
点对点汇款	线上贷款平台	电子交易	多维数据归集处理
数字货币	电子商务贷款	线上证券交易	技术基础设施
批发类支付	信用评分	线上货币交易	分布式账户
跨境支付	贷款清收		大数据
虚拟价值交换网络	股权融资		云计算
	投资型众筹		

（资料来源：巴塞尔银行监管委员会的分类标准。）

分布式账户是金融科技概念中的重要内容，通常被认为是最具发展潜力的代表性技术，也最有可能对现有金融业务模式产生重大甚至可能是颠覆性的影响。分布式账户的技术原理是：一个网络中的所有用户同步记录某一交易信息，互相验证该信息的真实性（而不是向证券交易所、银行等传统权威中介机构验证），通过用户之间的共同验证，减小一项信息被少数用户伪造、篡改、冒用的可能性，增强交易双方的直接信任，从而大大降低中介成本（李文红，2017）。

其中，区块链是分布式账户最主要也最有代表性的技术。其流程为：当一笔交易发生后，交易参与者可以向网络提交该笔交易信息，交易信息经过加密后变得不可篡改，并以命名为区块（Block）的数据包形式存在。每一个区块都需要同时发送给网络中的其他参与者，与这些参与者分布式账户中记载的历史信息同步比对验证，只有网络中绝大多数参与者均认可其真实性和有效性，该区块才能存入网络中各参与者的分布式账户，并与账户中以前存档的区块相链接（Chain），形成区块链（Blockchain）。该技术最早应用于比特币等虚拟数字货币的生成、存储和交易，目前正探索向支付清算、会计、审计、证券交易、风险管理等领域扩展（李文红，2017）。

目前，区块链、分布式账户技术的应用仍处于初期阶段，国际上对此形成的共识是监管当局应对其进行密切关注，与业界保持紧密沟通，但是暂时不制定专门的法律，同时，各国监管当局也应积极研究这些新技术可能对金融体系稳定产生的影响。

二、金融科技的发展背景和潜在影响

金融业的发展与技术创新紧密相连，例如网上银行的发展。但迄今为止，新技术的应用和普及虽然加速了金融业新型服务模式的诞生，在一定阶段对传统银行体系产生影响，但并未从根本上改变银行业务模式、金融法律关系和监管体制，也没有对金融体系稳定产生大的冲击（李文红，2017）。当前，金融业面临的技术环境呈现出一些新的特点，例如技术创新速度加快、转化周期缩短等，这些特征的呈现进一步增加了金融风险的传导速度以及风险的隐蔽性和涉及面。因此，金融科技是否会改变现有的金融业务以及监管框架，仍需进一步观察。

从积极作用的角度来看，互联网和信息技术在金融业务中的应用更加深入和广泛，促进了服务效率的提升，降低了服务成本。从风险的角度来看，金融科技的发展则会对传统金融机构的盈利能力产生影响，并且增加信息科技方面的操作风险，同时，金融科技的发展也提升了突发事件的概率，对处理突发事件能力的要求进一步提升。从系统层面来看，金融科技的发展则增加了机构之间的关联性和金融体系的复杂性，同时，可能会放大风险的波动和顺周期性。从监管层面来看，金融科技的快速发展增加了风险监测和管控的难度，带来了更多的监管套利和可能的监管空白，从而也对监管层的能力提出了更高要求和挑战（李文红，2017）。

三、金融科技应用领域以及未来发展

（一）区块链在供应链金融中的运用

区块链技术在金融领域的应用及对金融科技的影响力日益增强。在供应链金融领域引入区块链技术，建设技术创新的供应链金融系统，可以提升供应链金融的整体效率和质量，增强系统安全性。在国际上，近年来区块链技术的应用也在不断推广，国际合作不断增强。例如，2016年8月，美国银行、汇丰银行联合新加坡政府确立了基于超级账本协议的区块链供应链项目，2016年10月，沃尔玛、IBM和清华大学共同创建了一个基于区块链的产业供应链项目，目的是使供应链数据更加精确和安全（朱兴雄，2018）。

在中国，2016年2月14日，中国人民银行、国家发展和改革委员会、工业和信息化部、财政部、商务部、银监会、证监会、保监会发布了《关于金融支持工业稳增长调结构增效益的若干意见》，大力推动工业企业融资机制创新，明确"大力发展应收账款融资，建立应收账款交易机制，解决大企业拖欠中小微企业资金问题。推动大企业和政府采购主体积极确认应收账款，帮助中小企业供应商融资"。同时，区块链在供应链金融中的应用也在逐步推广。例如，国家电网作为大型央企，正在利用其丰富的产业链资源、供应链应用场景，积极推动区块链的应用（朱兴雄，2018）。

（二）数字经济发展

1962年，美国马克卢普（Fritz Machlup）教授提出数字经济的概念，开启了理论界对数字经济的研究之路。经过50多年的发展与演变，数字经济以最初的客观衡量信息产业发展态势为起点，逐步发展为承接农业经济、工业经济的第三种人类经济形态。这一历程是信息技术深入渗透和融合到经济社会各领域的过程，从侧面反映了信息产业正逐渐取代工业，成为引领经济社会发展的主动力。随着经济形态从工业经济向数字经济的转变，如何把握数字经济的发展机遇，是各国谋求未来竞争优势的重要战略选择。在数字经济时代下，市场交易主体的经济活动和经济行为依赖于信息网络，与工业经济时代下的交易行为、资源禀赋、成本结构、商业模式等均有显著不同。数字经济主要有创新性、规模性和革命性等特点（王伟玲、王晶，2019）。

近年来，中国相关政策的出台为数字经济的速发展奠定了坚实的础，也激发了许多新产业、新业态的发展。企业向"大数据化"和"云化"方向加速迈进，例如，红领集团通过大数据平台，向客户提供服装高端定制服务，企业营业收入一度实现翻倍增长；三一重工、长虹电器等制造企业面向家居、机械等智能制造细分领域，积极抢占产业体系入口；3D打印、工业机器人等智能装备普及日益加速。同时，随着互联网加速向制造领域渗透,传统制造业企业纷纷基于互联网开展规模个性化定制、线上线下融合(O2O)、制造服务化转型等新业务。数字经济逐渐成为推动供给侧结构性改革、传统产业转型升级、经济高质量发展的主导力量,成为全球公认的新动能、新业态和新经济(王伟玲、王晶,2019)。

四、国际监管动态与趋势

近年来,金融稳定理事会、巴塞尔银行监管委员会、国际证监会组织和国际保险监督协会等国际监管组织均成立了专门工作组,从不同角度研究金融科技的发展演进、风险变化,以及金融科技对金融体系的影响和监管应对等问题,探索如何相应完善监管规则,改进监管方式(李文红、蒋则沈,2017)。从总体来看,目前的国际监管呈现出如下特征。

第一,区分金融业务的属性,并根据其业务实质属性制定相应的监管规则(李文红,2017)。例如,美国将直接利用自有资金发放网络贷款(类似于网络小额贷款公司)或提供信贷信息撮合服务的网络平台界定为"放贷机构",要求其事先获得注册地所在州发放的贷款业务许可证,并接受金融消费者保护局(CFPB)的监管;对将已发放贷款作为基础资产、通过互联网平台向投资者发行证券的网络平台业务(如Lending Club)认定为"证券发行或销售行为",适用《证券法》,并纳入证监会监管范畴(美国财政部,2016)。此外,各国普遍将股权众筹纳入公开发行股票的证券监管框架。一方面,根据网络平台股权众筹单笔金额小的特点,适当简化监管程序,如美国允许符合条件的众筹中介机构不必获得证券经纪牌照;另一方面,则进一步强化其他方面的监管约束和限制,如规定严格的合格投资者标准,对融资和投资规模实施限额控制,要求进行持续的风险揭示、信息披露和投资者教育等(美国证券交易委员会,2015)。

第二,优化内部机制,紧密追踪科技发展前沿并进行风险评估。目前,各个国家或地区均加强对金融科技发展状况的跟踪,并对其风险进行研究,思考如何建设、优化监管框架(见表8-2)。

表 8-2 部分国家或地区的监管框架优化

国家/地区	具体举措
美国财政部	发布"网贷市场借贷的机会与挑战"研究报告
美国货币监理署	发布指导、评估金融创新产品和服务的若干原则
美国联邦储备委员会	设立跨行业工作组,研究分析金融科技监管问题
英国金融行为监管局	启动"创新工程"项目,针对金融科技建立机制安排
法国金融市场管理局	设立"金融科技与创新部门"
荷兰中央银行	发布"科技创新与荷兰金融行业"政策建议书
印度中央银行	设立跨部门监管协调工作组,共同研究金融科技监管问题
日本金融厅	设立金融科技咨询支持小组和专家小组
香港特别行政区	设立"金融科技督导组"

(资料来源:作者根据相关材料整理。)

第三,探索完善监管方式。尽管大多数国家或地区尚未形成对金融科技的专门监管安排,但是已有部分国家或地区开始在现行法律框架下,对如何发展金融科技进行探索,例如,通过建立监管沙盒、创新指导窗口、创新加速器等方式,加强监管当局与金融科技企业的沟通交流,提早介入了解金融科技业务模式并进行政策辅导(见表 8-3)。

表 8-3 部分国家或地区的金融科技监管方式探索

方式类别	已实施的国家/地区	考虑实施的国家/地区
监管沙盒 (Regulatory Sandbox)	英国金融行为监管局 新加坡金管局 澳大利亚证券投资监管委员会	韩国金融监督院 荷兰央行/金融市场管理局 瑞士金融市场监管局 香港金管局
创新指导窗口 (Innovation Hub)	意大利央行 日本央行 日本金融厅 韩国金融监督院 澳大利亚证券投资监管委员会 荷兰央行/金融市场管理局 新加坡金管局 英国金融行为监管局	墨西哥央行 卢森堡财政部

续表 8-3

方式类别	已实施的国家/地区	考虑实施的国家/地区
创新加速器 （Innovation Accelerator）	新加坡金管局 英格兰银行	

（资料来源：作者根据相关材料整理。）

从国际上来看，大多数国家或地区对金融科技监管呈现以下导向：关注金融业务本质，根据其业务属性，纳入现行金融监管框架，进行归口监管；重点关注是否存在募集公众资金、公开发行证券、从事资产管理和债权拆分转让等行为；根据匹配性监管原则，按照法律授权对小额、有限范围募资活动适度简化监管程序；针对互联网特点，更加注重信息披露和投资者保护（李文红，2017）。

五、推动中国金融科技发展的建议

当前在促进金融科技在中国发展过程中，需要注意以下方面。

第一，要顺应现代消费者金融需求的特点和变化趋势。未来，中国金融科技公司和金融机构要关注"千禧一代"消费者的金融需求特点，如更加偏好实时连接和以客户为中心的移动金融服务，对新科技、新金融持更加开放的态度；对金融服务体验有着更高的期望，更愿意选择在线平台提供的便捷、高效的综合金融服务；对在线分享个人信息的态度相对更加开放，这个变化为在线金融消费者信息采集、共享和运用提供了条件等（中国人民银行广州分行课题组，2017）。

第二，要通过开放市场、互补合作来提升创新力和竞争力。这不仅要求国内金融科技公司与金融机构之间要加强合作，而且要对外开放金融科技服务市场、深化国内外金融科技领域的互补合作，以此共同开拓市场、形成共赢局面。

第三，要加强大数据资源的整合以提升综合化金融服务水平。目前，国内许多数据资源被分散存储于政府部门、金融机构、第三方中介机构等多个主体之中，一般难以被金融科技公司所使用。因此，有必要大力加强对大数据资源的整合与开发，以建设大数据中心、大数据汇聚平台、大数据产业服务平台、大数据科技创新平台等为着力点，加快与金融科技相关的大数据基础设施建设，把监管部门、政府部门、金融机构、各类市场的数据资源整合起来。同时，可在国内设立若干"大数据应用和发展试验区"，以大数据制度规则变革的先行先试为重点，推动地方政府部门、金融系统、第三方中介机构对各方掌握的原始数据资源进行清洗、处理、整合与共享；规范大数据标准，提升市场主体数据共享的标准化程度，加强大数据资源向金融科技公司、金融机构的共享、开放和流通，以及推动大数据在金融服务细分领域的应用，加快发展金融大数据存储备份、集中处理标准化服务等配套公共服务。

第四，要促进金融服务全面融入智慧生活场景。合理的场景设计能够将客户复杂的金融需求融入其日常生活中，提升客户对金融产品和服务的黏性和忠诚度（巴曙松、白海峰，2016）。"互联网+"正在深刻地改变着人们的生活方式，智能化、网络化、移动化的生活场景催生了新的金融服务需求。金融科技公司和金融机构要运用云计算、物联网、移动互联网等现代科技手段，建立智慧金融服务的支撑系统，形成网络空间虚拟映像，在此基础上搭建面向城乡居民的金融服务网络，提供多元化、个性化的场景化金融服务。

第五，要强化底层技术创新的持续支撑作用。底层技术创新能力较弱是中国金融科技发展的最大短板。为此，要把提升底层技术创新能力摆在更加突出的位置，加大对金融科技底层技术研发的政策支持力度，建立金融科技底层技术创新的协同机制，营造有利于金融科技人才集聚的外部环境。

第六，要创新监管机制以营造良好的发展环境。金融监管部门对金融科技的监管既要体现金融监管的一般性和公平性，又要体现金融科技时代的适应性和包容性。具体来讲，要完善金融监管协调机制，以金融科技作为加强金融监管协同的重点领域，强化外部监管与行业自律的有机结合，加强审慎监管与行为监管的并行互补，实现对金融科技的协同监管、长效监管；可借鉴美国等发达国家对金融科技采取的"无异议函""监管沙箱"等监管模式，培育监管科技公司，提升金融科技领域的监管效能；可参考金融稳定理事会关于金融科技的分析框架，对国内具有"系统重要性"的金融科技企业开展评估，采取更有针对性的监管措施，防范"大而不能倒"的风险。

第八章 国家金融体系的现在与未来

第四节 国际金融体系的现在与未来

一、国际金融机构

目前主要的国际金融机构包括国际清算银行、国际货币基金组织、世界银行、亚洲基础设施投资银行等,各机构各司其职,发挥着不同的作用,共同促进国际金融体系的稳定和发展。

1. 国际清算银行

国际清算银行是根据《海牙协定》于1930年在德国、比利时、意大利、法国、英国、日本、瑞士和美国之间成立,1930年5月17日首次开设办事处。它最初主要职责是收集、管理和分配第一次世界大战后凡尔赛条约强加给德国政府的赔偿,它还担任1930年发行的德国青年贷款的受托人。国际清算银行由三个决策机构主持,其中包括中央银行的股东大会、董事会和国际清算银行的管理层。在这些级别上做出的决定是以加权投票安排为基础的。这些决定具有行政和财务性质,涉及银行业务、预算资源分配和内部政策。

国际清算银行作为一家银行,与其他国际金融组织竞争银行业务。其客户包括其成员国的中央银行,但不为个人和政府持有经常账户。它提供优质服务和高回报的投资基金,作为吸引央行的一种方式。它维持着高水平的股权资本和储备,这些资本和储备投资于各种投资组合,为该机构赚取回报。国际清算银行通过从央行回购可交易证券来确保其成员国的流动性。

2. 国际货币基金组织

国际货币基金组织主要是根据哈里·德克斯特·怀特和约翰·梅纳德·凯恩斯的思想,在1944年布雷顿森林会议上形成,并于1945年正式成立,有29个成员国,目标是重建国际支付体系。作为一个国际组织,国际货币基金组织致力于促进全球货币合作、确保金融稳定、促进国际贸易、促进高就业和可持续经济增长,减少全世界的贫困,同时定期依赖世界银行的资源。它在国际收支困难和国际金融危机的管理中发挥着核心作用。其资金有两个主要来源:配额和贷款。配额是成员国的集合资金,是国际货币基金组织的资金较大的构成。成员配额的大小取决于其在世界上的经济和财政重要性。具有较大经济重要性的国家拥有较大的配额。配额定期增加，以特别提款权的形式增加国际货币基金组织的资源。各国通过配额制度向一个资金池提供资金，遇到国际收支问题的国家可以从中借钱。

当前国际货币基金组织承担的具体职能主要包括：监督国际货币体系和成员国政策，并跟踪各地经济和金融的情况，在必要时提出警告；给国际收支困难的国家贷款；通过技术援助和培训，帮助成员国发展健全的制度和经济政策工具。

3. 世界银行

世界银行是为发展中国家资本项目提供贷款的联合国系统国际金融机构。它是世界银行集团的组成机构之一，同时也是联合国发展集团的成员。世界银行由两个机构——国际复兴开发银行与国际开发协会组成。世界银行与世界银行集团并不一样，后者由国际复兴开发银行、国际开发协会（该两项通称"世界银行"）、国际金融公司、多边投资担保机构以及国际投资争端解决中心五个机构组成。目前，该组织历代的行长都是美国人。另外在做出重大决议时，需要85%的票数才得以通过提案，而美国的投票占比从未低于15%，因而美国的投票比例被称为"否决权"。世界银行的官方目标为消除贫困，其资金来源包括各成员国缴纳的股金、向国际金融市场借款以及发行债券和收取贷款利息。

4. 亚洲基础设施投资银行

亚洲基础设施投资银行（Asian Infrastructure Investment Bank，AIIB），简称"亚投行"，是一个向亚洲各国家和地区政府提供资金以支持基础设施建设之区域多边开发机构，成立宗旨在于促进亚洲区域内的互联互通建设和经济一体化进程，并加强中国及其他亚洲国家和地区的合作。

2014年10月24日，中国、印度、新加坡等21国在北京正式签署《筹建亚投行备忘录》。2015年6月29日，《亚洲基础设施投资银行协定》在北京正式通过。2016年1月16日至18日，亚洲基础设施投资银行的开业仪式在北京举行。亚洲基础设施投资银行总部设在中国北京，法定资本为1000亿美元。

亚洲基础设施投资银行职能主要包括以下方面：①推动区域内发展领域的公共和私营资本投资，尤其是基础设施和其他生产性领域的发展；②

利用其可支配资金为本区域发展事业提供融资支持，包括能最有效支持本区域整体经济和谐发展的项目和规划，并特别关注本区域欠发达成员的需求；③鼓励私营资本参与投资有利于区域经济发展，尤其是基础设施和其他生产性领域发展的项目、企业和活动，并在无法以合理条件获取私营资本融资时，对私营投资进行补充；④为强化这些职能开展的其他活动和提供的其他服务。①

二、国际金融基础设施

国际金融基础设施主要包括以下类别：①支付清算体系，也称为支付系统，是指由提供支付清算服务的中介机构和实现支付指令传递及货币资金清算的专业技术手段共同构成，用以实现支付清算服务的中介机构和实现支付指令传递及货币资金转移的一种金融安排。②中央交易对手和交易信息库。其中，中央交易对手指结算过程中介入证券交易买卖双方之间，成为"买方的卖方"和"卖方的买方"的机构。交易信息库也称为交易数据库，是一个实体，可以集中收集和维护场外衍生产品的记录。这些电子平台充当开放式场外衍生品交易关键信息的权威注册机构，为解决场外衍生品市场固有的不透明性问题提供了有效的工具。

三、国际金融监管协调

（一）国际金融监管合作的基本途径与模式

国际金融监管合作的基本途径和模式主要包括以下两个方面：①双边途径。主要通过谅解备忘录、监督对话技术援助项目，推动跨境证券监管合作。②多边途径。具体通过以下渠道发挥作用，包括：政府间国际组织，例如国际货币基金组织、世界银行；非正式国家集团，主要指那些在经济领域最具代表性的国家的部长和政府首脑定期举行的会晤，包括从七国集团（G7）、八国集团（G8）、十国集团（G10）直至最近成立的二十国集团（G20）；跨政府网络，指在诸如监管机构这样的次国家行为主体之间建立起的"跨越国界的非正式制度"，其使得国内官员能够与其国外对手方直接互动，而不受外交办公室或行政部门高级官员的太多监督。

---

① 《亚洲基础设施投资银行协定（中文本）》，见中国人大网（http://www.npc.gov.cn/wxzl/gongbao/2016-01/05/content_1958846.htm），2016年1月5日。

(二) 国际金融监管协调组织

1. 对成员国没有法律约束力的监管组织

对成员国没有法律约束力的监管组织主要包括：①巴塞尔银行监管协会。巴塞尔银行监理委员会于1974年由全球十大工业国（G10）的央行共同设立，每年定期集会四次，属于国际清算银行辖下，其成员包括比利时、加拿大、法国、德国、英国、美国等国，并以各国中央银行官员及银行监理当局为代表。巴塞尔银行监理委员会已制定诸多重要的金融控管规范，包括1988年的《巴塞尔资本协定》，以及2001年的《新巴塞尔资本协定草案》。对稳定国际金融秩序起到了积极作用。但是，巴塞尔银行监理委员会没有法定跨国监管的权力，提出的监管原则、结论与指导原则在法律上没有强制效力，仅供参考。因此，根据"没有任何境外银行机构可以逃避监管"和"适当监督"的原则下，巴塞尔银行监理委员会致力于强化国际银行系统的稳定性，消除因各国对资本充足率要求不同而产生的不平等竞争。②国际证监会组织。该组织成立于1983年，总部位于西班牙马德里，是由各国各地区证券期货监管机构组成的专业组织，是主要的金融监管国际标准制定机构之一。截至2019年2月底，该组织共有224个会员，包括128个正式会员、32个联系会员和64个附属会员。该组织在推动国际公认的监管准则和执法标准，以及促进投资者保护等方面发挥积极作用。③国际保险监督官协会。该组织成立于1994年，是来自200多个辖区的保险监督和管理人员的自愿成员组织。它是国际标准制定机构，负责制定和协助实施原则、标准和其他辅助材料，以监督保险业。该组织还为会员提供了一个论坛，以分享他们对保险监督和保险市场的经验和理解。该组织的任务是促进对保险业的有效和全球一致的监管，以发展和维护公平、安全和稳定的保险市场，以保护保单持有人，并促进全球金融稳定。

2. 对成员国具有法律约束力的监管组织

对成员国具有法律约束力的监管组织主要包括：①欧盟金融监管体系。在欧洲，金融监管体系是欧盟在应对金融危机时创建的金融监管框架的体制架构。监管体系首先在2009年由欧盟委员会提议，它取代了现有的三个委员会，设立三个新的机构管理局：欧洲银行管理局系统，欧洲保险和职业养老金管理局和欧洲证券及市场管理局。为配合这个体系，框架内也有一个欧洲央行下的欧洲系统风险理事会。②金融稳定理事会。该会成立于 2009 年 4 月,是金融稳定论坛的后继者。金融稳定理事会通过协调国家金融当局和国际标准制定机构来制定强有力的监管、监督和其他金融部门政策,从而促进国际金融稳定,而且通过鼓励跨部门和司法管辖区一致地执行政策,致力于创造一个公平的竞争环境。

四、国际金融体系的未来发展

未来,国际金融体系的发展主要体现在以下方向。

(1) 推进国际金融理念创新。具体包括金融服务实体经济、牢固树立"大金融"的概念、按照现代金融体系的六大方面来构建国际金融体系(陈云贤,2018)。

(2) 推进国际金融制度改革。包括两个方面:①进行货币汇率制度改革。货币汇率制度改革创新主要涉及特别提款权、六国央行长期互换协定、"金融稳定性三岛"改革。②完善金融监管制度。基于对国际金融监管改革的跟踪研究和思考,提升监管的有效性,以宏观的视野做好监管制度设计,对内注重金融监管与其他宏观政策的协调配合,对外加强跨境监管协调。在做好规则制定的同时,不能忽视传统监管手段,要规制与监管并重,并发挥好信息披露和市场约束的作用(綦相,2015)。

(3) 推进国际金融组织创新。①应促进多边国际金融机构的崛起。创立更多如亚洲基础设施投资银行和金砖国家新开发银行等新金融机构,摆脱现有的"二战"之后遗留下来的国际金融机构体系的束缚,促进新的国际金融机构体系的形成,以适应世界各国新兴发展的经济金融体的需求,加速世界经济发展。②应提升三大国际金融监管组织的法律约束力。尽管巴塞尔银行监管委员会、国际证监会组织、国际保险监督官协会发布的文件都在各自的领域内发挥过作用,但这种作用的约束力有限,需要赋予国际监管组织更多的法律约束力,更加有效地维持国际金融的稳定性,防范系统性金融风险。③应促进 G20 金融稳定理事会更好地发挥作用。

(4) 推进国际金融技术创新。①构建世界法定数字货币。在目前的国际货币体系中,美元处于支配地位,如果出现技术完备,且被广泛接受的数字货币,会对美元的霸权地位产生冲击。因此,推进国际金融技术创新,构建法定数字货币体系,也是国际金融未来变革的一个方向。②完善国际支付清算体系(场内)。一是指现实场内国际支付清算体系技术应不断提升完善,让其更快速、便捷、标准、稳定;二是为了应对类似于移动货币的金融支付创新而进行改善。

◆**思考讨论题**◆

1. 谈谈你对国家金融未来发展趋势的认识。
2. 金融科技领域目前有哪些新进展?
3. 如何对金融科技进行有效的监管?
4. 谈谈你对国际金融体系未来发展趋势的认识。

参考文献

[1] HAAN W, SUMNER S W, YAMASHIRO G M. Bank loan portfolios and the monetary transmission mechanism [J]. Journal of monetary economics, 2007, 54 (3): 904-924.

[2] DIAMOND W, RAJAN R G. Fear of fire sales, illiquidity seeking, and credit freezes [J]. Quarterly journal of economics, 2011, 126 (2): 557-591.

[3] LUIGI G, PAOLA S, LUIGI Z. Corporate culture, societal culture, and institutions [J]. American economic review, 2015, 105 (5): 336-339.

[4] LUIGI ZINGALES. Presidential address: does finance benefit society? [J]. The Journal of finance, 2015, 70 (4): 1327-1363.

[5] MERTON R A. Functional perspective of financial intermediation [J]. Financial management, 1995, 24 (2): 23-41.

[6] RAJAN R, LUIGI Z. Saving capitalists from the capitalism: unleashing the power of financial markets to create wealth and spread opportunity [M]. Princeton: princeton university press, 2004.

[7] SATOSHI H, DAVID J. Nowak. comprehensive national database of tree effects on air quality and human health in the united states [J]. Environmental pollution, 2016, 215 (15): 48-57.

[8] 安青松. 推动我国资本市场迈向高质量发展: 基于股权分置改革的回顾与启示 [J]. 清华金融评论, 2018 (12): 48-49.

[9] 安晓东, 王强, 秦云杰, 等. 推进金融标准化建设 提升我国银行业竞争力 [C]. 北京: 中国标准出版社, 2019.

[10] 巴曙松, 沈长征. 从金融结构角度探讨金融监管体制改革 [J]. 当代财经, 2016 (9): 43-51.

[11] 巴曙松. 货币市场发展与宏观金融调控效率的提高 [J]. 城市金融论坛, 1999 (6): 7-11.

[12] 巴曙松. 拆借市场发展的国际经验以及我国拆借市场发展的思路 [J]. 浙江学刊, 1997 (4): 51-54.

[13] 巴曙松. 国际监管经验及中国影子银行监管改革 [J]. 经济研究参考, 2017 (66): 41.

[14] 巴曙松. 中国影子银行的监管趋势 [J]. 清华金融评论, 2017 (11): 31-32.

[15] 白晰. 中国进出口银行体制变迁与改革发展研究 [D]. 沈阳: 辽宁大学, 2015.

[16] 贝多广. 西方国家金融市场的理论依据 [J]. 国际金融研究, 1986 (3): 35.

[17] 边永平. 金融委办公室地方协调机制: 新时代金融监管的利剑 [J]. 甘肃金融, 2020 (3): 1.

[18] 蔡旭. 新中国成立以来我国社会信用体系建设的历程、经验与展望 [J]. 云梦学刊, 2020 (2): 32-38.

[19] 曹丽萍, 杨兰. 互联网资管业务监管: 国外经验与启示 [J]. 金融市场研究, 2019 (11): 131-136.

[20] 曹元芳. 发达国家社会信用体系建设经验与我国近远期模式选择 [J]. 现代财经 (天津财经大学学报), 2006 (6): 20-23.

[21] 曹远征, 高玉伟. 中国商业银行改革 40 年 [J]. 中国金融, 2018 (21): 26-28.

[22] 柴文梁, 王文超. 国外金融法制教育及其有效性评估对我国金融法制教育的启示 [J]. 行政与法, 2018 (10): 51-58.

[23] 常青, 孔迅. 关于我国金融立法与执法中存在问题的思考 [J]. 金融研究, 2000 (11): 126-129.

[24] 陈岱松. 试析美国金融监管制度的变迁及对我国的启示 [J]. 湖南社会科学, 2009 (3): 86-90.

[25] 陈敦, 张航, 王诗柈. 房地产信托业务监管政策实效研究: 以 2007—2014 年 51 家信托公司财务数据为样本 [J]. 上海金融, 2017 (3): 65-74.

[26] 陈洪波. 中国影子银行发展及其监管制度创新研究 [D]. 长春: 吉林大学, 2017.

[27] 陈嘉丽. 资本市场外汇管理现状及未来改革方向探讨 [J]. 武汉金

融，2019（3）：82-83.

[28] 陈嘉扬.我国金融衍生品市场研究［J］.合作经济与科技，2018（11）：46-48.

[29] 陈建宁.金融自由化与经济增长［J］.财经科学，1996（A1）：12-14.

[30] 陈金明.充分发挥法制宣传教育职能作用［J］.中国司法，2009（12）：32-35.

[31] 陈金木.中国的立法程序［J］.民主，2004（12）：32-35.

[32] 陈俊.美国银行监管改革新趋势及相关启示［J］.中国集体经济，2019（7）：164-165.

[33] 陈柳钦.货币市场发展模式的国际比较［J］.经济界，2005（5）：56-64.

[34] 陈祺.国际金融市场管理经验对我国外汇管理的启示［J］.福建金融，2017（12）：56-58.

[35] 陈森.加强我国金融从业人员监管执法的思考和建议［J］.中国发展观察，2018（10）：52-55.

[36] 陈婉.全国政协经济委员会副主任、中国人民银行副行长陈雨露：金融支持污染防治攻坚义不容辞［J］.环境经济，2019（5）：64-65.

[37] 陈武.欧盟共同农业政策演变与德国农村信贷市场概况［J］.农业发展与金融，2006（1）：46-49.

[38] 陈小五.中国外汇市场的培育与管理［D］.上海：复旦大学，2004.

[39] 陈莹.市场营销学［M］.成都：四川大学出版社，1990.

[40] 陈雨露，马勇.社会信用文化、金融体系结构与金融业组织形式［J］.经济研究，2008（3）：29-38.

[41] 陈云贤.国家金融学［M］.北京：北京大学出版社，2008.

[42] 陈云贤.设立离岸人民币在岸中心［J］.中国金融，2018（19）：19-21.

[43] 陈云贤.经济新引擎［M］.北京：外语教学与研究出版社，2019.

[44] 程炼.金融科技时代金融基础设施的发展与统筹监管［J］.银行家，2019（12）：32-34.

[45] 王春英，靖立坤.我国外汇市场的深化发展［J］.中国外汇，2018（9）：35-37.

［46］丁浩，孟祥辉.英国证券市场监管对中国的启示［J］.商品与质量，2010（A5）：81.

［47］丁志杰，严灏，丁玥.人民币汇率市场化改革四十年：进程、经验与展望［J］.管理世界，2018（10）：1－8.

［48］杜晶，李晓青，庞天虹，等.《证券法》修改与中国资本市场法治建设：中国法学会证券法学研究会2017年年会会议综述［J］.金融服务法评论，2018（1）：335－357.

［49］范从来，盛天翔，王宇伟.信贷量经济效应的期限结构研究［J］.经济研究，2012（1）：80－91.

［50］范一，尹振涛.上海金融法院对金融业发展的影响［J］.金融博览，2018（10）：11－13.

［51］范中超，马骁驰.中国债券市场管理体制：成因与变革［J］.时代金融，2008（5）：22－23.

［52］方刚.强化证券执法 防控金融风险［J］.清华金融评论，2018（8）：44－45.

［53］方军雄.所有制、制度环境与信贷资金配置［J］.经济研究，2007（12）：82－92.

［54］方玫.论我国第三方支付平台的健康发展［D］.长春：吉林大学，2008.

［55］冯果.经济法：制度·学说·案例［M］.武汉：武汉大学出版社，2012.

［56］冯瑞河.西方货币金融理论的发展脉络及启示［J］.首都经济贸易大学学报，2007（6）：92－96.

［57］冯胤田.英国证券市场的变革与发展分析［J］.财经界（学术版），2015（14）：22.

［58］法博齐，莫迪利亚尼，琼斯.金融市场与金融机构基础［M］.孔爱国等译.北京：机械工业出版社，2010.

［59］甘当善，汪办兴.欧洲金融体系的趋同及其演进因素的理论分析［J］.世界经济情况，2006（9）：1－4.

［60］高培勇.论国家治理现代化框架下的财政基础理论建设［J］.中国社会科学，2014（12）：102－122.

［61］高顷钰.中美金融结构差异、金融系统风险与压力测试比较研究

[D]．天津：南开大学，2014．

[62] 高勇．重启大额存单的国内外经验借鉴及启示［J］．国际金融，2015
（10）：17－23．

[63] 葛金．我国商业银行监管存在的问题及对策［J］．时代金融，2019
（17）：53－54．

[64] 宫晓林．互联网金融模式及对传统银行业的影响［J］．南方金融，
2013（5）：20－22．

[65] 龚秀敏，韩莉．把握未来：谈作为美国国家战略的金融法制教育
［J］．生产力研究，2008（16）：89－91．

[66] 谷悦思．中美证券市场监管制度及效果对比研究［D］．济南：山东大
学，2018．

[67] 管斌，万超．论我国金融监管权"央－地"配置制度的科学设计
［J］．中国矿业大学学报（社会科学版），2020（1）：25－40．

[68] 管涛．经济新常态下中国外汇市场建设正当其时［J］．上海财经大学
学报，2015（4）：4－9．

[69] 管晓．中国债券市场杠杆率问题探讨［J］．南方金融，2016（7）：
32－28．

[70] 郭金良．我国智能投资顾问发展的法律挑战及其监管应对［J］．江海
学刊，2019（6）：172－178．

[71] 郭雳，赵继尧．智能投顾发展的法律挑战及其应对［J］．证券市场导
报，2018（6）：71－78．

[72] 郭雳．《证券法》修订草案中的若干问题及完善［J］．法学，2005
（8）：91－98．

[73] 郭雳．美国证券执法中的行政法官制度［J］．行政法学研究，2008
（4）：116－122．

[74] 郭娜，胡佳琪，李嘉怡．国外社会信用体系建设经验及借鉴［J］．华
北金融，2013（10）：24－26．

[75] 郭英，张文辉．金融法［M］．北京：清华大学出版社，2018．

[76] 韩峰．我国金融监管改革四十年：模式与路径［J］．金融法制教育研
究，2018（6）：26－30．

[77] 韩正清．我国金融体系演变分析［J］．重庆工学院学报，2005（2）：
61－65．

[78] 郝臣，付金薇.金控公司治理十大病［J］.董事会，2018（7）：36-39.

[79] 郝威亚.影子银行宏观审慎管理的文献综述［J］.西部金融，2018（7）：40-43.

[80] 郝毅.数字金融新发展［J］.国际金融，2019（12）：16-19.

[81] 何德旭.加快完善金融基础设施体系［N］.经济日报，2019-10-29.

[82] 何广文，何婧.省联社改革：机制重于模式［J］.银行家，2020（7）：15-18.

[83] 何欣.美国消费信贷的发展及制度分析［J］.中国市场，2020（10）：203-204.

[84] 洪俊杰，商辉.中国开放型经济发展四十年回顾与展望［J］.管理世界，2018（10）：33-42.

[85] 洪银兴.完善产权制度和要素市场化配置机制研究［J］.中国工业经济，2018（6）：5-14.

[86] 胡少华，王晓玲.全球金融危机与奥地利学派经济学［J］.金融与经济，2009（10）：36-39.

[87] 胡松.国际商业票据市场监管方式的最新变化及启示［J］.证券市场导报，2007（11）：15-19.

[88] 胡天伊.美国社区银行监管机制对促进我国中小银行发展的启示［J］.时代金融，2020（3）：50-51.

[89] 胡俞越.中国期货市场的发展回顾与展望［J］.北京工商大学学报（社会科学版），2020（7）：11-20.

[90] 黄达.金融学［M］.4版.北京：中国人民大学出版社，2017.

[91] 黄辉.中国金融监管体制改革的逻辑与路径：国际经验与本土选择［J］.法学家，2019（3）：124-137.

[92] 黄家英.2019年全球外汇市场走势的几大特点［J］.中国外汇，2019（24）：70-71.

[93] 黄立文.我国支付工具发展的瓶颈因素分析［J］.中国外资，2014（2）：185.

[94] 黄瑞.美国互联网金融监管特色及对我国的启示：兼论我国互联网金融标准化建设的必要性［J］.经济师，2019（9）：136-138.

[95] 黄韬.中国法院受理金融争议案件的筛选机制评析[J].法学家,2011(1):114-127.

[96] 黄体龙.信息咨询服务类中介机构的特征和属性[J].经济研究导刊,2015(26):87-88.

[97] 黄雯婷,郭国强.金融服务实体经济的效率及影响因素研究:基于商业银行资产负债的实证分析[J].当代金融研究,2019(6):1-13.

[98] 黄余送.金融科技发展分析[J].金融科技,2017(5):53-54.

[99] 黄震,占青.我国金融法院的创新实践与未来展望:以上海金融法院的创设探索为中心的实证研究[J].金融理论与实践,2020(1):57-66.

[100] 黄志刚,刘丹阳.货币政策、资本监管与影子银行:基于微观视角的非对称性研究[J].金融监管研究,2019(12):82-99.

[101] 霍学文.英、美、日资本市场效率比较研究[M].昆明:云南大学出版社,1997.

[102] 基恩斯·魏德曼,谢瑞芬,门超.欧洲金融市场的一体化:基于中央银行的视角[J].中国金融,2015(21):20-22.

[103] 纪尽善.马克思恩格斯资本市场理论及我国资本市场的发展[J].当代经济研究,1998(2):15-21.

[104] 纪志宏,周黎安,王鹏,等.地方官员晋升激励与银行信贷:来自中国城市商业银行的经验证据[J].金融研究,2014(1):1-15.

[105] 简尚波.中资信用评级机构开放发展策略研究[J].西南金融,2019(12):23-32.

[106] 江浩.欧洲金融市场的整合与发展问题研究[D].杭州:浙江大学,2001.

[107] 姜洋,陈晗.欧洲金融衍生品市场的崛起与启示[J].中国金融,2003(2):55-57.

[108] 蒋旭成,谭震翔,莫积雁,等.大额存单发展的国际经验及启示[J].区域金融研究,2016(2):31-35.

[109] 金寿贤.银行监管有效性分析[J].中国市场,2019(24):58-59.

[110] 科斯.企业的性质[M].北京:北京大学出版社,2003.

[111] 孔萌萌.金融监管体系演进轨迹：国际经验及启示［J］.改革，2011（12）：59-66.

[112] 匡国建.完善金融生态法律制度的思考［J］.金融研究，2005（8）：57.

[113] 黎振强，罗能生.建立健全社会信用体系［N］.经济日报，2009-04-06.

[114] 李苍舒.中国现代金融体系的结构、影响及前景［J］.数量经济技术经济研究，2015（2）：35-52.

[115] 李纯，魏雷.金融法院建设的国际经验及启示［J］.金融纵横，2018（6）：48-52.

[116] 李丹.从"大一统"到"一委一行两会"中国金融监管体系重塑成型［J］.中国金融家，2019（7）：62-63.

[117] 李稻葵，刘淳，庞家任.金融基础设施对经济发展的推动作用研究：以我国征信系统为例［J］.金融研究，2016（2）：180-188.

[118] 李东荣.实施金融标准化战略 提升我国金融业竞争力［J］.金融时报，2011（1）：65-69.

[119] 李国辉.金融标准：平衡创新与风险的桥梁［N］.金融时报，2018-12-05.

[120] 李红娟.我国产权制度改革历史沿革、问题及对策［J］.经济纵横，2018（11）：81-88.

[121] 李虹瑶.智能证券投资顾问的监管制度研究［D］.杭州：浙江大学，2019.

[122] 李晶晶.中国货币市场发展的国际经验分析与借鉴［D］.北京：对外经济贸易大学，2003.

[123] 李克渊，姜华柱.认真履行纪检监察职能加强金融政策执行情况检查［J］.上海金融，1993（6）：4-5.

[124] 李诗瑶，朱新华.我国债券违约处置机制分析［J］.中国物价，2020（1）：76-78.

[125] 李松梁.日本债券市场开放：历程、特点与启示［J］.债券，2018（10）：57-62.

[126] 李腾飞.严监管下的互联网资管业务发展与展望［J］.清华金融评论，2019（5）：57-60.

[127] 李维安,郝臣,崔光耀,等.公司治理研究40年:脉络与展望[J].外国经济与管理,2019(12):161-185.

[128] 李维安,武立东.公司治理教程[M].上海:上海人民出版社,2002.

[129] 李维安.中国公司治理原则与国际比较[M].北京:中国财政经济出版社,2001.

[130] 李伟群,胡文韬.公平和效率视角下保险监管的困境与突破:以前海、恒大受罚例为研究样本[J].学术交流,2018(3):68-74.

[131] 李文红,蒋则沈.金融科技(FinTech)发展与监管:一个监管者的视角[J].金融监管研究,2017(3):1-13.

[132] 李文姣.我国支付清算体系发展研究及供给侧改革背景下发展建议[J].金融经济,2018(20):19-21.

[133] 李向前,诸葛瑞英,黄盼盼.影子银行系统对我国货币政策和金融稳定的影响[J].经济学态,2013(5):81-87.

[134] 李依霖,王树恩.基于发达国家经验构建我国社会信用体系的研究[J].生产力研究,2007(6):89-90.

[135] 李震宇.我国影子银行监管存在的问题及对策[J].市场周刊(理论研究),2018(4):91-94.

[136] 李正强,刘岩.中美衍生品市场发展路径[J].中国金融,2017(23):79-81.

[137] 廉晶.关注疫情防控企业融资需求[N].西安晚报,2020-02-29.

[138] 梁毕明,邢丹.国有企业产权结构七十年:发展轨迹与路径指向[J].财会月刊,2019(7):140-145.

[139] 廖乐一.我国同业拆借市场的现状、问题与建议[J].经济师,2010(1):99-100.

[140] 廖儒凯,任啸辰.中国影子银行的风险与监管研究[J].金融监管研究,2019(11):68-83.

[141] 林莞娟,王辉,韩涛.股权分置改革对国有控股比例以及企业绩效影响的研究[J].金融研究,2016(1):192-206.

[142] 林毅夫,李志赟.中国的国有企业与金融体制改革[J].经济学(季刊),2005(3):913-936.

[143] 刘秉镰,武鹏,刘玉海.交通基础设施与中国全要素生产率增长:

基于省域数据的空间面板计量分析［J］.中国工业经济，2010（3）：54-64.

［144］刘放.几个典型发达国家商品流通市场掠影（上）［J］.商场现代化，2013（14）：20-21.

［145］刘福寿.我国保险监管法制建设70年：回顾与展望［J］.保险研究，2019（9）：3-10.

［146］刘纪鹏，刘彪，胡历芳.中国国资改革：困惑、误区与创新模式［J］.管理世界，2020（36）：60-68.

［147］刘继兵.中国金融科技发展路径优化研究［J］.互联网金融，2008（3）：48-52.

［148］刘少军.我国金融法体系的建立与完善［J］.中国金融家，2014（12）：127-129.

［149］刘爽.我国债券市场基础设施效率问题探讨［J］.金融发展研究，2020（1）：69-73.

［150］刘庭竹.债券市场监管改革的重点［J］.中国金融，2018（8）：49-50.

［151］刘卫卫.中西方金融创新的比较［J］.当代经济，2011（12）：80-81.

［152］刘向民.我国金融法治建设四十年［J］.中国金融，2018（15）：22-25.

［153］刘莹.改革开放以来中国普法教育之嬗变［D］.西安：西南交通大学，2013.

［154］娄恒基，戴忠宏.新时代下中国金融体系的挑战与发展趋势［J］.中国集体经济，2020（2）：83-84.

［155］卢现祥.论产权制度、要素市场与高质量发展［J］.经济纵横，2020（1）：65-73.

［156］鲁晓君，王鼎，巨蓓，等.各国（地区）离岸金融发展情况的比较［J］.市场周刊（理论研究），2015（4）：27-28.

［157］陆汉麒，张耀.普及法制 教育依法管理金融［J］.浙江金融，1992（2）：59-60.

［158］陆岷峰，欧阳文杰.地方金融监管机构的职责、痛点与监管方向研究［J］.北京财贸职业学院学报，2020（1）：11-18.

[159] Michael, Taylor, 张文. IOSCO《证券监管目标和原则》述评 [J]. 证券市场导报, 2004 (8): 70-75.

[160] 马奔腾, 张长全. 影子银行监管的国际改革及对中国的启示 [J]. 湖北经济学院学报 (人文社会科学版), 2019 (11): 42-46.

[161] 马一. 金融举报者激励和反报复保护法律制度研究: 以美国萨班斯法和多德-弗兰克法为核心 [J]. 比较法研究, 2017 (2): 161-175.

[162] 孟祥宇. 新常态下中国金融体系的新挑战 [J]. 中国集体经济, 2017 (35): 75-76.

[163] 米建国, 李建伟. 我国金融发展与经济增长关系的理论思考与实证分析 [J]. 管理世界, 2002 (5): 23-30.

[164] 缪因知. 发达国家金融法院的经验与启示 [J]. 金融博览, 2018 (10): 16-17.

[165] 慕安良, 姜丽莉, 霍庆朕. 外汇宏观审慎监管思考 [J]. 中国金融, 2016 (16): 74-75.

[166] 倪晓宁. 支持"一带一路"的政策性金融体系构成及相关问题研究 [J]. 新金融, 2019 (10): 9-16.

[167] 倪芷若. 关于中国影子银行活动的法律研究: 以金融稳定委员会监管框架为参考 [J]. 山东法官培训学院学报, 2019 (6): 160-167.

[168] 牛艳飞. 后危机时代美国商业票据市场的发展和监管变革 [J]. 吉林省经济管理干部学院学报, 2016 (5): 8-12.

[169] 牛玉锐. 债券违约常态化下信用风险防范相关问题探讨 [J]. 债券, 2019 (3): 25-29.

[170] 刘晓莉. 德国农村金融的现状及启示 [J]. 农业发展与金融, 2017 (11): 89-93.

[171] 欧阳岚. 关于新兴市场经济国家金融基础设施的思考 [J]. 江汉大学学报 (社会科学版), 2005 (1): 68-70.

[172] 逄健, 朱欣民. 国外数字经济发展趋势与数字经济国家发展战略 [J]. 科技进步与对策, 2013 (8): 124-128.

[173] 戚聿东, 肖旭. 新中国 70 年国有企业制度建设的历史进程、基本经验与未竟使命 [J]. 经济与管理研究, 2019 (9): 3-15.

[174] 祁敬宇.金融监管学[M].2版.西安:西安交通大学出版社,2007.

[175] 綦相.国际金融监管改革启示[J].金融研究,2015(2):36-44.

[176] 乔乔.中国第三方支付的发展历程、现状与趋势研究[D].沈阳:辽宁师范大学,2014.

[177] 秦龙.完善债券市场投资者保护机制刻不容缓[N].上海证券报,2016-07-05.

[178] 屈波.县域金融监管的困境及改革对策[J].经济研究参考,2017(23):117-118.

[179] 任泽平,曹志楠,马图南,等.注册制是一场触及灵魂深处的改革(中)[J].商业文化,2019(17):66-73.

[180] 沙石.金融衍生品交易的本质和作用[J].中国金融,2020(5):71-73.

[181] 尚明.新中国金融五十年[M].北京:中国财政经济出版社,2000.

[182] 尚勇.中国人大与西方议会监督制度比较[D].广州:华南理工大学,2012.

[183] 沈炳熙.关于债券市场监管体制改革的若干思考[J].金融纵横,2010(3):3-7.

[184] 沈昊,杨梅英.国有企业混合所有制改革模式和公司治理:基于招商局集团的案例分析[J].管理世界,2019(4):171-182.

[185] 沈红波,张金清,张广婷.国有企业混合所有制改革中的控制权安排:基于云南白药混改的案例研究[J].管理世界,2019(35):206-217.

[186] 沈悦.金融市场学[M].北京:北京师范大学出版社,2012.

[187] 盛天翔,张勇.货币政策、金融杠杆与中长期信贷资源配置:基于中国商业银行的视角[J].国际金融研究,2019(5):55-64.

[188] 石晓军,闫竹.发达国家保险发展特点及其经验借鉴:OECD国家20年保险发展透视[J].保险研究,2015(7):3-14.

[189] 石佑启,陈可翔.粤港澳大湾区治理创新的法治进路[J].中国社会科学,2019(11):115-116.

[190] 史晨昱.重建我国大额可转让定期存单市场的理性思考[J].新金融,2008(11):31-34.

[191] 宋湘燕.纽约国际金融中心的资源配置［J］.国际金融中心建设，2015（18）：22－23.

[192] 孙东雅.美国健康保险发展启示［J］.中国金融，2015（2）：60－62.

[193] 孙蓉，兰虹.保险学原理［M］.4版.成都：西南财经大学出版社，2015.

[194] 孙艳，王伟.浅谈金融标准化发展之路［J］.大众标准化，2011（1）：3－4.

[195] 谭丽.浅论金融机构反洗钱与反恐融资的意义［J］.中国夕资，2013（22）：30.

[196] 唐超.我国金融普法传导机制研究［J］.北京经济管理职业学院学报，2016（3）：33－36.

[197] 唐杰.全球数字经济发展现状分析及展望［J］.经济研究参考，2018（51）：43－52.

[198] 唐莉.公司治理与财务治理关系辨析［J］.财会学习，2016（9）：72.

[199] 唐现杰，李新宇.国有企业混合所有制改革成功范式探索［J］.人民论坛·学术前沿，2017（18）：91－94.

[200] 汪寿成，刘明辉，陈金勇.改革开放以来中国注册会计师行业演化的历史与逻辑［J］.会计研究，2019（2）：35－41.

[201] 汪文进.货币市场的政策传导效应分析［D］.广州：华南师范大学，2007.

[202] 王保庆.伦敦金融中心发展对上海金融中心建设的启示［J］.四川文理学院学报，2016（6）：41－46.

[203] 王婵.中国经济发展中金融与经济关系问题研究［J］.中国市场，2015（43）：21－21.

[204] 王纯.浅论我国信托法之不足与完善［J］.才智，2013（26）：178－179.

[205] 王芳.国外金融法制教育实践对我国金融普及教育的启示［J］.经济视野，2017（18）：147.

[206] 王国刚，林楠.中国外汇市场70年：发展历程与主要经验［J］.经济学动态，2019（10）：3－10.

[207] 王国刚.中国金融70年:简要历程、辉煌成就和历史经验[J].经济理论与经济管理,2019(7):4-28.

[208] 王海全,唐明知.优化我国绿色金融标准体系[J].中国金融,2019(1):74-76.

[209] 王红英.稳步推进中国金融衍生品市场发展[N].期货日报,2017-03-20.

[210] 王鸿运.金融体系的比较、内生演进与中国的选择[D].长沙:中南大学,2008.

[211] 王华庆,李良松.金融监管有效性的法律安排[J].中国金融,2019(17):26-28.

[212] 王惠.美国银行法的发展及趋势[J].上海金融,1996(5):45-46.

[213] 王健,张孝德.现代金融学[M].北京:国家行政学院出版社,2005.

[214] 王晶.中国金融衍生品市场的发展模式研究[D].南昌:江西财经大学,2016.

[215] 王凯迪.证券市场监管法律制度研究[J].法制与社会,2019(5):23.

[216] 王兰军.建立独立的金融司法体系 防范化解金融风险:兼论组建中国金融法院、中国金融检察院[J].财经问题研究,2000(9):18-21.

[217] 王年咏,朱云轩,陈尚静荷,等.美国证券注册制及证券监管对我国的启示[J].西南金融,2019(10):46-56.

[218] 王珊珊,邱嘉锋.汇率形成机制的国际经验及对中国的启示[J].税务与经济,2014(2):53-56.

[219] 王姝.金融控股公司的生成演变、风险控制与发展研究[D].成都:西南财经大学,2019.

[220] 王伟玲.我国数字经济发展的趋势与推动政策研究[J].经济纵横,2019(1):73-79.

[221] 王晓,陈思憧,曾令祥.完善地方金融监管协调体制[J].中国金融,2018(22):40-42.

[222] 王绪瑾,王浩帆.改革开放以来中国保险业发展的回顾与展望

[J]. 北京工商大学学报（社会科学版），2020（2）：91-104.

[223] 王艳枝. 金融与实体经济的关系的重新审视[J]. 中国外资，2013（18）：39-40.

[224] 王烨，孙榴萍，陈志斌，等. 股票期权激励计划公告与机会主义择时：基于中集集团的案例研究[J]. 管理案例研究与评论，2015（5）：457-470.

[225] 王宇. 发挥好政策性金融机构的逆周期调节作用[J]. 西部金融，2019（10）：3.

[226] 王宇. 中国金融改革开放四十年[J]. 西部金融，2018（5）：3.

[227] 王玉国，邓阳. 资管市场交叉性金融产品演进与发展[J]. 清华金融评论，2016（7）：87-90.

[228] 王喆，张明. 金融去杠杆背景下中国影子银行体系的风险研究[J]. 金融监管研究，2018（12）：34-53.

[229] 王喆，张明. 去杠杆背景下的影子银行监管[J]. 中国金融，2019（12）：60-62.

[230] 魏华林. 保险的本质、发展与监管[J]. 金融监管研究，2018（8）：1-20.

[231] 魏婷婷. 金融信托"刚性兑付"风险的法律控制[J]. 法学杂志，2018（2）：124-131.

[232] 魏伟. 金融中介发展促进科技创新作用的实证研究：基于京津冀的面板数据分析[J]. 华北金融，2012（6）：8-10.

[233] 温丽君. 浅析当前金融衍生品市场的相关问题与对策研究[J]. 纳税，2019（19）：236.

[234] 翁新汉. 强化信用体系建设与改善金融生态环境[J]. 现代商业，2008（32）：6-7.

[235] 翁卓群. 人民币汇率制度的改革进程及展望[J]. 金融经济，2019（10）：18-20.

[236] 吴俊霖. 影子银行、资本监管压力与银行稳健性[J]. 金融监管研究，2019（1）：31-52.

[237] 吴丽霞. 金融法制教育的国际经验与借鉴[J]. 长春大学学报，2012（1）：7-13.

[238] 吴世农. 公司财务的研究历史、现状与展望[J]. 南开管理评论，

2018（3）：4-10.

[239] 吴世农.公司财务与金融［J］.科学观察，2019（1）：61-63.

[240] 吴希，路越.我国当前金融衍生品市场存在的问题及对策［J］.知识经济，2018（3）：66-67.

[241] 吴晓灵.金融市场化改革中的商业银行资产负债管理［J］.金融研究，2013（12）：105-106.

[242] 吴晓灵.中国金融业的法律框架及立法进程［C/OL］// 中国人民大学国际货币研究所.2016年国际货币金融每日综述选编，（2016-12-3）［2020-9-6］.https://read.cnki.net/web/Conference/List/HBYS201612004.html.

[243] 吴晓求.互联网金融：成长的逻辑［J］.财贸经济，2015（2）：38.

[244] 吴晓求.改革开放四十年：中国金融的变革与发展［J］.经济理论与经济管理，2018（11）：5-30.

[245] 吴雪林，欧洋，葛斌.如何发挥金融会计在金融风险防范中的作用［J］.金融会计，2017（9）：12-16.

[246] 吴亚飞，吴继光.金融市场失灵与政府干预［J］.现代管理科学，2004（11）：116-117.

[247] 吴有文.中银国际：金融科技新颠覆 从商业模式创新走向深度技术创新［EB/OL］.（2016-8-15）［2020-9-6］.https://www.docin.com/p-1708821725.html.

[248] 吴蓁蓁，吴明波.网络保险概述［J］.经营管理者，2011（4）：286.

[249] 肖成.西方市场机制理论的新变化：评国家干预主义与经济自由主义的对立与融合［J］.南开经济研究，1994（1）：52-56.

[250] 肖金明.论政府执法方式及其变革［J］.行政法学研究，2004（4）：9-16.

[251] 肖小和.中国票据市场四十周年回顾与展望［J］.金融与经济，2018（11）：5-15.

[252] 肖韵.我国金融监管协调制度的完善研究：以法律规制为视角［J］.宏观经济研究，2017（6）：24-31.

[253] 谢百三.证券市场的国际比较［M］.北京：清华大学出版社，2003.

[254] 谢德杰.中美银行间同业拆借市场比较［J］.法制与经济（中旬

刊），2011（6）：97-98.

[255] 谢雯，丘概欣.粤港澳大湾区建设中司法合作与司法保障的路径：以涉港澳民商事审判为视角［J］.法律适用，2019（9）：48-56.

[256] 邢会强.金融法院（庭）比较研究［J］.金融服务法评论，2012（1）：99.

[257] 邢会强.国务院金融稳定发展委员会的目标定位与职能完善：以金融法中的"三足定理"为视角［J］.法学评论，2018（3）：88-98.

[258] 徐孟洲，谭立.金融法［M］.4版.北京：高等教育出版社，2019.

[259] 徐苏江.英美及我国外汇市场结构的比较分析［J］.新金融，2016（1）：21-26.

[260] 徐忠.新时代背景下现代金融体系与国家治理体系现代化［J］.经济研究，2018（7）：1-18.

[261] 许坤，黄璟宜.我国大额存单重启与利率市场化改革［J］.财经科学，2015（8）：13-22.

[262] 许召元，张文魁.国企改革对经济增速的提振效应研究［J］.经济研究，2015（4）：80.

[263] 严继先.对金融法制宣传教育工作的几点思考［J］.黑龙江金融，2016（10）：59-60.

[264] 严继莹.互联网保险业务监管的现状与对策［J］.浙江科技学院学报，2016（4）：259-264.

[265] 严圣阳.我国金融科技发展状况浅析［J］.金融经济，2016（22）：152-153.

[266] 杨飞凤.中国金融法院的专门化研究［D］.上海：华东政法大学，2019.

[267] 杨红英，童露.论混合所有制改革下的国有企业公司治理［J］.宏观经济研究，2015（1）：138.

[268] 杨丽萍.日元国际化及东京国际金融中心建设的启示［J］.华北金融，2010（1）：39-42.

[269] 杨新兰.基于穿透视角的交叉性金融风险监管［J］.中国银行业，2018（10）：63-65.

[270] 杨紫烜.经济法［M］.5版.北京：北京大学出版社，2014.

[271] 姚长辉，吕随启. 货币银行学［M］. 4版. 北京：北京大学出版社，2012.

[272] 叶海云，尹恒. 试论金融体系的两分法［J］. 武汉大学学报（哲学社会科学版），2005（10）：645-649.

[273] 伊志宏，刘宁悦. 公司财务研究现状及展望：基于文献的分析［J］. 中国人民大学学报，2008（4）：111-118.

[274] 易纲. 新中国成立70年金融事业取得辉煌成就［J］. 中国金融，2019（19）：9-13.

[275] 殷勇. 进一步完善地方金融监管的几点思考［J］. 清华金融评论，2018（11）：59-60.

[276] 尹洪霞，尹洪亮. 调整金融结构促进我国产业结构的转型［J］. 山东经济，2004（1）：33-35.

[277] 于建东. 东京金融中心的兴衰和重振［N］. 经济日报，2012-04-16.

[278] 袁达松. 对影子银行加强监管的国际金融法制改革［J］. 法学研究，2012（2）：194-208.

[279] 袁吉伟. 日本及我国台湾信托业监管体系建设经验及启示［J］. 金融经济，2020（2）：79-85.

[280] 张炳达，胡俊霞. 金融理论与实务［M］. 上海：上海财经大学出版社，2010.

[281] 张成思，刘贯春. 中国实业部门投融资决策机制研究：基于经济政策不确定性和融资约束异质性视角［J］. 经济研究，2018（12）：51-67.

[282] 张承惠. 新常态对中国金融体系的新挑战［J］. 金融研究，2015（2）：65-66.

[283] 张计平. 我国上市公司控股权转让信息披露前后的股价变化研究［D］. 北京：清华大学，2002.

[284] 张家玮. 如何把握中国金融体系变革［J］. 现代营销（下旬刊），2017（4）：3.

[285] 张量. 反思与重构：影子银行监管的域外经验及中国路径［J］. 中财法律评论，2017（3）：3-47.

[286] 张鸣起，袁曙宏，姜伟，等. 学习十九大报告重要法治论述笔谈

[J]. 中国法学, 2017 (6): 44-48.

[287] 张善文. 金融企业内设纪检监察部门如何更好发挥监督职责 [J]. 农业发展与金融, 2016 (2): 117-119.

[288] 张松涛. 国有银行在经济转型期的金融引导作用分析 [J]. 现代商业, 2017 (12): 101-102.

[289] 张玮. 探讨我国金融体系多元化发展的进程及趋势 [J]. 对外经贸, 2013 (9): 132-133.

[290] 张卫国. 谱写国有金融企业普法工作新篇章 (上) [N]. 首都建设报, 2019-08-28.

[291] 张文, 张墨, 林英. 我国上市公司会计信息的监管问题及相关对策探讨 [J]. 商业经济, 2011 (6) 31-32:.

[292] 张晓红. 美国金融监管漏洞对我国金融法建设的启示 [J]. 特区经济, 2011 (6): 81-82.

[293] 张晓朴, 朱太辉. 金融体系与实体经济关系的反思 [J]. 国际金融研究, 2014 (3): 43-54.

[294] 张晓艳. 2008年金融危机后美国、英国和欧盟金融监管体制的改革经验 [J]. 清华金融评论, 2014 (5): 35-38.

[295] 张旭升. 经济学基础 [M]. 长沙: 中南大学出版社, 2007.

[296] 张亦春, 郑振龙. 金融市场学 [M]. 北京: 高等教育出版社, 2013.

[297] 张瑜, 付春生. 我国证券市场开放的未来发展方向 [J]. 中国外汇, 2019 (11): 26-28.

[298] 张云, 刘骏民. 关于马克思货币金融理论的探析 [J]. 南京社会科学, 2008 (7): 1-7.

[299] 张云. 国际金融中心形成模式和条件及对上海的启示 [J]. 金融财税研究, 2007 (9): 66-69.

[300] 章武生. 美国证券市场监管的分析与借鉴 [J]. 东方法学, 2017 (2): 42-55.

[301] 赵胜民, 何玉洁. 宏观金融风险和银行风险行为关系分析: 兼论宏观审慎政策和微观审慎监管政策的协调 [J]. 中央财经大学学报, 2019 (6): 33-44.

[302] 赵晓斌. 全球金融中心的百年竞争: 决定金融中心成败的因素及中国金融中心的崛起 [J]. 世界地理研究, 2010 (2): 1-11.

［303］赵燕妮，郭金龙.英国保险业演化发展过程及对我国的启示［J］.金融理论与实践，2014（12）：72-75.

［304］赵宇龙，余贵芳.保险业偿付能力监管制度创新［J］.中国金融，2019（19）：70-73.

［305］郑金宏.我国金融法律体系的现状与缺陷［N］.中国经济时报，2015-07-22.

［306］郑联盛，孟雅婧.地方金融监管体系的发展难题与改进之策［J］.银行家，2019（6）：131-133.

［307］郑庆寰.金融市场学［M］.上海：华东理工大学出版社，2011.

［308］郑新龙.对第三方理财市场的现状与发展分析［J］.全国流通经济，2019（1）：112-113.

［309］中国小额信贷联盟.为什么日本是亚洲征信最发达的国家？［EB/OL］.（2019-04-26）［2020-6-30］.http://www.chinamfi.net/News_Mes.aspx?type=16&Id=62857.

［310］中国工商银行金融市场部课题组.我国债券市场回顾与展望［J］.中国金融，2020（2）：30-32.

［311］中国进出口银行.践行绿色金融，助力绿色发展［EB/OL］.（2017-06-16）［2020-9-6］.http://dangjian.people.com.cn/n1/2017/0726/c412885-29430445.html.

［312］中国人民银行，银监会，证监会．保监会联合调研组.英国消费者金融教育［J］.中国金融，2013（8）：82-83.

［313］中国人民银行广州分行课题组.中美金融科技发展的比较与启示［J］.南方金融，2017（5）：3-9.

［314］中国人民银行南京分行.央行志1978—2008［M］.南京：江苏人民出版社，2017.

［315］纪志宏，王晓明，曹凝蓉，等.互联网信贷、信用风险管理与征信［J］.金融研究，2014（10）：133-147.

［316］中国人民银行株洲市中心支行课题组.全产业链模式下融资风险分担机制创新研究：唐人神集团案例［J］.金融发展研究，2015（6）：68-72.

［317］中国证券监督管理委员会.中国证券监督管理委员会年报［M］.北京：中国财政经济出版社，2019.

[318] 中国证券业协会.中国证券业发展报告2020[M].北京:中国财政经济出版社,2020.

[319] 周莉萍.论影子银行体系国际监管的进展、不足、出路[J].国际金融研究,2012(1):44-53.

[320] 周荣芳.同业拆借市场的管理实践[J].中国金融,2015(1):60-62.

[321] 周业安.产品市场与金融市场的战略互动与经济增长[J].中国工业经济,2005(2):21-28.

[322] 周映伶.中国金融产业结构评价及优化路径研究[D].重庆:重庆大学,2015.

[323] 朱崇实,刘志云.金融法教程[M].4版.北京:法律出版社,2017.

[324] 朱太辉,魏加宁,刘南希,等.如何协调推进稳增长和去杠杆?——基于资金配置结构的视角[J].管理世界,2018(9):25-32.

[325] 朱太辉.中国实体经济债务:演变、风险与治理[J].东北财经大学学报,2018(4):71-81.

[326] 朱伟彬,陈荣,谭强杰.构建我国国民金融知识普及体系之探索[J].金融经济,2015(2):10-12.

[327] 朱兴雄.区块链技术在供应链金融中的应用[J].中国流通经济,2018(3):111-119.

后　　记

　　我国政府在金融管理实践中创造性地运用各种金融理论知识，使金融活动有效地服务于实体经济，从而保证了我国经济长期高速增长。在此背景下，陈云贤教授结合自己丰富的金融实操和监管经验，提出了"国家金融"理论体系。为了促进国内大学的金融学科更多融入和理解中国的金融实践，陈云贤教授主持编著"国家金融学"系列教材。在教学和科研的过程中，我们也深感中国大学金融学科教育中中国实践元素的缺乏，于是不揣谫陋，承担起丛书中《国家金融体系结构》的编著工作，希望能为中国大学金融学科教师的教学提供参考，为学生的学习提供依据。

　　本书的编写，从框架结构到具体细节都得到了陈云贤教授的悉心指导，在此向陈云贤教授致以诚挚的感谢。然而，由于涉及知识点众多，书中难免存在未能顾及的错漏或不足之处，文责由笔者自负，请读者不吝批评指正。

　　本书的资料收集和整理工作由笔者带领中山大学国际金融学院的博士生、硕士生和本科生完成。参与各章节资料收集和整理的学生有：第一章，叶恒天、杨梦轩、何宣儒、黄意涵、任若雅；第二章，简菲、张颖、黎颖林；第三章，刘嘉杰、孙昶、郭婉祺；第四章，潘道勤、湛子杭、区景亮、彭昶澜；第五章，郑梦媛、闫静雅、李和声、罗熙宇；第六章，张萌萌、何炜妍、孙润楷、栾佩璇；第七章，郑琛千、林禹津、马桂炎、胡君逸；第八章，刘伟、陈智敏、钟雨林、李芊潼。在此向这些同学认真踏实的工作表示感谢。

　　本书的撰写从 2020 年年初开始，其间遇到过困难阻碍，也曾想打"退堂鼓"，幸得陈云贤教授的鼓励，以及来自丛书编委团队李善民教授、黄新飞教授等的大力支持，最终书稿历时一年多得以完成。在此向编委团队各位同人表示衷心的感谢。与你们一起并肩努力，何其幸哉！

　　本书能顺利出版，离不开中山大学出版社李先萍等编辑的辛勤工作，在此表示感谢。

最后，特别想感谢的是本书所涉内容研究的先行者，正是有您们之前所做的杰出工作，才最终成就了本书的出版。对于引用的内容，我们在书中一一注明了出处，但仍恐有遗漏之处，如有发现，敬请与我们联系，以便后续修订。

王彩萍　张龙文

2021 年 4 月